Grundwissen Politik

Begründet von
Ulrich von Alemann

Herausgegeben von
L. Holtkamp, Hagen, Deutschland
V. Kaina, Berlin, Deutschland
M. Stoiber, Hagen, Deutschland
A. E. Töller, Hagen, Deutschland

Herausgegeben von
Lars Holtkamp
Viktoria Kaina
Michael Stoiber
Annette Elisabeth Töller

Fernuniversität Hagen, Deutschland

Martin Schröder

Varianten des Kapitalismus

Die Unterschiede liberaler und koordinierter Marktwirtschaften

 Springer VS

Martin Schröder
Institut für Soziologie
Philipps-Universität Marburg
Marburg, Deutschland

ISBN 978-3-658-05241-6 ISBN 978-3-658-05242-3 (eBook)
DOI 10.1007/978-3-658-05242-3

Die Deutsche Nationalbibliothek verzeichnet diese Publikation in der Deutschen Nationalbibliografie;
detaillierte bibliografische Daten sind im Internet über http://dnb.d-nb.de abrufbar.

Springer VS
© Springer Fachmedien Wiesbaden 2014

Springer VS ist eine Marke von Springer DE. Springer DE ist Teil der Fachverlagsgruppe Springer
Science+Business Media.
www.springer-vs.de

Inhalt

Abbildungsverzeichnis

1 Was sind Varianten des Kapitalismus?

Haben Sie sich schon einmal gefragt, wieso die USA so hohe Einkommensunterschiede haben? Warum Deutschland Autos produziert, die die ganze Welt bewundert, wohingegen Computerfirmen wie Microsoft, Google und Facebook fast immer aus den USA kommen? Warum die Finanzkrise, die 2008 die ganze Welt erschütterte, in den USA begann? Dieses Buch gibt Ihnen Antworten auf diese Fragen, von denen Sie möglicherweise denken, dass sie nichts miteinander zu tun haben. Dieses Buch zeigt, dass Marktwirtschaften in zwei Grundtypen eingeteilt werden können: liberale Marktwirtschaften (im Wesentlichen englischsprachige Länder) und koordinierte Marktwirtschaften (kontinentaleuropäische und skandinavische Länder). Warum ist diese Unterscheidung wichtig und was kann sie erklären?

Als 1989 der Kommunismus scheiterte, vermuteten viele Gesellschaftswissenschaftler, Politiker und Bürger westlicher Länder, damit sei das „Ende der Geschichte" erreicht (Fukuyama 1992). Schließlich war der Kapitalismus dem Kommunismus augenscheinlich überlegen. Die ganze Welt schien derselben kapitalistischen Ideologie zu folgen. Doch während der Kapitalismus seinen größten Triumph feierte, fiel dem Franzosen Michel Albert (1992) auf, dass es „den" Kapitalismus gar nicht gibt; vielmehr muss man ein „rheinisches" und ein „angloamerikanisches" Kapitalismusmodell unterscheiden: Im rheinischen Modell arbeiten Arbeitgeber und Arbeitnehmer zusammen; im angloamerikanischen Kapitalismusmodell sehen sie sich als Gegner. Im rheinischen Modell verständigen Gewerkschaften und Arbeitgeberverbände sich auf Lohnsteigerungen, Arbeitnehmer müssen in eine Renten- und Krankenversicherung einzahlen. Im angloamerikanischen Kapitalismus handeln Arbeitnehmer ihren Lohn dahingegen individuell aus, niemand muss in eine staatliche Kranken- oder Rentenversicherung einzahlen, denn das wäre eine Beschränkung von Freiheit.

Alberts Idee war nicht neu. Sozialwissenschaftler unterschieden in den 1970er Jahren pluralistische Länder mit zersplitterter Arbeiterbewegung von korporatistischen Ländern mit zentralisierten Gewerkschaften, die Aufgaben des Staates übernehmen und dafür sorgen, dass die Löhne verschiedener Arbeitnehmer gleich schnell ansteigen (Lehmbruch/Schmitter 1979). In den 1990er Jahren unterschied der Däne Gøsta Esping-Andersen (1990) liberale, sozialdemokratische und konservative Varianten des Wohlfahrtsstaates. Diese Einteilungen in verschiedene Ländergruppen sind in der Regel intuitiv verständlich. Bevor Sie weiterlesen, schätzen Sie selbst einmal, welche beiden Länder sich mehr ähneln: Ist Schweden Dänemark oder Irland ähnlicher? Ist Deutschland Österreich ähnlicher oder Kanada? Ist Großbritannien[1] den USA ähnlicher oder Spanien?

Sie haben vielleicht jedes Mal richtig gelegen, denn mehr oder minder arbeiten die meisten Menschen mit der Idee, dass sich die angloamerikanischen Länder USA, Großbritannien, Irland, Kanada, Australien und Neuseeland „irgendwie"

---

1 Ich benutze hier die Begriffe „Großbritannien", „UK" und „Vereinigtes Königreich" als Synonyme.

ähneln. Auch viele kontinentaleuropäische Länder kommen uns „irgendwie" ähnlich vor, ebenso wie Schweden, Dänemark, Norwegen und Finnland, die hier als skandinavische Länder zusammengefasst werden. Dieses Buch zeigt, warum dies so ist, indem es in die Typologie der „Varieties of Capitalism" einführt. Peter Hall, ein Professor für Politikwissenschaften in Harvard, und David Soskice, ein Wirtschaftswissenschaftler der Oxford University, welcher einen großen Teil seines Lebens am Wissenschaftszentrum Berlin verbrachte, arbeiteten Ende der 1990er Jahre die Unterschiede zwischen liberalen und nicht-liberalen Kapitalismusarten heraus (Hall/Soskice 2001b). Damit entwickelten sie die bisher einflussreichste Unterscheidung kapitalistischer Länder. Während man früher „den" Kapitalismus und „den" Kommunismus auseinanderhielt, unterscheiden Forscher nun „Varianten des Kapitalismus" (Varieties of Capitalism). Etliche lehnen die Varieties of Capitalism-Typologie zwar ab, wieder andere halten sie dahingegen für eine der größten konzeptionellen Neuerungen der politischen Ökonomie und Politikwissenschaft der vergangenen Jahrzehnte. In jedem Fall gilt: Hall und Soskices Unterscheidung in liberale und koordinierte Marktwirtschaften „for better or worse has become the dominant paradigm in the study of varieties of capitalism" (Witt 2010: 3). Was aber macht diese Typologie so wichtig? Und was ist überhaupt damit gemeint, dass manche Länder „koordiniert" und andere „liberal" genannt werden?

Buchzusammen-   Die folgenden Kapitel beantworten diese Fragen. Anhand des „Gefangenen-
fassung   dilemmas" zeigt das nächste Kapitel, warum Koordination sinnvoll ist. Es erklärt, wie Hall und Soskice auf die revolutionäre Idee kamen, dass koordinierte Länder gerade deswegen erfolgreich sind, weil sie Märkte in bestimmten Bereichen *nicht* nutzen. Daraufhin gehen die nächsten Unterkapitel Schritt für Schritt durch, was liberale von koordinierten Marktwirtschaften unterscheidet. Dabei konzentrieren sich die Unterkapitel jeweils auf einen Teil der Institutionen[2] entwickelter Marktwirtschaften. Liberale und koordinierte Kapitalismusmodelle unterscheiden sich, da erstere eine shareholderorientierte Unternehmensführung mit pluralistischen Arbeitsbeziehungen hat, während letztere eine stakeholderorientierte Unternehmensführung mit korporatistischen Arbeitsbeziehungen kombiniert. Zusätzlich unterscheiden sich die beiden Kapitalismusvarianten je nachdem, ob sie organisierte oder liberale Ausbildungssysteme haben, Unternehmen sich über Banken oder den Kapitalmarkt finanzieren, Unternehmen nur konkurrieren oder auch kooperieren und je nachdem, ob es einen liberalen, sozialdemokratischen oder konservativen Wohlfahrtsstaat gibt. Diese Institutionen von Marktwirtschaften sind durch „Komplementarität" verbunden. Das bedeutet, koordinierte Institutionen in einem institutionellen Teilbereich unterstützen koordinierte Institutionen in einem anderen Bereich. Beispielsweise unterstützen kooperative Beziehungen zwischen Arbeitgebern und Arbeitnehmern in der Gesellschaft kooperative Beziehungen zwischen Arbeitgebern und Arbeitnehmern im Unternehmen; ebenso unterstützen

---

2 Institutionen sind die „Spielregeln", die Menschen sich in ihrem Zusammenleben geben und an die sie sich – in der Regel – dann auch halten. Diese Definition geht auf Douglass North (1990: 3) zurück, der Institutionen definiert als „the rules of the game in a society or, more formally, [...] the humanly devised constraints that shape human interaction. In consequence, they structure incentives in human exchange, whether political, social or economic."

liberale Institutionen in einem Bereich liberale Institutionen in einem anderen Bereich. Aus dem Vergleich dieser Unterschiede schält sich deshalb das Gesamtbild heraus, dass Länder aufgrund ihrer wirtschaftlichen Institutionen in liberale und koordinierte Marktwirtschaften eingeteilt werden können, was wiederum mit unterschiedlichen wirtschaftlichen und sozialen Folgen einhergeht.

Kapitel 2 stellt die zwei Marktwirtschaften vor, die aus den vorher geschilderten Unterschieden der institutionellen Teilbereiche hervorgehen. In liberalen Marktwirtschaften arbeiten durchgehend marktbasierte Institutionen Hand in Hand. In koordinierten Marktwirtschaften gibt es in jedem Teilbereich der Wirtschaft Institutionen, die strategische Absprachen ermöglichen, was mitunter für Unternehmen effizienter ist, als den Markt zu nutzen. Dies liegt vor allem daran, dass koordinierte Institutionen Arbeitgebern gerade nicht alles erlauben, was sie kurzfristig möchten (beneficial constraints) und dass sie es Arbeitnehmern erlauben, in Unternehmen mitzubestimmen (Voice statt Exit). Was das genau bedeutet, zeigt das nächste Unterkapitel von Kapitel 2. Um zu zeigen, dass dies nicht nur theoretische Unterscheidungen sind, schließt das Kapitel mit der Vorstellung einiger Arbeiten, die den Unterschied zwischen koordinierten und liberalen Ländern gemessen haben, woran man erkennt, dass diese Unterschiede real und wichtig sind.

Das dritte Kapitel führt in die Verwandtschaft der Varieties of Capitalism-Familie ein. Fünf Vorläufer der Varieties-Typologie, die zur Unterscheidung von koordinierten und liberalen Marktwirtschaften führten, werden vorgestellt. Dabei zeigt sich, dass viele frühere Kategorienbildungen ähnliche Unterschiede zwischen kapitalistischen Ländern sahen wie die Varieties of Capitalism-Typologie. Im dritten Kapitel geht es um das Werk von Andrew Shonfield, die Korporatismusdebatte, die französische Regulationsschule, Esping-Andersens Unterscheidung von drei Wohlfahrtsregimen und die bereits erwähnte Unterscheidung zweier Kapitalismusarten von Michel Albert.

Das vierte Kapitel geht auf jedes der zwanzig wichtigsten entwickelten Länder ein und klärt, inwiefern verschiedene Länder in die Varieties-Typologie passen. Einzelnen Ländern, besonders Deutschland, räumt das vierte Kapitel mehr Platz ein. Denn Deutschland ist das wichtigste Land der Varieties-Typologie und am ehesten eine typische koordinierte Marktwirtschaft. Deutschland zeigt deswegen, was eine koordinierte Marktwirtschaft überhaupt ausmacht. Andere Länder kann man dahingegen beschreiben, indem man aufzeigt, wie sie von der Idee einer koordinierten Marktwirtschaft abweichen. Natürlich ist kein Land exakt so, wie es dem Idealtypus eines koordinierten oder liberalen Landes entspricht. Darum beleuchten die Unterkapitel des Kapitels 4 die Unternehmensführung, die Arbeitsbeziehungen und in der Regel auch die Unternehmensfinanzierung, das Ausbildungssystem und den Wohlfahrtsstaat eines jeden Landes. Osteuropa, Lateinamerika und China kommen zwar in der Varieties-Typologie nicht vor, doch als zunehmend wichtige Regionen werden diese in drei Unterkapiteln behandelt, die klären, ob auch dort eine bestimmte Kapitalismusvariante zu erkennen ist.

Das fünfte Kapitel stellt die vielleicht wichtigste Frage der Varieties of Capitalism-Debatte: Welches Land ist am besten? Anhand eines Vergleichs der zwanzig wichtigsten entwickelten Länder untersucht es, welche Länder die höchste Wirtschaftskraft haben, welche die meisten Innovationen hervorbringen, welche Länder in welchen Wirtschaftssektoren besonders stark sind und die höchste Einkommensungleichheit und Armut haben. Hier zeigt sich, dass die liberalen und koordinierten Länder bei den meisten Leistungsindikatoren jeweils eine Gruppe bilden. Man kann also tatsächlich nicht nur einzelne Länder voneinander unterscheiden, sondern auch eine liberale und eine koordinierte Gruppe an Ländern, da bestimmte Länder zusammen mit anderen nach bestimmten Indikatoren besonders erfolgreich sind.

Das sechste Kapitel führt in die Erweiterungen der Varieties of Capitalism-Typologie ein. Merkwürdigerweise haben Länder mit einem liberalen Wirtschaftssystem häufig zudem liberale Wohlfahrtsstaaten, Mehrheitswahlrecht und Common Law Rechtssysteme. Länder mit koordinierten, weniger marktbasierten Wirtschaftssystemen haben – im Gegenteil dazu – weniger marktbasierte Wohlfahrtsstaaten, Verhältniswahlrecht und ein Rechtssystem, das auf Civil Law basiert. Wie es dazu kommt, und weswegen man somit tatsächlich von Varieties of Capitalism (und nicht lediglich von Unterschieden in den Produktionssystemen) sprechen kann, zeigt dieses Kapitel. Es schließt mit der Idee, dass die jeweilige Spielart des Kapitalismus generell beeinflusst, wie Staaten sich verhalten.

Das siebte Kapitel widmet sich der Kritik am Varieties of Capitalism-Ansatz. Diese lautet, dass der Ansatz unternehmenszentriert funktionalistisch sei. Man wirft dem Varieties of Capitalism-Ansatz somit vor, er gehe zu Unrecht davon aus, dass Länder eine Wirtschaftsordnung haben, die für die Unternehmen dieses Landes wirtschaftlich funktional ist. Auch argumentieren Kritiker der Varieties-Typologie, deren Fokus auf unterschiedliche Nationalstaaten werde einer globalisierten und regionalisierten Welt nicht gerecht. Weiterhin kritisieren Wissenschaftler, die Typologie könne nicht erklären, wie Länder sich verändern, sondern unterstelle stattdessen, dass koordinierte und liberale Marktwirtschaften einfach fortbestehen. Letztlich kann man der Typologie auch vorwerfen, sie sei mit ihren zwei Kapitalismusarten nicht komplex genug. All diese Kritiken sind berechtigt, führen jedoch nicht dazu, dass die Varieties-Typologie wertlos wird. Denn noch gibt es systematische Unterschiede zwischen koordinierten und liberalen Marktwirtschaften. Diese Unterschiede wiederum erklären, warum Länder spezifische Stärken und Schwächen haben.

Das achte und letzte Kapitel fasst die wesentlichen Inhalte dieses Buches zusammen und kann daher als inhaltliche Kurzfassung des Buches gelesen werden. Im Folgenden geht es um die Abgrenzung der beiden Kapitalismusvarianten. Was unterscheidet koordinierte von liberalen Marktwirtschaften, oder auch: Warum sind manche Länder koordiniert, umgehen also den Markt?

1.1 Warum Koordination? Das Gefangenendilemma

Was ist Koordination? Warum ist sie wirtschaftlich sinnvoll? Koordination lässt sich am Beispiel des sogenannten „Gefangenendilemmas" veranschaulichen. Stellen Sie sich dazu vor, ein Staatsanwalt möchte zwei Verbrecher überführen. Er hat die Gewissheit, dass diese ein Verbrechen begangen haben. Da jedoch keiner der beiden gestanden und er nur wenige Beweise vorzubringen hat, kann der Staatsanwalt jedem der beiden Verbrecher kaum etwas nachweisen und wahrscheinlich nur eine geringe Haftstrafe von einem Jahr durchsetzen. Er weiß jedoch, dass jeder der beiden Verbrecher den anderen anschwärzen könnte. Dann besteht die Möglichkeit, beide zu überführen und jedem eine Haftstrafe von 10 Jahren aufzubrummen. Was muss er tun? Er kann jeden Verbrecher in eine eigene Zelle sperren, so dass er nicht mit dem anderen kommunizieren kann und dann jedem Verbrecher versprechen, die ihm drohende Strafe zu halbieren, wenn er den anderen anschwärzt. Für jeden der beiden Straftäter wird es damit rational, den anderen zu verraten. Versetzen Sie sich in die Lage von einem der Straftäter. Denunziert der andere Verbrecher Sie, erhalten Sie zwar eine hohe Strafe von zehn Jahren, aber zumindest wird diese dann auf fünf halbiert, falls Sie Ihren Kollegen ebenfalls verraten haben. Schwärzt ihr Kollege Sie nicht an, kann der Staatsanwalt Ihnen kaum etwas nachweisen und Sie bekommen nur eine geringe Strafe von einem Jahr, die dann auch noch halbiert wird. Jeder Gefangene kommt also besser weg, wenn er den anderen anschwärzt. Da jedem der beiden Gefangenen dies aufgehen sollte, wird jeder den anderen verraten. Das Paradoxe ist, dass auf diese Weise jeder der Gefangenen eine relativ hohe Strafe von fünf Jahren bekommt, während beide besser gefahren wären, wenn sie geschwiegen hätten, denn dann hätte jeder der beiden nur eine Strafe von einem Jahr bekommen. Es läge somit im Interesse jeder Partei, miteinander zu kooperieren. Doch niemand kooperiert, da keiner eine Möglichkeit hat, sich mit der anderen über diese Kooperation zu verständigen, so dass jeder das Schlimmste annehmen muss. In diesem Dilemma der Unwissenheit über das Handeln des anderen, kann sich keiner der beiden Gefangenen sicher sein, dass der andere mit ihm kooperiert, solange er selbst dies tut. Keine der beiden Seiten kann mit der anderen zum beiderseitigen Vorteil kooperieren. Keine der beiden Seiten kann in diesem Sinne strategisch handeln.

    Was hat dieses Beispiel mit Unternehmen zu tun? Wenn man von der konkreten Situation mit dem Staatsanwalt und den Verbrechern abstrahiert und das Gefangenendilemma auf den Alltag anwendet, entdeckt man es überall. Denn in vielen Situationen ist es für zwei Parteien sinnvoll, zu kooperieren. Trotzdem kooperiert keine der beiden Seiten, da sie nicht darauf vertrauen kann, dass die andere Seite ebenfalls kooperiert. Dieses Problem entsteht, wenn es keinen Raum für vertrauensvolle Absprachen gibt. Unternehmen befinden sich immer wieder in einem solchen Gefangenendilemma. Sie wollen strategisch ihre Interessen verfolgen und müssen dazu mit Arbeitnehmern und anderen Unternehmen zusammenarbeiten, sie müssen der anderen Seite vertrauen. Dazu müssen sie aber auch darauf vertrauen können, dass die Gegenseite kooperiert, wenn sie selbst dies tun.

Das Gefangenendilemma auf Unternehmen angewandt

Es lohnt sich beispielsweise für einen Autohersteller, seinem Zulieferer früh-
zeitig Baupläne für sein neuestes Automodell zuzuschicken, damit der Zulieferer
seine neuen Türschlösser oder Autoreifen anpassen kann. Aber was, wenn der Zulieferer die Baupläne insgeheim an einen Konkurrenten des Automobilherstellers
weiterreicht? Wie kann das Unternehmen sicher sein, dass seine Kooperation nicht
ausgenutzt wird? Ein ähnliches Problem stellt sich im Umgang von Unternehmen
mit ihrer Belegschaft. Für ein Unternehmen ist es lohnenswert, dass seine Arbeitnehmer selbstständig überlegen, wie die Produktion rationaler ablaufen kann. Das
werden Arbeitnehmer aber nur machen, wenn sie dadurch nicht Gefahr laufen,
ihren eigenen Arbeitsplatz weg zu rationalisieren. Sie werden also nur kooperieren, wenn sich das Unternehmen verpflichtet, sie nicht bei der nächstbesten Gele-
genheit zu entlassen. Ähnlich ist es mit Beziehungen zwischen Unternehmen und
ihren Banken. Für beide ist eine langfristige Zusammenarbeit sinnvoll. Dann kann
die Bank eher darauf vertrauen, dass das Unternehmen Kredite zurückzahlt, wofür die Bank dem Unternehmen im Gegenzug bessere Kreditkonditionen anbieten
kann. Doch wenn klar ist, dass Unternehmen und Bank nur kurz zusammenarbeiten, haben beide ein kurzfristig individuell rationales Interesse, die andere Seite zu
täuschen. Das Unternehmen hat ein Interesse daran, seine Finanzsituation besser
darzustellen, als sie ist, um einen günstigen Kredit zu bekommen. Die Bank hat
ein Interesse daran, dem Unternehmen einen möglichst teuren Kredit anzudrehen.
Der langfristige Nutzen für beide Seiten wäre jedoch größer, wenn man sich gegenseitig nicht täuscht.

Wie Unternehmen das
Gefangenendilemma
umgehen:
koordinierte
Marktwirtschaften

Aus dieser Sichtweise scheint Koordination – also Absprache zum Zwecke
der Kooperation – immer sinnvoll. Das stimmt aber nicht. Denn Institutionen,
die Koordination ermöglichen, haben einen Nachteil: Sie rauben Unternehmen
Flexibilität. Zwar ist es mitunter tatsächlich sinnvoll für Unternehmen, mit ihren
Mitarbeitern langfristige, vertrauensvolle Arbeitsbeziehungen einzugehen. Andere Unternehmen sind jedoch darauf angewiesen, Mitarbeiter schnell entlassen zu
können, Zulieferer zu wechseln und neue Finanzierungsformen in Form von Ri-
sikokapital zu erschließen, ohne die eigene Hausbank langwierig überzeugen zu
müssen.

Inkrementelle und
radikale Innovationen

Ob Koordination oder Nicht-Koordination besser ist, hängt laut Hall und
Soskice davon ab, ob Unternehmen auf „inkrementelle" oder „radikale" Innovationen spezialisiert sind. Unternehmen, die ein Produkt Schritt für Schritt (inkrementell) verbessern, haben einen längeren Zeithorizont; sie sind auf Koordination und Kooperation angewiesen. Ein Autohersteller bringt beispielsweise alle
paar Jahre eine neue, verbesserte Version eines bestimmten Automodells auf den
Markt. Für solche Unternehmen macht es keinen Sinn, sich immer wieder neue
Arbeitnehmer, Zulieferer oder Finanzquellen zu suchen. Für sie ist es effizient,
wenn ihre Belegschaft, Zulieferer und Banken ihr Produkt und dessen Produktionsprozess kennen und langfristig verbessern wollen.

Der Vorteil
koordinierter
Marktwirtschaften:
Kooperation

In koordinierten Marktwirtschaften sorgen Institutionen, die nicht auf dem
Markt basieren, deswegen dafür, dass Unternehmen ihren Banken, Arbeitnehmern
und anderen Unternehmen vertrauen können und darum mit ihnen langfristig zusammenarbeiten. Beispielsweise haben Arbeitnehmer in koordinierten Marktwirt-

schaften Mitspracherechte im Unternehmen und können nicht so einfach gekündigt werden. Beides führt dazu, dass sie ihrem Unternehmen gegenüber loyaler sind. Ein loyaler Arbeitnehmer möchte die Unternehmensprodukte und den Produktionsprozess verbessern. Sowohl Unternehmen als auch die Belegschaft vertrauen darauf, dass die Gegenseite ihre Vorleistung langfristig honoriert.

Bei Unternehmen, die dahingegen immer wieder völlig neue Produkte auf den Markt bringen, ist das Gegenteil der Fall. Wer eine neue Suchmaschine oder ein neues Medikament erfinden will, braucht dafür schnell Mitarbeiter, die frische Ideen ins Unternehmen bringen und die er aber auch schnell entlassen kann, wenn er sie nicht mehr benötigt. Ebenso braucht solch ein Unternehmen Investoren, die Geld schnell zur Verfügung stellen und bereit sind, ein hohes Risiko zu tragen. Unternehmen, die schnell etwas Neues auf den Markt bringen wollen, können sich nicht langwierig absprechen, sie brauchen ein marktbasiertes, liberales Umfeld. Denn langwierige Absprachen berauben sie der Flexibilität, die sie benötigen, um neue Erfindungen zu machen und ihre Produkte schnell auf den Markt zu bringen. Radikale Innovationen prägen Sektoren, die auf Technologien basieren, die sich schnell weiter entwickeln, wie Biotechnologie, Halbleiter oder Software-Entwicklung. Inkrementelle Innovationen sind dagegen für Investitionsgüter und langlebige Konsumgüter wichtig, bei denen es auf Qualität ankommt (Hall, Soskice 2001: 39). Tatsächlich zeigt sich, dass Länder mit Institutionen, die Koordination ermöglichen, eher inkrementelle Innovationen hervorbringen, während Länder mit liberalen Institutionen eher radikale Innovationen hervorbringen.

Der Vorteil liberaler Marktwirtschaften: Flexibilität

Hall und Soskice verknüpfen nun diese beiden Feststellungen, nämlich dass erstens einige Länder koordinierende Institutionen bereitstellen, und dass es zweitens unterschiedliche Branchenschwerpunkte in diesen Ländern gibt, zu einer Theorie der komparativen institutionellen Vorteile. Dabei entwickeln sie den Gedanken des britischen Ökonomen David Ricardo (1821) weiter. Dieser argumentierte, dass Länder nicht versuchen sollten, alle Waren gleichzeitig herzustellen. Vielmehr sollte jedes Land die Produkte herstellen, in denen es einen komparativen Kostenvorteil hat. Diese Güter sollte es mit Ländern tauschen, die in der Herstellung anderer Güter einen komparativen Kostenvorteil haben. Auf diesem klassischen Argument aufbauend, argumentieren Hall und Soskice, dass jedes Land entweder all seine wirtschaftlichen Institutionen so ausrichten sollte, dass sie Koordination ermöglichen oder so, dass sie Unternehmen möglichst hohe Flexibilität erlauben. Beides führt zu einem Wettbewerbsvorteil, entweder in inkrementellen oder in radikalen Innovationen. Dies ist aus ihrer Sicht dann nicht nur ein komparativer Kostenvorteil, sondern ein komparativer *institutioneller* Kostenvorteil, da er auf den wirtschaftlichen Institutionen[3] basiert, die Koordination oder Flexibilität ermöglichen. Komparativ ist dieser Vorteil, weil ein Land nicht absolut besser ist als ein anderes, sondern nur in bestimmten Bereichen. Darum wird sich nicht ein einziges Kapitalismusmodell durchsetzen. Vielmehr verfestigen sich die unter-

Zwei Kapitalismustypen als Folge unterschiedlicher Stärken

---

3 Wobei Hall und Soskice (2001a: 9) Institutionen definieren als „a set of rules, formal or informal, that actors generally follow, whether for normative, cognitive, or material reasons", siehe auch Fußnote 2.

schiedlichen Varianten des Kapitalismus, in eine liberal-marktorientierte und eine koordiniert-kooperative Art der Marktwirtschaft (vgl. Hall/Soskice 2001a: 36ff.).

Wie Länder immer unterschiedlicher werden

Unternehmen, die Flexibilität für radikale Innovationen benötigen, verlagern darum immer mehr Produktion in liberale Länder. Unternehmen, die Koordinierung benötigen, weil sie auf stabile Kooperationsbeziehungen und inkrementelle Innovationen setzen, verlagern in koordinierte Länder. Ganze Länder konzentrieren sich deswegen darauf, Unternehmen und Industrien mit inkrementellen oder radikalen Innovationen ein optimales Umfeld zu bieten. Dies war die Idee von Hall und Soskice. Es ist eigentlich eine einfache Idee, aber sie revolutionierte die politische Ökonomie und die Politikwissenschaft und eröffnete ein riesiges Forschungsfeld.

Varianten des Kapitalismus anstelle „des" Kapitalismus

Die Idee der zwei Kapitalismusvarianten wurde dermaßen einflussreich, da nach dem Zusammenbruch des Sozialismus viele Forscher annahmen, nun sei das „Ende der Geschichte" gekommen, weil sich der liberale Kapitalismus als überlegene Wirtschaftsform erwiesen habe, den alle Länder übernehmen würden. Hall und Soskice lenkten den Blick jedoch auf unterschiedliche Modelle des Kapitalismus und argumentierten, dass kapitalistische Länder durch die Globalisierung nicht liberaler würden, sondern immer unterschiedlicher. Einige Länder müssten immer liberaler werden, um Unternehmen, die auf radikale Innovationen setzen, ein perfektes Umfeld zu bieten. Andere Länder müssten immer koordinierter werden, um Unternehmen ein perfektes Umfeld zu bieten, die bestehende Produkte immer weiter verbessern. Tatsächlich konnten Hall und Soskice mit Daten des Europäischen Patentamts zeigen, dass Deutschland in genau den Bereichen viele Patentanmeldungen hat, in denen die USA besonders schwach sind, beispielsweise im Hoch- und Tiefbau, Transportwesen, im Maschinenbau und in der Motorenproduktion. Die USA dagegen haben im Vergleich zu Deutschland besonders viele Patente in der Medizintechnik, bei Halbleitern, in der Entwicklung neuer Materialien, in der Biotechnologie und in der Informationstechnologie, Felder, in denen Deutschland besonders schwach ist (Hall/Soskice 2001a: 42f.).

Auch in internationalen Verhandlungen sollten Länder die liberale oder koordinierte Regulierung unterstützen, die ihrem Produktionssystem entspricht, um ihre jeweilige Spezialisierung zu stärken. In dem Varieties of Capitalism-Sammelband, mit dem Hall und Soskice ihre These präsentiert haben, legt Orfeo Fioretos (2001) dar, dass Deutschland, Schweden, Frankreich und Großbritannien sich in den Verhandlungen zum Maastricht-Vertrag so verhalten haben, wie ihre jeweilige Kapitalismus-Spielart es erwarten lässt. Deutschland wollte sein Finanzsystem nicht deregulieren, damit Unternehmen weiterhin langfristige Kredite von Banken bekommen. Das Vereinigte Königreich weigerte sich, die europäische Sozialcharta zu unterschreiben, um die Flexibilität seines Produktionssystems zu erhalten. Länder versuchten internationale Regeln durchzusetzen, die die institutionellen Vorteile ihrer Kapitalismusspielart unterstützen, wobei die Bruchlinie zwischen koordinierten und liberalen Marktwirtschaften verläuft.

Mit dieser eigentlich einfachen Einteilung von entwickelten Marktwirtschaften in zwei Grundtypen führten Hall und Soskice eine Unterscheidung ein, die die Politikwissenschaft aus mehreren Gründen revolutionierte. Erstens konnte man nun die Unterschiede kapitalistischer Länder in einer einfachen Typologie zusammenfassen. Etlichen Forschern leuchtete die Typologie ein, da sie schon immer vermuteten, dass Großbritannien, die USA, Kanada, Irland, Neuseeland und Australien sich „irgendwie" ähneln, ebenso wie Deutschland, die Schweiz, die Niederlande, Belgien, Österreich, Schweden, Norwegen, Dänemark und Finnland sowie Japan. Hall und Soskice lieferten mit ihrem Sammelband auch eine Theorie, warum es diese Unterschiede gibt. Zweitens widersprachen Hall und Soskice der vorherrschenden These, dass sich unterschiedliche Marktwirtschaften an ein „bestes" Kapitalismusmodell, nämlich das liberale, annähern müssten. Statt dieser Konvergenzthese vertraten sie die Divergenzthese, dass Länder immer unterschiedlicher werden, da jeder Ländertyp sich auf seinen komparativen Kostenvorteil spezialisiert. Dadurch konnte man ihre Typologie auch an dieser Aussage testen. Drittens ermöglichte ihre Typologie wirtschaftspolitische Empfehlungen, denn ihrer Meinung nach sollten Länder, die zwischen koordinierten und liberalen Marktwirtschaften stehen, ein klares Profil herausbilden, um die Vorteile eines der beiden Systeme zu nutzen (vgl. Hall/Gingerich 2009: 480f.). Vor Varieties of Capitalism konnte man zwar aus sozialen Gründen gegen „mehr Markt" sein. Doch die Idee, dass *wirtschaftliche* Gründe dagegen sprechen, mehr Marktregulierung einzuführen, wurde erst durch die beiden populär. Viertens zog Hall und Soskices Sammelband eine regelrechte „Publikationsindustrie" nach sich. Tausende Wissenschaftler zerbrachen sich den Kopf, ob die beiden Forscher wirklich Recht hatten. Ist es nicht zu einfach, nur zwei Kapitalismustypen zu unterscheiden? Stimmt es, dass Unternehmen zwischen radikalen und inkrementellen Innovationen unterscheiden und sich ihre Standorte danach aussuchen, wo die Rahmenbedingungen für eines von beidem besser sind? Kann man von Deutschland und den USA auf generelle Unterschiede zwischen entwickelten Ländern schließen? Sind die USA, Deutschland und weitere Länder überhaupt tatsächlich so, wie die Varieties of Capitalism-Typologie es beschreibt? Gibt es nicht auch in angeblich koordinierten Ländern Liberalisierungstendenzen? Ist es nicht einseitig, die Unterschiede entwickelter Länder durch die Art der Innovation ihrer multinational tätigen Unternehmen zu erklären? Man kann diese Fragen unterschiedlich beantworten. Auf jeden Fall führten sie dazu, dass die Varieties of Capitalism-Typologie zu einem der meistbearbeiteten Themengebiete in den Sozialwissenschaften wurde. Die folgende Abbildung zeigt, wie viele Artikel in wissenschaftlichen Zeitschriften sich Jahr für Jahr mit dem Thema „Varieties of Capitalism" beschäftigt haben.

Die Bedeutung der Varieties of Capitalism-Typologie für die Politikwissenschaft

*Abbildung 1:   Anzahl an wissenschaftlichen Aufsätzen, die im Web of Science
                „Varieties of Capitalism" als Thema haben*

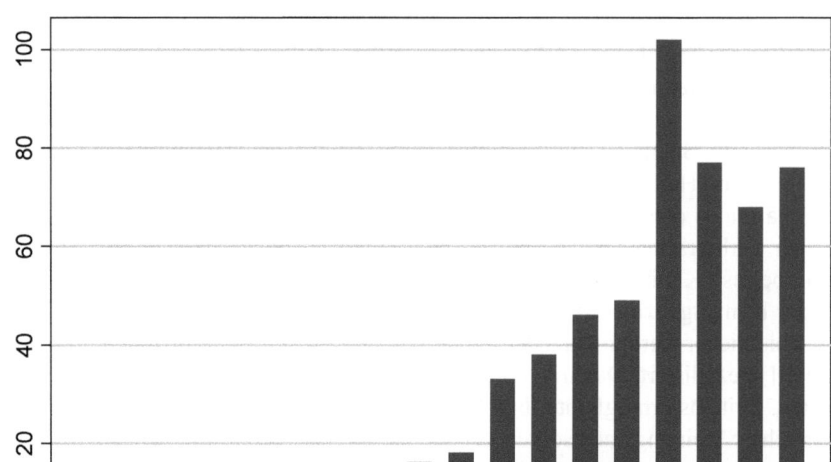

Quelle: Web of Science

Die Abbildung zeigt, wie nach dem Sammelband von Hall und Soskice 2001 eine
Flut wissenschaftlicher Artikel zu Varianten des Kapitalismus erschien. Die Abbildung listet nur Publikationen auf, die in wissenschaftlichen Zeitschriften er-
schienen und im Web of Science gelistet sind, also wissenschaftlichen Qualitäts-
kriterien genügen. Google Scholar lieferte dahingegen im Dezember 2013 zu dem
Suchbegriff „Varieties of Capitalism" 126.000 Publikationen.

Ungefähr zehn Jahre nach Erscheinen des Buches hatten sich sowohl Kritiker als auch Befürworter der These aneinander abgearbeitet. Trotzdem gehört die
Unterteilung von Ländern in liberale und koordinierte Marktwirtschaften mittlerweile zum allgemeinen Wissensbestand der Politik- und Wirtschaftswissenschaften. Bei allen Problemen mit dieser vereinfachenden Unterscheidung verzichtet
doch kaum jemand darauf, die Typologie zu nutzen – und sei es, um zu zeigen,
dass ein bestimmtes Land doch nicht dem liberalen oder koordinierten Typus entspricht. Die meisten Wissenschaftler betonen einerseits, die Welt sei komplizierter als die Varieties-Typologie unterstellt. Andererseits unterscheiden die gleichen
Wissenschaftler dann selbst oft liberale und koordinierte Marktökonomien. Ob
dies zu einfach ist, muss jeder für sich selbst klären und dabei kann dieses Buch
helfen. Fakt ist, dass die Unterscheidung zwischen liberalen und koordinierten
Ländern überall zu finden ist. So gibt es Publikationen zu „Varieties of Capitalism
and Climate Change" (Mikler 2009), „Varieties of Capitalism in Post-Communist
Countries" (Lane/Myant 2007) und Untersuchungen, wie die verschiedenen Ka-

pitalismusvarianten auf die Finanzkrise 2008 reagiert haben (Hemerijck/Knapen/ Doorne 2009; Archibugi/Filippetti 2011).

Immer wieder zeigen sich systematische Unterschiede zwischen liberalen und koordinierten Marktökonomien. Zwar erklärt die Zugehörigkeit zu einem der beiden Ländertypen nicht vollständig, wie ein Land sich verhält. Doch oft lässt sich die Wirtschaftspolitik eines Landes besser verstehen, wenn man weiß, ob es liberal oder koordiniert ist. Dies macht die Typologie zu einem wichtigen Instrument für alle, die sich für international vergleichende Gesellschafts- und Kapitalismusanalyse interessieren.

Dieses Buch möchte Ihnen zeigen, wie Länder ihre Marktwirtschaften organisieren und wie daraus wirtschaftliche und soziale Stärken und Probleme erwachsen. Es möchte zeigen, dass hinter verschiedenen Kapitalismusformen Traditionen, Kulturen und gesellschaftliche Konfliktlinien stehen. Am Ende dieses Buches wird klar sein, dass – wenn man die „Varieties"-Brille einmal aufgesetzt hat – viele Unterschiede zwischen Ländern verständlich werden.

1.2 Liberale und koordinierte Institutionen: die Unterschiede

Dieses Kapitel führt in die Unterschiede zwischen liberalen und koordinierten Marktökonomien ein. Es präsentiert, wie unterschiedliche Aspekte liberaler und koordinierter Marktökonomien sich voneinander unterscheiden. Es zeigt, unter welchen Umständen jeweils liberale und koordinierte Unternehmensführungssysteme, Arbeitsbeziehungen, Ausbildungssysteme, Unternehmensfinanzierung, Firmenbeziehungen und Wohlfahrtsstaaten überlegen sind. Daraus ergibt sich ein Gesamtbild, wie sich die Institutionen liberaler Marktwirtschaften von koordinierten Marktwirtschaften unterscheiden. Die folgenden Absätze zeigen zuerst, wie in koordinierten und liberalen Ländern Unternehmen geführt werden. Die liberalen Länder USA, Großbritannien, Australien, Kanada, Neuseeland und Irland nutzen liberale Systeme der Unternehmensführung. Die koordinierten Länder Deutschland, Österreich, die Schweiz, die Niederlande, Belgien, Schweden, Norwegen, Dänemark, Finnland und Japan nutzen koordinierte Systeme der Unternehmensführung.

1.2.1 Liberale und koordinierte Unternehmensführung

Genauso wie der Besitzer einer Sache über diese Sache Verfügungsgewalt hat, kann man argumentieren, dass der Besitzer eines Unternehmens Verfügungsgewalt über sein Unternehmen hat oder zumindest haben sollte. In der Regel kauft man einen Anteil an einem Unternehmen (eine Aktie), weil man erwartet, dass das Unternehmen das investierte Kapital mehrt. Die Besitzer eines Unternehmens nennt man Aktionäre (oder auch Anteilseigner). Da man im Normalfall argumentieren kann, dass Aktionäre Anteile an einem Unternehmen kaufen, um damit

Liberale Unternehmensführung

möglichst viel Gewinn zu machen, müsste sich die Unternehmensführung aus Verantwortung ihnen gegenüber auf ein Ziel beschränken: Gewinnmaximierung.

Das Principal-Agent-Problem liberaler Marktwirtschaften

So kann man argumentieren, dass es nicht nur die wirtschaftliche, sondern auch die soziale Aufgabe von Unternehmen ist, einen möglichst hohen Gewinn und Aktienwert zu erwirtschaften. Denn indem sie das in sie investierte Kapital mehren, mehren Unternehmen auch den Wohlstand, der in einer Gesellschaft vorhanden ist (vgl. Friedman 2001 [1970]). Doch die Manager, die das Unternehmen führen, haben möglicherweise andere Ziele, als den Wert für die Aktionäre zu steigern. Ihnen liegt schließlich nicht per se daran, dass ihr Unternehmen möglichst viel Gewinn macht. Vielmehr möchten sie möglicherweise ihr eigenes Gehalt mehren, statt Gewinne an die Aktionäre auszuschütten. Wie also kriegen Aktionäre die Manager dazu, den Unternehmenswert zu mehren, obwohl dies nicht automatisch in deren Interesse ist? Man nennt dies ein Principal-Agent-Problem. Wie bekommt der Eigentümer (der „Principal"), der eigentlich bestimmen sollte, den Manager (den „Agenten") dazu, in seinem Sinne zu handeln?

Das Insidersystem koordinierter Marktwirtschaften

Diese Frage stellt sich in liberalen Marktwirtschaften anders als in koordinierten. Denn in koordinierten Ländern ist es üblich, dass sich Unternehmensanteile nicht in Streubesitz befinden, sondern einzelne Aktionäre große Aktienblöcke halten. Es stellt sich somit nicht die Frage, wie man die Interessen hunderter Kleinaktionäre mit denen der Manager abstimmt. Vielmehr geht es darum, die Interessen der Manager mit wenigen Anteilseignern abzugleichen. In koordinierten Marktwirtschaften können die Aktionäre aufgrund ihrer geringen Anzahl direkt in einem Aufsichtsrat sitzen, der die Manager kontrolliert. Die Eigentümer können sich auf diese Art aktiv am Management ihrer Unternehmen beteiligen; sie sind „Insider", das heißt, sie haben uneingeschränkten Zugang zu Informationen über den Erfolg ihres Unternehmens. In liberalen Ländern geht dies nicht: Man kann sich nicht am Management eines Unternehmens beteiligen, an dem man nur einen Anteil von 0,001 Prozent hält und das lediglich Teil eines weit gestreuten Aktienpaktes ist.

Das Outsidersystem liberaler Marktwirtschaften

In liberalen Marktwirtschaften müssen deswegen die Interessen der Manager mit denen der Aktionäre gleichgesetzt werden. Denn die Aktionäre sind zu zersplittert, um die Manager direkt zu kontrollieren. Wie also schaffen die Aktionäre es, dass Manager in ihrem Interesse handeln? Sie beteiligen die Manager einfach selbst am Unternehmen. Danach können die Aktionäre den Managern freie Hand lassen, denn nun deckt sich das Interesse der Manager mit ihrem eigenen Interesse: den Aktienwert des Unternehmens zu erhöhen. Mit dem Aktienwert eines Unternehmens hat man dann, anders als in koordinierten Marktwirtschaften, einen Maßstab, an dem man die Managementleistung messen kann, ohne sich umständlich in das Unternehmen einarbeiten zu müssen. Sinkt der Aktienkurs, weil viele Aktionäre unzufrieden sind und ihre Aktien verkaufen, wird das Unternehmen von einem anderen Unternehmen aufgekauft, welches das Management ersetzt. Dies ist die Höchststrafe für Manager, da nicht nur ihre eigenen Unternehmensaktien an Wert verloren haben, zusätzlich haben sie auch noch ihre Anstellung verloren, nämlich die Unternehmensführung. Im Übrigen stehen sie öffentlich als Versager da.

Dieses System der Unternehmensführung heißt darum „outsiderorientiert", es wird von außen über den Aktienkurs kontrolliert. Dafür können weder die Aktionäre (weil jeder einzelne zu wenige Aktien hat) das Unternehmen direkt kontrollieren noch die Belegschaft (weil es keine Institutionen gibt, die sie an der Unternehmensführung beteiligen). In den USA gibt es beispielsweise keinen Aufsichtsrat, in dem Aktionäre oder Arbeitnehmer eine Stimme haben. Es gibt nur eine sogenannte unitarische Unternehmensführung, in der der „Chief Executive Officer" (CEO), ein amerikanischer Vorstandsvorsitzender, viel Entscheidungsspielraum hat, weitaus mehr als sein deutsches Pendant (vgl. Tricker 2009: 183f.). So hat er freie Hand, in kurzer Zeit alles zu tun, um möglichst viel Gewinn und einen hohen Aktienkurs zu erwirtschaften. Er muss sich nicht mit Arbeitnehmern oder Banken absprechen, wie in koordinierten Marktwirtschaften, sondern kann tun, was er für richtig hält. Doch wie gesagt, wenn das Unternehmen dauerhaft die Gewinnerwartungen der Anleger enttäuscht, diese ihre Aktien verkaufen und der Preis für die Aktien sinkt, wird das Unternehmen aufgekauft und der CEO ist seinen Job los.

Aufgrund dieser Institutionen müssen Unternehmen in liberalen Ländern ihre Belegschaft nutzen, um möglichst schnell möglichst viel Gewinn zu machen. Das heißt, sie stellen Arbeitnehmer ein, wenn „make" günstiger ist als „buy", wenn es also günstiger ist, etwas im Unternehmen selbst herzustellen, als von außen einzukaufen. Dies ist in der Regel der Fall, wenn ein Unternehmen eine bestimmte Leistung immer wieder benötigt, denn gerade dann kann es einen Arbeitnehmer einstellen, mit dem es einen dauerhaften Arbeitsvertrag abschließt, statt immer wieder auf dem Markt das beste Angebot suchen und einkaufen zu müssen. In diesem Fall sagt man, dass die „Transaktionskosten" einer Marktlösung höher sind als eine Anstellung innerhalb der Unternehmenshierarchie (vgl. Williamson 1975; 1985). Das Unterkapitel zu den Arbeitsbeziehungen geht weiter auf diese Unterschiede ein.

Wie liberale
Unternehmen
ihre Belegschaft
behandeln

In liberalen Ländern versuchen Unternehmen zwar auch, ihre Arbeitnehmer so zu behandeln, dass ihnen nicht die Motivation genommen wird. Doch die Arbeitnehmer haben keine institutionalisierten Einspruchsmöglichkeiten, um für ihre Interessen zu streiten. Stattdessen sorgt ein flexibler Arbeitsmarkt dafür, dass sie schnell einen neuen Job finden, wenn sie unzufrieden sind. Unternehmen entscheiden ihrerseits kurzfristig immer wieder, ob es sich jeweils lohnt, Arbeitnehmer zu beschäftigen oder Leistungen auf dem freien Markt zu kaufen. Hier sieht man, dass in liberalen Ökonomien (fast) alles auf dem freien Markt handelbar ist, von Arbeitnehmern über Kredite, bis hin zu Unternehmen selbst. Dieses System scheint auf den ersten Blick vielleicht etwas ungemütlich, denn jeder muss sich immer wieder auf dem Markt beweisen. Doch nur wenn Unternehmen alles, was sie benötigen, jederzeit kaufen und auch wieder abstoßen können, haben sie die Flexibilität, die sie für radikale Innovationen benötigen – so zumindest die Theorie. Ob liberal-marktbasierte Arrangements tatsächlich dazu führen, dass Unternehmen viele radikale Innovationen hervorbringen, zeigen die folgenden Kapitel. Zunächst geht es um die Alternativkonzeption, nämlich Unternehmen in koordinierten Marktwirtschaften.

Koordinierte Unternehmensführung

Koordinierte Länder weichen von der gerade beschriebenen Outsider-Konzeption der Unternehmensführung ab, wonach das Unternehmen über den Aktienkurs kontrolliert wird. Denn die Philosophie, nach der in koordinierten Ländern Unternehmen geführt werden, ist eine andere. Der Hauptunterschied liegt darin, dass die Aktionäre, aber auch die Arbeitnehmer, direkte Kontrolle *im Unternehmen* haben, sie sind Insider und das System hat deswegen eine sogenannte „Insiderkontrolle."

Stakeholderorientierung

Zweitens – und damit zusammenhängend – unterscheiden sich koordinierte von liberalen Marktwirtschaften durch eine „Stakeholder-", statt einer „Shareholderorientierung." Das heißt, dass nicht nur die Shareholder (Anteilseigner oder Aktionäre) das Unternehmen kontrollieren, sondern auch die „Stakeholder". Dies sind weitere Gruppen, die mit dem Unternehmen zu tun haben, beispielsweise Gewerkschaften und Arbeitnehmer. Auch die Mitarbeiter bestimmen in koordinierten Ländern in „ihren" Unternehmen mit. In einem Satz zusammengefasst: Während in den liberalen Ländern Aktionäre Außenseiterkontrolle ausüben, üben in koordinierten Ländern Stakeholder Insiderkontrolle aus. Dies geschieht beispielsweise, indem sie im Aufsichtsrat vertreten sind, der das Management kontrolliert.

Darum gibt es in vielen koordinierten Ländern Aufsichts- und Betriebsräte, über die die sogenannten Stakeholder das Unternehmen beeinflussen. Aufsichtsräte kontrollieren den Vorstand, welcher das Unternehmen operativ führt. Aufsichtsräte sind teils mit Arbeitnehmervertretern besetzt, die dadurch das Unternehmenshandeln kontrollieren. Betriebsräte sind von der Belegschaft oder Gewerkschaft gewählt. Sie kontrollieren den Vorstand, indem sie bei Unternehmensentscheidungen mitbestimmen oder zumindest vom Vorstand dazu angehört werden müssen.

Die Einbeziehung der Belegschaft in koordinierten Unternehmen

Dies beschränkt Vorstände in koordinierten Marktwirtschaften einerseits in ihrem Handlungsspielraum, andererseits kann es durchaus sinnvoll sein, Arbeitnehmer in die Unternehmensführung einzubeziehen. Die damit einhergehende Bindung an das Unternehmen erlaubt nämlich über Mitsprachemöglichkeiten jene Koordination, die für koordinierte Marktwirtschaften typisch und produktiv ist (Absprache in Gefangenendilemma-Situationen). Will der Vorstand beispielsweise Arbeitnehmern kündigen, so stößt dies (verständlicherweise) auf deren Widerstand. In liberalen Marktökonomien muss sich der Vorstand an diesem Widerstand kaum stören. Schließlich hat er im Auftrag der Anteilseigner Verfügungsgewalt über das Unternehmen. Er kann Kündigungen somit schneller durchziehen, auch wenn dies zu einer unkooperativen Beziehung zur Belegschaft führt. In einer koordinierten Marktwirtschaft muss der Vorstand dagegen mit mehr Einspruchsmöglichkeiten der Arbeitnehmer rechnen. Erstens wird er sich Kündigungen allein deswegen schon überlegen. Zweitens könnten ihn die Arbeitnehmervertreter im Betriebsrat oder Aufsichtsrat überzeugen, dass es andere Möglichkeiten gibt, um anvisierte Unternehmensziele zu erreichen. Drittens kann der Vorstand umgekehrt die Arbeitnehmervertreter überzeugen, dass Kündigungen nötig sind. Wenn selbst Betriebsrat und Gewerkschaft, also die Arbeitnehmervertreter, Kündigungen zustimmen, werden diese die Kooperation mit der Belegschaft weniger beschädigen.

Dadurch, dass Arbeitnehmer in koordinierten Marktwirtschaften Mitspracherechte haben und weniger um ihren Arbeitsplatz fürchten, wird es wahrscheinlicher, dass sie aktiv helfen, die Produktion effizienter zu gestalten, selbst wenn sie unter anderen Bedingungen davon ausgehen müssten, dass sie damit ihre eigenen Arbeitsplätze wegrationalisieren. Dies hilft Unternehmen in koordinierten Marktwirtschaften, ihre Produktion und Produkte inkrementell zu verbessern. Unternehmen, die auf radikale Innovationen setzen, sind dagegen gar nicht so sehr darauf angewiesen, langfristig mit der Belegschaft zusammenzuarbeiten. Ganz im Gegenteil: Wenn etwas fertiggestellt ist, müssen diese Unternehmen einen Teil ihrer Belegschaft schnellstmöglich loswerden und Spezialisten für das nächste Projekt finden. Einspruchsmöglichkeiten der Arbeitnehmer im Unternehmen ermöglichen somit die langfristige Kooperation, die für koordinierte Marktwirtschaften typisch ist. In liberalen Marktökonomien dagegen würden Mitspracherechte der Arbeitnehmer Unternehmen die notwendige Flexibilität nehmen, die für radikale Innovationen nötig ist.

Entsprechend unterscheiden sich koordinierte und liberale Länder darin, ob Belegschaften über einen Betriebsrat weitreichende Einspruchsmöglichkeiten im Unternehmen haben oder nicht. Dabei kann man diese Einspruchsmöglichkeiten im Wesentlichen in drei Abstufungen unterteilen. Betriebsräte können 1) überhaupt keine Einspruchsrechte haben, 2) Anhörungsrechte haben und in sozialen Fragen mitentscheiden und 3) Einspruchsrechte haben, die das Management beachten muss und mit denen sie sogar in ökonomischen Fragen mitentscheiden können. Folgende Tabelle gibt diese drei Mitbestimmungsgrade für die verschiedenen Länder wieder.

Starke Betriebsräte in koordinierten Marktwirtschaften

Abbildung 2:   Mitbestimmungsgrad von Betriebsräten 2010

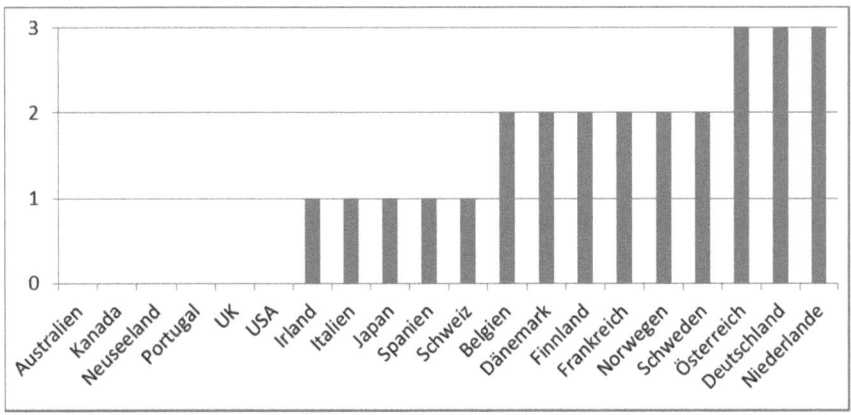

Quelle: ICTWSS Database 2011, Daten für 2010

Insgesamt gibt es vier Ländergruppen. Doch es zeigt sich auch ein Unterschied zwischen liberalen (englischsprachigen) und koordinierten Ländern. In fünf der sechs liberalen Länder (Australien, Kanada, Neuseeland, Großbritannien, USA) haben Arbeitnehmer keinerlei Einspruchsrechte über den Betriebsrat. Nur in Irland haben Betriebsräte seit 2006 das Recht, in sozialen Fragen mitzubestimmen. Dahingegen bietet jedes koordinierte Land (Portugal ist weder koordiniert noch liberal) der Belegschaft Mitsprachemöglichkeiten über den Betriebsrat. Die koordinierten Ländern Deutschland, Österreich und die Niederlande bieten Arbeitnehmern die meisten Mitbestimmungsmöglichkeiten über den Betriebsrat. In den skandinavischen Ländern sowie Belgien und Frankreich, muss der Betriebsrat bei wirtschaftlichen und sozialen Fragen zumindest angehört werden. In Irland, Italien, Japan, Spanien und der Schweiz muss die Geschäftsleitung den Betriebsrat lediglich in sozialen Fragen anhören. Insofern sind nicht alle liberalen Länder gleich, dasselbe gilt für die koordinierten Länder. Trotzdem kann man sehen, dass fast alle liberalen Länder sich von fast allen koordinierten Ländern unterscheiden. In diesem Sinne unterscheiden sich liberale und koordinierte Länder darin, ob die Belegschaft eines Unternehmens an dessen Management mitbeteiligt wird oder nicht.

Ein ähnliches Muster zieht sich durch alle Institutionen, mit denen Länder ihre Wirtschaft regulieren. Immer wieder sieht man, dass liberale Länder Marktarrangements nutzen, die Unternehmen Flexibilität ermöglichen. Koordinierte Länder dagegen fördern Absprachen, die langfristige Kooperation zulassen. Wie der folgende Abschnitt zeigt, folgen Lohnverhandlungen zwischen Arbeitgebern und Arbeitnehmern derselben Logik. In liberalen Ländern entscheidet der Markt über die Höhe der Löhne. In koordinierten Ländern ergibt sich die Höhe der Löhne durch Absprachen von Gewerkschaften und Arbeitgebern.

1.2.2 Liberale und koordinierte Beziehungen zwischen Arbeitgebern und Arbeitnehmern

Das grundlegende Problem: Wie finden Produktionsmittel und Arbeitskräfte zusammen?

In jedem marktwirtschaftlichen Land tritt ein grundlegendes Problem auf: Einerseits gibt es Anbieter von Produktionsmitteln, dies sind die Arbeitgeber. Sie haben Fabriken, Ideen oder Computer, mit denen Werte erwirtschaftet werden können. Doch um diese zu nutzen, brauchen sie Arbeitskräfte. Wenn Arbeitskräfte die Produktionsmittel der Arbeitgeber bedienen, entsteht Mehrwert. Beispielsweise werden in einer Fabrik Stahl, Mikrochips, Plastik und andere Rohmaterialien zu einem Auto zusammengesetzt, welches zu einem höheren Preis verkauft werden kann, als die in die Fabrik gelieferten Rohmaterialen gekostet haben. Dieser höhere Preis im Vergleich zu den Rohmaterialien ist der Mehrwert, der zwischen Arbeitnehmern und Arbeitgebern aufgeteilt werden muss. Im Dienstleistungsbereich ist das Prinzip dasselbe. Jemand hat eine Idee für einen Service, den er durch Arbeitnehmer anbieten möchte. Es entsteht ein Mehrwert dadurch, dass der Unternehmer mehr für einen Service verlangen kann, als er seinem Arbeitnehmer dafür zahlen muss, dass er diesen erbringt. Dieser Mehrwehrt muss immer wieder zwischen Arbeitgeber und Arbeitnehmer aufgeteilt werden.

Arbeitgeber und Arbeitnehmer müssen also immer wieder einen Mechanismus finden, um den Mehrwert, welcher durch die Produktion entsteht, in einen Arbeitgeberanteil (Unternehmergewinne) und einen Arbeitnehmeranteil (Löhne) aufzuteilen. Wieder einmal unterscheiden sich liberale und koordinierte Länder systematisch darin, wie sie die Aufteilung vornehmen. Liberale Länder lassen den Lohn individuell und somit je nach Marktlage aufteilen. Jeder bekommt so viel, wie er für sich individuell auf einem freien Markt durchsetzen kann. Koordinierte Länder verhandeln Lohnsteigerungen dahingegen für eine ganze Branche oder sogar landesweit. Dies ermöglicht Unternehmen in koordinierten Ländern, sich nicht nur an Marktpreisen zu orientieren, sondern Löhne strategisch abzustimmen, beispielsweise um die Inflation nicht ansteigen zu lassen oder um Niedrigverdiener zu bevorzugen. Außerdem binden sich Arbeitnehmer eher an ein Unternehmen, wenn sie keinen Anreiz haben, wegen höherer Löhne ihren Arbeitgeber zu wechseln.

Liberale Marktwirtschaften gehen dabei – ebenso wie in ihrer Regulierung der Unternehmensführung – von einer individualistischen Eigentumskonzeption aus. Jeder Arbeitnehmer „besitzt" seine eigene Arbeitskraft und kann sie zu dem Preis anbieten, die der Markt, also im Einzelfall ein Unternehmer, zu zahlen bereit ist. Findet sich zu dem Preis, den der Arbeitnehmer verlangt, kein Arbeitgeber, bleiben dem Arbeitnehmer drei Möglichkeiten. Die eine wäre, seinen Preis zu senken, also zu einem niedrigeren Lohn zu arbeiten. Darüber hinaus besteht die Option, selbst zu einem Unternehmer zu werden. Letztlich kann er sich entscheiden, nicht zu arbeiten und somit freiwillig arbeitslos zu werden. In keinem Fall gibt es in der Philosophie liberaler Marktwirtschaften einen Grund, die individuelle Freiheit von Arbeitnehmern und Arbeitgebern einzuschränken. Man muss jedem das Recht lassen, seine jeweiligen „Waren" (Arbeitskraft und Produktionsmittel) anzubieten. Die daraus resultierenden Beziehungen zwischen Kapital und Arbeit sind insofern liberal, als dass jeder dieses Recht hat und Einheitslöhne diese Marktfreiheit nicht einschränken.

Für Unternehmen in liberalen Marktwirtschaften hat dies den Vorteil eines flexiblen Arbeitsmarktes, auf dem niemand daran gehindert wird, seine Arbeitskraft meistbietend anzubieten. Unternehmen können ihren Bedarf an Arbeitskräften deswegen schnell decken und sich flexibel auf wandelnde Anforderungen einstellen. Allerdings müssen sie damit leben, dass Arbeitnehmer mit begehrten Qualifikationen für ihre Arbeitskraft einen hohen Preis verlangen. Für Arbeitnehmer bietet dieses System darum Vorteile, wenn sie eine begehrte Qualifikation haben. Einen fragwürdigeren Vorteil bietet es ihnen, dass sie – wenn sie keinen Job finden – ihre Lohnforderungen auch nach unten anpassen können, um nicht arbeitslos zu werden.

Auch im Bereich der Arbeitsbeziehungen haben koordinierte Marktwirtschaften Regeln, die diese individuelle Freiheiten zugunsten langfristiger Kooperation einschränken. Durch strengere Kündigungsregeln und vor allem sektorale (Branchentarifvertrag), regionale (Flächentarifvertrag) und sogar national verbindliche Lohnabschlüsse zwischen Gewerkschaften und Arbeitgebern schränken koordinierte Marktwirtschaften die Freiheit von Unternehmen und Individuen ein, Arbeitskraft zu „Marktpreisen" anzubieten und zu kaufen. Die zentrale Frage dabei ist, auf welcher Ebene Löhne ausgehandelt werden. Wie schon gesagt, ist das System umso liberaler, je weniger es individuelle Absprachen einschränkt.

Dabei unterscheidet man folgende (zunehmend zentralisierte) Ebenen, auf denen Löhne ausgehandelt werden: In Ländern, in denen jeder Arbeitnehmer oder Betrieb Löhne selbst aushandelt, sind Arbeitsbeziehungen maximal liberal, es kann keine Koordinierung stattfinden; der Markt dominiert. Auf einer zweiten Ebene

Liberale Arbeitsbeziehungen

Koordinierte Arbeitsbeziehungen: Eingeschränkte individuelle Vertragsfreiheit

Die verschiedenen Lohnaushandlungsniveaus in liberalen und koordinierten Ökonomien

verhandeln Arbeitgeber und Arbeitnehmer zwar sektoral, sie legen dort jedoch kaum etwas fest, so dass Verhandlungen im Unternehmen wichtig bleiben. Drittens kann die sektorale Ebene dominant sein. Viertens kann neben der sektoralen auch die nationale Ebene eine Rolle spielen. Fünftens können Lohnverhandlungen vor allem auf nationaler Ebene stattfinden, zwischen nationalen Spitzenverbänden von Gewerkschaften und Arbeitgebern. Dies wäre die maximal koordinierte Ebene, da sich Arbeitnehmer und Arbeitgeber für ein ganzes Land strategisch abstimmen (vgl. Variable „Level" der ICTWSS Database 2011). Die folgende Abbildung zeigt, auf welcher Ebene Lohnverhandlungen in den verschiedenen Ländern 2010 tatsächlich stattfanden. Sie zeigt auch, auf welcher Ebene Lohnaushandlungen 1990 stattgefunden haben, um Veränderung über die Zeit zu verdeutlichen.

Abbildung 3:   Koordinierungsgrad von Löhnen 1990 und 2010

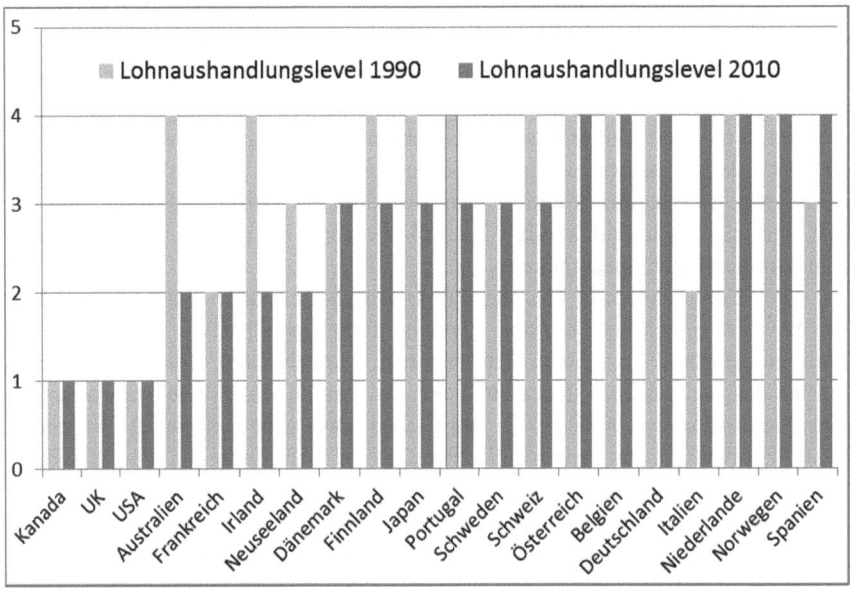

Quelle: ICTWSS Database 2011, Daten für 2010

Weder 1990 noch 2010 gab es Länder, in denen Löhne vor allem auf der nationalen Ebene ausgehandelt wurden (Ebene 5). Doch auf den verbleibenden vier Ebenen gibt es klare Unterschiede zwischen liberalen und koordinierten Ländern. In den liberalen Ländern Kanada, Großbritannien und den USA werden Löhne individuell oder im Betrieb ausgehandelt. Die liberalen Länder Australien, Irland und Neuseeland haben (zusammen mit Frankreich) auch betriebliche Verhandlungen, die von sektoralen Verhandlungen zumindest beeinflusst sind. Australien und Irland hatten 1990 zudem auch noch stärker koordinierte Lohnverhandlungen. Diese wurden aber in der Zwischenzeit liberalisiert. Daneben gibt es eine Ländergruppe, in der sektorale Abkommen wichtig sind, aber Unternehmensverhandlungen nicht dominieren und eine Gruppe, in der sektorale Abkommen wichtiger als Verhandlungen im Unternehmen sind. Alle diese Länder sind koordiniert. Auffällig ist, dass nur zwei Länder ihre Löhne 2010 stärker koordinieren als früher: Italien und Spanien. Ein weiterer Ausnahmefall war lange Zeit Irland, das koordinierte Lohnverhandlungen hatte, obwohl es als liberal gilt. Aber Irlands koordinierte Lohnverhandlungen wurden in den letzten Jahren abgeschafft. Die Abbildung zeigt auch, dass der generelle Trend eher in Richtung Liberalisierung geht, statt in Richtung zunehmender Koordination. Dies gilt auch für die koordinierten Länder, was den Vorhersagen der Varieties-Typologie widerspricht, wonach koordinierte Länder noch koordinierter werden sollten.

Da Tarifverträge auf sektoraler oder nationaler Ebene eine höhere Reichweite haben, gibt es einen Zusammenhang zwischen der Ebene, auf der Löhne ausgehandelt werden und dem Anteil von Arbeitnehmern, für die Tarifverträge verbindlich sind. Die folgende Abbildung verdeutlicht dies. Sie zeigt den Anteil der Beschäftigten, die unter Tarifverträge fallen (schwarzer Balken) und setzt dies in Relation zu der Ebene, auf der Tarifverträge ausgehandelt werden (grauer Balken).

Die unterschiedliche Abdeckung mit Tarifverträgen in liberalen und koordinierten Ökonomien

Abbildung 4: Anteil von Beschäftigen mit Tarifvertrag (schwarz) und Ebene der Lohnaushandlung (grau)

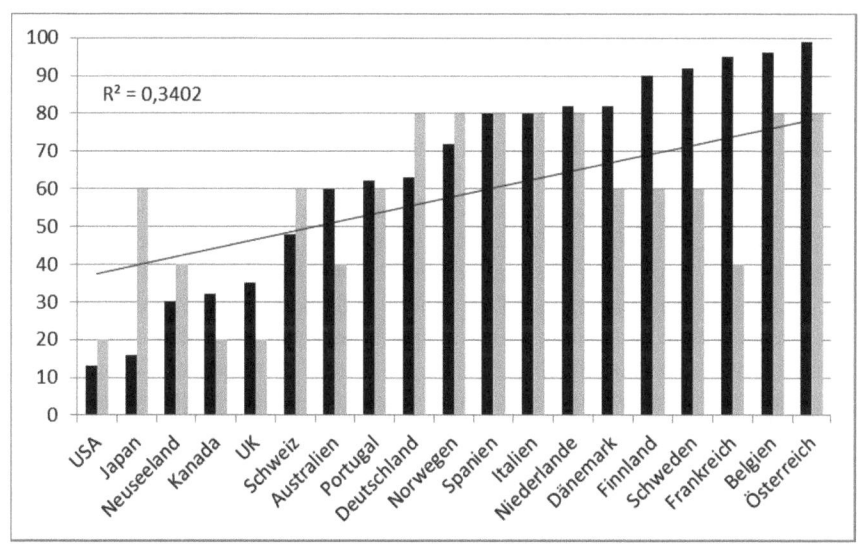

Quelle: Venn (2009: 16ff.) und ICTWSS Database 2011, dann Daten für 2010

Die Höhe des schwarzen Balkens sortiert die Länder nach dem Anteil der Beschäftigten, die durch Tarifverträge abgedeckt sind. Der graue Balken entspricht dem der vorhergehenden Abbildung 3. Er gibt an, auf welchem Level Löhne ausgehandelt werden und kann zwischen null (individuelle oder betriebliche Lohnverhandlungen) und 100 (nationale Lohnverhandlungen) liegen. Die Abbildung zeigt demnach, wie die Ebene, auf der Tarifverträge ausgehandelt werden, damit zusammenhängt, wie viele Arbeitnehmer diese Tarifverträge abdecken. Insgesamt gilt: Umso höher die Ebene ist, auf der Tarifverträge ausgehandelt werden (grauer

Balken), desto mehr Beschäftigte decken diese Tarifverträge ab (schwarzer Balken). Es sind wieder vor allem die liberalen, englischsprachigen Länder, deren Arbeitnehmer kaum durch Tarifverträge abgedeckt sind. Unter den sieben Ländern mit der geringsten Tarifvertragsabdeckung finden sich alle fünf liberalen Länder, für die Daten verfügbar waren.[4] Unter den koordinierten Ländern bilden die oft unklaren Fälle Japan und Schweiz eine Ausnahme. Sie haben zusammen mit den englischsprachigen Ländern eine niedrige Tarifvertragsabdeckung. Auffallend ist, wie stark die Bindung von Tarifverträgen in Deutschland zurückgegangen ist. Obwohl Deutschland als bestes Beispiel für ein koordiniertes Land gilt, ist dessen Tarifvertragsabdeckung mittlerweile fast so gering wie die Australiens.

Gerade in den liberalen Ländern USA, Neuseeland, Kanada und Großbritannien sind nur wenige Arbeitnehmer durch Tarifverträge abgedeckt. Unter den liberalen Ländern bildet lediglich Australien eine Ausnahme. Dort werden Löhne auf einer etwas höheren Ebene ausgehandelt und die dazugehörigen Tarifverträge decken auch mehr Arbeitnehmer ab. Mit Ausnahme der Schweiz und Japans sind es trotzdem durchweg liberale Länder, in denen Tarifverträge nur wenige Arbeitnehmer abdecken. Ebenso sind es (mit Ausnahme Frankreichs) auch durchweg liberale Länder, in denen Löhne auf niedrigem Niveau ausgehandelt werden.

In den meisten koordinierten Ländern decken Tarifverträge hingegen viele Arbeitnehmer ab, besonders in Dänemark, Finnland, Schweden, Frankreich, Belgien und Österreich. Länder mit mittlerem Abdeckungsgrad haben ein dazu passendes Niveau an Tarifverhandlungen. Insgesamt ergibt sich so ein Zusammenhang zwischen der Ebene, auf der Tarifverträge ausgehandelt werden und dem Anteil an Arbeitnehmern, die durch Tarifverträge abgedeckt werden. Steigt der eine Wert an, steigt auch der andere Wert an (schwarze Linie in Abbildung 4). Der Zusammenhang ist jedoch nicht besonders stark. Die Veränderung der einen Variable erklärt 34 Prozent der Veränderung der anderen Variable ($r^2=0{,}34$).[5]

Stärke der Gewerkschaften in liberalen und koordinierten Ökonomien

Es bleibt festzuhalten, dass koordinierte und liberale Länder auf verschiedenen Ebenen Löhne aushandeln. Je höher die Ebene ist, auf der Löhne ausgehandelt werden, umso mehr Arbeitnehmer sind – im Schnitt – von diesen Tarifverträgen abgedeckt und umso weniger sind Löhne von individuellen Marktpreisen abhängig. Auf welcher Ebene Länder Tarifverträge aushandeln und wie viele Arbeitnehmer von diesen abgedeckt sind, hängt auch, so könnte man denken, vom Anteil der Arbeitnehmer ab, die in Gewerkschaften organisiert sind. Auch hier unterscheiden sich liberale und koordinierte Länder, wie folgende Abbildung zeigt.

---

4 Für Irland gab es keine Daten.
5 Wobei eine Messung des Zusammenhangs hier strikt genommen gar nicht genau möglich ist, sondern nur als Annäherung gelten kann. Denn während die eine Variable metrisch skaliert ist, ein Abdeckungsgrad von 40 Prozent also doppelt so viel ist, wie ein Abdeckungsgrad von 20 Prozent, ist die andere Variable ordinal skaliert, denn ein Aushandlungslevel von vier ist mehr, aber nicht doppelt so viel, wie ein Aushandlungslevel von zwei.

Abbildung 5: Gewerkschaftlicher Organisationsgrad

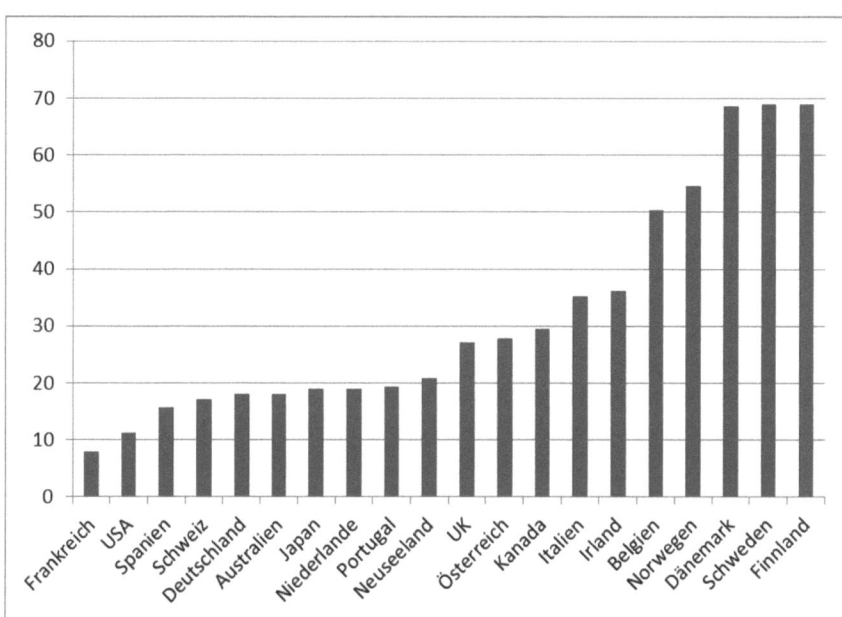

Quelle: ICTWSS 2013, Daten für 2011; für Dänemark, Portugal, Spanien, Schweiz, UK: Daten für 2010.

Diese Abbildung zeigt, wie viel Prozent aller Einkommensbezieher in einer Gewerkschaft organisiert sind. Der Zusammenhang dieses gewerkschaftlichen Organisationsgrades mit Liberalismus und Koordination ist nicht besonders deutlich. Die vier skandinavischen Länder haben den höchsten Anteil gewerkschaftlich organisierter Arbeitnehmer. Irland, Großbritannien, Kanada und Neuseeland, allesamt liberale Länder, haben einen höheren Anteil organisierter Arbeitnehmer als Deutschland, welches als typisch koordiniert gilt. Einzig die USA fallen als liberales Land mit wenig organisierten Arbeitnehmern auf, doch das nicht-liberale Frankreich hat noch weniger. Der Anteil gewerkschaftlich organisierter Arbeitnehmer sagt also nichts über Koordination oder Liberalismus eines Landes aus.

Man könnte annehmen, dass Länder, in denen viele Arbeitnehmer gewerkschaftlich organisiert sind, auch eine hohe Abdeckung durch Tarifverträge aufweisen. Dies stimmt aber nur in eine Richtung: Immer wenn viele Arbeitnehmer in Gewerkschaften sind, ist auch die Abdeckung mit Tarifverträgen hoch. Anderseits gibt es Länder, in denen nur wenige Arbeitnehmer in Gewerkschaften sind, wie Frankreich, Spanien und die Niederlande, die aber trotzdem eine hohe Abdeckung mit Tarifverträgen aufweisen. Wie kann das sein? Hier kommen wieder die unterschiedlichem Regulierungsvorstellungen liberaler und koordinierter Länder ins Spiel.

Unterschiedliche
Regulierungsideen
hinter liberalen
und koordinierten
Lohnaushandlungs-
systemen

Während liberale Länder durchaus zulassen, dass sich Arbeitnehmer zu Gewerkschaften zusammenschließen, um für höhere Löhne zu kämpfen, gehen koordinierte Länder noch einen Schritt weiter. Wenn Arbeitnehmer in einem Sektor, einem Unternehmen oder sogar auf nationaler Ebene Löhne ausgehandelt haben, dehnen koordinierte Länder diese Abkommen auf nicht-organisierte Arbeitnehmer aus. Dadurch wird der Geltungsbereich von Tarifverträgen größer als der gewerkschaftliche Organisationsgrad der Beschäftigten. Dies kann man als ungerecht ansehen. Denn weder sind alle Arbeitnehmer einer Gewerkschaft beigetreten, noch wollten sie notwendigerweise, dass eine Gewerkschaft überhaupt für sie Löhne aushandelt. Genau mit diesem Argument verteidigen liberale Marktwirtschaften ihr individualistisches System der Lohnaushandlung. Dort sind darum auch nur ungefähr so viele Arbeitnehmer durch Tarifverträge abgedeckt, wie in Gewerkschaften organisiert sind (mit der Ausnahme Australiens und wahrscheinlich Irlands, für das keine Daten vorliegen). Dies nennt man eine „voluntaristische" Organisation von Arbeitsbeziehungen. Jeder kann sich freiwillig zusammenschließen. Je nachdem, wie viele Beschäftigte freiwillig in Gewerkschaften organisiert sind, ist die Reichweite der Gewerkschaften ausgeprägt. Einerseits ist dies gerecht. Andererseits gibt es Gründe, warum ein koordiniertes System sinnvoll sein kann: Für Unternehmen können kollektive Regelungen sinnvoll sein, weil es Zeit und Mühe kostet, Löhne mit jedem Arbeitnehmer individuell auszuhandeln. Auch verringern kollektive Tarifverträge das Risiko, dass gute Arbeitnehmer für höhere Löhne zu anderen Unternehmen abwandern, beziehungsweise, dass andere Unternehmen Arbeitnehmer abwerben. In diesem Sinne unterstützen zentralisierte Lohnverhandlungen die dauerhafte Kooperation zwischen Unternehmen und ihrer Belegschaft, welche langfristige, inkrementelle Innovationen ermöglicht. Auf Arbeitnehmerseite können zentralisierte Lohnverhandlungen sinnvoll sein, da die dabei entstehenden Löhne oft höher sind, als diejenigen, die Arbeitnehmer alleine für sich verhandeln können.

Pluralismus und
Korporatismus

Man muss sich jedoch vor Augen führen, dass hinter den zentralisierten Lohnverhandlungen eine andere Regulierungsphilosophie steht, als hinter dezentralisierten. Zentralisierte Lohnverhandlungen entsprechen der Idee des Korporatismus. Dezentralisierte Lohnverhandlungen entsprechen der Idee des Pluralismus. Was ist damit gemeint? Pluralismus bedeutet, dass jede Interessengruppe gegenüber der Politik für ihre Interessen werben kann. Aus diesem Wettbewerb um politische Aufmerksamkeit ergibt sich Wirtschafts- und Sozialpolitik. Im Korporatismus gibt es dahingegen zentralisierte, möglicherweise sogar nationale, zumindest auf breite Branchen bezogene Repräsentanten der Arbeitgeber und Arbeitnehmer, statt vieler einzelner Interessenvertreter, beispielsweise für jede einzelne Berufsgruppe. Wenn solche nationalen Repräsentanten sich geeinigt haben, wie sie ihr Verhältnis zueinander regeln wollen, wenn beispielsweise Gewerkschaften eine bestimmte nationale Lohnsteigerung fordern, der die Arbeitgeber zustimmen, welchen Grund gäbe es dann, dieser Regelung zu widersprechen? Wenn sich die nationalen Spitzenverbände der Arbeitnehmer und Arbeitgeber auf eine bestimmte Regulierung des Kündigungsschutzes einigen oder auf Urlaubsregelungen, so ist die Wahrscheinlichkeit hoch, dass diese Regelungen sachadäquat sind. Denn wer, wenn nicht Arbeitnehmer und Arbeitgeber selbst, sollte wissen, welche Regeln für Unternehmen auf der einen Seite und Arbeitnehmer auf der anderen Seite jeweils hinnehmbar sind? Oder wenn sich Arbeitgeber und Arbeitnehmer einig sind, wie sie die Belegschaft an Unternehmensentscheidungen beteiligen wollen, warum sollte die Politik dem widersprechen? In diesem Sinn nimmt ein nationaler Korporatismus der Politik Regulierungsaufgaben ab. Nationalen Repräsentanten der Arbeitgeber und Arbeitnehmer wird damit nicht nur eine Stimme von vielen eingeräumt. Die Politik behandelt sie stattdessen bevorzugt und setzt ihre Übereinkünfte in Gesetze um – beispielsweise indem sie Lohnsteigerungen für allgemeinverbindlich erklärt. Im Gegenzug nehmen nationale Spitzenverbände der Politik Aufgaben ab und garantieren durch ihre Regelungskapazität „nach unten", dass ihre Mitgliederverbände nach Aushandlung nationaler oder zumindest auf breite Branchen bezogener Tarifverträge diese auch einhalten und so der soziale Frieden gewahrt bleibt.

In liberalen Marktwirtschaften besteht diese Möglichkeit korporatistischer Regelung nicht, da es keine Spitzenverbände der Arbeitgeber und Arbeitnehmer gibt, die Regelungen beschließen und sie gegenüber ihren Mitgliedern durchsetzen können. Dass es diese Verbände nicht gibt, hat teils historisch zufällige, teils systematische Gründe unterschiedlicher Regulierungsphilosophien, auf die die weiteren Kapitel noch zu sprechen kommen. Erst einmal ist wichtig festzuhalten, dass in liberalen Marktwirtschaften jedes einzelne Unternehmen maximale Flexibilität in der Festsetzung von Regeln hat, so lange diese nicht gesetzeswidrig sind.

Die unterschiedliche Stärke von Dachverbänden in liberalen und koordinierten Ökonomien

Um den Grad an Korporatismus eines Landes festzustellen, ist es darum nicht nur wichtig zu wissen, wie stark Spitzenorganisationen ihre Mitglieder repräsentieren. Wichtig ist auch, wie viel Kontrolle nationale Dachverbände über ihre Mitglieder ausüben. Denn nur wenn nationale Dachverbände Entscheidungen gegenüber ihren Mitgliedern durchsetzen können, sind sie auch in der Lage, staatliche Regelungsaufgaben übernehmen. Haben Spitzenverbände beispielsweise das Recht, ihre Mitglieder auf nationaler Ebene gegenüber der Politik zu repräsentieren? Kontrollieren die nationalen Dachverbände das Führungspersonal ihrer Mitgliederverbände? Können sie autonom Löhne aushandeln? Können sie bestimmen, ob ihre Mitgliederorganisationen streiken? Diese Fragen kann man jeweils mit ja oder nein beantworten und bei einer Antwort von nein eine 0 vergeben, sowie bei einer Antwort von ja eine 1. Der Durchschnitt der Antworten ergibt dann eine Zahl von 0 bis 1, wobei ein Wert von 0 bedeutet, dass nationale Dachverbände ihre Mitglieder gar nicht kontrollieren können und eine 1 bedeutet, dass Dachverbände vollständige Macht über Ihre Mitglieder haben. So kann man das Ausmaß an Korporatismus messen. Die entsprechenden Werte hat die ICTWSS-Datenbank zusammengetragen, womit sie wiedergibt, wie korporatistisch ein Land ist. Die folgende Abbildung zeigt diese Werte für die verschiedenen Länder.

Abbildung 6:   Kontrolle zentraler Dachverbände über Mitglieder

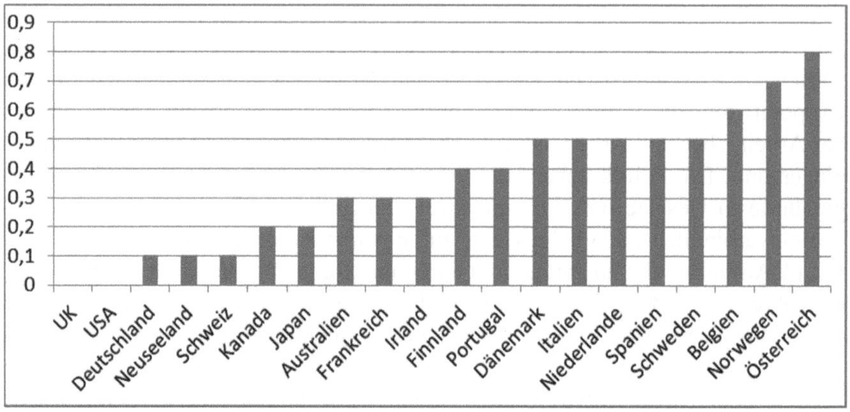

Quelle: ICTWSS Datenbank 2011, Daten für 2010

Erwartungsgemäß ist in den liberalen Ländern – und besonders in Großbritannien und den USA – das Ausmaß korporatistischer Kontrolle niedrig, da es keinen zentralen Ansprechpartner gibt, der politische Beschlüsse nach unten an seine Mitglieder durchsetzen kann. Auch alle weiteren liberalen Länder sind in der Hälfte der Länder mit den am wenigsten zentralisierten Verbänden. Unter den koordinierten Ländern ist Deutschland eine Ausnahme. Hier hat der Deutsche Gewerkschaftsbund als zentraler Dachverband nur sehr wenig Macht. Dafür gibt es mächtige zentrale Gewerkschaften, wie ver.di und IG Metall, mit denen korporatistische Absprachen möglich sind. Deutschland ist also kein korporatistisches Musterland, denn hier gibt es Branchengewerkschaften, die mächtiger sind als der nationale Dachverband.

Makroökonomische Vorteile koordinierter Arbeitsbeziehungen
Zentralisierte Lohnverhandlungen haben auch einen makroökonomischen Vorteil. In liberalen Marktwirtschaften verhandeln nämlich, wie schon gesagt, Individuen einzeln ihre Gehälter oder schließen sich höchstens auf Unternehmensebene gewerkschaftlich zusammen. Damit die dabei entstehenden Gewerkschaften Mitglieder gewinnen, sind sie versucht, sich mit Lohnforderungen zu überbieten. Die Folge sind viele kleine, radikale Gewerkschaften mit hohen Lohnforderungen.[6] Wenn nun aber jede dieser kleinen Gewerkschaften hohe Löhne fordert und bekommt, ohne dass die Menge an produzierten Gütern steigt, so ergibt sich makroökonomisch ein Missverhältnis von Gütern zu Löhnen. Denn wenn jeder mehr Lohn bekommt, ohne dass die Menge an produzierten Gütern größer wird, kommt es zu Inflation. Geld würde weniger wert, da für die Produktion jeder Gütereinheit mehr Lohn notwendig wird. Da die Löhne der einzelnen Arbeitnehmer dadurch weniger wert sind, es stehen ja weniger Waren und damit weniger Kaufkraft hinter den Löhnen, sind Gewerkschaften oder individuelle Arbeitnehmer gezwungen,

---

6 Solche Gewerkschaften können sich auch in koordinierten Marktwirtschaften formen, wie beispielsweise in Deutschland mit der Eisenbahnergewerkschaft GDL. Doch in koordinierten Ländern formen sich solche Gewerkschaften seltener.

noch höhere Löhne zu fordern – dasselbe Spiel beginnt von vorne und dergleichen Gütermenge stehen höhere Löhne gegenüber. Unternehmen müssten dann wiederum ihre Güter immer teurer machen, um die gestiegenen Löhne zu bezahlen. Güter würden somit teurer und Löhne höher. Für ihre gestiegenen Löhne können sich die Arbeitnehmer somit nicht mehr kaufen als vorher.

In dieser sogenannten Cost-Push Falle befanden sich vor allem liberale Länder in den 1970er Jahren. Koordinierte Länder hatten es einfacher, denn deren relativ zentralisierte Gewerkschaften konnten ihre Lohnforderungen koordinieren. Was bedeutet das? Sobald eine Gewerkschaft eine bestimmte Größe erreicht hat, muss sie die makroökonomischen Folgen ihrer Lohnforderungen bedenken. Wenn eine Gewerkschaft beispielsweise 50 Prozent der Bevölkerung eines Landes repräsentiert, werden sich ihre Lohnforderungen, sofern sie nicht durch höhere Produktivität gedeckt sind, zu 50 Prozent in eine höhere Inflationsrate umsetzen. Dies funktioniert solange, wie die Zentralbank die Geldmenge entsprechend erhöht, ansonsten kommt es zu Arbeitslosigkeit, da es sich für die Unternehmer nicht mehr lohnt, die teureren Arbeitskräfte einzustellen. Beides, Inflation und Arbeitslosigkeit, will eine große Gewerkschaft in der Regel vermeiden. Da die relativ zentralisierten Gewerkschaften koordinierter Länder diese negativen makroökonomischen Folgen ihrer Lohnforderungen in Betracht ziehen mussten, konnten viele koordinierte Länder der Cost-Push Inflation entgehen, unter der liberale Länder in den 1970er Jahren litten.

Davon abgesehen, dass liberale Marktwirtschaften keine zentralisierten Verbände haben, die „nach unten" Lohnzurückhaltung durchsetzen können, fehlt diesen Ländern auch ein weiterer Baustein für kollektive Lohnverhandlungen. Denn korporatistische Pakte (die Gewerkschaften verzichten auf radikale Lohnsteigerungen, dafür bieten die Arbeitgeber Beschäftigungssicherheit) funktionieren nur, wenn es zwischen Verbänden und Staat enge Beziehungen gibt. Immer wenn Unternehmerverbände, Gewerkschaften und Staat miteinander einen Pakt schließen, ist es möglich, dass eine der drei Seiten ihre Versprechen nicht einhält. Unternehmerverbände können ihr Versprechen brechen, Produktion im Inland zu halten. Gewerkschaften können ihr Versprechen brechen, Lohnzurückhaltung zu üben. Der Staat kann sein Versprechen brechen, bestimmte Gesetze auf den Weg zu bringen. Nicht nur müssen die drei Verhandlungspartner darum die von ihnen zentral beschlossenen Regelungen gegenüber ihren Mitgliedern durchsetzen können. Auch müssen Gewerkschaften und Unternehmerverbände sicher sein, dass der Staat in ihrem Sinne handelt. Dies ist bedeutend einfacher, wenn es enge Verbindungen und damit einhergehend Vertrauen zwischen Gewerkschaften, Unternehmerverbänden und dem Staat gibt, was eher in koordinierten Marktwirtschaften der Fall ist. So sind in Deutschland viele Bundestagsabgeordnete gleichzeitig Spitzenfunktionäre bei Arbeitgeberverbänden oder Gewerkschaften. Gewerkschaften und Arbeitgeberverbände können den Staat außerdem beeinflussen, indem sie wirtschaftliche Subsysteme organisieren, zum Beispiel das Ausbildungssystem. Damit können sie Nicht-Kooperation des Staates in einem Feld mit eigener Nicht-Kooperation in einem anderen Feld bestrafen (oft zum beiderseitigen Schaden).

Der Erfolg von Lohnkoordination in den 1970er Jahren

Vorrechte für Spitzenverbände in den koordinierten Ökonomien

Koordinierte Länder
bieten Stabilität,
liberale Flexibilität

Wie schon im Feld der Unternehmensführung zeigt sich auch hier das Gesamtbild, dass koordinierte Marktwirtschaften Unternehmen ein stabiles Regelungsumfeld bieten, welches langfristige Planung ermöglicht und damit inkrementelle Innovationen fördert. Die Unternehmen müssen sich nicht um individuelle Löhne kümmern. Stattdessen können sie mit einer stabilen Stammbelegschaft ihre Produkte verbessern. Gleichzeitig hindert dieses Umfeld Unternehmen und Arbeitnehmer, flexibel auf Marktveränderungen zu reagieren und ihre Arbeitskraft, beziehungsweise ihr Kapital, meistbietend zur Verfügung zu stellen. Dieses Umfeld schadet somit Unternehmen, die auf Flexibilität angewiesen sind, um radikale Innovationen auf den Weg zu bringen.

Zwar hängt die Einteilung in liberale und koordinierte Länder nicht immer perfekt mit empirischen Indikatoren zusammen. Es gibt einzelne koordinierte Länder, die in bestimmten Aspekten eher den liberalen Länder ähneln oder umgekehrt. Vielmehr zählt jedoch, dass *über die verschiedenen Institutionen hinweg* die liberalen Länder und die koordinierten Länder *im Schnitt* ähnlich sind. Dies haben die bisherigen Kapitel für Indikatoren der Unternehmensführung und Arbeitsbeziehungen gezeigt. Das folgende Kapitel zeigt Unterschiede in den Ausbildungssystemen.

1.2.3 Liberale und koordinierte Ausbildungssysteme

Wie das
Gefangendilemma
hohes Humankapital
verhindert

Die beiden Kapitalismusspielarten unterscheiden sich nicht nur in ihrer Unternehmensführung und in ihren Arbeitsbeziehungen. Sie unterscheiden sich auch darin, wie sie Humankapital generieren. Humankapital wird oft definiert als „die Summe der wirtschaftlich nutzbaren Fähigkeiten, Kenntnisse und auch Verhaltensweisen der Erwerbsbevölkerung einer Volkswirtschaft."[7] Der wirtschaftliche Erfolg von Unternehmen und ganzen Ländern hängt von diesem Humankapital ab. Insofern könnte man vermuten, dass kein Mangel an Humankapital bestehen kann, schließlich sollte jeder ein Interesse haben, es zu erhöhen. Doch so einfach ist es nicht. Wieder einmal zeigt sich hier das Gefangenendilemma. Wie genau sieht dieses aus und wie gehen koordinierte und liberale Marktwirtschaften damit um?

Jeder will ein hohes
Humankapital, keiner
will dafür zahlen

Wenn Menschen eine Ausbildung aufnehmen, investieren sie in ihr Humankapital. Sie hoffen, in der einen oder anderen Weise von dieser Investition zu profitieren, in Form eines höheren Gehalts oder einer interessanteren Arbeit. Menschen, die sich ihre Ausbildung aussuchen, stehen Unternehmen gegenüber, die bestimmte Qualifikationen nachfragen. Prinzipiell, so könnte man vermuten, kann so ein System aufgrund von Angebot und Nachfrage funktionieren. In liberalen Marktökonomien ist dies auch weitgehend der Fall. Doch so einfach sich dieses Modell auch anhört, hat es doch einige Probleme. Denn auch hier wäre Kooperation zwar wünschenswert, doch wie im Gefangenendilemma kommt sie oft nicht zustande.

So ist jedes einzelne Unternehmen zwar an qualifizierten Arbeitnehmern interessiert. Am besten für das Unternehmen ist es jedoch, wenn es diese nicht selbst

---

7 http://www.bpb.de/popup/popup_lemmata.html?guid=VY2X9V, 09.11.2011

kostspielig ausbilden muss, sondern von anderen Unternehmen abwerben kann. Wenn jedes Unternehmen so denkt, kommt jedoch ein niedrigeres Ausbildungsniveau zu Stande als jenes, welches Unternehmen sich wünschen. Für ein einzelnes Unternehmen ist es in so einer Situation dann doch sinnvoll, in die Qualifikation seiner eigenen Mitarbeiter zu investieren, insofern es davon ausgehen kann, dass der besser qualifizierte Arbeitnehmer daraufhin nicht in ein anderes Unternehmen abwandert, um dort mehr Geld zu verdienen. Der Arbeitnehmer wird dahingegen nur in seine Qualifikation investieren, wenn diese ihm auch tatsächlich zu einem besseren Arbeitsplatz verhilft. Damit ein Unternehmen ausbildet, muss es somit wissen, dass der Markt für Arbeitnehmer eingeschränkt ist. Ansonsten, so paradox dies auch erscheinen mag, sind zwar Unternehmen und Arbeitnehmer an einem hohen Ausbildungsniveau interessiert, trotzdem kommt es nicht zu Stande.

Um ein hohes Ausbildungsniveau zu erreichen, umgehen koordinierte Marktwirtschaften durch verschiedene Arrangements das Marktversagen, welches gerade beschrieben wurde. Während die vorherigen Unterkapitel stark auf Hall und Soskice aufbauen und darum kaum Literatur außer deren Einleitung zitierten, hat in Bezug auf Ausbildungssysteme erst spätere Forschung gezeigt, wie sich Länder unterscheiden. Deutschland, Österreich, die Schweiz, die Niederlande und Dänemark haben koordinierte Ausbildungssysteme. Hier erstellen und zertifizieren der Staat, Arbeitgeberverbände und Gewerkschaften gemeinsam Ausbildungsgänge und passen sie den Wünschen der Unternehmen an. Andererseits fordern Arbeitgeberverbände die Unternehmen auch auf, selbst auszubilden. Auszubildende werden einerseits in einer staatlichen Schule ausgebildet, andererseits findet die Ausbildung in Unternehmen statt. Da der Staat, Gewerkschaften und Unternehmerverbände die Ausbildung gemeinsam regulieren, haben diese Marktwirtschaften sogenannte „kollektive Ausbildungssysteme" (collective skill formation systems` in Busemeyer/Trampusch 2011: 4).

Koordinierte Lösungen für das Ausbildungsproblem

Damit diese kollektiven Ausbildungssysteme funktionieren, müssen die anderen Institutionen koordinierter Marktwirtschaften sie unterstützen. Wenn ein Unternehmen seine Arbeitnehmer für die spezifischen Aufgaben im Unternehmen ausbildet, wird es – wie schon besprochen – von seinen Arbeitnehmern abhängig, da es auf ihre speziellen Fähigkeiten angewiesen ist. Hier werden die institutionalisierten Mitsprachemöglichkeiten koordinierter Ökonomien wichtig. Denn wenn Arbeitnehmer ein Forum haben, um sich mit ihrem Arbeitgeber auszutauschen, sinkt die Wahrscheinlichkeit, dass sie zu Konfliktmitteln und Erpressung greifen, um ihre Interessen durchzusetzen. Zudem führen branchenweit ausgehandelte Löhne dazu, dass Arbeitnehmer keinen finanziellen Anreiz haben, ihr Unternehmen zu wechseln. Ein unflexibler Arbeitsmarkt macht es somit für Unternehmen reizvoller, selbst auszubilden, denn sie können davon ausgehen, dass das Investment in die Ausbildung der eigenen Arbeitnehmer nicht dadurch verloren geht, dass diese in ein anderes Unternehmen wechseln.

Dass es Institutionen gibt, in denen Arbeitnehmer und Arbeitgeber sich absprechen können, ermöglicht außerdem, die komplizierten Fragen eines koordinierten Ausbildungssystems zu klären. Anders als im liberalen Regime muss der Auszubildende seine Ausbildung nicht selbst bezahlen. Stattdessen finanzieren die

Unternehmen den Ausbildungsteil, der am Arbeitsplatz stattfindet; der Staat finanziert den schulischen Teil der Ausbildung (sogenanntes duales Ausbildungssystem – Ausbildung im Betrieb und in der Schule). Auch Arbeitnehmer tragen einen Teil der Kosten, indem sie während ihrer Ausbildung relativ geringe Löhne akzeptieren (Busemeyer/Trampusch 2011: 31f.).

Doch innerhalb nicht-liberaler Marktwirtschaften gibt es auch noch andere Möglichkeiten, die Ausbildung der Arbeitnehmer sicherzustellen, die weniger koordiniert sind. Neben den kollektiven Ausbildungssystemen, in denen Staat, Arbeitgeberverbände und Gewerkschaften dafür sorgen, dass Unternehmen mehr ausbilden, als sie es ansonsten tun würden, gibt es auch stärker schulbasierte Länder wie Schweden, Frankreich oder Italien, wo der Staat die Ausbildung der Arbeitnehmer übernimmt, die deswegen größtenteils in der Schule stattfindet, statt in Unternehmen. Diese Länder versuchen, eine schulische Ausbildung gegenüber einem Studium besonders attraktiv zu gestalten, verzichten jedoch weitgehend auf die Kooperation mit Unternehmen.

Auch ist es möglich, dass – so in Japan der Fall – Unternehmen so groß sind, dass sie selbst Arbeitnehmer ausbilden und diesen dann einen dermaßen attraktiven interbetrieblichen Arbeitsmarkt bieten können, dass die Ausbildung fast komplett innerhalb eines Unternehmen stattfinden kann (Busemeyer/Trampusch 2011: 12). Auf diese Weise können Länder ein hohes Ausbildungsniveau erreichen, trotz des prinzipiellen Marktversagens in diesem Feld (jeder will ein hohes Ausbildungsniveau, aber kein Arbeitnehmer oder Unternehmen ist bereit, es zu bezahlen, wenn man nicht sicher sein kann, davon zu profitieren).

Dieses System – wer was bezahlt, wer was lernt und wie dies beizubringen ist – ist kompliziert und kann nur aufrechterhalten werden, wenn Arbeitgeber und Arbeitnehmer gelernt haben, zusammenzuarbeiten. Insofern ist ein koordiniertes Ausbildungssystem nur möglich, wenn auch andere Aspekte des Wirtschaftssystems koordiniert sind, so dass Arbeitnehmer und Arbeitgeber lernen konnten zusammenzuarbeiten. Beispielsweise hängen die Ausbildungsregeln mit Kündigungsregeln zusammen. Denn aufgrund ihrer unternehmensspezifischen Ausbildung können Arbeitnehmer mit ihren Mitspracherechten Produktion und Produkte im Unternehmen besonders gut verbessern. Schließlich haben sie diesbezüglich Insiderwissen. Die strengen Kündigungsregeln und der geringere kurzfristige Druck zur Gewinnsteigerung sorgen dafür, dass Arbeitnehmer Hinweise geben können, wie Arbeit effizienter erledigt werden kann – selbst wenn sie dadurch möglicherweise ihren eigenen Arbeitsplatz wegrationalisieren. Das machen sie aber eben nur, wenn sie relativ sicher sein können, im Unternehmen eine neue Stelle zu bekommen, anstatt entlassen zu werden. Dadurch haben die Arbeitnehmer weniger Bedenken, die Produktion effizienter zu gestalten, wenn es einen hohen Kündigungsschutz gibt. Dies ist wiederum wichtiger, wenn es darum geht, eine bestehende Produktion immer effizienter zu machen, anstatt ganz neue Produkte zu erfinden.

Liberale Lösungen für das Ausbildungsproblem

Anders als in koordinierten Marktwirtschaften findet in liberalen Ländern Ausbildung wegen der oben genannten Probleme (jeder benötigt qualifizierte Arbeitnehmer, aber niemand will deren Ausbildung bezahlen), eher nicht in Unternehmen statt. Vielmehr erwerben viele Arbeitnehmer, die in koordinierten Ländern eine Ausbildung machen würden, überhaupt keine Qualifikation und müssen darum im Niedriglohnsektor arbeiten, was wiederum die soziale Ungleichheit in liberalen Ländern erhöht (Thelen 2008: 560). Denn andere Arbeitnehmer in liberalen Ländern schaffen es zu studieren, sie bekommen ihre Qualifikationen erst an Schulen und dann in Universitäten. Da die Ausbildung in Universitäten weniger als die Ausbildung in Unternehmen speziell auf die Bedürfnisse von Unternehmen zugeschnitten ist, lernen Arbeitnehmer eher allgemeine, statt spezifische Fähigkeiten, die sie in verschiedenen Unternehmen nutzen können. Weil die Ausbildung von Arbeitskräften in liberalen Ländern in Unternehmen stattfindet, kann man dort vieles studieren, was man in koordinierten Ländern innerhalb einer Ausbildung lernt. Die Kosten für die Ausbildung in liberalen Ländern trägt teilweise der Staat – indem er Schulen und Universitäten finanziert. Einen großen Teil der Kosten tragen aber auch die Nachfrager der Ausbildung – die Studierenden. Die Studiengebühren in liberalen Ländern sind deswegen im Schnitt weitaus höher als in koordinierten Ländern. Das extremste Beispiel sind die USA. Die Studiengebühren für ein Studienjahr an einer privaten Universität wie der Boston University betragen derzeit um die 44.000 Dollar, mit einem Zimmer im Studentenwohnheim und Essen kommt man auf circa 60.000 Dollar (2012). Ein Jahr an der staatlichen University of Texas oder University of California Berkeley kostet – wenn man aus einem anderen Bundesstaat kommt – 16.000 bis 32.000 Dollar, je nach Studiengang. Britische Universitäten dürfen seit 2012 bis zu 9.000 Pfund jährliche Studiengebühren verlangen, was sie in der Regel auch machen. Da es jedoch in den liberalen Ländern keine staatlich oder kollektiv organisierte Alternative zu einer Universitätsausbildung gibt, haben trotzdem viele junge Menschen einen Hochschulabschluss. Die folgende Abbildung zeigt, wie viel Prozent aller 25- bis 35-jährigen 2011 in den verschiedenen Ländern einen Hochschulabschluss haben.

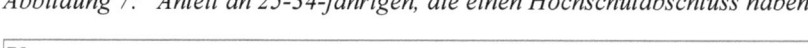

Abbildung 7: Anteil an 25-34-jährigen, die einen Hochschulabschluss haben

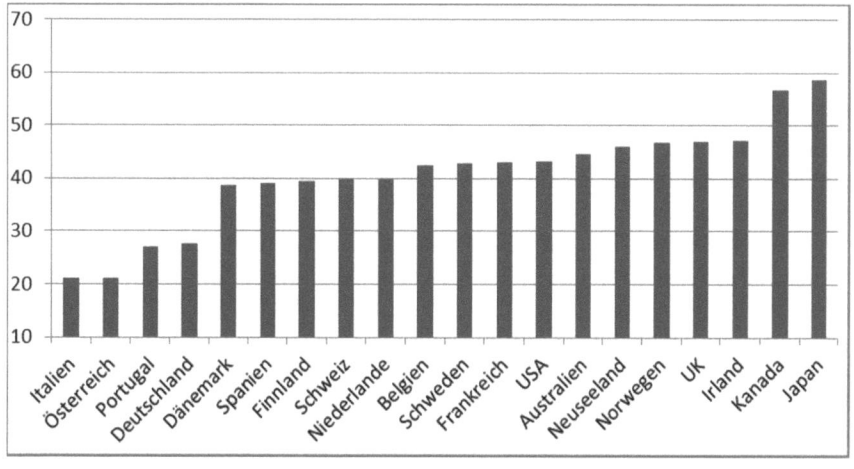

Quelle: OECD.Stat 2013, Daten 2011, Attained a tertiary education degree, 25-34 year-olds (%)

Wie man sieht, haben in den liberalen Ländern (plus Norwegen und Japan) die meisten jungen Menschen einen Hochschulabschluss. Die Unterschiede sind enorm. Während in Kanada 56 Prozent aller 25- bis 34-Jährigen ein Studium absolviert haben, sind es in Deutschland nur 27 Prozent. Wie kommt es, dass in liberalen Ländern mehr Menschen studieren trotz der teils hohen Studiengebühren? Ein Grund ist sicherlich, dass ein attraktives Berufsausbildungssystem eben aufgrund des oben beschriebenen Marktversagens fehlt. Ein anderer Aspekt ist, dass die Nachfrager von Bildung in liberalen Ländern die hohen Kosten ihres Studiums oft durch höhere Einkommen zurückbekommen. Hier wird der flexible Arbeitsmarkt wichtig, der Unternehmen in liberalen Ländern nicht zwingt, Tariflöhne zu zahlen, sondern für hohe Qualifikationen auch hohe Löhne ermöglicht. Zudem versorgt dieses System die Unternehmen liberaler Marktökonomien mit erstklassig qualifizierten Arbeitskräften. Das wahrscheinlich anerkannteste weltweite Ranking für Universitäten ist *The Times Higher Education World University Rankings.*[8] Nach dem Ranking 2013-2014 sind fünfzehn der zwanzig weltweit besten Universitäten in den USA, weitere drei sind in Großbritannien, eine in Kanada. Lediglich die ETH Zürich kann, als einzige Universität aus einem nicht-liberalen Land, unter den Top 20 mithalten. Unter den besten 50 Universitäten ist keine deutsche und nur vier aus koordinierten Ländern. Man kann sich über einzelne Platzierungen in solchen Rankings streiten, aber das Oxford und Harvard (Platz zwei und drei) eine höhere weltweite Anziehungskraft haben als die LMU München (auf Platz 55 die höchstgerankte deutsche Hochschule) wird kaum jemand in Frage stellen. Zudem scheint es, dass auch Universitäten selbst in liberalen Ländern eher nach einer Marktlogik strukturiert sind, während Universität in koordinierten Ländern eher in langfristigen Kooperationsbeziehungen eingebunden sind. So organisieren britische Universitäten ihre Interaktionen mit Studenten, anderen Universitäten und dem Staat eher nach der Logik von Gewinnmaximierung, während deutsche Universitäten langfristige strategische Kooperationen aufbauen und weniger auf Gewinnmaximierung aus sind, dafür jedoch relativ stabil öffentlich finanziert werden (Graf 2009).

Eine weitere „Stärke" des liberalen Systems ist, dass es seine Unternehmen mit einem großen Pool Niedrigqualifizierter versorgt, die Arbeit günstig erledigen können. Im Unterschied zu koordinierten Marktökonomien, wo die Ausbildungsqualität relativ gleich ist, weil viele Arbeitnehmer eine standardisierte Ausbildung durchlaufen, ermöglicht das liberale System den Unternehmen, sich Arbeitskräfte auf dem freien Markt zu besorgen. Unternehmen selbst haben jedoch keinen Anreiz auszubilden, weil sie aufgrund des flexiblen Arbeitsmarktes nicht sicher sein können, dass Arbeitnehmer bei ihnen bleiben. Man kann also vereinfacht sagen, dass die Ausbildung in liberalen Ländern die Arbeitnehmer in zwei Gruppen spaltet: ungelernte Arbeitnehmer, die im Niedriglohnsektor arbeiten und Universitätsabsolventen, die oft weitaus mehr verdienen als in koordinierten Ländern. In den koordinierten Ländern gibt es dafür generell mehr Menschen, die eine Ausbildung

---

8 Das Ranking ist auf folgender URL zu finden: http://www.timeshighereducation.co.uk/world-university-rankings/2013-14/world-ranking - Zugriff am 17.12.2013

gemacht haben und somit eine zumindest mittelhohe Qualifikation haben, was auch ein Grund ist, warum Löhne in koordinierten Ländern weniger stark variieren. Ein weiterer Unterschied ist, dass die Ausbildungen koordinierter Ökonomien eher branchenspezifische Fähigkeiten vermitteln, die Arbeitnehmer dazu anregen, lange in einem Unternehmen zu bleiben. Liberale Ökonomien erzeugen dahingegen eher generelle Qualifikationen, die in der Schule oder Universität erlernt werden, statt im Unternehmen und die dazu führen, dass Arbeitnehmer auf einem flexiblen Arbeitsmarkt Jobs schnell wechseln können. Auch anhand der Ausbildungssysteme wird auf diese Weise ersichtlich, warum liberale Marktökonomien eine Stärke in radikalen Innovationen haben, denn die dortigen Unternehmen kommen schnell an alle Arbeitnehmer, die sie benötigen. Währenddessen haben koordinierte Ökonomien ihre Stärke in inkrementellen Innovationen, denn deren Arbeitnehmer sind qualifiziert dafür, langfristig in einem Unternehmen und meist sogar an einem bestimmten Produkt mit spezifischen Fähigkeiten zu arbeiten. Ein weiterer Aspekt, in dem sich koordinierte und liberale Marktwirtschaften unterscheiden, ist deren Unternehmensfinanzierung.

1.2.4 Liberale und koordinierte Unternehmensfinanzierung

Der Sinn von Unternehmen besteht im Wesentlichen darin, Kapital in mehr Kapital zu verwandeln, indem sie durch Produktion oder Dienstleistungen Mehrwert produzieren. Unternehmen sind darum eine Investitionsmöglichkeit für alle, die eine Weile auf Geld verzichten können, um dafür später mehr Geld zurückzubekommen – oder es zu verlieren, je nachdem wie das Unternehmen wirtschaftet. Entsprechend steht es jedem frei, Aktien börsennotierter Unternehmen zu kaufen und von Gewinnen und Wertsteigerungen zu profitieren. Um zu entscheiden, ob eine Investition in ein Unternehmen sinnvoll ist, kann man einen Blick in dessen Bilanz werfen: Wie viele Schulden hat das Unternehmen? Wie viel Gewinn? Wie viel Kapital? Man kann sich auch fragen, wer das Unternehmen managt und auf welcher Geschäftsidee es beruht. Am einfachsten kann man sich die Wertentwicklung des Unternehmens in der Vergangenheit ansehen und hoffen, dass sie sich in Zukunft fortsetzen wird. Um attraktiv für Investoren zu sein, ist ein Unternehmen also gezwungen, bei diesen Kennzahlen gut dazustehen; insbesondere muss es möglichst hohe Gewinne machen.

> Das grundlegende Problem zwischen Kapitalgebern und Kapitalempfängern

Doch auch in diesem eigentlich einfachen System treten Probleme auf. Wieder kann es zu Täuschung kommen, wie im Gefangenendilemma. Stellen Sie sich vor, Sie leihen jemandem Geld, den Sie kaum kennen. Eigentlich wäre das für beide sinnvoll. Jemandem, der gerade Geld braucht, wird geholfen. Umgekehrt brauchen Sie das Geld gerade nicht und können hoffen, dass der Unbekannte Ihnen dafür später hilft. Doch bei einem Unbekannten können Sie nie sicher sein, dass er Ihr Geld wirklich zurückbezahlt. Sie sind, was seine Situation angeht, ein „Outsider" und müssen ihn deswegen aufgrund lückenhafter Informationen bewerten. Außerdem hat der Unbekannte ein – in materieller Hinsicht – rationales

Interesse, Sie zu betrügen. Sie würden wahrscheinlich ziemlich nervös sein und bei der kleinsten Verunsicherung versuchen, Ihr Geld zurückzubekommen.

Wie liberale Marktwirtschaften mit dem Vertrauensproblem umgehen: Kontrolle von außen

Das Finanzsystem muss im Prinzip diese Probleme lösen. Auch Unternehmen haben ein Interesse, einseitig auf öffentlichkeitswirksame Maßnahmen zu setzen, um die Nachfrage nach ihren Aktien zu steigern und allein dadurch den Aktienkurs hochzutreiben. Unternehmen können beispielsweise auf Kosten langfristiger Investitionen ihre kurzfristigen Gewinne erhöhen oder jemandem als Vorstand nominieren, der unter Investoren bekannt ist, jedoch fachlich nicht der Bestqualifizierte ist. Darüber hinaus können Unternehmen ihre Bilanzen auch einfach fälschen, um Investoren mit scheinbar hohen Gewinnen anzulocken. Das ist keine graue Theorie. Enron, 2001 das siebtgrößte Unternehmen der USA, manipulierte seine Bilanzen über Jahre hinweg. Keiner merkte es. Denn in dem outsiderorientierten Unternehmensführungssystem der USA war keiner der Aktionäre am Management der Firma beteiligt; niemand hatte somit Einblick in die Vorgänge. Alle verließen sich auf die öffentlichen Bilanzen; keiner merkte, dass diese gefälscht waren. Als daraufhin immer mehr Investoren Aktien von Enron kauften, stieg allein schon deswegen dessen Aktienkurs. Erst Jahre später merkten die ersten Investoren, dass das Unternehmen gar keinen Gewinn machte. Daraufhin brach der spektakuläre Aktienkurs zusammen und Enron wurde mit einem Schlag insolvent.

Investoren wissen wiederum, dass Vorstände versuchen, auf solche Weise ihre Unternehmen besser dastehen zu lassen, als es der Realität entspricht. Doch alles, was Investoren haben, um dem auf die Schliche zu kommen, sind die mehrmals im Jahr veröffentlichten Unternehmensdaten. Investoren reagieren darum auf kleinste öffentlich sichtbare Veränderungen. Sie haben ein Interesse daran, auch bei kleinsten Gewinnschwankungen oder Problemen ihre Investitionen abzuziehen, nicht zuletzt, da sie ihre Aktienanteile vor anderen Investoren verkaufen müssen, wenn sie dafür noch einen hohen Preis bekommen wollen. Hinter all diesen Vermutungen können die tatsächlichen wirtschaftlichen Basisdaten in den Hintergrund treten. Darum gibt es auch hier Gründe, von einem typischen Marktmodell abzuweichen, in dem Unternehmensanteile auf einem freien Markt allgemein handelbar sind, Kreditgeber und Kreditnehmer sich jedoch nicht kennen.

Wie koordinierte Marktwirtschaften mit dem Vertrauensproblem umgehen: Kontrolle von innen

Koordinierte Marktwirtschaften haben deswegen andere Möglichkeiten der Unternehmensfinanzierung. Um dieses unterschiedliche Prinzip zu verdeutlichen, erinnern Sie sich an das Beispiel, dass Sie einem Unbekannten Geld leihen. Dem entspricht das Finanzsystem liberaler Marktökonomien, inklusive aller damit verbundenen Flexibilität und Probleme. Doch nun stellen Sie sich vor, dass Sie einem guten Freund Geld leihen, dem Sie bisher immer vertrauen konnten. Als Sie Ihr Geld zurückerwarten, teilt er Ihnen nachvollziehbare Gründe mit, warum er es Ihnen gerade nicht zurückzahlen kann. Er beteuert aber, es später zurückzuzahlen. Vertrauen Sie darauf? Wenn Sie Ihren Freund gut kennen, wissen Sie, dass er das geliehene Geld mit höherer Wahrscheinlichkeit zurückbezahlen wird als ein Fremder. Auch hier kann es zu Betrug kommen. Dieser ist jedoch seltener, denn man kennt sich besser und kann besser einschätzen, ob man sich vertrauen kann. Dieses Vertrauen entsteht in koordinierten Marktwirtschaften, weil Banken im Aufsichtsrat der Unternehmen sitzen, denen sie Geld leihen. Sie haben somit „Insiderinformationen" und können ihr Risiko deswegen besser einschätzen.

In koordinierten Ökonomien werden die Kreditgeber somit zu „Insidern" über die Situation des Kreditnehmers, da sehr viel weniger Geld über den anonymen Kapitalmarkt zur Verfügung gestellt wird. Zudem steht in koordinierten Marktökonomien zwischen Kreditgeber und Kreditnehmer in der Regel noch ein Zwischenglied: die (Haus-)Bank. Der direkte Kapitalmarkt ist in koordinierten Marktökonomien dagegen weniger ausgebaut als in liberalen Marktökonomien. Dies zeigt die folgende Abbildung, welche den Wert aller an der Börse gehandelter Unternehmen eines Landes zusammenrechnet und ihn in Bezug zur Wirtschaftsleistung des jeweiligen Landes setzt. Je höher in der folgenden Abbildung also der Balken für das jeweilige Land ist, desto mehr sind dessen börsennotierte Unternehmen verglichen mit der Wirtschaftskraft des Landes wert und desto wichtiger ist die Börse (beispielsweise anstelle von Hausbanken) zur Unternehmensfinanzierung. Der graue Balken gibt den Wert vor der Finanzkrise wieder, der schwarze Balken den Wert danach, so dass man auch sieht, wie die Finanzkrise die jeweiligen Börsensysteme schwächte.

Banken in koordinierten Ökonomien, direkte Investitionen in Aktien in liberalen Ökonomien

Abbildung 8: Marktkapitalisierung börsennotierter Unternehmen als Anteil am BIP

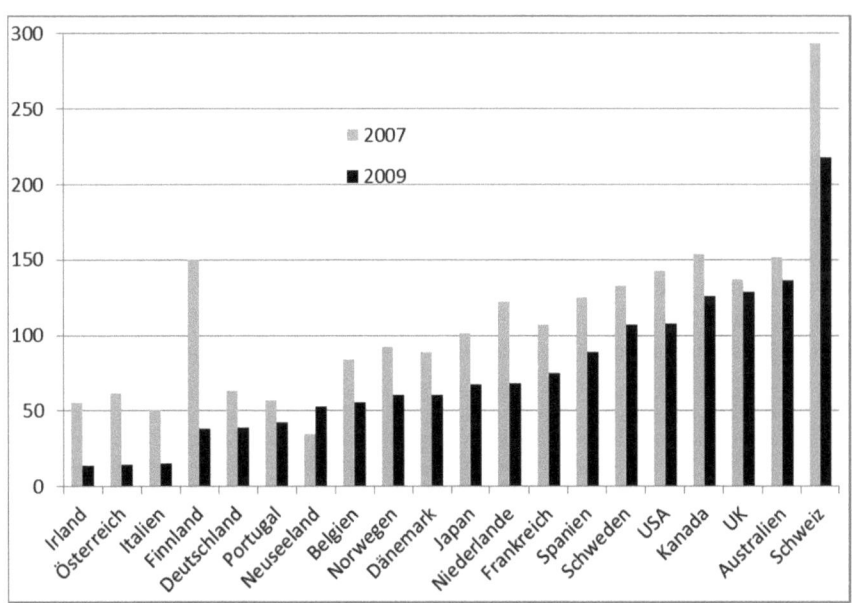

Quelle: World Development Indicators Database, Weltbank 2011

Der Börsenwert schweizerischer Unternehmen war 2009 mehr als doppelt so hoch wie die schweizerische Wirtschaftsleistung. Dadurch nimmt die Schweiz mit ihrer hohen Marktkapitalisierung eine Sonderrolle ein. Doch alle Länder, die daraufhin mit einer hohen Marktkapitalisierung folgen, sind liberal: Australien, Großbritannien, Kanada und die USA. In diesen Ländern finanzieren sich Unternehmen stark durch den Aktienmarkt. Irland und Neuseeland sind liberale Ausnahmen, mit weniger stark ausgebauten Aktienmärkten, als es ihre Zugehörigkeit zum liberalen Cluster vermuten lässt. Klassische koordinierte Länder, wie Deutschland oder Österreich, haben eine niedrige Finanzmarktkapitalisierung. Die Rangliste wäre vor der Finanzkrise 2008 nicht völlig anders gewesen, jedoch würde Finnland dann mit einer hohen Finanzmarktkapitalisierung herausstechen.

Das Finanzsystem koordinierter Länder funktioniert also in der Regel anders als in liberalen Ländern. Menschen investieren ihr Geld weniger direkt in börsennotierte Unternehmen. Sie legen es eher aufs Sparbuch ihrer Bank. Diese wiederum reicht das Geld als Kredit an Unternehmen weiter, mit denen sie langjährige Geschäftsbeziehungen hat. Dies hat zwar den Nachteil, dass ein Teil der Unternehmensgewinne bei der Bank verbleibt und den Gewinn der Geldgeber schmälert. Es hat aber den Vorteil, dass Banken gezielter und längerfristig investieren können. Sie kennen die Unternehmen oft besser, in die sie investieren; teilweise sitzen sie sogar in deren Aufsichtsräten. Darum sind Banken bei ihren Investmententscheidungen weniger auf öffentlich verfügbare Unternehmensdaten angewiesen, sie müssen auch nicht auf jede Veränderung reagieren, die sich in den Bilanzen eines Unternehmens kurzfristig abzeichnet. Da sie in der Regel länger mit einem Unternehmen zusammenarbeiten und dessen langfristige Pläne kennen, vielleicht sogar im Aufsichtsrat daran mitgearbeitet haben, müssen sie auch weniger besorgt sein, getäuscht zu werden. Im Mittelstand sind die Beziehungen zwischen Unternehmen und „ihren" Hausbanken mitunter sogar so stabil, dass Kreditgeber und Kreditnehmer sich persönlich kennen. Banken sind eben Insider im Unternehmen. Ihr Kapital ist darum in der Regel „geduldiger" als Finanzmarktinvestitionen und unterstützt damit die auf langfristige Kooperation angelegten Arbeitnehmer-Arbeitgeber-Beziehungen in Unternehmen sowie Unternehmensstrategien und Innovationen, die sich erst langfristig auszahlen. So kann die Bank auch langfristig Geld verleihen, wenn sie im Aufsichtsrat des Unternehmens immer wieder Informationen und Mitspracherechte bekommt, was mit dem Geld geschieht. Beyer (2009: 317f.) meint darum, der koordinierte Kapitalismus zeichne sich

> *„[...] idealtypisch durch eine relative Abschirmung von Finanzmarkteinflüssen aus: Die börsennotierten Unternehmen sind in diesem durch Unternehmensverflechtungen und Stimmrechtsbeschränkungen vor spekulativen Interventionen weitgehend geschützt, die Banken sind in der Rolle von geduldigen Kapitalgebern (patient capital), die in Sorge um die Rückzahlungsfähigkeit ihrer Kredite in den Aufsichtsräten von Unternehmen zur besonnenen Geschäftstätigkeit drängen und die Aktienmarktkapitalisierung ist insgesamt vergleichsweise gering."*

Flexibles versus langfristiges Kapital

Das flexibel verfügbare Aktienkapital liberaler Marktwirtschaften wie auch das geduldige Bankenkapital koordinierter Marktwirtschaften haben jeweils spezifische Vor- und Nachteile. Denn für langfristig agierende Unternehmen ist die stabilisierende Rolle der Banken sinnvoll. Schließlich ermöglicht das langfristige Kapital der Banken, Arbeitnehmer auch in Krisenzeiten zu halten und unterstützt damit eine langfristige Kooperation zwischen Kapital und Arbeit sowie eine stetige Verbesserung der Produkte. Andererseits ist diese Form der Finanzierung problematisch für neue, unbekannte Unternehmen, die schnell Finanzmittel brauchen und dafür mit hohen Renditen rechnen können. Erneut zeigt sich, dass an der Form der Innovation, die ein Unternehmen verfolgt, auch die Frage hängt, ob es mit liberalen oder koordinierten Arrangements besser bedient ist. Wer Flexibilität benötigt, in kurzer Zeit hohe Gewinne versprechen kann und noch keine Reputation aufbauen konnte, ist mit dem liberalen outsiderbasierten Finanzmarktsystem besser versorgt. Wer langfristiges Kapital braucht, ist mit dem auf Stabilität ausgelegten insiderorientierten Bankensystem besser bedient.

1.2.5 Liberale und koordinierte Firmenbeziehungen

In den Firmenbeziehungen zeigt sich das Gefangenendilemma in Reinform. Oft ist es im Interesse zweier Unternehmen, zu kooperieren. Jedoch kann es für jedes der beiden Unternehmen ebenfalls ökonomisch sinnvoll sein, das andere zu betrügen, etwa wenn ein Unternehmen durch Kooperation an geheime Daten des anderen Unternehmens kommt. Beispielsweise können zwei Unternehmen zusammen das nötige Knowhow haben, um einen neuen Motor zu entwickeln. Doch sobald sie kooperieren, kann jedes Unternehmen das Knowhow des anderen stehlen und den Motor unter eigenem Namen rausbringen. Jedes Unternehmen muss sich also sicher sein, dass das andere sich in dieser Weise nicht eigennützig verhält; es muss sich mit dem anderen Unternehmen koordinieren können.

In liberalen Marktwirtschaften kann solch eine Kooperation kaum stattfinden. Diese Marktwirtschaften lösen das Kooperationsproblem, indem Unternehmen durch Aufkauf ihrer Aktien übernommen werden können. Anstatt mit einem Unternehmen zu kooperieren, ist es somit möglich, dieses in das eigene Unternehmen zu integrieren, um so an dessen Knowhow zu kommen. Eine weitere Möglichkeit ist, über einen flexiblen Arbeitsmarkt die Arbeitnehmer eines anderen Unternehmens abzuwerben, um an dessen Wissen zu kommen. Unterstützt wird dies dadurch, dass Unternehmen sich in ihren Gehältern überbieten, da Löhne individuell ausgehandelt werden. Damit können Unternehmen in liberalen Marktökonomien schnell das Knowhow bekommen, das sie benötigen, ohne in komplizierte Kooperationsbeziehungen einzutreten. *(Liberal: Kooperation durch Aufkauf)*

Erneut haben koordinierte Marktwirtschaften eine andere Lösung gefunden. Hier gibt es Akteure, die Firmenbeziehungen koordinieren, so dass Kooperation stattfinden kann, ohne dass eine der beiden Seiten betrogen wird. Meist überwachen Verbände oder der Staat die Unternehmenskooperationen. Beispielsweise können Arbeitgeberverbände betrügerische Unternehmen ausschließen und andere Unternehmen vor einer Zusammenarbeit warnen. In einem Satz: Da Unternehmensverbände als Schiedsrichter fungieren, lohnt es, ehrlich zu sein. Hinzu kommt, dass Unternehmen sich in koordinierten Marktwirtschaften eher als in liberalen immer wieder begegnen, beispielsweise, da sie zusammen ausbilden. Auch deswegen können sie sich schlechter gegenseitig betrügen; sie kennen sich, vertrauen sich möglicherweise bereits und wissen, dass sie auch in Zukunft zusammenarbeiten müssen. Im koordinierten Kapitalismus *müssen* die Unternehmen allerdings auch kooperieren; sie können das Knowhow anderer Firmen kaum über den Markt für *(Koordiniert: Kooperation durch Verbände)*

Unternehmensführung oder den Arbeitsmarkt erwerben. Sie *können* jedoch auch kooperieren, da es Verbände gibt, die diese Kooperation überwachen. In liberalen Marktökonomien können Unternehmen dahingegen nicht kooperieren; sie müssen es aber auch nicht, da sie ihr Problem auf andere Weise lösen können: durch einen flexiblen Arbeitsmarkt und die Möglichkeit, andere Unternehmen aufzukaufen.

1.2.6 Liberale und koordinierte Wohlfahrtsstaaten

Spezifische und allgemeine Qualifikationen

Unternehmen, die langfristig ein Produkt verbessern, benötigen Arbeitnehmer, die auf das jeweilige Produkt spezialisiert sind. Arbeitnehmer wollen jedoch prinzipiell eine Ausbildung, die ihnen bei Arbeitslosigkeit viele Möglichkeiten bietet, einen neuen Job zu finden, was eine spezialisierte Ausbildung gerade nicht leisten kann. Um Arbeitnehmern trotzdem einen Anreiz zu bieten, sich auf spezialisierte und damit risikoreichere Ausbildungen einzulassen, mildern koordinierte Marktwirtschaften über die Zahlung von Arbeitslosengeld das mögliche Schicksal der Arbeitslosigkeit. Sie nutzen auch Frühverrentung, um Beschäftigungsabbau zu ermöglichen, der die Unternehmensloyalität der Belegschaften nicht verspielt, so dass Unternehmen mit ihren Arbeitnehmern langfristig zusammenarbeiten können.

Während hohe Lohnersatzleistungen bedingen, dass Arbeitnehmer sich weniger vor Arbeitslosigkeit fürchten und deswegen in industriespezifische Qualifikationen investieren, bedingt ein starker Kündigungsschutz eine längere durchschnittliche Verweildauer im Unternehmen, so dass Arbeitnehmer in firmenspezifisch nachgefragte Qualifikationen investieren. Das Fehlen dieser Arten von Schutz begünstigt dagegen flexibel anwendbare Qualifikationen, auf die liberale Ökonomien angewiesen sind (Estevez-Abe/Iversen/Soskice 2001: 181f.).

Koordinierte Marktwirtschaften schützen vor Kündigung

Entsprechend gibt es in koordinierten Marktwirtschaften einen höheren Kündigungsschutz als in den liberalen. Die folgende Tabelle zeigt den Indikator der Organisation für wirtschaftliche Zusammenarbeit und Entwicklung (OECD), welcher misst, wie hoch der Kündigungsschutz in jedem der zwanzig wichtigsten OECD-Länder ist. Der Indikator kann Werte von 0 bis 6 annehmen. Die OECD bildet ihn aus drei Einzelindikatoren: wie schwer es für Unternehmen ist, einzelne 1) befristet beschäftigte Arbeitnehmer zu entlassen, 2) langfristig angestellte Arbeitnehmer zu kündigen und 3) Massenentlassungen durchzuführen. Je höher der Kündigungsschutz eines Landes ist, umso höhere Werte nimmt der Indikator an.

... und haben eine längere Beschäftigungsdauer

Der Zusammenhang könnte ausgeprägter nicht sein. Die sechs liberalen Länder sind die Länder mit dem schwächsten Kündigungsschutz. Die Schweiz und Japan, die schon nach anderen Kriterien Außenseiter waren, stehen auch hier wieder zwischen den liberalen und den koordinierten Ländern. Dann kommt Dänemark, dessen „Flexicurity"-Modell Kündigungen sehr einfach macht, jedoch auch das verlorene Gehalt der Arbeitnehmer ersetzt. Darauf folgen koordinierte Länder. Diese unterschiedlichen Kündigungsschutzregeln bleiben nicht ohne Wirkung. Sie spiegeln sich in der durchschnittlichen Verweildauer in einem Unternehmen wider, wie folgende Abbildung zeigt.

Abbildung 9:   OECD Index Kündigungsschutz

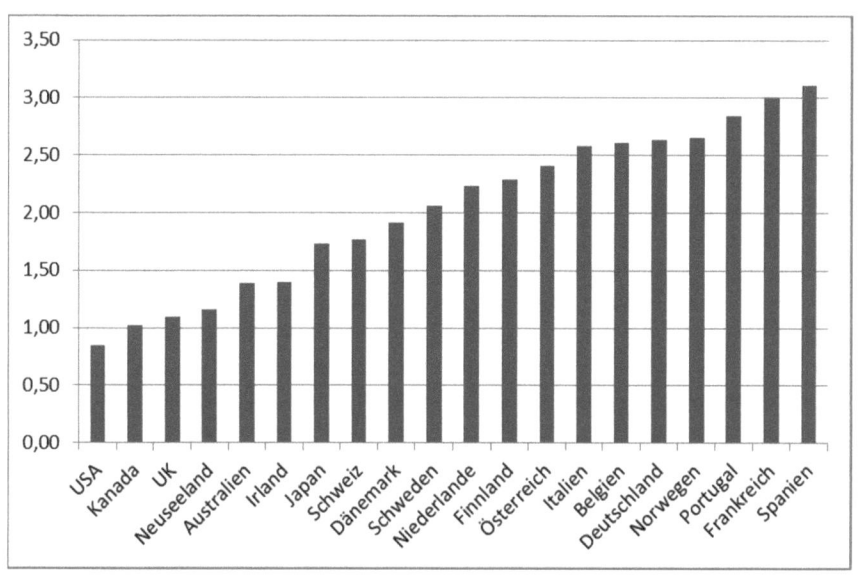

Quelle: OECD.Stat 2011, Daten für 2008

Abbildung 10: Durchschnittliche Beschäftigungsdauer in Jahren

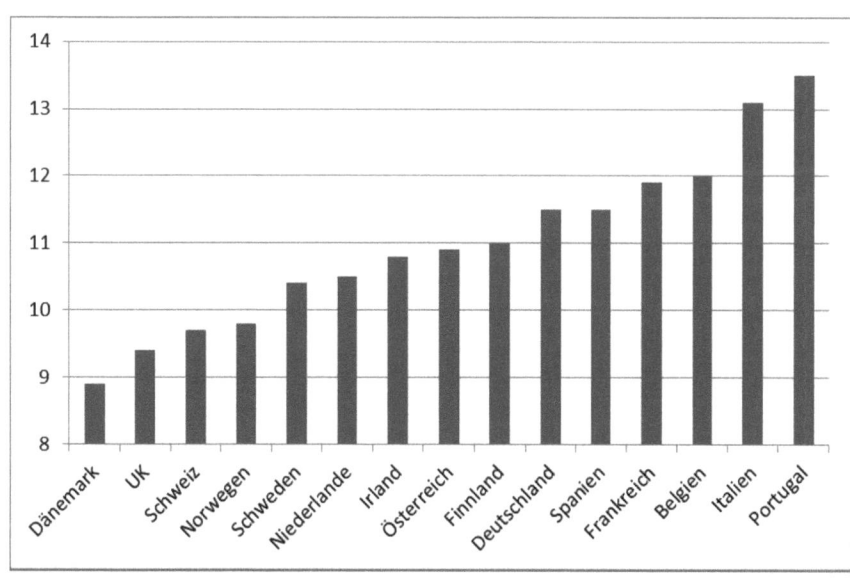

Quelle: OECD.Stat 2013, Daten für 2012

Leider liegen nicht für alle relevanten Länder Daten vor. Wie man sieht, sind jedoch die einzigen beiden liberalen Länder, Großbritannien und Irland, in der Hälfte der Länder mit der kürzeren durchschnittlichen Beschäftigungsdauer. Interessant ist, dass Länder mit besonders hoher Beschäftigungsdauer allesamt konservative Wohlfahrtsstaaten haben. Diese Länder mit der längsten Beschäftigungsdauer gelten allesamt als mediterrane Wohlfahrtsstaaten, die bekannt für einen hohen Kündigungsschutz sind (siehe auch die vorherige Abbildung 9). Entsprechend ist hier auch die durchschnittliche Verweildauer in Unternehmen am längsten.

Koordinierte Länder zahlen hohes Arbeitslosengeld

Ein weiterer wichtiger Parameter im Rahmen der Varieties of Capitalism-Typologie ist, wie sehr Arbeitnehmer bei Arbeitslosigkeit materiell geschützt sind. Dies scheint erst einmal eine Frage zu sein, die nichts mit der Produktion und somit dem Kapitalismussystem von Ländern zu tun hat. Doch wie oben beschrieben, führt ein hohes Arbeitslosengeld dazu, dass Arbeitnehmer sich trauen, spezifische Qualifikationen zu erlernen, die für ein bestimmtes Unternehmen oder eine bestimmte Branche wichtig sind, es Arbeitnehmern jedoch schwierig machen, bei einer Unternehmens- oder Branchenkrise schnell einen neuen Arbeitsplatz zu finden.

Die Varieties of Capitalism-Typologie unterscheidet deswegen wieder einmal zwischen liberalen Ländern, die Arbeitslosen kaum Unterstützung gewähren, da diese auf einem flexiblen Arbeitsmarkt Arbeit finden können. Dem entgegengesetzt, schützen koordinierte Länder Arbeitnehmer vor Arbeitslosigkeit, damit diese sich trauen, unternehmensspezifische Fähigkeiten zu erlernen. In der Tat zeigen sich systematische Unterschiede im Absicherungsniveau, das liberale und koordinierte Länder ihren Arbeitnehmern bei Arbeitslosigkeit bieten. Wie kann man dieses Niveau messen? Mit Daten der OECD kann man den durchnittlichen Lohn eines Arbeiters durch Arbeitslosengeld teilen, das ein durchschnittlicher Arbeiter bekommt. Diese Quote schwankt zwischen 0 und 100 Prozent und gibt die Lohnersatzrate bei Arbeitslosigkeit wieder. In der folgenden Abbildung sind Länder danach aufgelistet, in welchem Umfang sie Einkommen im ersten Jahr der Arbeitslosigkeit ersetzen. Der schwarze Balken zeigt, wie viel Prozent seines Gehalts ein Single mit Durchschnittseinkommen bei Arbeitslosigkeit ersetzt bekommt. Der graue Balken zeigt, wie viel eine typische Familie (verheiratetes Paar, 100 und 67 Prozent des Durschnittseinkommens, zwei Kinder) ersetzt bekommt, wenn der Hauptverdiener arbeitslos wird.

Die vier Länder, die am wenigsten Arbeitslosenunterstützung zahlen, sind alle liberal. In diesen Ländern bedeutet Arbeitslosigkeit somit die höchsten finanziellen Einbußen. Arbeitnehmer haben in diesen Ländern darum weniger Anreiz, firmenspezifische Fähigkeiten zu erlernen, die einem bei Arbeitslosigkeit nicht weiterhelfen. Nur die USA ist im Mittelfeld und Kanada zahlt sogar recht viel. Interessanterweise zahlt Deutschland eher wenig Arbeitslosengeld. In Ländern, die bei Arbeitslosigkeit relativ viel zahlen, ist Arbeitslosigkeit weniger schlimm, so dass Arbeitnehmer auch eher bereit sein sollten, firmenspezifische Fähigkeiten zu erlernen, denn es ist kein Problem, wenn sie mit diesen spezifischen Fähigkeiten nicht sofort einen neuen Job finden.

Abbildung 11: Lohnersatzrate bei Arbeitslosigkeit für einen Single (schwarz) und für eine Familie (grau)

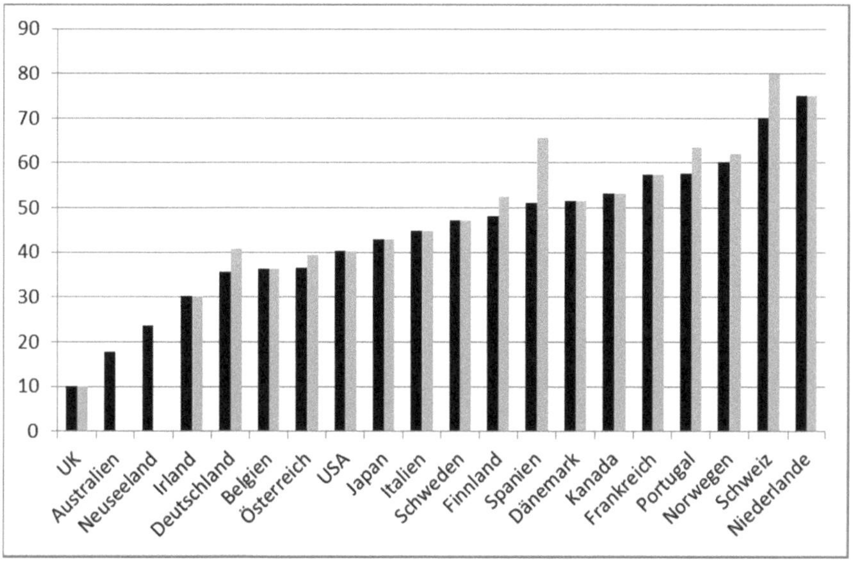

Quelle: OECD.Stat 2013, Daten für 2011. Variable „Average Wage" geteilt durch Variable „Unemployment Benefits." Schwarzer Balken: Single mit Durchschnittseinkommen, grauer Balken: Verheiratetes Paar mit zwei Kindern mit 100 und 67 Prozent des Durchschnitteinkommens. Familienersatzleistungen fehlen für Australien und Neuseeland.

Auch davon abgesehen, macht es einen großen Unterschied, ob man als durchschnittlicher Arbeitnehmer bei Arbeitslosigkeit nur 10 Prozent seines vorherigen Gehalts bekommt, wie in Großbritannien, oder ob man zwischen 70 und 80 Prozent bekommt, wie in der Schweiz und den Niederlanden. Es verdeutlicht, wie unterschiedlich das Leben in koordinierten und liberalen Marktwirtschaften ist, wenn man staatliche Hilfe benötigt. Für die Varieties-Typologie ist vor allem relevant, dass Arbeitnehmer in liberalen Ländern Anreize haben, sich auf dem Arbeitsmarkt sofort eine neue Stelle zu suchen, was zu einem sehr flexiblen Arbeitsmarkt führt. In koordinierten Ökonomien sind Arbeitnehmer durch einen hohen Kündigungsschutz und Lohnersatzleistungen nicht darauf angewiesen, jederzeit eine beliebige Beschäftigung anzunehmen und können spezifischere Fähigkeiten erlernen, die ihnen helfen, langfristig an einem Produkt zu arbeiten, so dass Unternehmen sich genau darauf spezialisieren.

Wie man sieht, laufen die institutionellen Unterschiede immer wieder darauf hinaus, dass liberale Marktwirtschaften die Vorteile maximaler Flexibilität genießen, während koordinierte Marktwirtschaften die Vorteile eines langen Zeithorizonts ausspielen. Da dies in allen Institutionen so ist und sich die verschiedenen Institutionen auch noch in ihrer Funktionsweise unterstützen, kommt es zu den zwei Kapitalismusvarianten, die das folgende Kapitel nun – losgelöst von einzel-

nen institutionellen Subsystemen – vorstellt. Während dieses Kapitel die einzelnen Bausteine jeder Kapitalismusvariante vorgestellt hat, präsentiert das nächste
Kapital somit, was sich auch diesen Bausteinen ergibt.

2 Koordinierte und liberale Marktwirtschaften als Folge institutioneller Komplementaritäten

Die bisherigen Kapitel stellten die einzelnen Bereiche vor, in denen Unternehmen wirtschaftliche Koordinationsprobleme mit anderen Unternehmen und Arbeitnehmern lösen müssen. Jedes einzelne Feld hat gezeigt, wie Unternehmen in koordinierten Marktwirtschaften weniger den Markt nutzen als in liberalen Marktwirtschaften. Doch die verschiedenen marktlichen Lösungen, die maximale Flexibilität liefern und die verschiedenen nicht-marktlichen Lösungen, die Gefangenendilemmata auflösen können, stehen innerhalb einer liberalen oder koordinierten Ökonomie nicht unverbunden nebeneinander. Stattdessen erhöhen koordinierte Institutionen in einem Bereich die Effizienz von koordinierten Institutionen in anderen Bereichen. Dasselbe gilt für liberale Institutionen, die sich ebenso in ihrer Wirkungsweise gegenseitig unterstützen.

Um es anders zu formulieren: Hall und Soskice meinen, dass kohärente, also entweder durchgehend liberale oder durchgehend koordinierte Institutionen zueinander komplementär seien. Komplementarität bedeutet, dass das Vorhandensein einer Institution die Funktionsweise oder Effizienz einer anderen Institution unterstützt (Hall/Soskice 2001a: 17f.). So wie eine Nadel wenig ohne einen Faden ausrichten kann und ein Hammer wenig ohne einen Nagel, unterstützen sich gleiche (marktliche oder nicht-marktliche) Institutionen gegenseitig. Wie das genau funktioniert, beschreiben die folgenden Kapitel, indem sie erklären, wie die oben dargestellten Institutionen in liberalen und koordinierten Ökonomien sich gegenseitig effizienter machen. Komplementarität

2.1.1 Koordinierte Marktwirtschaften

Komplementarität in liberalen Marktwirtschaften bedeutet, dass Marktarrangements in einem institutionellen Bereich Marktarrangements in einem anderen institutionellen Bereich unterstützen. Komplementarität in koordinierten Ländern ist komplizierter, läuft aber letztlich darauf hinaus, dass nicht-marktliche Koordination in wirtschaftlichen Teilbereich nicht-marktliche Koordination in einem wirtschaftlichen Teilbereich unterstützt. Beispielsweise können Unternehmerverbände, die mit Gewerkschaften Ausbildungsstandards vereinbaren, auf dieser Kooperation aufbauen, um in anderen Feldern Unternehmenskooperation anzuregen. Liberale Institutionen unterstützen somit liberale Institutionen, wie die folgende Tabelle zeigt. Koordinierte Institutionen unterstützen dahingegen koordinierte Institutionen. Tabelle 1 liefert einen Überblick über diese Komplementaritäten, zunächst für koordinierte Marktwirtschaften. Die folgende Tabelle zeigt somit, wie die verschiedenen Unteraspekte koordinierter Marktwirtschaften, die oben vorgestellt wurden, sich gegenseitig unterstützen und insofern zu einer gesamten Kapitalismusvariante führen, statt nur unverbunden nebeneinander zu stehen. Lesen Sie erst die linke Spalte der folgenden Tabelle und überlegen Sie dann, indem Wie sich nicht-marktliche Arrangements gegenseitig unterstützen

sie die Spalte von links nach rechts durchgehen, wie die jeweilige Institution mit der jeweils anderen Institution zusammenwirken könnte. Schauen Sie dann in der Tabelle nach, ob Ihre Vermutung zutrifft.

Tabelle 1: Komplementaritäten in koordinierten Marktwirtschaften

	... koordinierte Firmenbeziehungen, denn...	...langfristige Unternehmensfinanzierung, denn...	...ein koordiniertes Ausbildungssystem, denn...	...koordinierte Arbeitsbeziehungen, denn...	...eine koordinierte Unternehmensführung, denn...
Insiderorientierte Unternehmensführung ermöglicht...	... indem Unternehmen sich gegenseitig Vertreter in ihre Aufsichtsräte entsenden, können sie besser kooperieren.	... im Aufsichtsrat anderer Unternehmen können Banken sich langfristig über die Unternehmen informieren und dadurch langfristige Kredite vergeben.	... Arbeitnehmer können durch Mitbestimmung ihren Ausbildungsbedarf einbringen.	... die Mitbestimmung kann friedliche Arbeitnehmer- Arbeitgeberbeziehungen fördern.	✕
Koordiniert-kooperative Arbeitsbeziehungen fördern...	... wenn Unternehmen sich in Verbänden zu Lohnverhandlungen zusammenschließen, können sie dort auch weitergehend kooperieren.	... zentrale Lohnabschlüsse können friedliche Arbeitsbeziehungen sicherstellen, die langfristige Investitionen absichern.	... durch ein einheitliches Lohnniveau wandern ausgebildete Arbeitnehmer nicht zu anderen Unternehmen ab.	✕	... friedliche Arbeitsbeziehungen fördern den Dialog und die Zusammenarbeit zwischen Management und Belegschaft.
Koordiniertes Ausbildungssystem fördert...	... die Zusammenarbeit im Ausbildungssystem kann weitergehende Kooperation zwischen Unternehmen anstoßen.	... langfristig nutzbare Qualifikationen der Arbeitnehmer unterstützen langfristige Finanzierung.	✕	... Kooperation im Ausbildungsbereich, kann den Grundstein für weitere Zusammenarbeit legen.	... Arbeitnehmer mit unternehmensspezifischen Fähigkeiten werden eher ihr Unternehmen mitgestalten, als ihre Stelle zu wechseln.
Langfristige Unternehmensfinanzierung fördert...	... Unternehmen müssen nicht fürchten, von ihren Konkurrenten aufgekauft zu werden.	✕	... die langfristig orientierte Ausbildung der Belegschaft ist eine Investition in die Zukunft, die schlecht zu kurzfristiger Wertmaximierung passt.	... in finanziellen Schwächephasen können Unternehmen Arbeitskräfte halten und Flächentarifverträge mit langer Laufzeit eingehen.	... Unternehmen können Arbeitnehmer mitentscheiden lassen, auch wenn dies kurzfristig nicht den Gewinn maximiert.
Kooperative Firmenbeziehungen ermöglichen...	✕	... Unternehmen schützen sich gegenseitig vor feindlichen Übernahmen.	... Unternehmen bilden gemeinsam Arbeitnehmer aus.	... Unternehmen schließen sich in Arbeitgeberverbänden zusammen und können so mit Gewerkschaften verhandeln.	... Unternehmen sitzen in anderen Unternehmen im Aufsichtsrat.

Aufgrund dieser Komplementaritäten wird aus den einzelnen Elementen ein zusammenhängendes System, welches mehr als die Summe seiner Einzelteile darstellt. Unternehmen, die sich jederzeit am Markt orientieren, können ihrer Belegschaft beispielsweise kaum langfristige Verträge anbieten. Unternehmen, die über langfristig geduldiges Kapital verfügen, können ihre Belegschaft dahingegen auch halten, wenn es einmal nicht so gut läuft (vgl. Hall/Gingerich 2009: 452). Im Kern ist die Stärke eines koordinierten Produktionssystems, dass es die Vorteile von Kooperation nutzt. Kooperation in einem Bereich unterstützt Kooperation in einem weiteren Bereich. Darauf läuft Komplementarität hinaus.

Koordination ermöglicht eine langfristige Herangehensweise, weswegen Unternehmen in koordinierten Ökonomien gut darin sind, bestehende Produkte immer weiter zu verbessern. Die Nachteile für Unternehmen in koordinierten Ökonomien liegen vor allem in geringerer Flexibilität. Unternehmen können nicht so schnell auf Neuerungen reagieren, eben weil sie sich immer absprechen müssen (vgl. Hall/Soskice 2001: 39f.; Franz/Immerfall 1998: 16-24). Dies macht sich über eine schlechte Leistung in „kurzlebigen" Branchen mit radikalen Innovationen bemerkbar. Hier zeigt sich die Stärke liberaler Marktwirtschaften, bei denen der Markt in einem Bereich den Markt in anderen Bereichen unterstützt.

2.1.2 Liberale Marktwirtschaften

Unternehmen in liberalen Marktökonomien nutzen nicht die Vorteile von Kooperation, sondern von Marktarrangements. Sie können flexibel auf Marktveränderungen reagieren, denn sie sind nicht durch kollektive Lohnabsprachen, Mitspracherechte der Arbeitnehmer oder langfristige Kredite gebunden. Unternehmen, die in liberalen Marktökonomien eine Idee haben, die sie zügig zur Marktreife bringen wollen, kommen schnell an die nötigen Arbeitskräfte und das nötige Kapital. Haben sie ihre Idee zur Marktreife gebracht, können sie das nun nicht mehr benötigte Kapital und die Arbeitskräfte abstoßen und sich neuen Ideen zuwenden. Die kontinuierliche, inkrementelle Verbesserung der Produkte, die Unternehmen in liberalen Ländern auf den Markt gebracht haben, obliegt dann Unternehmen in koordinierten Marktwirtschaften, die den dafür notwendigen langfristigen Zeithorizont haben.

Einige der Komplementaritäten liberaler Marktwirtschaften haben die vorherigen Kapitel schon gezeigt. In liberalen Marktwirtschaften kommen Unternehmen beispielsweise schnell an Kapital. Dadurch können sie sich auch schnell auf Veränderungen einstellen. Diese Flexibilität wird dadurch unterstützt, dass das Management von Unternehmen in liberalen Ländern sich nicht umständlich mit seiner Belegschaft abstimmen muss. Ebenso sorgt in liberalen Marktwirtschaften ein flexibler Arbeitsmarkt dafür, dass Unternehmen schnell Arbeitnehmer bekommen, wenn sie bestimmte Qualifikationen benötigen. Diese Flexibilität der Arbeitsmärkte wird wiederum dadurch unterstützt, dass es kaum Tarifverträge gibt; Unternehmen können somit über höhere Löhne Arbeitnehmer abwerben. Flexible Arbeitsmärkte helfen umgekehrt, ein insgesamt hohes Beschäftigungsniveau auf-

Liberale Komplementaritäten

recht zu halten, solange gut ausgebaute Finanzmärkte Investitionen flexibel von einem Projekt zum nächsten transferieren können, je nachdem, wo sie gerade gebraucht werden (vgl. Hall/Soskice 2001a: 18). Wie die folgende Tabelle zeigt, stehen somit marktliche und nicht-marktlichen Aspekte einer Marktwirtschaft nicht isoliert nebeneinander, sondern unterstützen sich gegenseitig.

Tabelle 2: Komplementaritäten in liberalen Marktwirtschaften

	... Konkurrenz in Firmenbeziehungen, denn...	...kurzfristig flexible Unternehmensfinanzierung, denn...	...ein individualistisches Ausbildungssystem, denn...	... liberale Arbeitsbeziehungen, denn...	... eine liberale Unternehmensführung, denn...
Unternehmensführung mit starkem Management ermöglicht...	... Unternehmen können alleine überleben, ohne Kooperationen mit anderen Unternehmen einzugehen.	... das Management kann das Unternehmen ganz im Sinne der Aktionäre führen, ohne auf Arbeitnehmer zu achten.	... Unternehmen können sich auf Aktienwertsteigerungen konzentrieren, statt ausbilden zu müssen.	... Unternehmen können Arbeitnehmer ohne Aushandlung entlassen.	✕
Individualistische Arbeitsbeziehungen fördern...	... Arbeitgeberverbände sind zersplittert, so dass Unternehmenskooperation schwerer wird.	... Löhne sind flexibel und Arbeitnehmer reden im Unternehmen nicht mit.	... wenn Arbeitgeber und Gewerkschaften nicht in der Berufsausbildung kooperieren, übernehmen Universitäten diese Aufgabe.	✕	... wenn es keine organisierten Arbeitnehmervertreter gibt, hat das Management freie Hand.
Individualisiertes Ausbildungssystem in Schulen und Universitäten fördert...	... Unternehmen konkurrieren um die besten Absolventen.	... Studenten lassen sich zu Investmentbankern ausbilden, die Unternehmen mit flexiblem Kapital versorgen.	✕	... Menschen sehen sich als „Arbeitskraftunternehmer", statt sich in Gewerkschaften zusammenzuschließen.	... allgemein qualifizierte Arbeitnehmer wechseln oft ihr Unternehmen, statt im Management mitreden zu wollen.
Flexibles Kapital fördert...	... Unternehmen konkurrieren um Investments.	✕	... Arbeitskräfte werden schnell an- und abgeworben und haben damit eher allgemeine, statt unternehmensspezifische Qualifikationen.	... Unternehmen maximieren kurzfristig und kooperieren darum nicht mit Arbeitnehmern.	... das Management führt das Unternehmen im Sinne der Kapitalgeber, ohne sich mit Arbeitnehmern abzusprechen.
Starke Unternehmenskonkurrenz fördert...	✕	... Unternehmen beteiligen sich nicht aneinander sondern können aufgekauft werden.	... die Unternehmen konkurrieren mit Löhnen um die bestqualifizierten Arbeitnehmer.	... konkurrierende Unternehmen schließen sich nicht in Arbeitgeberverbänden zusammen.	... der Vorstand muss schnell handeln, um kurzfristig anderen Unternehmen voraus zu sein.

Manche dieser Komplementaritäten sind stärker ausgeprägt und wichtiger als andere. Sie führen dazu, dass Elemente eines marktwirtschaftlichen Systems sich gegenseitig ergänzen, so dass liberale Institutionen nicht in koordinierte Länder übertragen werden können und koordinierte Institutionen nicht in liberale Länder. Durch Komplementaritäten fügen sich die einzelnen Institutionen jeweils zu einem Gesamtsystem, einer Variante des Kapitalismus. Vereinfacht lassen sich die beiden Systeme wie folgt zusammenfassen: Unternehmen in liberalen Marktökonomien koordinieren ihre Beziehungen über Marktarrangements, die sich gegenseitig unterstützen. Unternehmen in koordinierten Marktökonomien nutzen außer dem Markt andere Regulationsmodi, die strategische Interaktion erlauben, dafür aber ihre Flexibilität einschränken, wobei strategische Interaktion in einem Teilbereich strategische Interaktion in einem anderen Teilbereich unterstützt. Während also die flexiblen angloamerikanischen Unternehmen mit radikalen Innovationen in jungen und turbulenten Industrien und Dienstleistungsbranchen neue Märkte bedienen, kümmern sich koordinierte Unternehmen in etablierten Märkten zuverlässig und stabilitätsorientiert darum, den Weltmarkt mit qualitativ hochwertigen Gütern zu bedienen, die sie immer weiter verbessern (vgl. Hall/Soskice 2001: 36-45; Porter 1991: 27). Jede der beiden Kapitalismusvarianten ist in ihrem Teilbereich unübertroffen, da alle Institutionen entweder auf langfristige Kooperation und damit inkrementelle Innovationen ausgelegt sind oder aber alle Institutionen sind auf flexible Marktarrangements ausgelegt und damit perfekt für Unternehmen, die immer wieder ganz neue Produkte entwerfen und sich daraufhin möglichst schnell neuen Projekten zuwenden müssen.

Das Gesamtbild hinter den beiden Komplementaritäten

Wenn liberale Marktökonomien tatsächlich so viel marktfreundlicher sind, so müsste sich dies an deren ökonomischer Freiheit zeigen. Die konservative amerikanische Heritage Foundation hat einen Maßstab entworfen, den „Index of Economic Freedom", welcher abbildet, wie sehr die Institutionen eines Landes ermöglichen, nach Marktprinzipien zu arbeiten, zu produzieren, zu investieren und zu konsumieren. Der Index zeigt somit, inwieweit Arbeitskräfte, Güter und Kapital sich nach Marktprinzipien bewegen können.[9] An diesem empirischen Index müsste deswegen die Einteilung von Ländern in liberale und koordinierte Marktökonomien ablesbar sein. Die folgende Abbildung zeigt den Grad ökonomischer Freiheit verschiedener Länder.

Ökonomische Freiheit empirisch gemessen

---

9 Die Heritage Foundation ist nicht, wie die OECD, eine relativ neutrale Datensammelstelle, sondern wirbt aktiv für die Zurückhaltung des Staates gegenüber der Wirtschaft. Trotz dieses ideologischen Biases lässt ihr Index sich nutzen, um die Marktfreiheit verschiedener Länder zu messen. Wie genau der Index sich zusammensetzt ist unter der URL http://www.heritage.org/Index/faq beschrieben.

Abbildung 12: Index der Heritage Foundation für ökonomische Freiheit

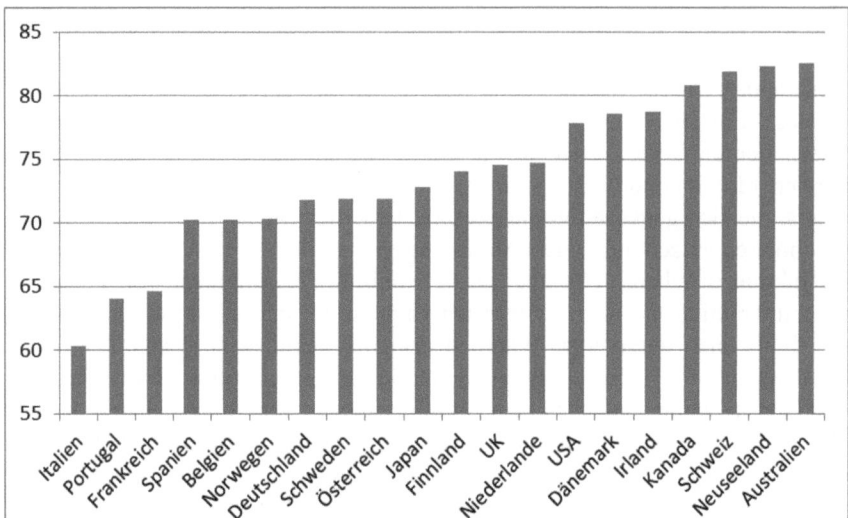

*Quelle: Heritage Foundation 2011 URL: www.***heritage***.org/***index***/ranking*

In der Tat sind alle sechs liberalen Länder unter den neun Ländern mit der höchsten ökonomischen Freiheit. Nur drei nicht-liberale Länder bieten ähnlich viel ökonomische Freiheit, wie die liberalen Länder: Die Schweiz, die auch nach anderen Indizes oft als liberal einzustufen war; Dänemark mit seinen liberalen Kündigungsregeln und die Niederlande, welche aufgrund ihres starken calvinistischen Einflusses auch eine liberale Tradition haben.[10] Insgesamt zeigt sich jedoch eine recht eindeutige Gruppierung in liberale und koordinierte Marktwirtschaften. Fast alle liberalen Länder sind auf der rechten Hälfte der Abbildung und bieten somit viel ökonomische Freiheit, fast alle koordinierten auf der linken. Insgesamt wiederholt sich das Muster: Nicht jedes koordinierte Land ist immer marktfeindlich; nicht jedes liberale Land ist immer marktfreundlich. Es zeigt sich aber über die verschiedenen Indikatoren hinweg, dass es systematische Unterschiede zwischen den beiden Ländergruppen gibt.

Die bisherigen Kapitel haben gezeigt, wie die verschiedenen Institutionen liberaler und koordinierter Länder funktionieren. Der letzte Abschnitt hat verdeutlicht, wie sich diese institutionellen Unterschiede zu zwei Kapitalismusarten zusammenfügen. Der folgende Abschnitt erläutert nun zwei zentrale *analytische* Unterschiede zwischen koordinierten und liberalen Marktökonomien: koordinierte Marktökonomien nutzen im Gegenteil zu liberalen Marktökonomien „beneficial constraints" und sie ermöglichen „Voice."

---

10 Auf die Frage, inwiefern bestimmte religiöse Orientierungen zu mehr oder weniger Liberalismus führen, kommt Kapitel 4 zu sprechen.

2.1.3 Beneficial Constraints

Wenn Koordination für Unternehmen wirtschaftlich sinnvoll ist, warum koordinieren Unternehmen sich dann nicht freiwillig? Weswegen braucht es staatlichen Zwang in Form verbindlicher Institutionen für etwas, was doch im Eigeninteresse von Unternehmen sein sollte? Wenn es sich beispielsweise für ein Unternehmen lohnt, sich mit seinen Arbeitnehmern abzusprechen, sollte es dies doch freiwillig tun, ohne *gezwungen* zu werden, einen Betriebsrat oder Arbeitnehmer im Aufsichtsrat zu akzeptieren.

Tatsächlich argumentieren viele Ökonomen, dass Unternehmen selbst am besten wissen, was gut für sie ist, weswegen man von staatlicher Regulierung weitgehend absehen könne. Wenn beispielsweise die Arbeitnehmermitbestimmung sinnvoll für Unternehmen sei, würden diese sie selbst einführen, statt dazu gezwungen werden zu müssen. Tatsächlich wehren sich viele Unternehmen und ihre Verbände mit diesem Argument gegen staatlichen Zwang. Dem hat Wolfgang Streeck (1997a) sein Konzept der „beneficial constraints" entgegengesetzt. Er argumentiert, Unternehmer seien wie Teenager. In der „Erziehung" beider Gruppen ist Liberalismus keine gute Strategie. Warum nicht? Streeck meint, Unternehmen bilden ihr Potential nicht voll aus, wenn man ihnen freie Hand lässt. Wie Teenager weigern sie sich, über ihren derzeitig unmittelbaren Bedarf hinaus zu investieren, weil sie lieber konsumieren wollen, in dem Sinne, dass sie ihren Gewinn verfrüht an Investoren ausschütten (Streeck 2004: 434). Darum brauchen Unternehmen manchmal eine harte Hand und müssen zu ihrem Glück gezwungen werden. Es soll hier nicht um die pädagogischen Implikationen dieser Sichtweise gehen, sondern darum, was es mit der Analogie auf sich hat.

Streeck führt historische Beispiele an. Er argumentiert, die deutsche Arbeitnehmermitbestimmung in Unternehmen sei zunächst gegen den Widerstand der Arbeitgeber durchgesetzt worden und gerade *nicht* mit dem Argument ökonomischer Effizienz verteidigt worden, sondern mit dem demokratischen Argument, dass Arbeiter in ihrem Betrieb mitbestimmen sollten. Unternehmen waren erst einmal dagegen, dass ihre Belegschaft im Aufsichtsrat und Betriebsrat mitbestimmen kann.

Trotzdem, und dies wirkt erst einmal paradox, konnten viele deutsche Unternehmen erst erfolgreich werden, weil sie aufgrund dieser *nicht veränderbaren* Gesetzeslage der Mitbestimmung langsam lernten, mit ihrer Belegschaft zu kooperieren. Dieser mühsame und erst langfristig wirtschaftlich gewinnbringende Lernprozess hätte nicht eingesetzt, wenn Unternehmen nicht zur Einführung der Mitbestimmung gezwungen worden wären.

Ähnlich verhält es sich mit der deutschen Ausbildungsregulierung, die Auszubildende mit umfangreicheren und breiteren Qualifikationen ausstattet, als Unternehmen es selbst getan hätten. Kurzfristig wäre es für die Unternehmen tatsächlich sinnvoll, weil kostensparend, wenn sie ihren Auszubildenden nur beibringen müssten, was die Unternehmen direkt benötigen. Langfristig profitieren aber auch Unternehmen davon, dass sie ihren Auszubildenden mehr beibringen müssen als kurzfristig nötig, denn nur so bekommen sie einen Pool an breit ausgebildeten Ar-

Warum es manchmal besser ist, Unternehmen zu zwingen

Wie Unternehmen aus Zwängen Vorteile machen

beitnehmern, deren Fähigkeiten auch durch technische Veränderungen nicht sofort entwertet werden. Lange Zeit belächelten viele das altmodische deutsche Ausbildungssystem, weil keiner so recht wusste, wozu Fließbandarbeiter eine zwei- bis dreijährige Berufsausbildung brauchen. Als dann Jahrzehnte später Massenproduktionsmärkte gesättigt waren, war Deutschland mit seinen *über Bedarf* ausgebildeten Arbeitnehmer besonders erfolgreich in der Produktion hochwertiger und individuell angepasster Güter. Es war also auch ökonomisch sinnvoll, über Jahrzehnte hinweg stärker auszubilden, als Unternehmen es in ihrem eigenen kurzfristigen Interesse selbst getan hätten – und zwar nicht nur für die Arbeitnehmer, sondern auch für die Unternehmen selbst. Deutsche Unternehmen brachen nicht unter den umfangreichen Ausbildungsverpflichtungen zusammen. Stattdessen wurden diese vermeintlichen Einschränkungen mit der Zeit zu „beneficial constraints" (in etwa: „vorteilhafte Beschränkungen"). Hätte man Unternehmen freie Hand gelassen, möglichst schnell möglichst hohe Gewinne zu machen, hätten sie ihre Spitzenposition – und damit langfristig auch ihre hohen Gewinne – gerade nicht erreicht (Streeck 1997a: 204ff.). Wichtig ist auch, dass diese beneficial constraints aus mehr oder weniger zufälligen geschichtlichen Entwicklungen entstanden sind. Es hat sich nie jemand überlegt, dass es effizienter sei, wenn deutsche Unternehmen koordiniert seien. Vielmehr war wirtschaftliche Effizienz die nicht-intendierte Folge von etwas, was erst einmal als Belastung für die Unternehmen gesehen wurde. Dies ist ein wichtiger Unterschied zwischen einer „funktionalistischen" Denkweise, die das Bestehende daraus erklärt, dass es funktional ist und einer historischen Sichtweise, die bestehende Arrangements daraus erklärt, dass sie – mehr oder weniger – zufällig historisch entstanden sind. Kapitel 7.1 kommt noch einmal darauf zurück, dass man den Varieties of Capitalism Ansatz dafür kritisieren kann, dass er funktionalistisch ist.

Warum wirtschaftliches Eigeninteresse nicht ausreicht

Die Idee hinter beneficial constraints widerspricht der grundlegenden Denkweise von Ökonomen. Wirtschaftliches Eigeninteresse, so Streeck, sei nicht ausreichend, um eine möglichst effiziente Wirtschaftsordnung aufzubauen. Ganz im Gegenteil, gerade weil Unternehmen *kurzfristig* nicht ihre wirtschaftlichen Gewinninteressen verfolgen konnten, konzentrierten sie sich darauf, gute Produkte herzustellen, Arbeitnehmer über Bedarf auszubilden und mit ihren Mitarbeitern zu kooperieren. Damit waren sie *langfristig* erfolgreicher, als wenn man sie kurzfristig ihre wirtschaftlichen Gewinnmaximierungsinteressen hätte verfolgen lassen. Allerdings gibt es nie eine Garantie, dass ein Constraint, also eine Einschränkung, sich langfristig als wirtschaftlich sinnvoll erweisen wird. Trotzdem ist es gerechtfertigt, Beschränkungen aus nicht-ökonomischen Gründen einzuführen, um gesellschaftspolitisch erwünschte Ziele zu erreichen. Unternehmen seien laut Streeck flexibel genug, um sich an gesellschaftlich auferlegte Belastungen anzupassen.

Viele Verbote sind nicht immer schlecht für Unternehmen

Das ist keine Sichtweise, wie man sie von liberalen Politikern kennt. Diese argumentieren, man dürfe Unternehmen nicht allzu sehr belasten. Streeck argumentiert dagegen, es sei merkwürdig, dass Konkurrenzdruck auf Unternehmen als etwas Positives gilt, da dieser Unternehmen zwinge, produktiver zu werden. Gleichzeitig sei es aber gemeinhin als negativ angesehen, wenn Unternehmen produktiver werden müssen, um höhere Löhne zu zahlen. Auch andere Auflagen, die die Gesellschaft Unternehmen aufbürdet, werden oft als „wirtschaftsfeindlich" gesehen, beispielsweise Unternehmen zuzumuten, besser auszubilden, ihre Belegschaft an Entscheidungen zu beteiligen oder strengere Umweltauflagen einzuhalten. Streeck setzt dem das Argument entgegen, dass Unternehmen gerade besser werden, wenn man ihnen mehr abverlangt. Man müsste daher die Beweislast umdrehen: Nicht diejenigen, die Unternehmen eine Beschränkung auferlegen wollen, müssten beweisen, dass dies langfristig sinnvoll ist, sondern diejenigen, die *gegen* eine Beschränkung sind, müssten beweisen, dass diese nicht auch vorteilhaft (beneficial) sein könnte.

Mit der Idee, dass Unternehmen und Gesellschaften gerade wirtschaftlich erfolgreich sind, *weil* Unternehmen eingeschränkt werden, hat Streeck die zentrale Unterscheidung zwischen liberalen und koordinierten Marktwirtschaften vorweggenommen (vgl. ebenso Porter/Linde 1995). Hall und Soskice (2001b) haben diesen Unterschied weiter ausgeführt. Sie vertreten die Sichtweise, dass Unternehmen koordinierte Strukturen auch *freiwillig* unterstützen können, selbst wenn diese sie hindern, ihre kurzfristigen Interessen zu verfolgen. Damit unterscheiden sie sich von Wolfgang Streeck, der eher die Meinung vertritt, Kapitalisten müssten zu etwas *gezwungen* werden, was langfristig in ihrem wirtschaftlichen Interesse ist.

Der Konflikt zwischen Hall / Soskice einerseits und Streeck andererseits geht auf zwei soziologische Klassiker zurück. Streecks Denken ist von Émile Durkheim inspiriert. Dieser hat schon 1893 gegenüber Herbert Spencer und Adam Smith argumentiert, eine Gesellschaft könne nicht allein dadurch funktionieren, dass jeder sein wirtschaftliches Eigeninteresse verfolgt. Stattdessen meint Durkheim (1977 [1893]: 284), die Gesellschaft müsse „das Individuum zum Handeln im Hinblick auf Ziele [verpflichten], die nicht seine Ziele sind, zu Konzessionen, zu Kompromissen, zur Berücksichtigung höherer Interessen als seiner eigenen." Hall und Soskice dagegen meinen, dass Unternehmen Strukturen unterstützen, da sie verstehen, dass solche beschränkende Institutionen auf lange Sicht in ihrem Interesse sind. Dies ist eine funktionalistische „Rational Choice" Sicht, die – gegen Émile Durkheim und mit Adam Smith – davon ausgeht, dass die Gesellschaft und ihre ökonomischen Institutionen dadurch erklärt werden können, dass sie funktional und darum „freiwillig" sind – und nicht, wie Streeck sagt, nur unter Zwang aufrecht erhalten werden können (Hall/Soskice 2001a: 57). Streeck meint, wirtschaftliche Regulierung erkläre sich historisch und aus der konkreten Politik heraus. Hall und Soskice meinen dahingegen, wirtschaftliche Regulierung erkläre sich aus dem, was langfristig effizient ist.

An solchen Unterscheidungen scheiden sich die Geister. Ob Geschichte zufällig ist oder durch Streben nach Effizienz erklärt werden kann, ist eine philosophische Frage, die man sozialwissenschaftlich nicht beantworten kann. Jedoch gibt es eine lange Debatte zwischen Vertretern der zwei Sichtweisen. Einige Forscher argumentieren, dass die Institutionen koordinierter Ökonomien auf freiwilliger Basis entstanden sind und sich erhalten konnten, weil Arbeitgeber gemäß der Varieties of Capitalism-Hypothese erkannt haben, dass Einschränkungen ihren langfristigen Interessen entsprechen (vgl. Thelen 2000b; Mares 2001a;

Durkheimscher Zwang oder Rational Choice?

Unterstützen Arbeitgeber Einschränkungen ihrer Entscheidungsfreiheit?

Swenson 2002). Diese Autoren vermuten, dass Arbeitgeber sehr weitsichtig sind und darum merken, dass sie für die effiziente Verfolgung ihrer wirtschaftlichen Interessen Einschränkungen in Gefangenendilemmata benötigen, welche Kooperation ermöglichen. Andere Autoren argumentieren dagegen, dass stattdessen die Machtressourcen einer starken Arbeiterbewegung die wirtschaftliche Freiheit einschränkenden Institutionen einer koordinierten Marktwirtschaft *gegen* die Arbeitgeber durchgesetzt haben (vgl. Esping-Andersen 1985; 1990; Korpi 2006; Streeck 2009).

Der Streit zwischen Power Resources und Varieties of Capitalism

Diese langwierige Diskussion entschärften Peter Hall und Kathleen Thelen (vgl. 2009: 11ff.). Sie meinten, Streeck habe Recht, dass Unternehmen sich *zunächst* gegen einschränkende Institutionen wehren, sie aber *später* unterstützen, sobald sie festgestellt haben, dass diese in ihrem langfristigen wirtschaftlichen Interesse sind. Diese Synthese der beiden gegensätzlichen Positionen ist ein guter Kompromiss. Wichtig bleibt jedoch, dass es „beneficial constraints" vor allem in koordinierten Marktwirtschaften gibt und sie die Unterschiede zu liberalen Marktwirtschaften erklären. In einem Satz: Koordinierte Marktwirtschaften nutzen beneficial constraints, liberale Marktwirtschaften sind dazu nicht in der Lage oder wollen es nicht. Ein weiteres wichtiges Unterscheidungsmerkmal ist, dass es in koordinierten Marktwirtschaften Möglichkeiten für „Voice" statt „Exit" gibt.

2.1.4 Voice statt Exit

Wie oben beschrieben, unterscheiden koordinierte Marktwirtschaften sich von liberalen dadurch, dass sie ihre Unternehmen stärker einschränken, was langfristig auch sinnvoll für die Unternehmen sein kann. Doch viele dieser Beschränkungen sind keine direkten Zwänge. So können Arbeitnehmer trotz ihrer Mitbestimmungsrechte im Betriebs- und Aufsichtsrat dem Management selten etwas verbieten. Betriebsrat und Gewerkschaften haben in koordinierten Ländern zwar Einspruchsrechte und können dem Arbeitgeber das Leben etwas schwerer machen, wenn sie mit seinen Entscheidungen nicht einverstanden sind. Aber keine Gewerkschaft und kein Betriebsrat kann eine Geschäftsleitung beispielsweise langfristig daran hindern, Produktion zu verlagern.

Wer sich beschweren kann, muss nicht gleich kündigen

Die Institutionen koordinierter Marktwirtschaften schaffen also weniger den Rahmen für regelrechte Verbote, als dass sie „Voice" ermöglichen. Was ist das? Albert Hirschman (1970) fiel auf, dass man auf jede Handlung auf drei Arten reagieren kann. Man kann gegenüber der Entscheidung eines anderen erstens loyal bleiben, auch wenn man mit der Entscheidung nicht einverstanden ist. Man kann zweitens dagegen protestieren und versuchen, ihn umzustimmen, man kann somit seine Stimme erheben. Und man kann drittens einfach gehen. Diese drei Optionen nannte Hirschman „Loyalty", „Voice" und „Exit." Man kann die Institutionen koordinierter Marktwirtschaften auch so zusammenfassen, dass sie „Voice" statt „Exit" ermöglichen. Anstatt dass Arbeitnehmer also beispielsweise kündigen, weil sie unzufrieden mit ihrem Unternehmen sind, können sie in Deutschland über den Betriebs- und Aufsichtsrat versuchen, ihr Unternehmen zu ändern. Ebenso kann

sich ein Unternehmen wegen eines gesetzlichen oder tarifvertraglichen Kündigungsschutzes nicht ganz so schnell von seiner Belegschaft trennen, aber es kann
versuchen, auf diese einzuwirken. Es muss seine Belegschaft darum langfristig in
das Unternehmen einbinden. Ebenso trennt sich eine kreditgebende Bank in der
Regel nicht so schnell von ihren Unternehmensanteilen, wie Kleinaktionäre es in
liberalen Ländern tun. Dafür kann die Bank im Aufsichtsrat Unmut äußern, wenn
etwas im Unternehmen nicht nach ihrem Willen läuft.

Dies kann man zurückbeziehen auf das Gefangenendilemma, auf dessen
Grundproblematik Koordination zurückgeht vgl. Kapitel 1.1). Wenn die beiden
Gefangenen im Gefangenendilemma die Möglichkeit gehabt hätten, sich abzusprechen, also „Voice" zu praktizieren, hätten sie sich darüber verständigen können, dass es besser sei, sich nicht gegenseitig zu verpfeifen, wodurch beide einen
Vorteil hätten. Genau dies ist die Grundidee koordinierter Marktwirtschaften. Sie
bieten die Möglichkeit und teils auch die Pflicht, Absprachen zu treffen und sich
zu koordinieren, anstatt Zusammenarbeit zu verweigern. In liberalen Marktwirtschaften ist dies anders – und auch dies kann sinnvoll sein. Unternehmen können
sich schnell von ihrer Belegschaft trennen und Aktionäre können ihre Unternehmensaktien schnell verkaufen. Das Bild wiederholt sich: Wieder einmal sind die
Unternehmen in liberalen Marktökonomien besonders flexibel, während koordinierte Ökonomien die Vorteile von Kooperation für sich nutzen können.

Die Bedeutung von „Voice" für das Gefangenendilemma

2.1.5 Koordination empirisch gemessen

Bis hierhin wurden die beiden Kapitalismusvarianten vorgestellt sowie die Gründe, warum liberale (marktliche) und koordinierte (nicht-marktliche) Institutionen
jeweils ein Gesamtsystem bilden, dessen Institutionen in sich kohärent (ähnlich)
und deswegen komplementär (sich gegenseitig unterstützend) sind. Doch stimmt
das Bild, das bisher präsentiert wurde, denn überhaupt mit der Realität überein?
Um dies zu testen, haben Peter Hall und Daniel Gingerich (2004; 2009) die Varieties-Typologie und ihre Annahmen empirisch auf die Probe gestellt.

Ihre Zahlen zeigen erstens, inwiefern Länder Unternehmensführungsmodel-
le haben, die sich an Aktionären orientieren. Dazu messen Hall und Gingerich,
wie sehr verschiedene Länder ihre Aktionäre schützen, wie sehr diese Aktionäre
das Management kontrollieren, zum Beispiel indem sie es einsetzen oder zwingen
können, sich zu bestimmten Themen zu beraten. Auch prüfen Hall und Gingerich,
ob Firmen eines Landes verstreute Aktionäre haben und darum anonymem Kapitalmarktdruck ausgesetzt sind. Sie untersuchen, wie groß der Aktienmarkt im
Vergleich zur Wirtschaftskraft der verschiedenen Länder ist, um zu verstehen, ob
Unternehmen sich vor allem durch flexibles Aktienkapital finanzieren und entsprechend kurzfristigem Marktdruck ausgesetzt sind. Zum anderen messen Hall
und Gingerich, ob Arbeitgeber-Arbeitnehmerbeziehungen liberal oder koordiniert
sind. Dazu betrachten sie, ob Löhne auf nationaler Ebene, auf Firmenebene oder
dazwischen ausgehandelt werden. Zudem verwenden sie Daten der OECD, die

Wie man die Koordination eines Landes messen kann

wiedergeben, inwieweit Arbeitgeber und Arbeitnehmer sich in ihren Lohnaushandlungen abstimmen.

Alle Variablen zur Unternehmensführung und Arbeitsbeziehungen haben
Hall und Gingerich zwischen 0 und 1 normalisiert. Das heißt, die höchste Variable bekommt den Wert 1, die kleinste den Wert 0, wobei höhere Werte für mehr
Koordination stehen. Alle anderen Werte liegen dazwischen; dementsprechend
bekommen Länder, deren Arbeitsbeziehungen zwischen Arbeitgebern und Arbeitnehmern koordiniert ist, Werte in der Nähe von 1, während Länder mit liberalen
Arbeitnehmer-Arbeitgeberbeziehungen in Richtung 0 tendieren. Ebenso ist es mit
den Modellen der Unternehmensführung. Wenn man nun in einer Grafik abträgt,
wie koordiniert die Unternehmensführung und die Arbeitsbeziehungen in den verschiedenen Ländern sind, entsteht folgender Scatterplot.

*Abbildung 13: Zusammenhang zwischen Arbeitsbeziehungen und Unternehmens-
führung*

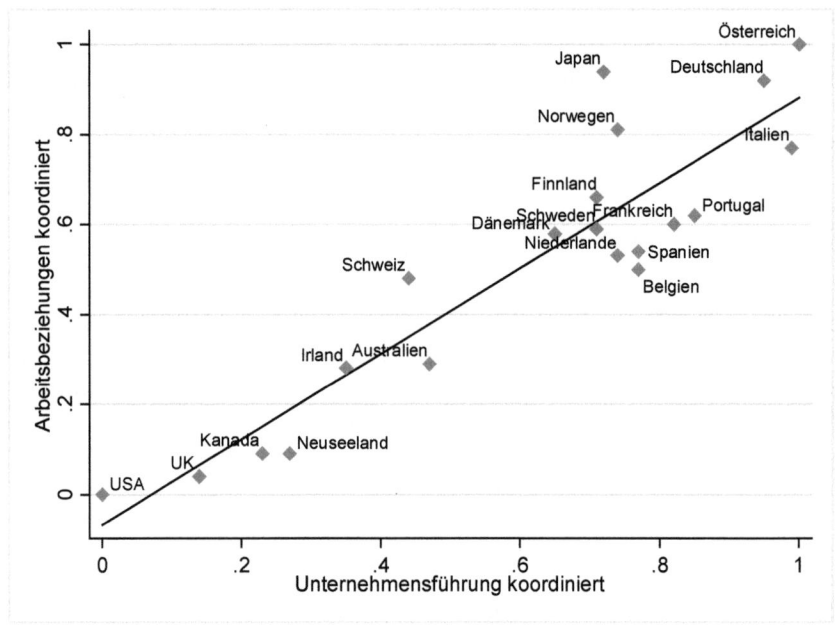

Quelle: (Hall/Gingerich 2009: 458)

Je koordinierter
die Unternehmens-
führung, desto
koordinierter die
Arbeitsbeziehungen

Die Länder mit der koordiniertesten Unternehmensführung haben auch die koordiniertesten Arbeitsbeziehungen. Umgekehrt richten sich Unternehmen in verschiedenen Ländern umso stärker nach Marktkriterien aus, je liberaler die Arbeitsbeziehungen in diesen Ländern sind. Der Zusammenhang ist ziemlich stark
($r^2=0,83$)[11]. Die liberalen Länder bilden darum unten links eine Gruppe mit libe-

---

11 Ein Wert von $r^2=0,83$ bedeutet, dass 83 Prozent der Varianz einer Variable mit der anderen Variable
erklärt werden kann.

raler Unternehmensführung und liberalen Arbeitsbeziehungen, während die koordinierten Länder oben rechts eine Gruppe bilden, mit koordinierten Arbeitsbeziehungen und koordinierter Unternehmensführung. Ein paar Länder passen in keine der beiden Gruppen. Die Schweiz und Japan, die häufiger Ausnahmefälle sind, haben gemessen an ihrer liberalen Unternehmensführung stark koordinierte Arbeitsbeziehungen. Die später folgenden einzelnen Länderkapitel werden auf die Gründe dafür noch eingehen.

Hall und Gingerich gehen noch einen Schritt weiter. Sie messen neben den Arbeitsbeziehungen und der Unternehmensführung auch, wie stark verschiedene Staaten ihre Bevölkerung gegen Arbeitslosigkeit absichern, wie viel Wettbewerb sie in Produktmärkten zulassen, wie sehr Ausbildungssysteme auf der Kooperation von Firmen beruhen, wie sehr Unternehmen kooperieren, wie viel Macht Manager in ihren Unternehmen haben, wie lange Arbeitnehmer in einem Unternehmen bleiben und wie stark Firmen mit anderen Firmen und innerhalb des Unternehmens kooperieren (vgl. Hall/Gingerich 2009). Probleme der Messbarkeit von Koordination

Dabei stehen ihnen jedoch nur wenige Daten zur Verfügung. Denn für das meiste, was sie wissen wollen, gibt es keine direkten Indikatoren. Beispielsweise erfassen Hall und Gingerich, ob Unternehmen in der Ausbildung von Arbeitnehmern zusammenarbeiten, indem sie die Punktzahl auswerten, die Auszubildende bei einem Lesetest erreicht haben. Oder sie stellen fest, ob Unternehmen kooperieren oder nicht, indem sie auswerten, wie oft diese sich gegenseitig feindlich übernehmen. Die Überlegung ist, dass Unternehmen, um an neue Technologie zu kommen, sich entweder gegenseitig aufkaufen oder miteinander kooperieren. Wie viel Macht Manager in Unternehmen haben, lässt sich laut Hall und Gingerich darüber feststellen, wie viel mehr Manager im Vergleich zu normalen Arbeitnehmern verdienen (Hall/Gingerich 2009: 462f.). Dies gibt jedoch nur sehr indirekt wieder, was Hall und Gingerich tatsächlich messen wollen, nämlich wie sehr Unternehmen auf Marktarrangements setzen oder wie sehr sie sich alternativ dazu strategisch koordinieren. Es macht zwar Sinn, feststellen zu wollen, wie stark Unternehmen kooperieren. Doch ob man dies daran ablesen kann, wie stark sich Unternehmen aufkaufen, ist unsicher. Korrelationen zwischen institutionellen Systemen

Das Erstaunliche ist jedoch, dass die verschiedenen institutionellen Arrangements liberaler und koordinierter Länder tatsächlich miteinander einhergehen. Länder, die liberale / koordinierte Indikatoren in einem Feld haben, weisen auch liberale / koordinierte Indikatoren in weiteren Feldern auf. Allerdings stellt sich die Frage, ob der Umstand, dass Institutionen über verschiedene Felder hinweg ähnlich liberal oder koordiniert sind, auch tatsächlich bedeutet, dass die verschiedenen Institutionen komplementär sind. Denn man kann mit den Indikatoren nur zeigen, dass die Institutionen sich auf der liberal-koordinierten Dimension innerhalb eines Landes ähneln, das heißt, dass Institutionen in Ländern oft entweder durchgängig liberal oder durchgängig koordiniert sind. Ob der Grund dafür ist, dass gleiche Institutionen sich gegenseitig unterstützen und *darum* zusammen vorkommen, ist eine andere Frage. Grenzen der quantitativen Analyse

Institutionelle
Kohärenz kann
Wirtschaftswachstum
nicht wirklich
erklären

Hall und Gingerich versuchen zu zeigen, dass auch dies der Fall ist. Sie argumentieren, Länder haben ein höheres Wirtschaftswachstum, wenn deren Institutionen entweder durchweg liberal oder koordiniert seien. Um dies zu zeigen, messen sie das Wirtschaftswachstum verschiedener Länder und untersuchen, ob dies damit einhergeht, dass Länder entweder durchgängig koordinierte oder durchgängig liberale Institutionen haben. Nachdem sie ein Regressionsmodell mit Kontrollvariablen rechnen, können sie simulieren, wie hoch das Wirtschaftswachstum wäre, wenn man verschiedene Werte für die verschiedenen Koordinationsindizes einsetzte. Ein Land, das maximal liberale Arbeitsbeziehungen hat und gleichzeitig maximal liberale Unternehmensführungsregeln, hätte demnach ein durchschnittliches Wirtschaftswachstum von drei Prozent. Hätte das jeweilige Land jedoch sehr liberale Arbeitsbeziehungen bei gleichzeitig (unpassenden) koordinierten Unternehmensführungsregeln, hätte es nur ein Wirtschaftswachstum von 0,6 Prozent. Ein Land dagegen, dass sehr koordinierte Arbeitsbeziehungen hat und dazu (passende) stark koordinierte Unternehmensführungsregeln, hätte ein durchschnittliches Wirtschaftswachstum von 2,8 Prozent; ein Land, bei dem trotz koordinierter Arbeitsbeziehungen die Unternehmensführung liberal wäre, hätte nur 1,2 Prozent Wirtschaftswachstum (Hall/Gingerich 2009: 469). Das Ergebnis von Hall und Gingerich ist also, dass Länder ein höheres Wirtschaftswachstum haben, wenn sie entweder durchgängig liberale oder durchgängig koordinierte wirtschaftliche Institutionen haben.

Man darf jedoch nicht vergessen, dass diese Berechnung auf gewagten Annahmen beruht. Zeigen Hall und Gingerichs Variablen wirklich, wie liberal oder koordiniert Länder sind? Kann es nicht auch andere Gründe geben, warum die USA und Großbritannien als vorwiegend liberale Länder, sowie Deutschland und Österreich als überwiegend koordinierte Länder seit den 1970er Jahren ein hohes Wirtschaftswachstum aufwiesen? Ist es nicht ein Problem, dass die meisten der Daten des Hall/Gingerich-Indexes nur bis Mitte der 1990er Jahre reichen? Wie kann es sein, dass Italien sehr hohe Koordinationswerte hat, obwohl Hall und Soskice es als unklaren Fall bezeichnen? Solche Probleme kritisiert Lane Kenworthy (2006). Außerdem findet er, anders als Hall und Gingerich, keinen Zusammenhang zwischen der wirtschaftlichen Koordination oder Liberalität eines Landes und dessen Wirtschaftswachstum. Er bezweifelt deshalb, dass „pure" Kapitalismusarten ein höheres Wirtschaftswachstum haben.

Viele Anläufe, ähnli-
che Ergebnisse: der
Grad an Koordination
beziehungsweise
Liberalität von
Marktwirtschaften ist
messbar

Zwar ist fraglich, ob man tatsächlich einen mechanischen Zusammenhang zwischen Wirtschaftswachstum und kohärenten Institutionen finden kann. Andererseits zeigt sich auch hier wieder, dass an der grundlegenden Idee, dass Länder entweder koordiniert oder marktbasiert sind, doch etwas dran sein könnte. So haben Alexander Hicks und Lane Kenworthy selbst einen Index entwickelt, in dem sie für jedes Land von 1960 bis 1989 eine 0, eine 0,5 oder eine 1 vergeben, je nachdem, wie sehr wirtschaftliche Akteure in diesem Land Jahr für Jahr kooperiert haben. Interessanterweise gibt es eine hohe Übereinstimmung zwischen dem Hicks/Kenworthy-Indikator und dem Hall/Gingerich-Index (r=0,85 vgl. Kenworthy 2006: 74f.). Länder, die im Hicks/Kenworthy-Index hohe Kooperationswerte haben, haben demnach auch im Hall/Gingerich-Index hohe Kooperationswerte.

Daher sollte man zwar skeptisch gegenüber der These sein, dass durchgängig koordinierte oder durchgehend liberale Länder allgemein erfolgreicher sind als andere Länder. Möglicherweise – aber eben nur möglicherweise – haben die Industrien besonders koordinierter oder liberale Länder jedoch bestimmte Stärken, die andere Länder nicht haben. Wirtschaftswachstum und wirtschaftlicher Erfolg hängen jedoch von vielen Faktoren ab, dass der Versuch, sie mit nur einer Variablen (in diesem Fall institutioneller Kohärenz) zu erklären, kritisch zu betrachten ist.

Aber auch wenn die institutionelle Kohärenz eines Landes nicht als einziger Grund für dessen Erfolg angesehen werden sollte, ist es Hall und Gingerich doch zumindest gelungen, die Varieties-Typologie mit einer Fülle an Daten zu belegen. Es ist tatsächlich so, dass in vielen Ländern fast alle Institutionen durchgängig eher marktbasiert oder durchgängig eher koordiniert sind. Die USA und Großbritannien auf der einen, Deutschland und Österreich auf der anderen Seite sind die besten Beispiele. Auch haben frühere Indizes den grundlegenden Unterschied koordinierter und liberaler Marktwirtschaften bereits dokumentiert und so die Unterscheidung in die beiden Ländertypen vorweggenommen, bevor es die Varieties-Typologie überhaupt gab. Dementsprechend gab es auch schon vorher Typologien, die eine vergleichbare Unterscheidung vorwegnahmen. Das folgende Kapitel stellt diese Vorläufer dar und vervollständigt damit das Bild über die unterschiedlichen Typen kapitalistischer Länder.

3 Vorläufer der Varieties of Capitalism-Typologie

3.1 Andrew Shonfield

Als erster großer Vorläufer der Varieties of Capitalism-These stellte Andrew Shonfield in seinem Werk „Modern Capitalism" (1965) fest, dass der französische Staat nach dem Zweiten Weltkrieg Investitionen in bestimmte Industrien förderte und das Land damit strategisch modernisierte. Deutschland lenkte seine Industrien mit Steueranreizen und durch seine drei mächtigen Banken, die Deutsche Bank, die Commerzbank und die Dresdner Bank. Schweden hatte landesweit koordinierte Arbeitnehmerorganisationen, die zusammen mit nationalen Arbeitgeberverbänden strategisch Investitionen planten. Italiens Industrien gehörten nicht nur privaten Investoren, sondern auch dem Staat. Großbritannien und die USA waren schon damals anders. Sie überließen ihre Industrien dem Markt und hatten darum keine Möglichkeit, strategisch zu planen. Shonfield stellte außerdem fest, dass Länder, die in ihre Wirtschaft eingriffen – man könnte auch sagen: sie koordinierten – höhere Wachstumsraten hatten.

Einerseits hatte Shonfield damit das zentrale Varieties-Argument schon vorweggenommen. Andererseits hat die Varieties of Capitalism-Typologie mehr geleistet, als nur dieses Argument einzuführen. Hall und Soskice haben die spezifischen Stärken marktlicher und nicht-marktlicher Koordination für radikale und inkrementelle Innovationen herausgearbeitet. Während Shonfield den Grundstein für die Varieties-Idee legte, haben erst Hall und Soskice darauf ein Gedankengebäude errichtet, das erklärt, wann liberale und wann koordinierte Marktwirtschaften besser sind. Denn anders als Shonfield, gehen sie nicht davon aus, dass Koordination durch den Markt *per se* besser ist, sondern zeigen, wie oben besprochen, dass koordinierte Kapitalismusvarianten gut darin sind, Produkte zu verbessern, während liberale Kapitalismusvarianten radikale Innovationen hervorbringen.

3.2 Korporatismusdebatte

Ein weiterer Vorläufer der Varieties-Typologie ist die Korporatismusdebatte. Ihre Wurzeln reichen in die 1970er Jahre zurück, als die ölliefernden OPEC-Länder ihre Ölpreise drastisch erhöhten. Dadurch kam es zu Inflation: Geld wurde weniger wert, da man damit weniger Öl kaufen konnte. In einigen Ländern mit zersplitterter Gewerkschaftslandschaft kam es daraufhin zu hohen Lohnforderungen einzelner Gewerkschaften, die die Kaufkraft ihrer Mitglieder gegenüber dem gestiegenen Ölpreis erhalten wollten. Da aber diesen steigenden Löhnen nicht zusätzliche Waren gegenüberstanden, stieg die Inflation. Länder mit zentralisierten Gewerkschaften konnten dieses Problem umgehen. Denn während kleinere Gewerkschaften nur an ihre jeweiligen Mitglieder denken konnten, mussten national zentralisierte Gewerkschaften die makroökonomischen Konsequenzen ihrer

Die Ölkrise und der Erfolg des Korporatismus

Lohnforderungen bedenken. Dies führte dazu, dass Staaten ihren zentralisierten Gewerkschaften Vorrechte einräumten. Schlossen zentralisierte Arbeitgeberverbände und Gewerkschaften makroökonomisch vertretbare Lohnabschlüsse ab, so dehnte der Staat diese moderaten Lohnabschlüsse auf andere Branchen aus, so dass zentral vereinbarte Lohnsteigerungen mitunter für die ganze Wirtschaft galten. Dies war sinnvoller, als dass kleine Gewerkschaften sich in ihren Lohnforderungen überboten, denn dadurch stiegen Löhne entweder so sehr an, dass Unternehmen ihre Beschäftigten nicht mehr bezahlen konnten und sie entlassen mussten, so dass es zu Arbeitslosigkeit kam. Oder es kam zu Inflation, wenn Löhne immer weiter anstiegen, während die produzierte Gütermenge gleichblieb. Um dies zu vermeiden, gewährten Staaten wie Deutschland und Österreich ihren Verbänden ein „Repräsentationsmonopol." Die Staaten nahmen Aufgaben wahr, die ansonsten der Staat oder der Markt erledigen müsste. Die Idee dahinter ist, dass gerade in komplexen Gesellschaften Arbeitgeber und Arbeitnehmer ihre Konflikte auf zentraler Ebene am besten selbst austragen, anstatt entweder den Staat diesen Interessenausgleich herbeiführen zu lassen oder aber jeden Arbeitnehmer beziehungsweise jede Splittergewerkschaft einzeln für sich handeln zu lassen.

Diese sogenannte korporatistische Art der Konfliktlösung stand im Gegensatz zur sogenannten pluralistischen Tradition angloamerikanischer Länder, in der jede Interessengruppe sich im Stimmengewirr Gehör verschaffen sollte, jedoch keine dabei bevorzugt wurde, etwa indem der Staat deren Verhandlungsergebnissen Gesetzeskraft und damit allgemeine Gültigkeit zubilligte. Die Idee hinter pluralistischen politischen Systemen ist, dass nur das Parlament das Recht haben soll, kollektive Regeln (Gesetze) zu erlassen. Andererseits kann man sich fragen, was daran auszusetzen ist, wenn Gewerkschaften und Arbeitgeber zu gemeinsamen zentralen Lösungen kommen, insbesondere wenn pluralistische Konfliktregulierung zu dem oben genannten Inflationsproblem führt (vgl. Olson 1984; Katzenstein 1984; 1985; Calmfors/Driffill 1988).

Die Varieties of Capitalism-These: Es kommt nicht auf starke Gewerkschaften, sondern auf Arbeitgeberverbände an

In den 1970er Jahren jedenfalls gelang es Ländern mit korporatistischer Interessenvertretung tatsächlich, hohe Arbeitslosigkeit und Inflation zu vermeiden. Doch in den 1980er Jahren ließ sich der in den 1970er Jahren noch vorhandene Zusammenhang, wonach Korporatismus Arbeitslosigkeit und Inflation vermeide, nicht mehr nachweisen. David Soskice (1990) fiel nun auf, dass es vielleicht nicht auf die Organisation der Gewerkschaften ankam. Denn diese waren zwar in Japan und der Schweiz schwach, trotzdem konnten diese Länder ihre Löhne koordinieren, da sich deren *Unternehmen* untereinander absprachen. So wurde die Grundidee des Varieties of Capitalism-Ansatzes geboren, mit der sich dieser Ansatz von der Korporatismusdebatte abgrenzte: Nicht starke *Gewerkschaften* waren das Geheimnis, sondern organisierte *Unternehmen*, deren Kooperation auch ohne starke Gewerkschaften funktionieren konnte (vgl. Höpner 2009).

Für den Varieties of Capitalism-Ansatz war diese Debatte zwischen Korporatismus- und Pluralismus-Befürwortern ein wichtiger Vorläufer. Denn sie zeigte, dass Länder mit nicht-marktlich koordinierten Wirtschaftsstrukturen ökonomische Vorteile haben konnten. Hall und Soskice fügten dem lediglich noch die Idee hinzu, dass es darauf ankam, ob Unternehmen koordiniert seien, statt dass es nur um

Koordination der Arbeitnehmer gehe. Schließlich setzten sie nur noch die verschiedenen Puzzleteile zusammen, um ihre Unterscheidung in koordinierte und liberale Länder zu entwickeln.

3.3 Französische Regulationstheorie

In Frankreich begründete 1976 der Doktorand Michel Aglietta mit seinem Buch *„Régulation et crises du capitalisme"* (Aglietta 1976) eine neue Denkschule. Diese so genannte französische Regulationstheorie geht davon aus, dass der Kapitalismus, anders als von den neoklassischen Wirtschaftswissenschaften angenommen, nicht automatisch zu einem Gleichgewichtszustand findet, sondern stattdessen durch seine eigene Funktionsweise immer wieder Krisen hervorbringt. Wirtschaftskrisen wie die große Depression ab 1929 oder die große Rezession ab 2008 sind somit keine Unfälle, sondern im Kapitalismus angelegt (vgl. auch Marx 1966 [1867]). Immer wieder gelingt es Ländern jedoch, durch institutionelle Arrangements die Krisenhaftigkeit des Kapitalismus für eine Weile einzudämmen. Die Regulationstheorie analysiert diese Institutionen, wegen derer sich Kapitalismusvarianten über längere Zeiträume selbst stabilisieren können; sie ist daher ein Vorläufer der Varieties of Capitalism-Typologie.

Immer wieder Krisen und zwischendurch Ruhe

Die Regulationstheorie untersucht somit, wie zu verschiedenen Zeiten und in verschiedenen Ländern 1) Arbeit und Kapital zueinander stehen, 2) Wettbewerb organisiert ist, 3) die Wirtschaft mit Geld versorgt wird, 4) Beziehungen zwischen Staat und Wirtschaft aussehen und 5) die jeweiligen Staaten in das internationale System eingebettet sind. Die Regulationstheorie will verstehen, wie sich diese Regulationen im Laufe der Zeit verändern.

Unterschiedliche Institutionen und Regulationsregime

Die Regulationstheorie identifizierte im Laufe der Geschichte verschiedene sogenannte Regulationsmodi, also Wirtschaftssysteme, in denen Institutionen eine Weile positiv zusammenspielen und in denen der Kapitalismus eine Weile stabil ist, so dass Akkumulation (im Wesentlichen: Wirtschaftswachstum) stattfinden kann. Aus dieser Perspektive bedeutete der Übergang zur industriellen Revolution beispielsweise eine Veränderung des oben genannten zweiten Faktors, also der Organisation des Wettbewerbs in dem Sinne, dass zunehmender Konkurrenzdruck aufkam. Das Ende der großen Depression nach dem Zweiten Weltkrieg war auf eine Veränderung des ersten Faktors zurückzuführen, da Massenkaufkraft neben Massenproduktion trat, was den Kapitalismus erneut einige Jahrzehnte lang stabilisierte. Dieses so genannte fordistische Akkumulationsregime war dadurch stabil, dass man sowohl die Produktion als auch den Konsum steigern konnte. Diese Phase, darin sind sich die meisten Regulationstheoretiker einig, ist nun vorbei. Doch wie genau das neue Akkumulationsregime aussieht, vermag niemand zu sagen.

Wichtiger ist in diesem Zusammenhang, dass die Regulationsschule nicht nur nachzeichnete, wie sich die institutionellen Arrangements einzelner Länder im Laufe der Zeit veränderten. Denn obwohl alle entwickelten Länder lange Zeit unter dem Label „Fordismus" zusammengefasst wurden, entdeckte die Regulationstheorie nicht nur zeitliche Unterschiede, sondern auch Unterschiede zwischen den Ländern, welche mit denen der Varieties of Capitalism-Typologie übereinstimmen.

Verschiedene Koordinations-Modi und Kapitalismusvarianten

So haben Boyer und Hollingsworth als Vertreter der Regulationsschule herausgearbeitet, dass wirtschaftliche Transaktionen nicht nur 1) über den Markt abgewickelt werden können, sondern auch 2) innerhalb von Unternehmen, 3) durch Gemeinschaften (beispielsweise, wenn man in einer Familie oder sozialen Gemeinschaft teilt) und 4) durch den Staat. Als Mischformen dieser vier Regulationsmechanismen gibt es auch 5) Netzwerke und 6) Verbände (Boyer 2004a: 23; vgl. für diese Governancemodi auch Boyer/Hollingsworth 1997). Sie ordnen diese sechs Kooperationsmodi anhand von zwei Dimensionen an: Auf der einen Achse variieren diese Modi entlang der Machtverteilung beziehungsweise je nach Koordinationsmodus (vertikal oder horizontal); zudem variieren diese Koordinationsmodi entlang des Handlungsmotivs, das ihnen zugrunde liegt (Eigeninteresse oder Zwang).

Die Regulationstheorie ordnet die einzelnen Länder verschiedenen Gruppen zu, je nach den Institutionen, mit denen diese versuchen, Wirtschaftswachstum sicherzustellen. Wie der Varieties of Capitalism-Ansatz unterscheidet die Regulationstheorie liberale Produktionssysteme, die den Markt stark nutzen – dies sind die englischsprachigen Länder. Der Meso-Korporatismus ist ein zweites Kapitalismusmodell, welcher Gemeinschaft in großen Unternehmen herstellt und diese nutzt, um wirtschaftlich effiziente Ergebnisse zu erreichen. Besonders in Japan und Korea belohnen große Unternehmen und Unternehmenskonglomerate Solidarität und Loyalität ihrer Belegschaft, indem sie ihren Arbeitnehmern innerhalb der jeweiligen Unternehmensgruppe einen internen Arbeitsmarkt und Beschäftigungssicherheit bieten. Drittens gibt es in der Einteilung der Regulationstheorie einen staatsgetriebenen Kapitalismus. Dieser findet sich in Deutschland, Österreich, Belgien, den Niederlanden, Frankreich, Italien, Spanien und Portugal. Hier ist es der Staat, der wirtschaftliche Akteure koordiniert. Viertens gibt es ein System, in dem neben dem Staat auch die Verbände wichtig sind. Dies ist in den skandinavischen Ländern der Fall, in denen Verbände mit dem Staat kollektive Regeln aushandeln, so dass wirtschaftliche Entwicklung mit gesellschaftlichen Gerechtigkeitsvorstellungen vereinbar ist (vgl. Boyer 2004a: 20ff.; vgl. ferner 2004c; 2004b). Einige Regulationstheoretiker gliedern fünftens die besonders konservativen südeuropäischen Länder aus der Gruppe der anderen europäischen Länder aus (Amable 2003; Dannreuther/Petit 2008).

Amables empirische Fünfertypologie

Besonders die Typologie von Amable (2003), die fünf Ländergruppen unterscheidet und sich an Varieties of Capitalism anschloss, statt einer ihrer Vorläufer zu sein, wurde sehr einflussreich. Denn erstens beruhte sie auf einer statistischen Clusteranalyse. Sie setzte somit nicht, wie Hall und Soskice es taten, zwei unterschiedene Kapitalismusarten voraus. Vielmehr unterschied sie die Länder anhand von statistischen Indikatoren, was Amable die Einteilung in fünf Ländergruppen ermöglichte. Diese Typologie mit mehr Ländertypen wird von Forschern bevorzugt, denen die Einteilung in nur zwei Ländergruppen zu stark vereinfacht.

Doch wie ist der Beitrag der Regulationstheorie zu bewerten? Ein Problem der Regulationstheorie ist, dass an ihre interessante Grundidee, der Kapitalismus sei inhärent instabil, könne aber durch geschickte Institutionen stabilisiert werden, immer neue Ideen „angebaut" wurden. Irgendwann war die Theorie so überfrachtet, dass man alles und nichts mit ihr anfangen konnte. Die Grundidee unterschiedlicher, sich selbst stabilisierender Kapitalismusspielarten findet sich schon in der Regulationstheorie. Der Verdienst der Varieties-Typologie ist somit nicht, dass ihr die Unterscheidung von Kapitalismusarten zum ersten Mal aufgefallen wäre. Vielmehr gelang es Hall und Soskice, verschiedene nicht-liberale Kapitalismustypen auf eine Grundform zurückzuführen, nämlich die der koordinierten Marktwirtschaften. Die Leistung der Varieties-Typologie ist somit, dass sie relativ „schlank" geblieben ist, statt verschiedenste Kapitalismusformen und sogar Zeitepochen auseinanderhalten zu wollen.

Die Varieties-Typologie und die Regulationstheorie nach Boyer schließen sich jedoch nicht gegenseitig aus, denn letztere unterscheidet die verschiedenen Koordinationsarten, die es neben dem Markt gibt – wogegen Hall und Soskice nichts einzuwenden haben. So hat sich eine Arbeitsteilung entwickelt. Hall und Soskice sind für das Grobe zuständig: die generelle Einteilung in zwei Kapitalismusarten. Andere Forscher bevorzugen eine genauere Einteilung der koordinierten Marktwirtschaften in mehrere Untergruppen. Für diese genauere Einteilung ist die Regulationstheorie gut geeignet; dafür ist sie nicht so schlank wie die Varieties-Typologie.

Varieties of Capitalism als schlanker Verwandter der Regulationstheorie

3.4 Esping-Andersens Wohlfahrtsregime

Die bisher besprochenen Vorläufer der Varieties-Typologie haben sich alle mit der Frage auseinandergesetzt, wie Länder ihre Wirtschaftstätigkeit organisieren. Bisherige Typologien haben unterschieden, ob Länder ihre Industrien durch Märkte regulieren oder strategisch planend eingreifen (Shonfield), ob Länder jeder Interessengruppe das Recht einräumen, für ihre Interessen zu werben (Pluralismus) oder bestimmte Interessengruppen favorisieren und mit Aufgaben betrauen, die in anderen Ländern der Staat oder Markt übernehmen (Korporatismus). Die Regulationstheorie fragt, wie Institutionen dafür sorgen können, dass der Kapitalismus eine Weile Krisen vermeidet, die ihm eigentlich inhärent sind.

Esping-Andersen (1990; 1996) ging es im Unterschied zu diesen Typologien nicht darum, wie Länder ihre Wirtschaft organisieren, wie sie also produzieren. Er wollte vielmehr wissen, wie Länder das, was einmal erwirtschaftet wurde, umverteilen. Er klassifizierte deswegen Wohlfahrtsstaaten – und wie diese umverteilen – noch bevor Varieties of Capitalism analysierte, wie Länder ihre Wirtschaft organisieren. In seinem Werk „Three Worlds of Welfare Capitalism" kontrastierte Esping-Andersen die liberalen Wohlfahrtsstaaten der englischsprachigen Länder mit den sozialdemokratischen Wohlfahrtsstaaten Skandinaviens und den konser-

Liberale, sozialdemokratische und konservative Wohlfahrtsstaaten

vativen Wohlfahrtsstaaten Europas. Worin bestehen also die Unterschiede zwischen liberalen, konservativen und sozialdemokratischen Wohlfahrtsstaaten?

In liberalen Wohlfahrtsstaaten wird die Arbeitskraft eines Individuums als Gut betrachtet, das zu Marktpreisen gehandelt wird; in diesem Sinne sind Arbeitnehmer „kommodifiziert", sie werden wie eine Ware gehandelt. Da Individuen nach dieser Logik ihr Einkommen auf dem Arbeitsmarkt selbst erzielen sollen, muss die Bevölkerung lediglich vor absoluter Armut geschützt werden, und zwar mit bedarfsgeprüften und steuerfinanzierten Sozialleistungen. Konservative Wohlfahrtsstaaten gehen über diesen Minimalschutz hinaus. Sie funktionieren wie eine Versicherung, indem sie einen Teil der Arbeitnehmergehälter einbehalten und dafür bei Krankheit, Arbeitsunfähigkeit, Arbeitslosigkeit sowie im Alter einen bestimmten Anteil des vorherigen Einkommens ersetzen. Diese Wohlfahrtsstaaten sind konservativ, da sie die soziale Stellung von Arbeitslosen, Kranken und Rentnern durch Transferleistungen „konservieren" indem sie ihre Sozialleistungen am vorherigen Einkommen bemessen. Während die liberalen Länder ihren Bürger erst an der Armutsgrenze helfen und die konservativen Länder versuchen, Menschen in ihrer sozialen Schicht zu konservieren, versuchen die sozialdemokratischen Länder, jeden gesellschaftlich möglichst weit nach oben zu bringen – und dann hohe Steuern zahlen zu lassen. Unabhängig davon, ob jemand viel oder wenig verdient, kann er beispielsweise in den skandinavischen sozialdemokratischen Wohlfahrtsstaaten dieselben hochqualitativen Kinderbetreuungseinrichtungen, Universitätsstipendien oder Weiterbildungsmaßnahmen nutzen. Im Umkehrzug akzeptieren die Bürger sozialdemokratischer Wohlfahrtsstaaten eine hohe Einkommens- und Mehrwehrsteuer. Die Darstellungen zu den einzelnen Ländern in Kapitel 4 gehen genauer auf die jeweiligen Unterschiede ein. Kapitel 6 analysiert, wie und warum liberale Wohlfahrtsstaaten mit liberalen Produktionssystemen und koordinierte Produktionssysteme mit sozialdemokratischen oder konservativen Wohlfahrtsstaaten einhergehen. Kapital 7 beschreibt das problematische Verhältnis zwischen Esping-Andersens Wohlfahrtsstaatentypologie und dem Varieties of Capitalism-Ansatz. Denn während Esping-Andersen davon ausgeht, dass wohlfahrtsstaatliche Regelungen *gegen* den Widerstand von Unternehmen ausgebaut wurden, geht der Varieties of Capitalism-Ansatz davon aus, dass Unternehmen in koordinierten Marktwirtschaften konservative und sozialdemokratische Wohlfahrtsstaaten unterstützen. Deswegen kann man der Varieties of Capitalism-Sichtweise entnehmen, dass umfangreiche Wohlfahrtsstaaten nicht gegen, sondern für Unternehmen eingerichtet wurden.

An dieser Stelle bleibt festzuhalten, dass auch Esping-Andersen ein angloamerikanisches, liberales Modell (zwei) anderen Modellen entgegensetzt, die den Markt auf die eine oder andere Art umgehen. Jetzt fehlte nur noch jemand, der die Diskussion über verschiedene Kapitalismusarten an die Öffentlichkeit brachte. Dies erledigte der Franzose Michel Albert.

3.5 Michel Albert und der rheinische Kapitalismus

Direkt nach dem Ende des Kommunismus schrieb ein französischer Wirtschaftswissenschaftler ein Buch, welches in Deutsch, Englisch und siebzehn weitere Sprachen übersetzt wurde. Michel Albert (1992) war in Frankreich nicht nur für die Regierung tätig, sondern auch Präsident einer Versicherungsgesellschaft und eines Verbands für Führungskräfte. Seine Grundthese war, dass sich jedes Land nach dem Ende des Kommunismus für einen „rheinischen" oder für einen angloamerikanischen Kapitalismus entscheiden müsse. Albert prägte damit die Formulierung „rheinischer Kapitalismus", die in den allgemeinen Sprachgebrauch überging.

Laut Albert kooperieren im rheinischen Kapitalismus Arbeitgeber und Arbeitnehmer in Unternehmen und darüber hinaus. Statt sich als Feinde zu sehen, handeln Arbeitnehmer und Arbeitgeber immer wieder einen Konsens aus, wie Güter effizient hergestellt und gerecht verteilt werden können. Dazu gehört auch, dass die reicheren Schichten der Gesellschaft eine höhere Besteuerung akzeptieren, um die ärmeren abzusichern. Alberts Musterbeispiel für diese Kapitalismusart ist Deutschland, dem es in den 1980er Jahren gelang, wirtschaftlichen Wohlstand mit einer relativen Gleichverteilung der Einkommen zu verknüpfen. Deutschland war damit auch Vorbild für andere Länder: Holland, Belgien, Frankreich, die Schweiz, Österreich, Italien und sogar Japan.

Wo also liegt das Problem? Schließlich scheint es, als ob der rheinische dem liberalen Kapitalismus in jeder Hinsicht überlegen sei, sowohl sei er gerechter als auch effizienter. Laut Albert ist der angloamerikanische Kapitalismus zwar in der Tat weniger effizient und gerecht, doch dafür hat er einen entscheidenden Vorteil: Er ist verführerischer. Der liberale Kapitalismus ist aufregender als der langweilige rheinische Kapitalismus. Sowohl die amerikanische Kultur, die Chance „to make it big", als auch die höheren Verdienstmöglichkeiten im angloamerikanischen Kapitalismus machen ihn für all jene interessant, die leistungsfähig sind. Zwar, so Albert, stimme es, dass eine typische amerikanische Familie circa 50 Prozent mehr Einkommen habe als eine typische französische Familie. Dies wirke „verführerisch" auf Menschen im rheinischen Kapitalismus. Doch diese vergäßen dabei, dass eine typische amerikanische Familie ihr zusätzliches Einkommen für Kinderbetreuung, private Universitäten, Gesundheits- und Sozialleistungen ausgeben muss, Leistungen die in Frankreich und anderen „rheinischen" Ländern die Gemeinschaft bereitstellt.

Besonders wichtig an Michel Alberts Buch war, dass er die Unterscheidung zwischen zwei (nicht drei, vier oder fünf) Kapitalismusarten bekanntmachte. Sein Schreibstil war eher journalistisch als wissenschaftlich, so dass er viele Leser erreichte. Mit seinem Appell, der rheinische Kapitalismus sei sowohl effizienter als auch gerechter, werde jedoch trotzdem im Wettstreit der Kapitalismen unterliegen, emotionalisierte er die Debatte über unterschiedliche Kapitalismusspielarten. Man kann jedoch vermuten, dass seine provokante These viele Forscher für das Thema begeisterte. Andererseits kann man sich fragen, ob es sinnvoll ist, einen „bösen" angloamerikanischen und einen „guten" rheinischen

Der rheinische Kapitalismus

… ist besser, aber verliert trotzdem

Kapitalismus zu unterscheiden. Albert machte also die Varieties-Debatte (bevor es sie überhaupt so richtig gab) einem breiteren Publikum zugänglich, bescherte ihr aber auch gleich eine moralische Bewertung, wonach der „gute" koordinierte Kapitalismus vor dem verführerischen „bösen" liberalen Kapitalismus gerettet werden muss.

Varieties of Capitalism setzt die Puzzleteile zusammen

Nach 1) der Veröffentlichung von Shonfields Buch, 2) der Unterscheidung zwischen korporatistischen und pluralistischen Ländern, 3) den verschiedenen Kapitalismusarten der französischen Regulationsschule, 4) den unterschiedlichen Wohlfahrtsstaaten und 5) Alberts Buchveröffentlichung, musste jemand diese Puzzlesteine nur noch zusammentragen. Nicht mehr und nicht weniger gelang Hall und Soskice (2001a) mit der Einleitung ihres Sammelbands. Ihre Leistung war also nicht so sehr, die zwei unterschiedlichen Kapitalismusarten entdeckt zu haben. Vielmehr systematisierten sie die verschiedenen Ansätze, die es schon gab. Zudem verbanden sie die Unterschiede zwischen den bisherigen Ansätzen zu zwei intuitiv einleuchtenden Kapitalismuskonzepten: liberal und koordiniert. Drittens bewerteten sie nicht eine der beiden Varianten als effizienter oder sozialer, sondern zeigten die Vorteile jeder der beiden Varianten (bessere Rahmenbedingungen für inkrementelle beziehungsweise radikale Innovationen). Viertens lieferten sie damit ein effizienztheoretisches Argument, warum verschiedene Kapitalismusarten sich bisher nicht angeglichen haben und dies möglicherweise auch in Zukunft nicht tun werden.

Der gemeinsame Kern der verschiedenen Kapitalismus-Typologien

Die Varieties-Typologie und ihre Vorgänger teilen einen Kern. Alle Typologien unterscheiden kapitalistische Länder, die der Varieties of Capitalism-Ansatz vereinfachend in koordinierte und liberale Systeme einteilt. Esping-Andersens (1999: 77ff.) Typologie unterteilt das, was Hall und Soskice als koordinierte Länder sehen, in konservative und sozialdemokratische Wohlfahrtsstaaten. Die Regulationstheorie (Boyer 2004a: 20ff.) unterteilt die konservativen Wohlfahrtsstaaten in eine Untergruppe, in welcher Koordination eher in Unternehmen stattfindet (Japan), sowie in eine Untergruppe, in der wirtschaftliche Koordination vom Staat ausgeht. Amable (2003: 173) teilt dann noch die Länder mit einer eher staatlichen Regulierung in eine kontinentaleuropäische und eine mediterrane Untergruppe. Dies hört sich erst einmal kompliziert an. Es ergibt sich daraus jedoch folgendes einfaches Schaubild, welches die verschiedenen Typologien zusammenfasst und zeigt, wie Typologien mit vielen Ländergruppen Kapitalismusregime einfacherer Typologien ausdifferenzieren, ohne dass sich die verschiedenen Klassifikationen widersprechen. Vielmehr unterscheiden sich die Typologien lediglich darin, wie viele Kapitalismusvarianten sie vom liberalen Modell abgrenzen, wie folgende Abbildung illustriert.

Abbildung 14: Wie sich verschiedene Typologien ergänzen

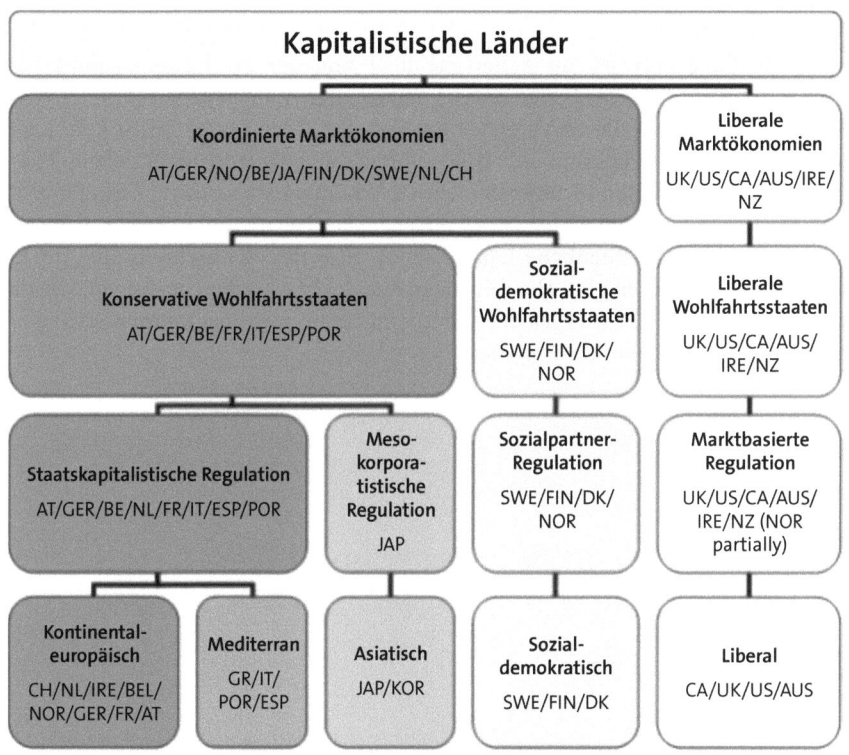

AT: Österreich, AUS: Australien, BE: Belgien, CA: Kanada, CH: Schweiz, ESP: Spanien, DK: Dänemark, FIN: Finnland, FR: Frankreich, GER: Deutschland, IRE: Irland, IT: Italien, JAP: Japan, NL:
Niederlande, NOR: Norwegen, NZ: Neuseeland, POR: Portugal, SWE: Schweden, UK: Großbritanni-
en, US: Vereinigte Staaten.

*Quellen: Amable (2003: 173), Esping-Andersen (1999: 77f.), Hall und Soskice (2001a: 20ff.), Boyer
(2004a: 20ff.).*

Die verschiedenen Klassifikationen sind wie russische Matruschka-Puppen, bei
denen jeweils eine kleinere Puppe in einer größeren ist. Macht man die Gruppe
koordinierter Marktökonomien auf, findet man darin Länder mit konservativen
und sozialdemokratischen Wohlfahrtsstaaten; schaut man sich diese Gruppe genauer an, findet man darin weitere Untergruppen. Dieser präziseren Unterscheidung würden auch Hall und Soskice zustimmen, denn dass sowohl konservative
als auch sozialdemokratische Wohlfahrtsstaaten koordinierte Produktionssysteme
haben können, ist ja kein Widerspruch. Dass so viele verschiedene Autoren – im
Wesentlichen – ähnliche Kapitalismustypen unterscheiden, obwohl diese Forscher
sich aus ganz unterschiedlichen Richtungen der Frage näherten, welche Kapitalismusvarianten es geben kann, spricht dafür, dass es tatsächlich gerechtfertigt ist,
von stabilen Varianten des Kapitalismus zu sprechen. Auch vorherige Arbeiten
haben schon früh davon gesprochen, dass es „Families of Nations" gibt, die sich

Verschiedene
Typologien
sind ineinander
verschachtelt

nicht nur in ihrer wirtschaftlichen Regulierung ähneln, sondern deren Wohlfahrtsstaat ebenfalls einer ähnlichen Logik folgt wie die Regulierung der Wirtschaft
(Castles 1993b).

Als Gegenentwurf zur Unterscheidung von nur zwei Kapitalismusarten
kann man auch die Eigenheiten jedes Landes einzeln untersuchen (vgl. Crouch/
Streeck 1997). Auch dieses Vorgehen hat Vorteile. Denn in der Tat ist kein Land
mit den Attributen „koordiniert" oder „liberal" erschöpfend beschrieben. Jedes
Land weicht von diesen Idealtypen mehr oder weniger ab, so dass es Sinn macht,
sich die Besonderheiten eines jedes Landes anzuschauen, um zu sehen, wie sehr
die Typologie unterschiedliche Länder schon ausreichend beschreibt und inwiefern es Besonderheiten gibt. Die folgenden Kapitel beschreiben deswegen, wie die
zwanzig hier untersuchten Länder jeweils vom Idealtypus einer koordinierten oder
liberalen Marktökonomie abweichen.

4 Jedes Land ist anders. Oder doch nicht? Die zwanzig wichtigsten Länder der Typologie

Nachdem die vorherigen Kapitel gezeigt haben, was die Varieties of Capitalism-Typologie ausmacht und aus welchen intellektuellen Quellen sie entstanden ist, gehen die folgenden Kapitel zurück zur Empirie und beleuchten Ähnlichkeiten und Besonderheiten jedes einzelnen Landes. Wie auch der Varieties of Capitalism-Ansatz unterscheidet dieses Kapitel zwischen liberalen, koordinierten und nicht-eindeutigen Ländern. In Anlehnung an die Regulationsschule und Esping-Andersen werden die sozialdemokratischen Länder gesondert als Untergruppe der koordinierten Länder besprochen. Dabei wird sich zeigen, dass jedes Land zwar einzigartig ist, doch bestimmte Länder sich ähnlicher sind als andere, so dass man nicht nur koordinierte und liberale Länder unterscheiden kann, sondern auch konservativ-koordinierte, sozialdemokratisch-koordinierte und liberale Länder.

Die folgenden Unterkapitel zeigen somit, wie die wichtigsten entwickelten Länder jeweils ihre Wirtschaft organisieren und wie sich diese Regulationsmodi aus den kulturellen und sozialen Traditionen eines jeden Landes erklären. Das Kapitel beginnt mit den liberalen Ländern. Daraufhin zeigt es, wie jedes nicht-liberale Land seine Wirtschaft gerade nicht über den Markt reguliert. Für jedes Land wird jedes der fünf Subsysteme beleuchtet, die im Rahmen der Varieties of Capitalism-Analyse relevant sind (Unternehmensführung, Ausbildungssysteme, Arbeitsbeziehungen, Unternehmensfinanzierung, Unternehmensbeziehungen und soziale Absicherung). Ein besonderes Augenmerk legen die folgenden Abschnitte darauf, wie Unternehmen geführt werden und wie Arbeitnehmer und Arbeitgeber interagieren, denn dies sind die für die Varieties-Typologie wichtigsten Unterschiede entwickelter Marktwirtschaften (vgl. Hall/Gingerich 2009: 460). Im Folgenden geht es erst einmal um die kulturellen und sozialstrukturellen Gemeinsamkeiten der liberalen Länder und der daraus erwachsenden Ähnlichkeit der Wirtschaftssysteme dieser Länder.

4.1 Die sechs liberalen Länder

Die USA, Irland, Kanada, Neuseeland und Australien waren Kolonien Großbritanniens; sie regulieren ihre Wirtschaft immer noch ähnlich wie Großbritannien. Insbesondere regulieren sie ihr Produktionssystem vorrangig über den Markt. Dies sieht auch die Literatur so.

> *„Although the policy foci of the social policy and political economy literatures differ, the ultimate source of the distinctiveness of the English-speaking countries in both domains is seen as stemming from the same source: policies that seek to accommodate market imperatives."* (Castles 2010: 636)

Doch warum sind Länder, die mit Großbritannien verbunden sind, besonders marktfreundlich? Der Marktenthusiasmus der englischsprachigen Länder hat kul-

Die liberalen Länder sehen den Markt positiver

Calvinismus befördert Marktdenken

turelle, genau genommen religiöse Gründe. Der Calvinismus und der reformierte Protestantismus beeinflussten alle liberalen Länder. Irland ist hier eine Ausnahme; es war katholisch, orientierte sich in seiner Wirtschaftspolitik jedoch oft an Großbritannien. Calvinismus und Protestantismus lesen an dem wirtschaftlichen Erfolg von Individuen ab, ob diese für den Himmel oder die Hölle prädestiniert sind, wie schon Max Weber (1978 [1920]) in seiner klassischen Studie zur protestantischen Arbeitsethik festgestellt hat. Wer wirtschaftlich erfolgreich ist, so glauben die Anhänger dieser Religionen, der wisse, dass er in den Himmel komme; wer nicht erfolgreich ist oder sein Geld verprasst, dem sei die Hölle vorbestimmt. Wenn Markterfolg aber ein indirektes Zeichen Gottes ist, welches Recht hat der Mensch dann, in Marktprozesse einzugreifen? Deswegen befürworteten diese Glaubensrichtungen Individualismus und individuelle Verantwortlichkeit. Eingriffe in das Marktgeschehen lehnten sie entsprechend ab (Kahl 2005: 107; 2009: 285). Die kulturellen Grundlagen der liberalen Länder unterstützen in dieser Weise uneingeschränkten Austausch auf freien Märkten. Gleichzeitig lehnt die Regulierungsphilosophie dieser Länder es ab, dass Gruppen sich koordinieren, um das freie Wirken des Marktes zu beeinflussen. Die entsprechende Ideologie dieser Länder haben Goodin et al. (1999: 41) zusammengefasst:

> *"Precisely because no one can be forced into relations of free exchange, such exchanges must necessarily be mutually beneficial. [R]ecourse to the coercive apparatus of the state is, for liberals, at best an unfortunate necessity to remedy an imperfect situation. The liberal economic ideal would clearly be to leave as much as possible to the free play of market forces."*

Jedes dieser Länder hat jedoch spezifische Traditionen, wie genau es seine Wirtschaft marktbasiert reguliert und jedes Land hatte auch Zeiten, in denen es von dieser Marktregulation abgewichen ist. Nicht alle liberalen Länder sind immer liberal gewesen und zudem unterscheiden sie sich stark voneinander. Die folgenden Abschnitte gehen auf die Regulation jedes Landes ein. Sie beginnen mit dem Vereinigten Königreich, welches alle liberalen Länder beeinflusste.

4.1.1 Großbritannien: Die Geburtsstätte des liberalen Kapitalismus

Die Geburtsstätte des liberalen Kapitalismus

Das Vereinigte Königreich ist die Geburtsstätte des liberalen Kapitalismus. Es gilt neben den USA als Inbild einer liberalen Marktwirtschaft. Woran liegt das? Großbritannien stand umfassender staatlicher Macht traditionell kritisch gegenüber. Bereits im 17. Jahrhundert zwangen die Engländer ihren König, sich dem Parlament zu unterwerfen. Die englischen Philosophen Jeremy Bentham (1748-1832) und John Stuart Mill (1806-1873) vertraten schon früh die Ansicht, Menschen sollten selbst über ihr Leben entscheiden können. Adam Smith (1993 [1776]) und David Ricardo (1821) wandten diese Ideen auf die Wirtschaft an. Sie meinten, einzelnen Menschen und ganzen Ländern sei am ehesten gedient, wenn niemand sie hindere, ihre wirtschaftlichen Eigeninteressen zu verfolgen. Dieser Grundgedanke stimmte mit der calvinistischen Idee überein, dass Gott denen hilft, die sich selbst helfen (Weber 2002 [1905]: 115; vgl. auch Kahl 2005; 2009). Jene philosophischen und religiösen Einflüsse führten dazu, dass seit dem 19. Jahrhundert Großbritannien zusammen mit den USA als weltweit liberalste Wirtschaftsnation galt (vgl. Mann 1993: 286ff.; Ogus 1982).

Die Dominanz solch liberaler und individualistischer Denkweisen manifestiert sich in der konkreten wirtschaftlichen Regulierung Großbritanniens – und anderer liberaler Länder. Frank Dobbin (vgl. 1994: 4) hat gezeigt, dass der englische Staat individuellen Unternehmern schon früh größtmögliche Handlungsfreiheit geben wollte. Während es in Frankreich normal war, dass der Staat Eisenbahnstrecken baute und deren Betrieb regulierte, dachten britische Politiker gar nicht an solche staatlichen Lösungen. Die Idee, dass der Staat die Aufgabe eines Unternehmers übernehmen könnte, kam Politikern und Beamten nie. Diese zurückhaltende, liberale Art der Regulierung zieht sich bis heute durch die britische Wirtschaft.

Von der liberalen Regulierung der Eisenbahn…

Nach dem zweiten Weltkrieg regulierte das Vereinigte Königreich zwar, wie fast alle anderen Länder auch, seine Wirtschaft stärker; Gewerkschaften gewannen an Einfluss, es gab koordinierte Lohnverhandlungen und sogar ein Ausbildungssystem, das die Gewerkschaften zusammen mit den Arbeitgebern organisierten und welches mit Deutschland vergleichbar war (Gospel/Edwards 2012: 1230, 1236). Gleichzeitig wurde das Land von Deutschland wirtschaftlich – wieder einmal – überholt. Das britische Wirtschaftssystem geriet vollends außer Kontrolle, als die Ölpreisschocks der 1970er Jahre die Inflation auf über 20 Prozent ansteigen ließen. Die Regierung war unfähig, die mächtigen, aber zersplitterten Gewerkschaften zu Lohnzurückhaltung zu bewegen, da das Land keine korporatistischen Strukturen hatte (vgl. Kapitel 3.2). Stattdessen forderten Gewerkschaften wegen der gestiegenen Preise immer höhere Löhne. Diesen höheren Löhnen stand aber keine größere Warenmenge gegenüber, so dass sowohl die Inflation als auch die Arbeitslosigkeit hoch waren (vgl. Rhodes 2000: 33ff.; King/Wood 1999).

… zu Koordinierung nach dem Zweiten Weltkrieg

Daraufhin besann Großbritannien sich auf seine liberalen Wurzeln: Margaret Thatcher zerstörte in den 1980er Jahren mit ihrer Gesetzgebung die Fähigkeit der britischen Gewerkschaften zu streiken. Ihre Reformen waren „informed by an ideological belief in the superiority of markets as a means of allocating resources" (Alcock/Craig 2001: 135). Thatchers Reformen knüpften an liberale britische Wurzeln an und führten zu dem System, welches das Vereinigte Königreich immer noch kennzeichnet. Die folgenden Abschnitte erläutern, was dies für die unterschiedlichen Institutionen der britischen Wirtschaft konkret bedeutet.

…zum Liberalismus der Thatcher-Jahre

Britische Unternehmen haben keinen Aufsichtsrat. Entsprechend können Arbeitnehmer auch nicht über den Aufsichtsrat Unternehmen beeinflussen, wie sie es in Deutschland tun. Arbeitnehmer können das Handeln ihres Managements auch nicht über einen Betriebsrat einschränken. Traditionell mussten britische Unternehmen selbst dann keinen Betriebsrat haben, wenn die Belegschaft dies wünschte. Typisch für die voluntaristische – also nicht auf Gesetzen basierende – britische Tradition der Unternehmensführung ist, dass Gewerkschaften stattdessen Arbeitnehmer am Arbeitsplatz repräsentieren, allerdings eben nur je nach gewerkschaftlichem Organisationsgrad.

Unternehmensführung

Während koordinierte Marktwirtschaften die EU oft als liberalisierend wahrnehmen, hat die EU in Großbritannien koordinierte Elemente eingeführt. Aufgrund einer EU-Richtlinie müssen im Vereinigten Königreich seit 2004 Unternehmen mit über 50 Mitarbeitern ein Organ zur Arbeitnehmerrepräsentation einrichten. Über diesen „shop steward" können Unternehmen ihre Mitarbeiter informieren und konsultieren (EIRO 2009m: 6). Der shop steward achtet zwar, wie sein deutsches Pendant der Betriebsrat, darauf, dass das Unternehmen Gesetze einhält, aber er hat keine Mitspracherechte bei unternehmerischen Fragen, wie es der deutsche Betriebsrat hat. Alles andere wäre auch unpassend für eine liberale Marktwirtschaft. Denn Einspruchsrechte der Arbeitnehmer machen Unternehmen unflexibel, Entscheidungsprozesse dauern länger – und genau das möchte man verhindern.

Doch während Arbeitnehmer den Vorstand kaum beeinflussen können, hat der Kapitalmarkt enormen Einfluss auf britische Unternehmen. Drei Viertel aller britischen Unternehmensanteile werden von Kleinaktionären oder institutionellen Investoren gehalten (gegenüber 92 Prozent in den USA und 32 Prozent in Deutschland). Da die Aktien britischer Unternehmen in dieser Weise verstreut sind, stehen britische Vorstände unter einem hohen Kapitalmarktdruck (vgl. Tricker 2009: 182). Wenn sie nicht schnell Erfolge liefern, verkaufen Aktionäre ihre Unternehmensanteile und der Börsenwert ihres Unternehmens sinkt.

Arbeitsbeziehungen   Im Unternehmen sind die Beziehungen zwischen Arbeitnehmern und Arbeitgebern somit eher von „Exit" als von „Voice" geprägt (vgl. Hirschman 1970). Arbeitnehmer, die mit ihrem Management unzufrieden sind, versuchen sich über einen flexiblen Arbeitsmarkt eine neue Stelle zu suchen, anstatt Bedingungen im Unternehmen zu verbessern. Unternehmen, die mit ihrer Belegschaft unzufrieden sind, können diese ebenfalls problemlos entlassen. Dies gibt britischen Unternehmen die personelle Flexibilität, die sie für radikale Innovationen in kurzlebigen Industrien und Dienstleistungsbranchen benötigen. Dass die Arbeitnehmer kaum mit dem Management kommunizieren können, sondern bei Unzufriedenheit kündigen, beraubt britische Unternehmen jedoch auch der Betriebs- und Produktkenntnis langjähriger Mitarbeiter. Solche langjährigen Mitarbeiter brauchen Unternehmen jedoch vor allem, um in etablierten Industrien immer bessere Produkte herzustellen, wie koordinierte Marktwirtschaften es tun.

Gesamtgesellschaftlich war Großbritanniens Arbeiterbewegung zwar stark, doch sie war nie zentralisiert, sondern immer in Einzelgruppen zersplittert. Die verschiedenen Gewerkschaften schlossen sich nie zusammen, um mit einer Stimme zu sprechen und über nationale Lohnverhandlungen die Wirtschaft zu koordinieren. Jede Gewerkschaft blieb eine Interessengruppe unter vielen. Anders als in koordinierten Ländern hatte die britische Regierung somit keinen zentralen Ansprechpartner, selbst wenn sie mit den Gewerkschaften kooperieren wollte, wie es während der Ölpreiskrise anfangs zum Zwecke der Lohnzurückhaltung der Fall war (vgl. Crouch 1993: 89). Es ist immer noch so, dass keine Gewerkschaft für die gesamte Wirtschaft oder auch nur für einzelne Sektoren Lohnverhandlungen führt. Stattdessen finden Lohnverhandlungen in der Regel mit jedem Arbeitnehmer individuell oder auf Unternehmensebene statt (EIRO 2009n: 3). Entsprechend sind nur 16 Prozent der Beschäftigten der Privatwirtschaft Gewerkschaftsmitglieder, während es im öffentlichen Sektor, wo längere Beschäftigungsverhältnisse vorherrschen, 59 Prozent sind.

Wichtiger als der Organisationsgrad ist, ob der Staat gewerkschaftliche Tarifverträge auf einen Sektor oder eine Region ausdehnt, wie Deutschland es tut.
Damit kann der Staat einheitliche Lohnbedingungen schaffen. Dies geschieht in
Großbritannien kaum, so dass Tarifverträge nur circa 20 Prozent der Beschäftigten
im privaten und 72 Prozent der Beschäftigten im öffentlichen Sektor abdecken.
Diese voluntaristische Tradition – der Staat verallgemeinert keine Lohnabschlüsse
– zeigt sich auch daran, dass Tarifverträge rechtlich nicht bindend sind, obwohl
Unternehmen sie in der Regel einhalten, indem sie sie in individuelle Arbeitsverträge einbauen (EIRO 2009m: 3f.).

Das Berufsbildungssystem im Vereinigten Königreich ist, anders als in   Ausbildungssystem
Deutschland, nicht von Gewerkschaften, Arbeitgebern und dem Staat koordiniert.
Stattdessen gibt es in Großbritannien staatlich zertifizierte National Vocational
Qualifications. Die damit verbundene Ausbildung findet jedoch nicht in Unternehmen statt, sondern wird von staatlich bezahlten profitorientierten Anbietern
zur Verfügung gestellt. Sowohl Gewerkschaften als auch organisierte Arbeitgeber
engagieren sich somit nicht in der Ausbildung, stattdessen studiert ein sehr hoher
Anteil eines jeden Altersjahrgangs (Gospel/Edwards 2012: 1237). Eine nationale
Koordination der Ausbildung gibt es in Großbritannien nicht (EIRO 2009m: 5).
Sie wäre auch unmöglich, weil dazu Gewerkschaften fehlen, die sich auf Ausbildungsgänge einigen könnten. Weil Großbritannien nicht über Institutionen verfügt, mit denen es Ausbildungsinhalte zwischen den Bedürfnissen der Arbeitgeber
und Arbeitnehmer abstimmen kann, veralteten vorhandene Ausbildungsgänge,
wohingegen koordinierte Länder ihre Ausbildungen immer wieder an die veränderten Bedürfnisse von Arbeitnehmern und Arbeitgebern anpassten, denn sie
hatten zentralisierte Gewerkschaften und Arbeitgeberverbände, mit denen diese
Koordinationsleistung möglich war (Busemeyer/Trampusch 2011: 38). Dieses
Beispiel zeigt, was Komplementarität in der Praxis bedeutet. Es ist für Großbritannien unmöglich, ein mehr oder minder koordiniertes Ausbildungssystem inmitten einer ansonsten liberalen Marktwirtschaft zu schaffen, welcher organisierte
Arbeitnehmer und Arbeitgeber fehlen (Jackson/Deeg 2012: 1117).

Auch die britische Unternehmensfinanzierung ist typisch liberal. Vor dem   Unternehmens
Hintergrund einer laxen Regulierung, die wiederum der Grundidee entstammt,   finanzierung
den Markt gewähren zu lassen, konkurriert London mit New York als wichtigstem
Finanzplatz der Welt. Infolgedessen haben britische Unternehmen leichteren Zugang zu Finanzkapital, müssen jedoch auch kurzfristigen Gewinninteressen ihrer
Investoren entsprechen. Anders als in Deutschland kommen sie kaum an Kredite
von (Haus-)Banken (Jackson 2005: 12). Da die britische Finanzwirtschaft einen
starken Einfluss auf die britische Gesetzgebung hat und auch für einen hohen Anteil des Steueraufkommens verantwortlich ist, kann es kaum verwundern, dass
nach der Finanzkrise 2008 die britische Regulierung des Finanzsektors schnell im
Sande verlief (Nilsson 2010: 11f.). Solch eine Regulierung hätte auch der Marktgläubigkeit widersprochen, welche hinter der britischen Regulierung steht.

Der britische Wohlfahrtsstaat unterstützt dieses Produktionssystem, indem   Wohlfahrtsstaat
er Arbeiter kaum absichert und so zur Flexibilität des Arbeitsmarktes beiträgt. Wer
in Großbritannien arbeitslos wird und vorher ein Durchschnittseinkommen hatte,

dem ersetzt die Arbeitslosenversicherung nur 28 Prozent seines durchschnittlichen Einkommens, während sie in Deutschland im ersten Jahr durchschnittlich 64 Prozent des Einkommens erstattet und erst im vierten Jahr auf durchschnittlich 36 Prozent zurückgeht (OECD 2009: 76).

Zusammenfassung: Großbritannien

Man kann darüber streiten, ob das Vereinigte Königreich oder die USA liberaler sind. Wie die letzten Abschnitte jedoch gezeigt haben, ist Großbritannien in der Kategorie einer liberalen Marktwirtschaft gut aufgehoben. Zudem ist Großbritannien nicht nur schon immer recht liberal gewesen, sondern es war auch eines der Länder, welches seit den 1970er Jahren noch einmal stark liberaler geworden ist (Gospel/Edwards 2012: 1245). Während koordinierte Länder Märkte seit den 1970er Jahren eher zögerlich liberalisierten, führte Großbritannien Marktregulierung in allen Bereichen ein (Schröder 2013a: 101f.; Thelen 2012). Mit seiner liberalen Tradition war es sowohl für die USA als auch für die Wirtschaft der anderen liberalen Länder Vorbild. Denn die Tradition liberalen Denkens übertrug sich in alle Länder, die einmal Großbritanniens Kolonien waren. Jedes dieser Länder hat heute ein liberales Produktionssystem, das dem Großbritanniens ähnelt.

4.1.2   USA: Das kapitalistischste Land von allen

Der Markt steht für Freiheit, der Staat für Unterdrückung

Immigranten wanderten in die USA ein, um repressiven Staaten zu entfliehen. Sie waren beseelt von dem Wunsch, ihre individuelle Freiheit nicht mehr durch den Staat einschränken zu lassen (Alford 1967: 71; Sachs 2000: 37). Jeder sollte auf dem Markt die gleichen Rechte haben. Es sollte keine Adeligen geben, für die bevorzugte Handelsgesetze galten (vgl. Grønbjerg/Street/Suttles 1978: 14f.; Mann 1993: 486). Zudem waren (und sind) die USA protestantisch geprägt. Selbst die Religion unterstützte die Ideologie, jeder sei für sich selbst verantwortlich (vgl. Mann 1993: 636; Kahl 2005; 2009). Jede Art kollektiver Regelung geriet dahingegen in Verdacht, sozialistisch oder gar tyrannisch zu sein (Orloff/Skocpol 1984: 733f.; vgl. ebenso Birch 1955: 27; Goodin, et al. 1999: 58).

Von der liberalen Regulierung der Eisenbahnen...

Diese Grundhaltung zeigt sich immer noch in der Regulierung der amerikanischen Wirtschaft. Als viele Staaten Ende des neunzehnten Jahrhunderts protektionistisch wurden, hielten die USA, zusammen mit Großbritannien, am liberalen Freihandel fest (Mann 1993: 289ff.). Auch innerhalb der USA waren Geschäftsbeziehungen auf strikte Konkurrenz ausgelegt. In der liberalen Denktradition gibt es einen natürlichen Marktzustand, den Staatseingriffe nur aus dem Gleichgewicht bringen. Der Staat beschränkt sich deswegen darauf, uneingeschränkte Konkurrenz sicherzustellen (vgl. Grønbjerg/Street/Suttles 1978: 4f.).

Frank Dobbin verdeutlicht diese Einstellung an der amerikanischen Regulierung des Eisenbahnsystems, welche beispielhaft für die Regulierung weiterer Sektoren ist. Der amerikanische Staat sah sich nie in der Verantwortung, selbst Eisenbahnstrecken bereit zu stellen. Die USA betrieben vielmehr eine Industriepolitik, die einen funktionierenden Markt von Eisenbahnunternehmen sicherstellen wollte, indem sie Wettbewerbsbeschränkungen abbaute und Preiskonkurrenz förderte. Dobbin meint, dies sei ein stabiler Wesenszug amerikanischer Regulierung, der sich durch die Jahrhunderte zieht:

> *"What kinds of policies will the United States adopt to govern a new industry? Place your money on policies that enforce price competition [...]. One needs to know nothing about interest groups, micro-economic patterns, or state organizational resources to make these broad predictions. One need only grasp the logic underlying current policies to be able to guess what future policies will look like, because policies in different countries follow fundamentally different logics" (Dobbin 1994: 10f.).*

Die Große Depression der 1930er Jahre erschütterte jedoch den amerikanischen Glauben an den freien Markt. Nach dem Zweiten Weltkrieg änderte sich die liberale Einstellung der USA deswegen, ähnlich wie die Großbritanniens. Nach dem Zweiten Weltkrieg hatten die USA bis 1963 einen kaum vorstellbaren Spitzensteuersatz von 91 Prozent (zu zahlen ab 200.000 Dollar Jahreseinkommen, das sind 2,3 Millionen in 2011-Dollar). Bis 1981 betrug der Spitzensteuersatz immer noch 70 Prozent (ab 212.000 Dollar Jahreseinkommen, ab 532.000 Dollar in Werten von 2011). Zu dieser Zeit gab es außerdem selbst in den USA kollektive Lohnverhandlungen (Deeg 2012: 1250). Das Amerika der niedrigen Steuern und Marktfreiheit kam erst in den 1980er Jahren mit Ronald Reagan wieder. Seitdem ist das Land– nach fast jedem Maßstab – das liberalste der liberalen Länder. *... zur Markteindämmung nach dem Zweiten Weltkrieg bis in die 1970er Jahre*

Die liberale Regulierung der amerikanischen Marktwirtschaft zeigt sich auch in den Arbeitsbeziehungen. In den USA können Gewerkschaften und Arbeitgeberverbände Löhne kaum kollektiv regeln. Deswegen können sie sich auch nicht koordinieren. Das liegt daran, dass die Tradition des Individualismus zu einer Regulierung führt, die es jedem Unternehmen ermöglicht, aus kollektiven Vereinbarungen auszusteigen (Hollingsworth 1997b: 135). Tarifverträge werden darum fast ausschließlich auf Unternehmensebene ausgehandelt. So waren 2007 nur noch 13 Prozent der amerikanischen Arbeitnehmer überhaupt von Tarifverträgen erfasst, im Vergleich zu 63 Prozent der deutschen Arbeitnehmer (Venn 2009: 16f.). Auch ist die amerikanische Gewerkschaftsbewegung zersplittert. Zwar gibt es eine Dachorganisation der amerikanischen Gewerkschaften, doch diese „American Federation of Labor and Congress of Industrial Organizations" (AFL-CIO) ist selbst zersplittert. Im Jahre 2011 bestand sie aus 56 Einzelgewerkschaften. Im deutschen DGB sind dahingegen nur acht Gewerkschaften. *Arbeitsbeziehungen*

Auch in der Unternehmensführung zeigt sich die liberale amerikanische Tradition, obschon es historisch immer wieder Ausnahmen davon gab. Bis in die 1970er Jahre schützten sich amerikanische CEOs vor Übernahmen und Marktschwankungen, indem sie riesige Unternehmenskonglomerate aufbauten, welche unter dem Dach eines Mutterunternehmens unterschiedlichste Güter herstellten. Dadurch konnten sich Unternehmensteile gegenseitig unterstützen, was Unternehmen stabiler machte. Stellt ein Unternehmen zum Beispiel Autos und öffentliche Verkehrsmittel her, so kann ein Unternehmensteil die Schwäche des anderen auffangen. Das deutsche Unternehmen Siemens funktioniert nach diesem Prinzip. General Electric ist ein amerikanisches Beispiel für ein solches auf Stabilität bedachtes Unternehmen. Da es in den USA etliche solcher großen Unternehmen gab, wurde es als „Land des Big Business" bezeichnet. Aufgrund dieser Konglome- *Unternehmensführung* ratsstrukturen waren amerikanische Manager nicht vom Kapitalmarkt abhängig, wie es amerikanische Unternehmen heute sind, weswegen Unternehmen ihren Beschäftigten damals auch großzügige Kranken- und Rentenversicherungen anbieten konnten (Deeg 2012: 1251).

Doch nachdem der Aktienwert amerikanischer Unternehmen seit 1960 stagnierte, entwickelten die beiden Wirtschaftswissenschaftler Michael Jensen und William Meckling (1976) die so genannte Prinzipal-Agent Theorie. Der zufolge sollten Manager das Unternehmen im Sinne der Aktionäre steuern, müssen dabei jedoch immer wieder davon abgehalten werden, eigene Interesse zu verfolgen, wie beispielsweise über Konglomerate riesige Unternehmensimperien aufzubauen. Zwar war es CEOs bisher gelungen, in Unternehmenskonglomeraten Risiken zu streuen. Doch dies missfiel Investoren, die ihr Risiko selbst streuen wollten, indem sie Aktien unterschiedlicher Unternehmen kauften. Außerdem bezweifelten Investoren, dass ein Unternehmen gut darin sein konnte, völlig unterschiedliche Produkte herzustellen, wie bei Konglomeraten der Fall ist. Jedes Unternehmen solle sich besser auf eine Kernkompetenz konzentrieren, so das Argument. Analysten forderten Unternehmen darum auf, alle Bereiche außer ihrem Kerngeschäft abzustoßen. Damit CEOs, ebenso wie Investoren, ein Interesse an einem hohen Aktienkurs haben, wurde ihr Gehalt als Aktienoptionen ausgezahlt, so dass sie von Aktienwertsteigerungen profitierten und selbst zu Investoren wurden. Problematisch daran ist, dass es sich dabei nur um Kauf*optionen* handelte. Das heißt, die Vorstände *konnten* die Aktien ihres Unternehmens bei ihrem Abgang zu dem Preis kaufen, den sie bei ihrem Eintritt ins Unternehmen wert waren, sie mussten aber nicht. Damit profitierten Vorstände davon, dass der Aktienkurs ihres Unternehmens während ihrer Vorstandszeit stieg, sie wurden aber nicht bestraft, wenn er sank. Dies verführte Vorstände dazu, enorme Risiken einzugehen. Denn ein hoher Wertgewinn würde ihnen viel Geld bringen, während sie bei einem Kursverlust der Aktien einfach auf ihre Kaufoption verzichten konnten.

Um möglichst hohe Gewinne zu erreichen, sollten Unternehmen ihre Investitionen von nun an zudem über Schulden finanzieren. Die Vermutung war, dass dies zu risikoreicheren, aber auch ertragreicheren Investments führe, denn Gewinne müssten von nun an mindestens so hoch sein, dass die vorher gemachten Schulden damit zurückgezahlt werden konnten. Einen Aufsichtsrat, der ein Unternehmen von außen kontrolliert – also auch andere Interessen als die der Aktionäre oder des Vorstands berücksichtigt – lehnten amerikanische Unternehmen dahingegen ab. Vorstände hätten bei diesen Reformen nicht mitgemacht, wenn sie nicht auch in ihrem Interesse wären und es war nicht in ihrem Interesse, sich von einem Aufsichtsrat kontrollieren zu lassen. Das war auch der Grund, warum Vorstände Aktienoptionen zustimmten, aber nicht der Verpflichtung, Aktien bei ihrem Ausscheiden zu dem Preis zu kaufen, den sie hatten, als sie die Unternehmensführung übernahmen, denn dann könnten sie auch Geld verlieren. Dadurch kam es zu der kurzfristigen Gewinnverfolgung, welche typisch für die USA und generell für liberale Marktwirtschaften ist. Auch ist es deswegen kein Zufall, dass die Finanzkrise 2008 in den USA begann. Denn amerikanische Vorstände haben mehr als andere ein Interesse daran, große Risiken einzugehen, um auf möglichst spektakuläre Gewinne zu kommen (vgl. für die vorherigen Absätze Dobbin/Jung 2010).

Amerikanische CEOs haben auch weitgehend freie Hand, Unternehmensgewinne zu maximieren, da sie sich – anders als ihre deutschen Pendants, die Vorstandsvorsitzenden – weder im Betriebsrat noch im Aufsichtsrat mit Arbeitnehmern absprechen müssen. Ebenso wie in Großbritannien ist darum für amerikanische Arbeitnehmer eher „Exit" als „Voice" eine sinnvolle Strategie. Die dezentralisierten und unregulierten Arbeitnehmer-Arbeitgeber-Beziehungen machen es dem Management einfach, Arbeitnehmer zu entlassen, weswegen diese sich mit Kritik zurückhalten, dafür jedoch auch nicht Produkte oder Produktionsprozesse kontinuierlich verbessern können (Ebbinghaus 2006: 67).

Anstatt mit ihren Arbeitnehmern zu kooperieren, stehen amerikanische Unternehmen unter kurzfristigem Kapitalmarktdruck. Sie müssen üblicherweise alle drei Monate ihre Quartalsergebnisse präsentieren. Diese müssen besser sein, als Aktienanalysten es vorher prognostiziert haben, damit der Aktienkurs steigt. Denn der Marktpreis der Unternehmen beinhaltet alle bis dahin verfügbaren Informationen und kann daher nur bei überraschend guten Informationen weiter steigen, so die Theorie, nach der Aktienanalysten verfahren. Es reicht also nicht, gute Ergebnisse zu erbringen. Wenn diese schon erwartet wurden, müssen die Manager die Erwartungen der Investoren noch übertreffen, sonst kann trotz eines guten Ergebnisses der Aktienkurs sinken. Diese Logik wird dadurch verstärkt, dass amerikanische Unternehmensaktien im Schnitt zu 92 Prozent von individuellen oder institutionellen Investoren gehalten werden (gegenüber in Deutschland 32 Prozent, vgl. Tricker 2009: 182). Für diese Investoren kann nur der derzeitige Gewinn zählen, denn sie kennen von dem Unternehmen in der Regel nicht mehr als dessen Aktienentwicklung. Dies ist anders, wenn ein Unternehmen eine Hausbank hat, wie in koordinierten Ländern.

Zwar stellt das liberale System der Unternehmensfinanzierung kurzfristiges Kapital auch für riskante Unternehmungen zur Verfügung. Andererseits erschwert es, langfristig zu investieren und kurzfristige Marktschwankungen abzufangen, denn bei kurzfristig schlechter Unternehmensperformance verkaufen Investoren ihre Aktien sofort. Auch juristisch gehen Vorstände dabei oft bis an die Grenze des Erlaubten oder sogar darüber hinaus, um möglichst spektakuläre Unternehmensgewinne präsentieren zu können. Während britische Vorstände sich rechtfertigen müssen, wenn sie nationalen Corporate Governance-Gepflogenheiten nicht entsprechen, selbst wenn diese nicht gesetzlich festgelegt sind, orientieren sich amerikanische Unternehmenslenker stärker an dem, was juristisch erlaubt ist (vgl. Tricker 2009: 185). Die Finanzkrise 2008 wird an diesem System wahrscheinlich nichts ändern, da – typisch für die USA – viele die Krise als Ergebnis von zu viel und nicht zu wenig Regulierung sehen (Konzelmann/Fovargue-Davies/Schnyder 2010: 23f.).

Da das amerikanische System der Unternehmensführung Vorstände zwingt, spektakuläre Gewinne zu machen, gibt es kein anderes Land, das so viele hochprofitable und innovative Unternehmen hervorgebracht hat. Gemessen an ihrer Marktkapitalisierung (Börsenwert) waren im Juli 2011 allein Microsoft (mit ei-

Vorteile und Nachteile der kurzfristigen Herangehensweise

nem Wert von 228 Milliarden US Dollar) und Apple (mit einem Aktienwert von 357 Milliarden US Dollar) zusammengerechnet mehr als halb so viel wert wie alle deutschen 30 DAX-Unternehmen. Anderseits kommt es, gerade weil das amerikanische Corporate Governance System seine Unternehmen zu solch spektakulären Aktienwertsteigerungen zwingt, auch immer wieder zu spektakulären Firmenzusammenbrüchen, entweder weil Firmen den hohen Gewinnerwartungen nicht mehr entsprechen und deswegen so schnell fallen gelassen werden, wie sie vorher an neues Kapital kamen, oder weil Unternehmenslenker so große Risiken eingehen, dass sie ihr Unternehmen mit einem fehlerhaften Investment zugrunde richten.

Die USA sind somit von einer Unternehmensführung gekennzeichnet, die zugunsten kurzfristiger Gewinne kaum Rücksicht auf langfristige Strategien oder die Belegschaft nimmt. Vorstände müssen zeitweilige Schwächen im Aktienkurs vermeiden, da ihr Unternehmen sonst aufgekauft wird. Zudem sind sie verpflichtet, ihre verstreuten Aktionäre regelmäßig über die neuesten Quartalszahlen informieren. Es gibt kaum „geduldiges" Bankenkapital, welches langfristige Innovationen finanziert (vgl. Jackson 2005). Man kann vereinfachend sagen, die Pflichten, die Vorstände in koordinierten Marktwirtschaften gegenüber ihrer Belegschaft haben, haben sie in liberalen Marktwirtschaften gegenüber ihren Kapitalgebern. Dieses System kommt einem vielleicht brutal vor. Es sorgt aber auch zuverlässig für Unternehmen, die völlig neue Produkte auf den Markt bringen und entsprechend viel wert sind.

Die Finanzkrise 2008 hat auch gezeigt, dass dieses System nicht nur einzelne Unternehmen zusammenbrechen lässt. Vielmehr konnte man sehen, dass, wenn diese einzelnen Unternehmen Banken sind, auch die gesamte Wirtschaft in Mitleidenschaft gezogen werden kann. Amerikaner überschätzten die Selbstregulierungsfähigkeit der Märkte so sehr, dass auch Finanzprodukte immer weniger reguliert wurden. Immer mehr Amerikaner finanzierten ihr Haus mit Schulden, in der Hoffnung, dass die Hauspreise immer mehr steigen würden. Als diese jedoch sanken und immer mehr Schuldner ihre Hauszinsen nicht bezahlen konnten, wollte im Oktober 2008 keine Bank einer anderen noch Geld leihen, aus Sorge, dass Banken ihre Schulden nicht mehr zurückzahlen können. Erst als die Zentralbank als lender of last resort einsprang, liehen Banken sich wieder gegenseitig Geld. Selbst die USA regulierten darum mit dem Dodd–Frank Wall Street Reform and Consumer Protection Act 2010 die Finanzmärkte stärker als vorher (Deeg 2012: 1264).

Ausbildungssystem   Die USA haben kein Ausbildungssystem, das mit dem deutschen vergleichbar ist. Vielmehr haben sie ein differenziertes universitäres Bildungssystem mit den besten Universitäten der Welt. So befanden sich 2012 nach dem Times Higher Education Ranking fünfzehn der zwanzig weltweit besten Universitäten in den USA (und vier weitere in Großbritannien). Andererseits kann man in den USA in einem sogenannten Community College für bestimmte Berufe auch ein Studium absolvieren, für die man in Deutschland eine Ausbildung braucht, zum Beispiel als Krankenpfleger. Vieles, was in Deutschland unter das duale Ausbildungssystem fällt, decken amerikanische Colleges ab, da Unternehmen aufgrund der ungelösten Kollektivgutprobleme liberaler Marktwirtschaften (vgl. Kapitel 1.2.3) sich an der Ausbildung der Arbeitnehmer nicht beteiligen. In den USA koordinieren auch weder der Staat (wie in Schweden oder Frankreich) noch die Verbände (wie in Deutschland) das Ausbildungssystem (Deeg 2012: 1255). Stattdessen orientiert sich das Ausbildungssystem an den Qualifikationen, die der Markt verlangt. Dies führt dazu, dass es viele Ausbildungen aufgrund der damit verbunden Kollektivgutprobleme – für jeden sind sie nützlich, aber keiner hat individuell ein Interesse, sie zu bezahlen – gar nicht erst gibt, zumindest nicht außerhalb von Universitäten (vgl. Busemeyer/Trampusch 2011: 13, 20).

Unternehmenskooperationen sind in den USA schwierig, da es keine Verbände gibt, die als neutrale Schiedsrichter fungieren könnten, wie sie es in Deutschland tun. Auch dürfen Unternehmen seit dem Clayton Anti-Trust Act von 1914 nicht mehr gegenseitig Mitglieder in den Aufsichtsrat entsenden oder sich finanziell aneinander beteiligen, wenn dies ihre Konkurrenz untergraben könnte (Hollingsworth 1997b: 141). Auch hier sieht man wieder den Marktenthusiasmus der USA. Diese Regelung führte historisch dazu, dass amerikanische Unternehmen Konkurrenten oder potentielle Kooperationspartner aufkauften und so zu großen Unternehmenskonglomeraten heranwuchsen. Diese lösten sich jedoch, wie oben beschrieben, in den 1980er Jahren auf, als Unternehmen sich auf ihren Kernbereich konzentrierten, weil Investoren dies von ihnen verlangten. Firmenbeziehungen

In einem wichtigen Punkt entsprechen die USA jedoch nicht dem Bild, das Varieties of Capitalism als typisch liberal bezeichnet. Denn in der Rüstung und Raumfahrt findet Unternehmenskooperation doch statt (Hollingsworth 1997b). Zudem haben die USA regionale Unternehmensnetzwerke, die zwar von ihrer Spezialisierung her in die Varieties-Typologie passen; in ihnen findet jedoch eine Kooperation statt, die für die USA erstaunlich ist. Das bekannteste dieser Unternehmensnetzwerke ist das Silicon Valley. Solche Netzwerke existieren oft aufgrund persönlicher Bekanntschaften und sind geprägt durch wechselseitiges Vertrauen, welches durch Verbände gemanagte Unternehmenskooperationen ersetzen.[12] Unternehmenskooperationen sind in den USA generell unwichtiger aufgrund des sehr flexiblen Arbeitsmarktes, der keinerlei gesetzliche Kündigungsfrist kennt. Deswegen können Unternehmen sich das Wissen anderer Unternehmen aneignen, indem sie deren Arbeitskräfte abwerben. Sie sind daher nicht darauf angewiesen, zu kooperieren oder Wissen zu teilen.

Die USA und Großbritannien entsprechen somit dem Idealtyp einer liberalen Marktwirtschaften recht genau (Hall/Soskice 2001a: 27-33). Die USA sind nicht nur liberal, sie werden auch noch liberaler. Genau wie in Großbritannien bedeutete Liberalisierung, immer mehr Marktregulierung einzuführen, obwohl Großbritannien und die USA auch schon vor der Liberalisierungswelle der 1970er Jahre Länder waren, die stark durch Märkte reguliert wurden (Thelen 2012; Schröder 2013b: 102ff). Insofern passt die USA genau in die Vorhersage der Varieties of Zusammenfassung: USA

---

12 Wie es zu solchen Netzwerken kommt, analysiert die Wirtschaftssoziologie. Ihr geht es weniger darum zu verstehen, wie staatliche Institutionen mit wirtschaftlichem Handeln interagieren. Sie will verstehen, wie Menschen untereinander wirtschaftlich interagieren und Handeln aus solchen sozialen Netzwerken hervorgeht (vgl. klassisch Granovetter 1973; 1985)

Capitalism-Typologie, wonach liberale Länder noch liberaler werden (Deeg 2012: 1249f.). Irland, Kanada, Neuseeland und Australien sind nicht so eindeutig liberal wie Großbritannien und die USA. Wie diese Länder von typisch liberaler Regulierung abweichen, zeigen die folgenden Abschnitte.

4.1.3 Irland: Kapitalismus und Katholizismus

Hintergrund Irland war bis 1922 ein Teil Großbritanniens, doch seine Bevölkerung ist nicht protestantisch, sondern zu neunzig Prozent katholisch. Dadurch hat Irlands Produktionssystem sowohl liberale Elemente aufgrund des britischen Einflusses als auch konservative aufgrund des katholischen Einflusses (Burke 1999: 26). Irland weicht auch vom idealtypischen Liberalismus ab, da es lange Zeit Absprachen auf nationaler Ebene zwischen Gewerkschaften, dem Staat und den Arbeitgebern gab. Mittlerweile sind diese aber zusammengebrochen, wodurch Irland einer typisch liberalen Marktwirtschaft ähnlicher wurde.

Arbeitsbeziehungen   Seit seiner Unabhängigkeit befürwortete Irland in Anlehnung an Großbritannien freien Handel, niedrige Staatsausgaben und Steuern. Eingriffe in den Markt lehnten Irlands Regierungen weitgehend ab. Zugleich verfolgten sie eine gewerkschaftsfeindliche Linie (Doherty 2001: 139). Irland war in diesem Sinne klassisch liberal. Es gab zwar Gesetze mit minimalen Rechten für die Arbeitnehmer, diese wurden jedoch nicht von Gewerkschaften und Arbeitgebern ausgehandelt (EIRO 2009c: 2). Die von den Sozialpartnern getroffenen Übereinkünfte waren dahingegen nicht gesetzlich bindend. Doch Irland hat auch nicht-liberale Elemente. Denn der konservative Einfluss der katholischen Kirche befürwortete, dass gesellschaftliche Gruppen sich zusammentun und Entscheidungen treffen (McLaughlin 2001: 226).

Die katholische Kirche befürwortete Zusammenschlüsse auf der Basis von Berufsständen. Aus dieser Tradition konnten sich Gewerkschaften entwickeln. Seit 1946 akzeptiert der Staat sogar kollektive Lohnverhandlungen (McLaughlin 2001: 233). Anders als in typisch liberalen Ländern gelang es dem Staat 1987, Gewerkschaften und Arbeitgeber zu nationaler Koordinierung zu bewegen. Mitte der 1980er Jahre befand sich Irland in einer volkswirtschaftlich schwierigen Lage. Der irische Staat konnte seine Ausgaben kaum noch bezahlen, das Wirtschaftswachstum war niedrig und die Arbeitslosigkeit hoch, viele Arbeitskräfte wanderten in die USA ab. Verschärft wurde die Situation dadurch, dass die damalige Regierung keine Mehrheit im Parlament hatte und deswegen praktisch handlungsunfähig war. Darum schlug sie der wichtigsten Gewerkschaftsföderation einen Handel vor. Unter dem Eindruck der rigiden Politik der britischen Premierministerin Margaret Thatcher gegenüber den unkooperativen britischen Gewerkschaften, stimmten die irischen Gewerkschaften dem Vorschlag ihrer Regierung zu (Doherty 2001: 135f.). Von 1987 bis 2008 übten die Gewerkschaften Lohnzurückhaltung, wofür die Regierung die Einkommenssteuern nicht erhöhte. Diese nationalen Lohnvereinbarungen brachten eine Koordination mit sich, die für liberale Marktwirtschaften außergewöhnlich ist (Kelly/Hamann 2008: 144; EIRO 2009c: 7).

Durch die internationale Finanzkrise 2008 fehlten dem Staat – nicht zuletzt aufgrund der niedrigen Einkommenssteuern – Mittel zur Bewältigung der Krise. Nun musste die Regierung von den Gewerkschaften nicht nur Lohnzurückhaltung, sondern Lohneinbußen fordern. Viele Unternehmen nutzten zudem Ausnahme-regelungen der nationalen Vereinbarungen, um Löhne zu senken. Die Gewerk-schaften konnten sich damit arrangieren, Löhne nur moderat ansteigen zu lassen. Doch landesweiten Lohn*senkungen* konnten sie nicht zustimmen. Die seit über 20 Jahren bestehenden nationalen Lohnverhandlungen endeten deswegen mit der Finanzkrise. Seit daher entsprechen die irischen Arbeitsbeziehungen wieder einem typisch liberalen Modell.

Doch auch in der Phase nationaler Lohnverhandlungen unterschied sich Ir-land von koordinierten Marktwirtschaften. Denn die kooperative Zusammenarbeit zwischen Gewerkschaften und Arbeitgebern hatte keine Entsprechung auf Un-ternehmensebene (O'Donnell 2004: 64; EIRO 2009c: 2f.). Belegschaften haben kaum Mitspracherechte in irischen Unternehmen. Darüber hinaus hat Irland einen liberalen Wohlfahrtsstaat. Zudem war der tiefere Grund, wegen dem die Gewerk-schaften auf nationaler Ebene bei der Lohnabstimmung mitmachten, ihre Angst, ansonsten zerschlagen zu werden (für die beiden letzten Absätze, vgl. Baccaro/Howell 2011: 30ff.). Trotz dieser lange zentralisierten industriellen Beziehungen sind aktuell nur 44 Prozent aller Beschäftigten durch Tarifverträge abgedeckt. Ty-pisch für ein liberales Land ist auch die britische Tradition des Common Law. Danach werden Arbeitskonflikte durch umfassende Urteile von Arbeitsrichtern geregelt, statt durch autonome Verhandlungen der Sozialpartner (vgl. auch Kapitel 6.3). Liberal an Irland ist zudem, dass die Sozialpartnerschaft immer voluntaris-tisch war. Nationale Übereinkünfte waren nie rechtlich bindend.

Aufgrund von EU-Richtlinien muss Irland nun, wie Großbritannien, Ar-beitnehmern die Möglichkeit bieten, sich durch einen Betriebsrat repräsentieren zu lassen. Dieser hat jedoch nicht die Einflussmöglichkeiten wie in koordinier-ten Marktwirtschaften (EIRO 2009c: 9f.). Insofern gibt es in dem liberalen Irland durchaus Corporate Governance-Elemente koordinierter Marktwirtschaften. An-dererseits bleibt das irische System insofern grundlegend individualistisch und damit liberal, als dass ein großer Teil der Arbeitnehmerrechte vor Arbeitsgerichten und Kommissionen einklagbar ist. Hingegen sind durch Gewerkschaften und Be-triebsräte durchgesetzte Vereinbarungen nicht rechtlich bindend. Das spezifisch Liberale daran ist nicht, dass Irland Arbeitnehmern Rechte zugesteht, sondern dass es sich dabei um individuelle, statt kollektive Rechte handelt. Das Individuum wird geschützt, jedoch nicht indem einer Gewerkschaft Regulierungsbefugnis eingeräumt wird (Teague 2009). Ebenso wenig sind die Arbeitnehmer – von den Belegschaften einiger ehemals staatlicher Unternehmen abgesehen – bei Unter-nehmensentscheidungen beteiligt (ETUI 2011). Zudem sind irische Unternehmen kaum im Besitz von Banken, sondern von Kleinanlegern; Unternehmen sind damit einem hohen Druck ausgesetzt, kurzfristig hohe Renditen zu erwirtschaften (vgl. Jackson 2005: 12).

Der irische Wohlfahrtsstaat ist im Vergleich zu anderen liberalen Ländern re-lativ gut ausgebaut. Ein durchschnittlicher Beschäftigter, der in Irland arbeitslos

Unternehmens-führung

Wohlfahrtsstaat

wird, bekommt über Jahre hinweg 50 Prozent seines Einkommens ersetzt. Verglichen mit 28 Prozent in den USA für nur ein Jahr oder 64 Prozent im ersten Jahr und danach 48 Prozent in Deutschland, ist das vergleichsweise viel (OECD 2009: 76).

Zusammenfassung: Irland

Irland wird daher gelegentlich als „liberal-korporatistisches" Modell bezeichnet. Das klingt zwar widersprüchlich, entspricht aber dem Umstand, dass das Land tatsächlich Elemente beider Marktwirtschaftstypen enthält oder zumindest enthielt (vgl. EIRO 2009c). Wer in Irland ein Unternehmen leitete, musste sich einerseits lange Zeit an nationale Lohnabschlüsse halten. Andererseits hatte er, ähnlich wie in anderen liberalen Ländern, niedrige Steuern zu zahlen und keine Arbeitnehmermitbestimmung auf betrieblicher Ebene. So ist Irland am besten als liberales Land mit koordinierten Elementen zu beschreiben. Ein weiteres abgeschwächt liberales Land ist Kanada.

4.1.4 Kanada: Die Light-Variante der USA

Ähnlich wie die USA ist Kanada im Wesentlichen ein liberales Land. Bis zur Großen Depression in den 1930er Jahren stellte der Staat lediglich öffentliche Güter zur Verfügung, die der Markt nicht bereitstellen konnte (Brodie 2003: 11; McBride 2005: 107). Diese grundsätzlich liberale Regulierung der kanadischen Wirtschaft besteht bis heute, ist jedoch nicht so ausgeprägt wie in den USA.

Unternehmens-führung

Die liberale Regulierung Kanadas zeigt sich auch darin, dass dortige Unternehmen keine Arbeitnehmermitbestimmung haben. Bei sinkenden Gewinnen und Aktienkursen laufen kanadische Unternehmen jedoch Gefahr, von Konkurrenten aufgekauft zu werden. Als Aktiengesellschaften unterliegen sie strikten Rechnungslegungs- und Informationspflichten gegenüber ihren Aktionären, auf deren Kapital sie angewiesen sind. Kaum Unternehmen genießen den Luxus, mehrheitlich in der Hand von Großaktionären zu sein und insofern vor einer feindlichen Übernahme sicher zu sein (vgl. Jackson 2005: 12). Der kurzfristige Kapitalmarktdruck auf kanadische Unternehmen ist höher als in Deutschland und Frankreich, aber nicht so hoch wie auf britische oder US-amerikanische Unternehmen (Tricker 2009: 182). Insgesamt müssen sich kanadische Unternehmen somit zwar nicht mit ihren Arbeitnehmern absprechen. Sie sind dafür aber dem Druck ausgesetzt, den kurzfristigen Gewinninteressen des Aktienmarktes zu entsprechen. Dies ist typisch für liberale Länder, auf Kanada trifft es jedoch nicht ganz so stark zu wie auf die USA und Großbritannien.

Arbeitsbeziehungen

Kanadas industrielle Beziehungen ähneln denen der USA: „The industrial relations systems in the United States and Canada are like siblings; they have similar origins and reflect similar values" (Block 2006: 25). Tatsächlich hat Kanada oft die Gesetzgebung der USA zum Vorbild genommen, beispielsweise den 1935er National Labor Relations Act (Block 2006: 26; Rogow 1993: 70). Die beiden Systeme industrieller Beziehungen weisen insofern Ähnlichkeiten auf, als keines der beiden Länder Arbeitnehmerinteressen in großen Gewerkschaften bündelt. Die Arbeitsbeziehungen in beiden Ländern sind individualistisch; Arbeitnehmer sind in der Regel nicht durch eine Gewerkschaft vertreten (Block 2006: 27; Rogow

1993: 68). Löhne werden vorrangig auf Unternehmensebene ausgehandelt (Venn 2009: 16). Trotzdem ist Kanada auch hier nicht so liberal wie die USA. Wie in anderen Ländern auch, gelingt es den Gewerkschaften trotz allem durch Verhandlungen auf niedriger Ebene, einen Teil der Arbeitnehmer abzudecken; in Kanada sind 32 Prozent der Beschäftigten durch Tarifverträge abgedeckt, in den USA nur 13 Prozent (Venn 2009: 17ff.; McBride 2005).

Zwar hat Kanada, anders als koordinierte Marktwirtschaften, kaum Bankenbeteiligungen an Unternehmen, sondern ein börsenorientiertes Finanzierungssystem (vgl. Jackson 2005: 17). Doch die kanadische Liberalisierung der Finanzmärkte ging nie so weit wie die amerikanische oder britische (vgl. Konzelmann/Fovargue-Davies/Schnyder 2010). Unternehmens-finanzierung

Kanada hat auch einen liberalen Wohlfahrtsstaat. Doch dieser ist erneut weniger liberal als der amerikanische. Ein kanadischer Beschäftigter, der arbeitslos wird, bekommt im ersten Jahr durchschnittlich 52 Prozent seines vorherigen Einkommens durch Arbeitslosengeld ersetzt (vgl. USA 28 Prozent, Deutschland 64 Prozent, OECD 2009: 76). Kanada setzt seine Arbeitnehmer damit einem nicht ganz so hohen Druck aus, schnell einen neuen Job zu finden, wie die liberalsten Länder es tun. Wohlfahrtsstaat

Insgesamt zeigt sich anhand dieser Aspekte, dass Kanada zu den liberalen Marktwirtschaften zählt. Doch Kanada hat im Vergleich zu den USA einen weniger deregulierten Finanzmarkt, einen umfangreicheren Wohlfahrtsstaat und mehr Tarifverträge. Die Einstufung als moderat liberaler Typus gilt auch für die weiteren, gemeinhin als liberal eingestuften Länder Neuseeland und Australien, wobei beide Länder noch einmal einen besonderen Typus bilden, den sogenannten „wage earner welfare state." Zusammenfassung: Kanada

4.1.5 Neuseeland: Ein Wohlfahrtsstaat für Erwerbstätige wird liberal

Neuseeland übernahm als ehemalige britische Kolonie ebenfalls den britischen Individualismus und dessen markfreundliche Regulierung (Cheyne/O'Brien/Belgrave 2008: 21; Davey 1999: 91). Es entwickelte jedoch auch sozialdemokratische Elemente. Noch bis Anfang der 1980er Jahre unterschied sich der neuseeländische Kapitalismus stark von dem Prototyp einer liberalen Marktwirtschaft. Ab 1984 orientierte sich Neuseeland jedoch am britischen und amerikanischen Liberalismus. Mehr als die meisten Länder machte es in den 1980er und 1990er Jahren eine neoliberale Transformation durch (vgl. Kesting/Nielsen 2008: 37ff.). Dies zeigt sich anhand seiner verschiedenen wirtschaftlichen Institutionen. Hintergrund

Obwohl sich Neuseelands Arbeitsbeziehungen traditionell an Großbritannien anlehnten, regelte das Land Arbeitsbeziehungen durch Schiedsgerichte und somit weder durch Absprachen von Arbeitgebern und Gewerkschaften noch durch den freien Markt. Diese staatlichen Schiedsgerichte entstanden schon 1894. Sie setzten Löhne auf einem als sozial definierten Niveau fest, anstatt sie dem Markt zu überlassen. Innerhalb dieses Systems versuchten Arbeitnehmer und Arbeitgeber der einzelnen Wirtschaftssektoren, sich auf Lohnsteigerungen zu einigen. Arbeitsbeziehungen: der wage earner welfare state

Gelang ihnen dies nicht, bestimmte das Schiedsgericht über Lohnsteigerungen; besonders steigerte es niedrige Löhne, so dass diese eine Familie mit zwei Kindern ernähren konnten (vgl. Schwartz 2000: 72ff.; Harbridge/Walsh 2002: 198).

Die von den Schiedsgerichten festgelegten Lohnabschlüsse galten für ganze Industrien und Berufszweige. Neuseeland erreichte dadurch eine egalitäre Einkommensverteilung. Indem sie Löhne landesweit und branchenbezogen festlegten, übernahmen Schiedsgerichtshöfe Aufgaben, die in koordinierten Ländern starken Gewerkschaften obliegen. 1936 machte Neuseeland sogar die Gewerkschaftszugehörigkeit für Arbeitnehmer obligatorisch. Ebenso wie Australien wurde Neuseeland dafür bekannt, Menschen durch soziale Löhne, statt durch Sozialpolitik abzusichern. Man nannte es darum einen "wage earner welfare state" (vgl. Davey 1999: 86; Arts/Gelissen 2001: 286; Boston 1999: 9; Cheyne/O'Brien/Belgrave 2008: 23; Castles 1996; Castles/Gerritsen/Vowles 1996).

In den 1970er Jahren geriet Neuseeland jedoch, ähnlich wie andere entwickelte Marktwirtschaften, in wirtschaftliche Probleme. Es orientierte sich daraufhin am Marktliberalismus der USA und Großbritanniens (Boston 1999: 3; Davey 1999: 94; Higgins 1999: 272). Seit den 1980er Jahren durften Unternehmen aus kollektiven Tarifverträgen aussteigen, sofern die Gewerkschaften dem zustimmten. In den 1990er Jahren beendete die Regierung die obligatorische Gewerkschaftsmitgliedschaft, woraufhin die Hälfte aller Gewerkschaftsmitglieder austraten. Neuseeland hoffte, wie die USA und Großbritannien, dass mehr wirtschaftlicher Liberalismus zu höherem Wirtschaftswachstum führe (Harbridge/Walsh 2002: 202). Es ersetzte darum seine traditionellen Schiedsgerichtssprüche durch individuelle Lohnverhandlungen, was dazu führte, dass Sozial- durch Marktlöhne ersetzt wurden (Schwartz 2000: 88).

Seitdem sind Neuseelands Arbeitsbeziehungen liberal: Nur noch 30 Prozent der Beschäftigten unterliegen kollektiven Lohnabschlüssen. Lohnverhandlungen finden heute überwiegend individuell oder auf Unternehmensebene statt. Die Gewerkschaften haben keine Rechte, mit denen sie das Produktionssystem koordinieren können (Davey 1999: 89; vgl. auch Cheyne/O'Brien/Belgrave 2008: 37). Seit den 1990er Jahren gelang es Neuseelands Gewerkschaften und Arbeitgebern daher nicht mehr, Löhne an makroökonomische Daten anzupassen (Schwartz 2000: 71). Unternehmen können ihre Arbeiter entlassen, ohne ihnen eine Abfindung zu zahlen; eine gesetzliche Kündigungsfrist oder einen Kündigungsschutz gibt es nicht (Venn 2009: 17).

Unternehmens-
führung

Ebenso wie in seinen Arbeitsbeziehungen orientierte sich Neuseeland in seiner Unternehmensführung an Großbritannien (Tricker 2009: 184f.). Vorstände neuseeländischer Unternehmen müssen sich nicht mit ihren Arbeitnehmern abstimmen. Jedoch ist der Kapitalmarkt weniger ausgebaut als in anderen liberalen Ländern, so dass neuseeländische Unternehmen durch feindliche Übernahmen weniger als britische oder amerikanische Unternehmen gefährdet sind. Zugleich halten, auch das ist untypisch für eine liberale Marktwirtschaft, große Investoren viele Unternehmensanteile, die sie in der Regel lange halten. Banken spielen keine große Rolle.

Zusammengefasst lässt sich sagen, dass neuseeländische Unternehmer weder von Arbeitnehmern (wie in koordinierten Marktwirtschaften) noch von zerstreuten Aktionären (wie in liberalen Marktwirtschaften) eingeschränkt werden (vgl. Jackson 2005: 12). Insgesamt ist Neuseeland somit in Bezug auf sein Institutionensystem liberal. Der Marktdruck ist jedoch weniger stark als in Großbritannien oder den USA. Ebenso wie im Bereich der Arbeitsbeziehungen zeigt sich bei der Unternehmensfinanzierung eine Liberalisierung. Bis in die 1970er Jahre kontrollierte Neuseeland Kredite, Importe, Zölle und regulierte seine Finanzindustrie. Ab den 1980er Jahren kehrte sich der Trend um, das Land liberalisierte seine Arbeitsbeziehungen, Finanzindustrie und auch seinen Handel (Davey 1999: 87; Schwartz 2000: 94).

Neuseelands Wohlfahrtsleistungen liegen im Mittelfeld der liberalen Länder. *Wohlfahrtsstaat* Ein durchschnittlicher Arbeitnehmer, der in Neuseeland arbeitslos wird, bekommt in den ersten fünf Jahren seiner Arbeitslosigkeit im Schnitt 38 Prozent seines vorherigen Einkommens ersetzt, weniger als in Irland oder Kanada, mehr als in den USA oder Großbritannien (OECD 2009: 76).

Insgesamt ist Neuseeland somit ein liberales Land mit einem sozialdemo- *Zusammenfassung:* kratischen Erbe; es ist weniger liberal als die USA oder Großbritannien. Doch *Neuseeland* von dem „wage earner welfare state", der Neuseelands Bürger über soziale Löhne absicherte, ist nichts übrig, seit sich Neuseeland in den 1980er Jahren an britischen und amerikanischen Regulierungsideen orientierte.

4.1.6 Australien: Der Wohlfahrtsstaat, von dem noch etwas übrig blieb

Erst Anfang des zwanzigsten Jahrhunderts wurde Australien von Großbritannien *Hintergrund* unabhängig. Britische Siedler brachten die Sichtweise, Märkte seien effizient und mit persönlicher Freiheit gleichzusetzen (Bryson 2001: 66). Wie in den übrigen liberalen Ländern fand sich auch in Australien somit das britische Denken, wonach freie Märkte grundlegend effizient und gerecht sind.

Ähnlich wie Neuseeland machte Australien eine erstaunliche Entwicklung durch, denn traditionell sicherten seine Gerichte Arbeitnehmer ebenfalls über soziale Mindestlöhne ab. Australien ist ein „wage earner" Wohlfahrtsstaat, im Gegensatz zu Neuseeland bis heute. Seit 1907 setzten Australiens Arbeitsgerichte Löhne fest, die ausreichten, um eine vierköpfige Familie zu ernähren (Schwartz 2000: 76; Bryson 2001: 67). Wie in Neuseeland war das Ergebnis der gerichtlich festgelegten Löhne mit kollektiven Lohnverhandlungen vergleichbar: Arbeitnehmer, die dieselbe Arbeit machten, bekamen einen ähnlichen Lohn. Dies ermöglichte eine ähnlich gleichmäßige Einkommensverteilung wie in koordinierten Marktwirtschaften. Nach dem Zweiten Weltkrieg beeinflusste die britische Sozialgesetzgebung Australien. Ab den 1980er Jahren orientierte es sich an den wirtschaftsliberalen Vorstellungen der USA (Bryson 2001: 66). Dies zeigt sich in der Entwicklung der unterschiedlichen Institutionen, die Australiens Kapitalismus ausmachen.

Arbeitsbeziehungen

Doch Australiens Arbeitsbeziehungen waren seit jeher stärker zentralisiert als die neuseeländischen. Dies führte dazu, dass Australien Liberalisierung nicht gegen seine Gewerkschaften (und Arbeitgeberverbände) durchsetzen musste, sondern notwendige Veränderungen mit ihnen verhandeln konnte – wie es typisch für koordinierte Ökonomien ist (Schwartz 2000: 71). Im Unterschied zu Neuseeland gibt es in Australien bis heute Schiedsgerichte, die eine an sozialen Kriterien orientierte Lohnhöhe festsetzen. Zudem existieren korporatistische Strukturen, denn die Gewerkschaften sind weniger zersplittert als in den restlichen liberalen Ländern (Schwartz 2000: 71, 105; vgl. Jones/Mitchell 2008). Tarifverträge erfassen 60 Prozent der Beschäftigten, auch wenn Löhne mittlerweile vor allem auf Unternehmensebene ausgehandelt werden (vgl. Venn 2009: 16).

Unternehmens-
führung

Ebenso wie in anderen liberalen Ländern gibt es in australischen Unternehmen keine Arbeitnehmermitbestimmung. Dafür sind Unternehmensvorstände den Aktionären gegenüber rechenschaftspflichtig. Sie stehen unter Druck, den Aktienwert des Unternehmens konstant hoch zu halten, denn in der Regel ist der Aktienbesitz über Kleinaktionäre verstreut, die ihre Anteile in Schwächephasen verkaufen, so dass Gewinne nicht kurzfristig sinken dürfen (vgl. Jackson 2005: 12). Einen gesetzlichen Kündigungsschutz oder Abfindungsregeln gibt es nicht, australische Unternehmen können ihre Arbeitnehmer jederzeit entlassen.

In den 1980er Jahren orientierte sich Australien explizit am Wirtschaftsliberalismus der USA. Australische Politiker waren mit einem liberalen Diskurs erfolgreich, der Reagans Ideen reflektierte. Australien deregulierte seine Arbeitsbeziehungen, gab den Wechselkurs frei und liberalisierte seine Finanz- und Produktmärkte (Bryson 2001: 78). Jedoch ging dies nie so weit wie in Großbritannien oder den USA (vgl. Konzelmann/Fovargue-Davies/Schnyder 2010). So sind australische börsennotierte Unternehmen zu 54 Prozent in der Hand individueller oder institutioneller Investoren. Dies ist mehr als in koordinierten Ländern wie Deutschland (31 Prozent) oder Frankreich (35 Prozent), aber nicht so viel wie in Großbritannien (77 Prozent) oder den USA (92 Prozent). Der Kapitalmarktdruck auf australische Unternehmen ist somit nicht so hoch wie in anderen liberalen Ländern (Tricker 2009: 182). Insgesamt hat Australien ein liberales System der Unternehmensführung, das aber nicht so liberal ist wie in den USA oder Großbritannien. Dies liegt auch daran, dass australische Vorstände zwar nicht gesetzlich verpflichtet sind, ihre Belegschaft zu konsultieren. Stärker als in den USA und Großbritannien geschieht dies jedoch informell (Mallin 2010: 300ff.). Auch ist Australien das einzige liberale Land mit einem funktionierenden Berufsbildungssystem (Busemeyer 2009a: 380).

Entsprechend der weniger durchgreifenden Liberalisierung sind auch die Lohnersatzleistungen in Australien höher als in Großbritannien oder den USA. Ein durchschnittlicher Arbeitnehmer bekommt bei Arbeitslosigkeit 42 Prozent seines vorherigen Lohns ersetzt. Diese Arbeitslosenhilfe wird über mehrere Jahre gezahlt und ist mehr, als ein Arbeitnehmer in anderen liberalen Ländern bekommt, mit Ausnahme Kanadas und Irlands (OECD 2009: 76). Im Großen und Ganzen zeichnet sich Australien somit durch ein liberales Produktionssystem aus, dass jedoch nicht so liberal ist wie das amerikanische oder britische.

4.2 Die Gemeinsamkeit der sechs liberalen Länder

Obschon jedes der sechs liberalen Länder seine Eigenheiten hat, ist doch jedes liberale Land jedem anderen liberalen Land ähnlicher als jedwedem koordinierten Land. Die USA, Irland, Kanada, Neuseeland und Australien haben von Großbritannien jeweils eine liberale Regulierungsphilosophie übernommen. Demnach ist, zurückgehend auf Adam Smith (1979 [1776]: 232f.), „soziale Atomisierung die Vorbedingung perfekten Wettbewerbs." Mit Ausnahme Irlands und teilweise Australiens hat jedes dieser Länder heute fragmentierte Arbeitsbeziehungen. Lohnverhandlungen finden individuell oder auf Unternehmensebene statt und sind darum nicht zwischen Unternehmen koordiniert. Dies ermöglicht Unternehmen flexible Lohndifferenzierungen, um sich schnell anzupassen. Keines dieser Länder ermöglicht seinen Arbeitnehmern, im Unternehmen nennenswert mitzubestimmen. Auch dies macht Unternehmen flexibler und schneller anpassungsfähig, da sie sich nicht mit ihrer Belegschaft abstimmen müssen. Da sich Unternehmen aufgrund fehlender Institutionen jedoch mit ihren Arbeitnehmern auch nicht abstimmen *können*, ist es schwieriger für sie, mit ihrer Belegschaft langfristig zu kooperieren. Damit haben sie einen Nachteil gegenüber Unternehmen in koordinierten Ländern: Sie können in Situationen, die dem Gefangenendilemma ähneln, nicht zu beiderseitigem Vorteil kooperieren, weder mit ihren Arbeitnehmern, weil es dafür keinen Aufsichts- oder Betriebsrat gibt, noch mit ihren Kapitalgebern, weil diese zersplittert sind.

Neben diesen Gemeinsamkeiten gibt es jedoch auch Unterschiede zwischen den liberalen Ländern. Die USA und Großbritannien, die schon vor den 1970er Jahren keine zentralisierten Arbeitsbeziehungen hatten, konnten sich deswegen auch nicht mit zentralisierten Gewerkschaften oder Arbeitgebern absprechen, um die Wirtschaft zu reformieren. Regierungen dieser Länder konnten Gewerkschaften nur zerschlagen, statt mit ihnen Lösungen auszuhandeln. Irland und Australien dagegen, die relativ zentralisierte Arbeitsbeziehungen hatten, konnten Reformen durchführen, indem Regierungen sich mit zentral organisierten Gewerkschaften abstimmten. Auch wenn Hall und Soskice mit ihrem Verständnis von Pfadabhängigkeit darauf hinwiesen, dass koordinierte und liberale Länder ihrem jeweiligen Pfad treu bleiben, so zeigt sich, dass eine ähnliche Version der Pfadabhängigkeit auch innerhalb der liberalen Länder zutrifft. Die liberalsten Länder wurden noch liberaler (vgl. Castles 1993a: 6, 10).

Heute bieten die liberalen Länder ein ideales Umfeld für Unternehmen, die sich schnell anpassen müssen. Die niedrigen Sozialabgaben dieser Länder befördern einen dynamischen privaten Dienstleistungssektor. Daraus folgen eine hohe Beschäftigungsquote und radikale Innovationen. Der Preis dafür ist eine hohe Lohnspreizung und erhebliche Flexibilitätsanforderungen an die Arbeitnehmer. Besonders die USA, Großbritannien und Neuseeland entsprechen heute diesem liberalen Idealtypus. Irland, Australien und Kanada sind weniger liberal, mit weniger individualisierten Lohnaushandlungen und stärker regulierten Finanzmärkten. Trotzdem unterscheiden sich alle sechs liberalen Länder wesentlich von allen koordinierten Ländern. Was diese koordinierte Ländergruppe ausmacht, zeigt der folgende Abschnitt.

Marginalien: Unterschiede zwischen den liberalen Ländern

Die liberalen Länder heute

4.3 Die zehn koordinierten Länder

Auch die koordinierten Länder unterscheiden sich voneinander. Doch allen ist gemeinsam, dass sie den Markt einschränken, um ihre Wirtschaft zu koordinieren. Trotz dieser Gemeinsamkeit der koordinierten Länder kann man die skandinavischen Länder als sozialdemokratisch-koordiniert, die restlichen Länder als konservativ-koordiniert bezeichnen (vgl. Esping-Andersen 1990; 1999; Schröder 2009; 2013a; Thelen 2012). Die folgenden Kapitel zeigen, inwiefern jedes einzelne Land dem Idealtypus einer koordinierten Marktwirtschaft entspricht und wie es sich davon unterscheidet. Daran wird deutlich, wie jedes Land seine Kapitalismusvariante herausgebildet hat, die auf dessen kulturellen und sozialen Traditionen beruht. Das folgende Kapitel beginnt mit Deutschland als typisch koordinierter Marktwirtschaft. Dabei wird Deutschland umfangreicher besprochen als die anderen Länder, da es die typischste koordinierte Marktwirtschaft ist, so dass man an diesem Beispiel die generelle Funktionsweise koordinierter Marktwirtschaften verdeutlichen kann. Zudem ist Deutschland wahrscheinlich auch für die Leser dieses Buches bedeutsamer als die meisten Länder.

4.3.1 Deutschland: Konservativ und koordiniert

Hintergrund Deutschland ist das wahrscheinlich wichtigste Land der Varieties-Typologie. Da es nicht-marktliche Institutionen hat und sehr erfolgreich ist, kamen Hall und Soskice überhaupt erst auf die Idee, dass es vorteilhaft sein könne, nicht-marktliche Regulation zu nutzen. An Deutschlands Beispiel entwickelten sie das Konzept koordinierter Marktwirtschaften. Doch was genau macht Deutschland so besonders? In einem Satz kann man festhalten: Deutschland ist koordiniert, doch Koordination findet innerhalb einzelner Gruppen statt, welche in Regionen, Wirtschaftssektoren oder Berufsstände aufgespalten sind. Es gibt in Deutschland hohe Solidarität und Bereitschaft zur Koordination innerhalb sozialer Gruppen, aber nicht über sie hinaus – was Deutschland von der sozialdemokratischen Koordination der skandinavischen Länder unterscheidet. Diese Spaltungen reflektieren historische Konfliktlinien, welche Deutschland geprägt haben. Deutschland wurde erst 1871 geeint. Davor war es in Regionen (Norden und Süden), Religionen (Katholiken und Protestanten) und Klassen gespalten (Ebbinghaus/Kittel 2006: 60; Mann 1993: 321f.). Angesichts solcher gesellschaftlicher Konfliktlinien und Deutschlands ungefestigtem Status als Nationalstaat, hatte deutsche Sozialpolitik traditionell das Ziel, gesellschaftliche Stabilität herzustellen. Diese als konservativ bekannte Politik grenzte sich von der sozialdemokratischen Politik Skandinaviens ab, indem sie nur innerhalb von Gruppen umverteilte, nicht aber über diese hinweg. Sie grenzte sich auch von der liberalen Politik englischsprachiger Länder ab, da sie versuchte, Menschen nicht aus den sozialen Gruppen herausfallen zu lassen, in denen sie sich befanden (Mann 1993: 674f.). Ebenso wie die Solidarität, die Deutschlands Sozialstaat prägt, ist die Koordination der deutschen Wirtschaft entlang jener Gruppen gespalten, in die sich Deutschland historisch aufteilte. Wirtschaftliche Koordinierung findet darum innerhalb von Berufsgruppen, Regionen und Industriezweigen statt (Goodin, et al. 1999: 72; Martin/Swank 2012: 111; Schröder 2013a: 120ff.).

Auch innerhalb einzelner Unternehmen ist diese gruppenbasierte Koordinierung stark. Deutsche Unternehmen werden von einem sogenannten Vorstand geleitet, der sich um das operative Geschäft kümmert. Die Strategie des Vorstands kontrolliert ein sogenannter Aufsichtsrat, in dem auch Arbeitnehmervertreter sitzen. Besonders an Deutschland ist, wie sehr der Aufsichtsrat den Vorstand kontrollieren kann (Mallin 2010: 219). Denn durch den Aufsichtsrat können Arbeitnehmer im Unternehmen mitbestimmen. In Unternehmen mit mehr als 500 Mitarbeitern können sie den Aufsichtsrat zu einem Drittel mit ihren Vertretern besetzen. In Unternehmen mit mehr als 2.000 Mitarbeitern können sie sogar die Hälfte des Aufsichtsrats besetzen. Dann zählt die Stimme des Aufsichtsratsvorsitzenden, den die Anteilseiger stellen, doppelt, so dass die Arbeitnehmervertreter immer knapp überstimmt werden können (vgl. Vitols 2001: 343). Trotzdem können Arbeitnehmer in großen Unternehmen über den Aufsichtsrat somit den Vorstand blockieren, sobald sie auch nur eine Person aus dem Arbeitgeberlager auf ihre Seite ziehen. Arbeitnehmervertreter können strategische Entscheidungen des Managements so blockieren, wenn die Arbeitgebervertreter uneinig sind. Dass Arbeitnehmer so viel Mitbestimmung in einem Unternehmen haben, ist weltweit einzigartig und macht Deutschlands Unternehmen stark koordiniert, so dass innerhalb der Unternehmen viele strategische Absprachen zwischen Belegschaft und Management bestehen.

Hinzu kommt ein weiteres Element der Arbeitnehmermitbestimmung. Die Arbeitnehmer eines Unternehmens können einen Betriebsrat wählen, der ihre Interessen gegenüber der Unternehmensleitung auch außerhalb des Aufsichtsrats vertritt (Wöhe/Döring 2008: 63ff.). Der Betriebsrat und die Geschäftsleitung sind jedoch verpflichtet, zu kooperieren. Die Geschäftsleitung muss den Betriebsrat mit Informationen versorgen; der Betriebsrat darf diese zwar im Sinne der Arbeitnehmer nutzen, er und die Unternehmensführung müssen jedoch vertrauensvoll zusammenzuarbeiten. Dies ist ein besonderes System der Unternehmensführung. Anders als die Regeln der amerikanischen Unternehmensführung, geht es davon aus, dass Management und Arbeitnehmervertreter in der Lage sind, gemeinsam im Unternehmensinteresse zu handeln, statt gegeneinander zu arbeiten (Mallin 2010: 215). Dabei kann der Betriebsrat Kündigungen widersprechen, bei Massenentlassungen einen Sozialplan verlangen und in großen Unternehmen sogar alternative Unternehmensstrategien vorschlagen, die Rücksicht auf die Belegschaft nehmen (vgl. Schröder 2011: Kapitel 4). Wieder zeigt sich hier, dass Gesetze wirtschaftliche Koordination voraussetzen und diese in der Tat auch eintritt. In den letzten Jahren hat sich der Betriebsrat zu einer Art Ko-Management entwickelt. Er repräsentiert mittlerweile weniger die Beschäftigen oder die Gewerkschaft *gegen* das Management. Vielmehr handelt er *mit* dem Management eine Unternehmensstrategie aus. Um deutlich zu machen, dass sich die *Funktion* der Mitbestimmung, nicht jedoch ihr gesetzlicher Rahmen geändert hat, bezeichnet man diese Wandlung als „funktionale Konversion" (Thelen 2000a: 105). Die Institution selbst bleibt unverändert, doch ihre Funktion ändert sich (vgl. Streeck/Thelen 2005).

Die deutsche Unternehmensführung: Mitbestimmung durch Aufsichtsrat und…

Betriebsrat

Welche Folgen hat die Arbeitnehmermitbestimmung für die deutsche Unternehmensführung? Verglichen mit seinem amerikanischen Pendant, dem Chief Executive Officer, ist die Macht eines deutschen Vorstandsvorsitzenden eingeschränkt. Je nach Unternehmensgröße hat der Vorstandsvorsitzende mehrere Vorstandskollegen, gegen deren Mehrheit er nicht entscheiden darf; in der Regel soll ein Vorstand sogar einstimmig entscheiden. Dies führt dazu, dass deutsche Unternehmen bei ihren Entscheidungen verschiedene Interessen berücksichtigen müssen. Deutsche Vorstände müssen Lösungen finden, denen alle zustimmen können, auch die Belegschaft. Unternehmen entlassen ihre Arbeitnehmer darum auch in Krisenphasen kaum. Stattdessen investieren sie in deren Qualifikationen wenn es wenige Aufträge gibt und die Belegschaft darum nicht ausgelastet ist. Die Arbeitnehmer erledigen dafür nicht nur ihren Job, sondern versuchen aktiv, Produkte und Produktionsprozesse zu verbessern, um sich zu revanchieren. Das sind die positiven Seiten. Negativ ist jedoch, dass die Mitbestimmungsrechte der Arbeitnehmer deutsche Unternehmen unflexibel machen, denn deutsche Vorstände können Entscheidungen nur im Konsens treffen und es ist schwieriger für sie, im Interesse der Aktionäre zu entscheiden (vgl. weiterführend Gerum 2007).

Doch dieses System der Unternehmensführung ist unter Druck geraten. Unternehmen orientieren sich zunehmend an ihrem Aktienwert. Seit 1998 können Unternehmen nach internationalen Regeln bilanzieren, was es ausländischen Investoren einfacher macht, deutsche Unternehmen zu finanzieren. Dafür müssen deutsche Unternehmen jedoch alle drei Monate den Gewinnerwartungen ihrer Investoren entsprechen. Vielen Unternehmen gelingt dies allerdings gerade, weil Arbeitnehmer mitentscheiden können, denn mitunter können so auch schmerzhafte Maßnahmen mit dem Segen der Arbeitnehmervertreter durchgeführt werden (Höpner 2003: 177; Streeck 2001b). Langfristig macht die Arbeitnehmermitbestimmung – und somit die Koordination innerhalb von Unternehmen – letztere möglicherweise produktiver und damit auch rentabler. Auf einer Skala zwischen konfrontativen (das Management tut alles, um den Aktienkurs zu erhöhen, auch gegen die Arbeitnehmer) und kooperativen Unternehmensführungsregeln (das Management muss mit den Arbeitnehmern kooperieren, wenn es erfolgreich sein will), liegt Deutschland immer noch am kooperativen Ende (Mallin 2010: 214).

Zudem kooperieren Arbeitgeber und Arbeitnehmer in Deutschland auch überbetrieblich. Arbeitgeberverbände und Gewerkschaften handeln Lohnabschlüsse aus. Diese Tarifverträge sorgen dafür, dass Unternehmen einer Branche für dasselbe Qualifikationsniveaus dieselben Löhne zahlen (vgl. Lütz 2002: 16; Erb 2001: 191). Einzelne Unternehmen müssen darum nicht mit jedem Arbeitnehmer individuell einen Lohn aushandeln, was Zeit spart. Besonders große Unternehmen profitieren deswegen von Tarifverträgen. Sie haben auch weniger Probleme, die teils hohen Lohnabschlüsse zu tragen. Viele Beschäftigte bekommen in diesem System höhere Löhne, als sie individuell für sich durchsetzen könnten. Wie es in einem Land zu erwarten ist, in dem wirtschaftliche Koordination innerhalb sozialer Gruppen stattfindet, hat jede Branche ihre eigene Gewerkschaft, beispielsweise im Dienstleistungssektor ver.di. Die acht wichtigsten Gewerkschaften sind im Deutschen Gewerkschaftsbund (DGB) zusammengeschlossen, welcher 85

Prozent aller Gewerkschaftsmitglieder repräsentiert und über seine Mitgliedsge-
werkschaften 6,3 Millionen Mitglieder hat (EIRO 2009f: 3). Der DGB handelt
jedoch kaum selbst, er ist nur der relativ machtlose Dachverband seiner Mitglieds-
gewerkschaften.

    Da der DGB nicht sehr mächtig ist, gibt es in Deutschland nicht *eine* mäch-
tige Einheitsgewerkschaft, die das Produktionssystem koordinieren könnte. Große
Gewerkschaften wie die IG Metall (2,2 Millionen Mitglieder) und ver.di (2,1 Millionen Mitglieder) müssen die gesamtwirtschaftlichen Konsequenzen ihrer Lohnforderungen beachten (vgl. EIRO 2009f: 3f.). Würde die IG Metall beispielsweise
Löhne weit oberhalb dessen durchsetzen, was Unternehmen zahlen können, würden Arbeitslosigkeit (bei restriktiver Geldpolitik) oder Inflation (bei expansiver
Geldpolitik) ansteigen. Eine kleinere Einzelgewerkschaft könnte diese gesamtge-
sellschaftliche Folge ihres Handelns außer Acht lassen. Die IG Metall tritt darum
im Vergleich zu kleineren Gewerkschaften eher gemäßigt auf und orientiert ihre
Lohnforderungen in der Regel an der gesamtgesellschaftlichen, nicht der sektoralen Produktivitätsentwicklung. Die IG Metall ist zwar nach Bundesländern gespalten und repräsentiert nur die Beschäftigen einer (sehr weit gefassten) Branche.
Doch da ihre Lohnabschlüsse Signalwirkung für andere Branchen haben, handelt sie in der Regel wie eine gemäßigte Einheitsgewerkschaft (Kitschelt/Streeck
2004: 5). Obschon in Deutschland 2011 nur noch 18 Prozent der Beschäftigten
Gewerkschaftsmitglieder (vgl. Abbildung 5) waren, gelten die ausgehandelten Tarifverträge auch für Nicht-Gewerkschaftsmitglieder derselben Branche. Dass nur
noch so wenige Arbeitnehmer in Gewerkschaften sind, untergräbt langsam deren
Fähigkeit, Tarifverträge auszuhandeln. So waren die Gewerkschaften früher Gegner eines Mindestlohns, sie wollten Löhne selbst aushandeln. Mittlerweile unterstützen sie einen staatlichen Mindestlohn von 8,50 Euro pro Stunde, denn sie sind
zu schwach geworden, selbst ein einheitliches Lohnniveau zu garantieren.

    Auf Arbeitgeberseite gibt es zwei wichtige Spitzenverbände. Auch hier zeigt
sich, dass Koordination in Deutschland regional und sektoral gespalten ist. Denn
der BDA (Bundesverband der deutschen Arbeitgeberverbände) repräsentiert vier-
zehn Landesvereinigungen der Arbeitgeber und 54 Verbände aus verschiedenen
Wirtschaftssektoren. Er repräsentiert die Meinung der Arbeitgeberverbände in
Fragen der Sozialpolitik und koordiniert die Lohnverhandlungen seiner Mitgliederverbände mit den Gewerkschaften.

    Der BDI (Bundesverband der Deutschen Industrie) repräsentiert 38 Indus-
trieverbände und sechzehn Bundesländerverbände. Einzelne Unternehmen werden in den regionalen und branchenbasierten Verbänden Mitglied, die wiederum
Mitglied des BDI sind. Generell hat der BDI das Ziel, ein unternehmensfreundli-
ches Investitionsklima zu schaffen. Mit seinen Unternehmen, die acht Millionen
Beschäftigte haben, ist er einer der mächtigsten Interessenverbände der Welt und
der mächtigste Verband Deutschlands. Demgegenüber repräsentiert der Bundesverband der Dienstleistungswirtschaft nur Unternehmen mit einer Million Mitarbeiter. Dies ist problematisch, denn der Dienstleistungssektor macht zwar circa 70
Prozent der deutschen Wirtschaftsleistung aus, ist jedoch politisch nur schwach
vertreten.

Marginalien:

Sektorale Verbände
und ein schwacher
nationaler
Dachverband

Die Arbeitgeberseite:
BDA

BDI

Die Verbände nehmen nicht nur die Interessen ihrer Klientel wahr, sondern setzen einmal gefällte Entscheidungen auch bei ihren Mitgliedern durch. Vermittlung findet also sowohl nach „oben" als auch nach „unten" statt, was etliche Beobachter als Neo-Korporatismus sehen, der weitgehend ohne direkte Staatsintervention auskommt (Hall/Soskice 2001a: 25; Streeck 2000: 55; Hollingsworth 1997a: 286; Kitschelt/Streeck 2004: 6).

Lohnaushandlung findet unterhalb der mächtigen Dachverbände statt. Anders als in skandinavischen Ländern lange Zeit üblich, gibt es also keine nationalen Lohnverhandlungen. Stattdessen verhandeln die sektoralen und regionalen Unternehmerverbände Löhne mit den entsprechenden sektoralen und regionalen Gewerkschaften. Mittlerweile gibt es auch Unternehmerverbände, die sich nicht mehr an Tarifverträge halten, was die Reichweite von Tarifverträgen einschränkt.

Industrie- und Handelskammern

Neben den Arbeitgeber- und Wirtschaftsverbänden gibt es die Industrie- und Handelskammern. Diese übernehmen Aufgaben, um die sich in anderen koordinierten Ländern der Staat und in liberalen Ländern der Markt kümmert. Bei den Industrie- und Handelskammern sowie den übrigen berufsständischen Kammern gibt es, anders als in den Verbänden, eine Zwangsmitgliedschaft. Dafür beraten die berufsständischen Kammern ihre Mitgliedsunternehmen zu Exporten, Steuerfragen, Arbeitsrecht und nehmen die Abschlussprüfungen der Auszubildenden ab.

Für jeden etwas: Das zersplitterte deutsche Verbändewesen

Dieses System wirkt kompliziert. Doch für das einzelne Unternehmen gilt das Prinzip, dass es Leistungen nicht nur, wie in einer liberalen Marktwirtschaft, auf dem Markt kaufen kann. Stattdessen übernehmen Verbände und Kammern die politische Lobbyarbeit für Unternehmen, führen Lohnverhandlungen durch, öffnen ausländische Märkte, passen Ausbildungsinhalte an neue Aufgaben an und beraten Unternehmen generell. Natürlich müssen Unternehmen dafür Mitgliedsbeiträge zahlen und es besteht die Gefahr, dass Verbände nicht passgenau Lobbyarbeit für die Interessen eines bestimmten Unternehmens betreiben, sondern die Mehrheitsmeinung der Unternehmen vertreten – oder sogar eigene Interessen verfolgen. Gerade für kleine und mittelgroße Unternehmen ist die Verbändelandschaft jedoch wichtig. Denn während große Unternehmen sich beispielsweise Auslandsmärkte selbst erschließen oder Arbeitnehmer mit speziellen Qualifikationen eigens ausbilden können, benötigen kleinere und mittlere Unternehmen oft die Verbände, um größere Aufgaben erledigen zu können. Deswegen ist die umfangreiche Infrastruktur an Verbänden und Kammern ein Grund, dass Deutschland so viele mittelgroße Unternehmen, den sogenannten Mittelstand hat.

Was die Verbände für ein einzelnes Unternehmen bedeuten

Deutsche Unternehmen stehen durch diese Verbändelandschaft nicht nur in Konkurrenz zueinander; sie arbeiten auch – eben über sektorale und regionale Verbände und Kammern – zusammen. Ein Unternehmen muss sich im Idealfall nicht um Lobbyarbeit oder Lohnverhandlungen kümmern, sondern kann sich darauf konzentrieren, seine Produkte kontinuierlich zu verbessern. Indem beispielsweise die Gewerkschaften sektoral Lohnsteigerungen aushandeln, kann der Betriebsrat mit der Unternehmensleitung zusammenarbeiten, da er der Gewerkschaft die konfrontative Lohnaushandlung überlässt. So fördern die industriellen Verhandlungen kooperative Beziehungen im Betrieb.

Dass Gewerkschaften und Arbeitgeberverbände Löhne aushandeln, führt in diesem Sinne zu einem beneficial constraint (vgl. Kapitel 2.1.3): Die Arbeitgeber können die Löhne nicht senken. Sie müssen darum andere Maßnahmen ergreifen, um die hohen Lohnkosten zu tragen. Dies führt zu Prozess- und Produktinnovationen. Deutsche Unternehmen konkurrieren deswegen eher über einen Qualitäts- als über einen Preiswettbewerb. Insgesamt ist dieses System für ein Unternehmen auch praktisch, da es – trotz aller Konflikte – im Vergleich zu anderen europäischen Ländern mit relativ wenigen Streiktagen einhergeht (vgl. EIRO 2009f: 7).

Seit den 1990er Jahren geriet dieses System der Arbeitsbeziehungen unter Druck. Unternehmen entzogen sich zunehmend den Tarifverträgen (Apeldorn/ Rhodes 1997: 17; Streeck 1997b; Lütz 2002: 21). Dieser Angriff auf die Hoheit der Verbände geht einerseits von großen Unternehmen aus, die sich selbst repräsentieren wollen (vgl. Crouch 2000: 31). Und auch wenn etliche Unternehmen mit den teils recht hohen Tariflöhnen zurechtkommen, können viele kleine Betriebe diese nicht zahlen, besonders in Ostdeutschland. Anstelle zentralisierter industrieller Beziehungen treten immer häufiger Betriebsvereinbarungen zwischen Betriebsrat und Management (vgl. Rehder 2003). Teils ersetzen auch individuelle Lohnvereinbarungen die bisher zentral ausgehandelten Tarifverträge.

Die koordinierten Arbeitsbeziehungen unter Druck

Wie bereits dargestellt, treten Arbeitgeber aus ihren kostenpflichtigen Verbänden aus und Arbeitnehmer verlassen ihre Gewerkschaften. Diese fusionieren darum zu Großgewerkschaften, wie der Dienstleistungsgewerkschaft ver.di; oder sie flüchten unter das größere Dach der IG Metall, IG BCE oder IG Bau. Arbeitnehmer, die am Arbeitsmarkt gut dastehen oder mit ihren Streiks besonders viel Schaden anrichten können wie Lokführer, Ärzte, Flugbegleiter oder Piloten, gründen eigene Gewerkschaften, um hohe Lohnforderungen durchzusetzen (Oschmiansky 2010). Unabhängig davon, ob die Lohnforderungen einzelner Gruppen gerechtfertigt sind, ist dieses System makroökonomisch problematisch. Denn wenn jede Berufsgruppe für sich so hohe Löhne durchsetzt, dass die gesamten Lohnsteigerungen höher sind als die Zuwächse der Produktivitätsraten, würde Deutschlands Wettbewerbsfähigkeit abnehmen. Durch den insgesamt noch hohen Koordinierungsgrad geschah in Deutschland jedoch seit Ende der 1990er Jahre das Gegenteil: Die Gewerkschaften übten Lohnzurückhaltung, so dass Deutschlands Lohnstückkosten (Arbeitskosten in Relation zur Produktivität, die die Wettbewerbsfähigkeit eines Landes ausmachen) relativ zu anderen Ländern sanken. Deutschland konnte günstiger produzieren als seine Nachbarn. Der Preis dafür war, dass die Löhne langsamer anstiegen als die Inflationsrate; ein typischer Beschäftigter konnte mit seinem nominal gestiegenen Gehalt weniger kaufen als früher (EIRO 2009f: 9). Zudem musste jemand Deutschlands hohe Exporte kaufen, dadurch wurden diese hohen Ausfuhren zu den Schulden anderer Länder und Deutschlands niedrige Arbeitskosten, zusammen mit seinen hochqualitativen Produkten, machten der südeuropäischen Industrie den Garaus.

Ein Sonderfall im deutschen Institutionensystem ist Ostdeutschland. Insgesamt ist die Tarifvertragsbindung in Ostdeutschland weitaus geringer als in Westdeutschland. 2010 fielen in Ostdeutschland 37 Prozent aller Beschäftigten unter die Geltung von Flächentarifverträgen, 1996 waren es noch 56 Prozent; in

Zurückgehende Tarifvertragsbindung

Westdeutschland waren 2010 56 Prozent der Beschäftigten durch Tarifverträge abgedeckt, 1996 waren es noch 70 Prozent. Während die Bindewirkung von Tarifverträgen in Ostdeutschland immer noch langsam zurückgeht, ist sie seit 2006 für Gesamtdeutschland stabil. Dazu kommt, dass viele der Unternehmen, die keinem Flächentarifvertrag unterliegen, Firmentarifverträge haben und sich rund die Hälfte der Unternehmen, die formal keinem Tarifvertrag unterliegen, trotzdem am Flächentarifvertrag orientieren, so dass letztlich selbst nach aktuellen Zahlen nur circa 18 Prozent der westdeutschen und 26 Prozent der ostdeutschen Beschäftigten von keinerlei Tarifvertrag abgedeckt sind (Daten des IAB Betriebspanels aus Ellguth/Kohaut 2011: 243ff.). Die OECD gibt den Deckungsgrad von Tarifverträgen mit 63 Prozent der Beschäftigten an (Venn 2009: 16).

Kontrollierte oder unkontrollierte Dezentralisierung?

Seit 2004 erlaubt die IG Metall in immer mehr Unternehmen, dass Betriebsräte „betriebliche Bündnisse zur Beschäftigungs- und Wettbewerbssicherung" mit der Geschäftsleitung aushandeln. Demnach darf ein Unternehmen vom Tarifvertrag abweichen, wenn es in Schwierigkeiten ist und damit Arbeitsplätze gerettet werden können. Das führt dazu, dass die Arbeitsplätze von Kernbelegschaften gesichert werden, wofür diese Kernbelegschaften flexiblere und längere Arbeitszeiten akzeptieren. Gleichzeitig führt es dazu, dass die IG Metall und andere Gewerkschaften die Fähigkeit verlieren, einheitliche Arbeitsbedingungen auszuhandeln (Palier/Thelen 2010: 124). Bei insgesamt nur noch 18 Prozent der Beschäftigten, die in Gewerkschaften organisiert sind, stellt sich auch die Frage, ob Gewerkschaften überhaupt noch für die Gesamtheit der Beschäftigten Löhne aushandeln können. Zwar ist Deutschland weit von den liberalen Arrangements angloamerikanischer Länder entfernt. Der bisherige Trend geht jedoch in Richtung Liberalisierung (vgl. umfassend Streeck 2009). Diese Liberalisierung findet jedoch wiederum anders statt als in liberalen Ländern. Denn während liberale Länder alle Arbeitnehmer und Unternehmen dem Markt aussetzen, sind deutsche Kernbelegschaften immer noch sehr gut vor dem Auf und Ab von Märkten geschützt. Doch der Preis gerade dieses Schutzes ist, dass sich um diese Kernbelegschaften immer mehr Arbeitnehmer bilden, die keine, oder zumindest keine stabile Vollzeitbeschäftigung bekommen, sondern als Leiharbeiter oder befristet arbeiten (Thelen 2012: 145).

Arbeitgeberverbände, Gewerkschaften und Kammern koordinieren das Ausbildungssystem

Das deutsche Ausbildungssystem[13] soll Unternehmen betriebs- und sektorspezifische Fähigkeiten auf hohem Niveau bereitstellen. Dazu ist es nötig, ein Umfeld herzustellen, in dem es sich für Arbeitnehmer und Unternehmen lohnt, in Ausbildungen zu investieren. Um dies zu erreichen, ist es für Arbeitnehmer wichtig, dass ihre Ausbildungsabschlüsse zertifiziert sind, damit sie mit ihren Qualifikationen nicht vollends an ein Unternehmen gebunden sind (vgl. Bosch 1999: 2; Vervier 2002: 12). Schwierig ist dies, weil Unternehmen wiederum oft sehr unternehmensspezifische Qualifikationen benötigen.

In Deutschland stellen Arbeitgeberverbände und Gewerkschaften sowie Handwerks-, Industrie- und Handelskammern sicher, dass diese sich teils wider-

---

13 Dieses Kapitel beschränkt sich auf das „duale Ausbildungssystem" als Besonderheit des deutschen Modells (vgl. Culpepper/Finegold 1999).

sprechenden Ziele erreicht werden. Sie strukturieren Ausbildungsgänge und zertifizieren Abschlüsse, so dass Unternehmen einschätzen können, welches Wissen
ein Arbeitnehmer mitbringt (Soskice 1997: 338f.). Gewerkschaften und Arbeitgeberverbände müssen Veränderungen der dualen Berufsausbildung zustimmen.
Die Besonderheit Deutschlands ist somit, dass nicht der Staat (wie in Schweden
oder Frankreich) oder der Markt (wie in den USA) das Ausbildungssystem regelt,
sondern die Verbände regeln dieses relativ autonom unter sich (Busemeyer/Tram-
pusch 2011: 12f.). Insofern ist das deutsche Ausbildungssystem das koordinier-
teste, da sich Gewerkschaften, Arbeitgeberverbände, Unternehmen und der Staat
absprechen, gerade da eben nicht nur einer dieser Akteure für die Ausbildung verantwortlich ist, sondern alle. In Österreich und Dänemark beispielsweise bilden
Unternehmen zwar auch aus, aber nur, weil der Staat sie dafür bezahlt. In Deutschland dagegen ist dieses fein austarierte – koordinierte – System ein Positivsum-
menspiel, so dass Unternehmen auch ohne staatliche Subventionen ein Interesse
daran haben, selbst auszubilden (Busemeyer/Trampusch 2011: 32). Während das
deutsche Ausbildungssystem immer noch als vorbildlich für den Rest der Welt
gilt, gibt es auch hier Trends, die bedenklich sind. So schaffen es die Arbeitgeberverbände immer seltener, Unternehmen zur Ausbildung anzuregen. Dies führt
dazu, dass immer mehr junge Menschen keine reguläre Ausbildung bekommen
und in staatlich gesponserten Ausbildungen untergebracht werden, was wiederum
zu einer sogenannten Dualisierung des Arbeitsmarktes führt. Denn während einige
Unternehmen für ihren eigenen Bedarf ausbilden und Auszubildende übernehmen,
landen andere in staatlichen Ausbildungs- und später Beschäftigungsprogrammen,
die keine stabile Zukunft versprechen. Da schwer vermittelbare Jugendliche zunehmend in solche „Warteschleifen" gesteckt werden, weil ihnen nötige Fähigkeiten für eine Berufsausbildung fehlen, meinen Forscher, das Ausbildungssystem
werde zunehmend „segmentalisiert" (vgl. Busemeyer 2009b). Auf der einen Seite
stehen junge Menschen, die mit ihrer Ausbildung den Sprung in einer privilegierte
Insider-Gruppe mit einer Festanstellung schaffen; ihnen gegenüber stehen Jugendliche, die keine richtige Ausbildung bekommen und darum ihre Berufslaufbahn als
benachteiligte Outsider-Gruppe starten (Thelen/Busemeyer 2011: 76).

    Das Zusammenspiel von Ausbildungssystem, Flächentarifverträgen, Mitbe-
stimmung und Kündigungsschutz ist ein gutes Beispiel für die oben angesproche-
ne Komplementarität (vgl. Kapitel 0). Mit dualer Berufsausbildung und dualen
Studiengängen investieren deutsche Unternehmen viel in die Qualifikation ihrer
Arbeitnehmer. Diese könnten daraufhin ihre Qualifikation nutzen, um bei einem
anderen Unternehmen mehr zu verdienen. Dies verhindern jedoch Tarifverträge,
die für gleiche Qualifikationen gleiche Löhne vorschreiben. Auch die Mitbestimmungsrechte der Arbeitnehmer verhindern den Wechsel von einem Arbeitgeber
zum anderen. Denn sie ermöglichen, Probleme im Unternehmen zu klären, statt
zu einem anderen Unternehmen abzuwandern (vgl. „Voice" statt „Exit" in Kapitel 2.1.4 und Kitschelt/Streeck 2004: 5; Culpepper/Finegold 1999). Umgekehrt
würden Arbeitnehmer sich weigern, unternehmensspezifische Fähigkeiten zu erlernen, wenn sie nicht erwarten könnten, dass ihr Job relativ sicher ist. Dies wiede-

*Stabile
Beschäftigungs-
verhältnisse umgehen
das Kollektivgut-
problem*

rum ist durch die relativ strikten Kündigungsregeln gewährleistet (Becker/Vitols 1997: 263).

Das Ausbildungssystem unter Druck

Doch diese stabilen Arbeitsverhältnisse sind unter Druck, wie weiter oben schon angedeutet. Durch die Wiedervereinigung stieg Deutschlands Arbeitslosigkeit in den 1990er Jahren stark an. Jene, die Arbeit hatten, mussten mit ihren Sozialabgaben immer mehr Arbeitslose finanzieren, so dass Arbeit teurer wurde und die Arbeitslosigkeit deswegen noch weiter zunahm – ein Teufelskreis. Mit einer Arbeitslosenquote von über 10 Prozent kam es spätestens 2004 zu einer Schieflage, die man nicht mehr tolerieren konnte. Dies veranlasste die rot-grüne Bundesregierung, weitreichende Arbeitsmarktreformen umzusetzen. Am bekanntesten war die Einführung des neuen Arbeitslosengeldes II, oft auch „Hartz IV" genannt. Seither erhalten Arbeitslose nicht mehr langfristig über die Hälfte ihres vorherigen Einkommens, wie es vorher der Fall war, sondern nach einem Jahr nur noch monatlich circa 400 Euro plus die Erstattung ihrer Wohnkosten (siehe die Ausführungen weiter unten). Eine Konsequenz daraus könnte sein, dass Auszubildende sich weniger trauen, die spezifischen Qualifikationen zu lernen, auf die deutsche Unternehmen angewiesen sind. Denn bisher hat die hohe Absicherung bei Arbeitsplatzverlust Menschen dagegen versichert, nicht sofort einen adäquaten Job zu finden, nachdem sie spezialisierte Fähigkeiten gelernt haben (vgl. Kapitel 1.2.6).

Die deutsche Unternehmens-finanzierung: Stabilität durch Hausbanken

Großbanken spielten in Deutschland die entscheidende Rolle beim Aufbau der kriegszerstörten Industrie (vgl. Kitschelt/Streeck 2004). Die Deutsche Bank war vor der Dresdner und der Commerzbank die wichtigste deutsche Bank und ist es noch immer. Für den Mittelstand spielen dagegen die Sparkassen traditionell eine wichtige Rolle (Menz 2005: 36f.). Diese sind als öffentlich-rechtliche Kreditinstitute nicht verpflichtet, möglichst viel Gewinn zu machen. Traditionell arbeiten deutsche Unternehmen eng mit ihrer „Hausbank" zusammen. Diese hält oft einen Anteil an Unternehmen, denen sie etwas geliehen hat, ist auch in deren Aufsichtsrat vertreten und kennt darum ihre Kreditnehmer als Insider (Mallin 2010: 215).

Besonders risikoreiches Verhalten können Banken darum bereits im Aufsichtsrat blockieren. Dafür ermöglichen sie über „geduldige" Kredite langfristige Investitionen. In Zeiten längerer Schwächephasen greifen Banken über den Aufsichtsrat auch direkt in Unternehmen ein, um diese wieder profitabel zu machen (Beyer 2003: 13). Dies führt zu einer augenscheinlich sinnvollen Aufgabenverteilung: Da eine Bank weniger dazu tendiert, ihre Unternehmensbeteiligungen aufgrund kurzfristiger Erwägungen zu verkaufen, sondern eher ihre „Voice"-Option nutzt, muss sich das Unternehmensmanagement weniger Sorgen machen, dass ein Wettbewerber es feindlich übernimmt und kann langfristig daran arbeiten, bessere Produkte herzustellen (Höpner/Jackson 2001: 21; Hollingsworth 1997a: 285). Dafür ist es in Deutschland traditionell schwer, schnell an Kapital für risikoreiche Investitionen zu kommen, denn es gibt keinen Kapitalmarkt, der solche Investitionen zur Verfügung stellen könnte (Apeldorn/Rhodes 1997: 5).

Auch das deutsche Finanzsystem hat sich jedoch im Laufe der Zeit liberalisiert. Die Kohl-Regierung hat 1986 und 1989 den elektronischen Handel und den sogenannten Terminhandel (Futures) eingeführt, um den Kapitalmarkt zu stärken. 1990 hat sie Steuern auf Finanztransaktionen gesenkt und 1998 Unternehmen die Möglichkeit gegeben, nach internationalen Rechnungslegungsstandards zu bilanzieren, so dass Unternehmen nach internationalen Grundsätzen an der Börse bewertet wurden – und damit auch einfacher aufgekauft werden konnten (Jackson/Sorge 2012: 1147f.). Unternehmen mussten deswegen stärker auf ihren Aktienwert achten. Als die rot-grüne Regierung beschloss, dass Unternehmen (also auch Banken) ab 2002 gegenseitige Beteiligungen verkaufen können, ohne auf die Gewinne Steuern zahlen zu müssen, trennten Banken ihr Investment- vom Einlagen- und Kreditgeschäft (Lütz 2002: 290).[14] Denn als Investmentbank kann eine Bank eine feindliche Übernahme unterstützen, wenn dadurch der Aktienwert eines Unternehmens gesteigert wird; als Kreditgeber kann eine Bank jedoch gleichzeitig im Aufsichtsrat des Unternehmens sitzen, das Opfer der feindlichen Übernahme wird. Banken können darum schwerlich beide Aufgaben gleichzeitig wahrnehmen. Um dieses Dilemma aufzulösen, zogen Banken sich zunehmend aus Unternehmensbeteiligungen zurück. Die Deutsche Bank übernimmt schon lange keine Aufsichtsratsvorsitze mehr (Beyer 2003: 13f.). Da diese Probleme vor allem in den 1990er Jahren entstanden, meinten einige Autoren damals, die Banken hätten sich von den stärksten Befürwortern zu den stärksten Gegnern des deutschen Modells gewandelt (Apeldorn/Rhodes 1997: 17).

Da Banken nun nicht mehr in den Aufsichtsräten von Unternehmen sitzen, ersetzen anonymisierte, objektivierbare Finanzbeziehungen die auf persönliche Kenntnis beruhenden Insiderbeziehungen, innerhalb derer Banken bisher Kredite vergeben haben. Bedeutet dies eine Abkehr vom koordinierten Modell? Nein, denn Deutschland ist immer noch sehr viel weniger finanzmarktgetrieben als die liberalen Länder USA und Großbritannien. Wenn man vergleicht, wie viel alle börsennotierten Unternehmen eines Landes im Vergleich zu dessen Wirtschaftskraft wert sind, so zeigt sich zwar, dass auch in Deutschland der Finanzmarkt wichtiger wurde, jedoch nicht annähernd im selben Maße wie in den USA oder Großbritannien. Die folgende Abbildung zeigt dies, indem sie den Wert aller Börsenunternehmen zur Wirtschaftskraft in Relation setzt.

Das
Hausbankensystem
unter Druck

---

14 Während Leihbanken ihre Einnahmen durch Kreditzinsen erzielen, besteht das Geschäft von Investmentbanken aus Provisionen auf Geschäfte, die sie mit Wertpapieren tätigen.

Abbildung 15: Marktkapitalisierung aller an der Börse gelisteten Unternehmen
im Vergleich zum Bruttoinlandsprodukt

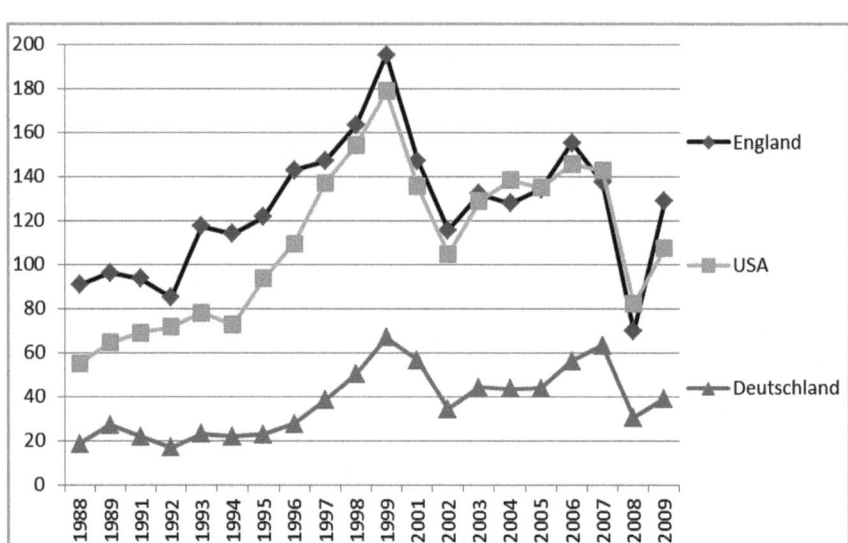

Quelle: World Development Indicators Database, World Bank 2011

Zwar hat sich die deutsche Finanzmarktkapitalisierung tatsächlich von circa 20 Prozent des Bruttoinlandsprodukts 1990 auf circa 60 Prozent 2007 verdreifacht. Doch während die Finanzmarktkapitalisierung deutscher Unternehmen nach der Finanzkrise bei circa 40 Prozent des Bruttoinlandsprodukts lag, stieg sie in den USA und Großbritannien bereits wieder auf über 100 Prozent an. Die Bedeutung des Finanzmarktes hat sich in Deutschland daher nicht so dramatisch verändert, dass man von einem grundlegenden Wandel hin zum liberalen Modell sprechen müsste. Dafür spricht auch, dass Deutschland zwar mit dem sogenannten Neuen Markt versucht hat, ein Börsensegment für schnelle Unternehmensgründungen zu schaffen. Doch nach einer Reihe spektakulärer Zusammenbrüche der darin enthaltenen Unternehmen schloss die Deutsche Börse 2003 den Bereich Neuer Markt. Bis auf weiteres scheint Deutschland nicht das Land zu sein, dass Kapital für Unternehmen zur Verfügung stellt, die schnell mit ganz neuen Erfindungen auf den Markt kommen wollen.

Da deutsche Banken sich zudem im Zuge der Finanzkrise mit Schuldverschreibungen amerikanischer Hauskäufer verspekuliert haben, scheinen diese nun auch wieder eher bereit, langfristige Kredite an mittelständische deutsche Unternehmen zu vergeben (Jackson/Sorge 2012: 1148). Jedoch gibt es keine große Bank mehr in Deutschland, die die deutsche Wirtschaft strategisch managen könnte, da keine Bank mehr Anteile an vielen deutschen Unternehmen hält, wie es die Deutsche Bank oder die Commerzbank früher tat (Jackson/Deeg 2012: 1121). Jedoch sind deutsche börsennotierte Unternehmen immer noch zu nur 32 Prozent in der Hand individueller oder institutioneller Investoren. Diese Kennzahl, die ähnlich hoch liegt wie in Frankreich, den Niederlanden und Italien, erlaubt deutschen Vorständen mehr Distanz gegenüber anonymem Kapitalmarktdruck als angloamerikanischen Unternehmen, die zu 77 Prozent (Großbritannien) beziehungsweise 92 Prozent (USA) in der Hand individueller und institutioneller Investoren sind. Zwar gab es durchaus auch einige spektakuläre `Übernahmen deutscher Unternehmen (vgl. Höpner/Jackson 2001: 9). Doch immer noch werden 39 Prozent aller deutschen Unternehmensanteile von anderen Unternehmen gehalten (Großbritannien 2 Prozent, USA 0 Prozent), wodurch sich Unternehmen sogar weiterhin gegenseitig vor feindlichen Übernahmen schützen (vgl. Tricker 2009: 182).

Weil das deutsche Kartellrecht außerdem weitgehende Unternehmenskooperationen zulässt, müssen deutsche Unternehmen sich nicht gegenseitig aufkaufen, um zusammenarbeiten zu können (Soskice 1997: 340; vgl. Casper 2001). Das erklärt, warum es in Deutschland viele kleine und mittelgroße Unternehmen gibt, den sogenannten Mittelstand. Die Unternehmen können kooperieren und müssen nicht wachsen, um Technologien anderer Unternehmen aufzukaufen, zumal die Verbände Kollektivgüter bereitstellen. Um sicherzustellen, dass kein Unternehmen vertrauliche Informationen stiehlt, überwachen Verbände zusammen mit dem Bundeskartellamt auch Unternehmenskooperationen. Die Unternehmensverbände sind zudem durch den privilegierten Zugang zu Unternehmensinformationen in der Lage, Forschungsgelder in für die Industrie nützliche Bahnen zu lenken (Casper 2001: 294ff.; Hall/Soskice 2001a: 34; Soskice 1997: 329f.; Kitschelt/Streeck 2004: 4).

Die deutschen Unternehmensbeziehungen: Kooperation durch Verbände

Besonders enge Beziehungen unterhalten deutsche Unternehmen in der Regel zu ihren Zulieferern (Hall/Soskice 2001a: 26). Diese Beziehungen sind jedoch oft asymmetrisch: Eine Seite kann die andere erpressen. Um dem zu begegnen, begrenzen das deutsche Bürgerliche Gesetzbuch und das Handelsgesetzbuch die Allgemeinen Geschäftsbedingungen, die in Verträgen festgehalten werden dürfen. Der deutsche Staat greift also in den Inhalt privatrechtlicher Verträge zwischen Unternehmen stärker ein, als dies in liberalen Marktwirtschaften geschieht, damit Kooperationen nicht an Machtasymmetrie leiden (Casper 2001: 390).

Die deutschen Unternehmensnetzwerke litten vor allem in den 1990er Jahren. Die gegenseitigen finanziellen Unternehmensbeteiligungen zwischen den hundert größten deutschen Unternehmen ging von 169 im Jahre 1996 auf 80 im Jahr 2000 zurück, so dass weniger als halb so viele Unternehmen Anteile aneinander hielten wie vorher (Höpner 2003: 15). Durch die Internationalisierung der Zulieferstruktur erodierten auch „vertikale" Netzwerke zwischen Zulieferern und Endherstellern (Hancké 1997; Schmidt 2000: 52f.). Auch haben mehr und mehr Unternehmen ihre Arbeitgeberverbände verlassen, weil sie sich nicht mehr an kollektive Absprachen halten und niedrigere Löhne bezahlen wollen (Jackson/Sorge 2012: 1150). Im Wesentlichen gilt hier dasselbe wie in den anderen Feldern. Man wäre blind, wenn man keine Veränderung wahrnähme. Die Veränderung, die es gab, geht zudem klar in Richtung einer Liberalisierung. Doch trotzdem ist Deutschland immer noch weit von der typischen Funktionsweise liberaler Marktwirtschaften entfernt. Denn immer noch kooperieren Unternehmen, um gemein-

Firmenkooperationen unter Druck

sam zu forschen und Arbeitnehmer auszubilden, was in einer liberalen Marktwirtschaft kaum möglich ist.

Der konservative
deutsche
Wohlfahrtsstaat als
Garant spezifischer
Qualifikationen

Wie Kapitel 1.2.6 ausführt, ist es die Aufgabe von Wohlfahrtsstaaten in koordinierten Marktwirtschaften, Arbeitslosigkeit finanziell abzufedern, so dass Arbeitnehmer sich trauen, spezielle Qualifikationen zu erlernen, die koordinierte Produktionssysteme benötigen. Dies hat der deutsche Wohlfahrtsstaat bisher geleistet. Er zahlte bis zum Jahre 2004 (bis zur „Hartz IV" Gesetzgebung) Arbeitslosen prinzipiell unbegrenzt, wenn auch langsam absinkend, 53 Prozent ihres Nettogehalts, in den ersten Jahren sogar bis zu 67 Prozent. Jedoch sichert die deutsche Arbeitslosenversicherung nicht mehr in dem Maße den Lebensstandard, wie sie es früher war. Ein vor allem in Unternehmerkreisen herrschender Konsens in den 1990er Jahren war, dass die hohe soziale Absicherung Arbeitslosigkeit begünstigt. Dies führte zur „Hartz IV-Gesetzgebung" im Rahmen der Agenda 2010, mit der das Arbeitslosengeld II eingeführt wurde, welches die bisherige Sozial- und Arbeitslosenhilfe ersetzte (vgl. Menz 2005: 42ff.; Hassel/Schiller 2010). Unter „Hartz IV" bekommen Arbeitslose in der Regel nach einem Jahr unabhängig von der Höhe ihres früheren Einkommens nur noch pauschal circa 400 Euro monatlich und sie erhalten die Kosten ihrer Wohnung erstattet. Mit der neuen Regelung wollte der Staat Druck auf Arbeitslose aufbauen, lieber schlecht bezahlte, als gar keine Arbeit anzunehmen. Diese Strategie ist aufgegangen, die Arbeitslosenquote begann sofort nach Einführung der Hartz IV-Regelung zu sinken und ist mittlerweile halb so hoch wie vorher. Dafür ist jedoch ein Niedriglohnsektors entstanden, auf dem all jene tätig sind, für die im traditionellen deutschen System organisierter Arbeitsbeziehungen kein Platz mehr ist. Das bedeutet jedoch nicht, dass Deutschland einfach liberal wird. Vielmehr spricht man von einer Dualisierung, die sich auch in anderen koordinierten Ländern mit konservativem Wohlfahrtsstaat findet und weiter oben schon angesprochen wurde. Denn die meist männlichen Stammbelegschaften großer Unternehmen, sogenannte Insider, können durch den immer noch hohen Kündigungsschutz kaum arbeitslos werden. Selbst wenn sie arbeitslos werden, können diese Arbeitnehmer meist innerhalb von 12 Monaten, in denen es das relativ großzügige Arbeitslosengeld I gibt, eine neue Stelle finden. Die Veränderungen des deutschen Sozialstaats treffen vor allem prekär und befristet beschäftigte, oft weibliche Arbeitnehmer, sogenannte Outsider, die mittlerweile Arbeit nur noch in dem neu entstandenen Niedriglohnsektor bekommen, in dem sie kaum Ansprüche auf Rentenzahlungen oder Arbeitslosengeld akkumulieren können. Um die relativ großzügigen Regelungen für Kernbelegschaften aufrechtzuerhalten, lässt der deutsche Sozialstaat somit zu, dass immer mehr Menschen nicht von dem großzügigen Sozialversicherungssystem abgedeckt sind, sondern von der minimalen Grundsicherung des Arbeitslosengelds II leben müssen oder in schlecht entlohnten, unsicheren Jobs gefangen sind, beispielsweise als Leiharbeiter oder in Minijobs (Palier/Thelen 2010). Das ist der Preis des deutschen Wirtschaftserfolgs und Deutschlands ganz spezifische Art der Liberalisierung (Thelen 2012; Schröder 2013a: 120ff.)

Zusammenfassung:
Deutschland

Wie die vorherigen Abschnitte zeigen, ist Deutschland heute längst nicht mehr so koordiniert, wie es einmal war. Der deutsche Wohlfahrtsstaat ist heute liberaler als früher. In Deutschland bestehen mittlerweile liberale Arbeitsbedingungen, vor allem im Dienstleistungssektor und in Ostdeutschland. Anders als in liberalen Ländern bedeutet Liberalisierung jedoch in Deutschland nicht, dass alle Unternehmen und Arbeitnehmer Märkten ausgesetzt werden. Vielmehr wollten deutsche Unternehmen und Unternehmverbände koordinierte Regelungen behalten, wenn diese ihr Geschäftsmodell unterstützt haben (Thelen 2000b; Jackson/Sorge 2012: 1147). Darum gibt es immer noch stabile Stammbelegschaften in Unternehmen, die genauso geschützt und durch Betriebsräte repräsentiert sind, wie Hall und Soskice es für eine koordinierte Marktwirtschaft für typisch halten. Interessanterweise – hier hat Varieties of Capitalism Recht – wollte die deutsche Wirtschaft nicht, dass koordinierte Arrangements zerstört werden. Jedoch haben sich um diese Stammbelegschaften die oben angesprochenen liberalen Bedingungen gebildet. Die deutschen Institutionen sind fast genauso koordiniert wie früher, aber weniger Menschen fallen unter den Schutz dieser Institutionen, weswegen die deutsche Liberalisierung eine Dualisierung in geschützte Insider (vor allem Stammbelegschaften) und ungeschützte Outsider (Arbeitslose und prekär Beschäftigte) mit sich bringt (Jackson/Deeg 2012: 1112; Thelen 2012: 155). Diese Art der Liberalisierung entspricht wiederum der schon immer in soziale Gruppen zersplitterten Solidarität, welche Deutschland historisch kennzeichnet (Schröder 2013a: 120ff.).

Im Vergleich zu Großbritannien und den USA ist Deutschland immer noch sehr viel koordinierter, denn in liberalen Ländern ist niemand vor Märkten abgeschirmt, weswegen es auch keine Dualisierung gibt. Einerseits ist Deutschland über die Zeit finanzmarktgetriebener geworden und kollektive Lohnverhandlungen sind zurückgegangen; doch es gibt anderseits immer noch Mitbestimmung in Unternehmen und Gewerkschaften üben Lohnzurückhaltung, so dass Deutschland international sehr wettbewerbsfähig ist (Jackson/Sorge 2012: 1160ff.). Seit 2008 ist Deutschland auch gerade wegen seiner koordinierten Lösungen, wie beispielsweise der Kurzarbeit zu Zeiten der Finanzkrise oder der generell kooperativen Zusammenarbeit zwischen Arbeitgebern und Arbeitnehmern innerhalb von Betrieben und bei überbetrieblichen Lohnverhandlungen, wirtschaftlich sehr erfolgreich. Noch mehr Liberalisierung scheint deswegen einstweilen unwahrscheinlich (Jackson/Sorge 2012: 1156).

Die Aussagen der Varieties-Typologie, die nun über zehn Jahre zurückliegen, sind insofern immer noch gültig. Alle Länder haben liberalisiert. Aber die Art der Liberalisierung war typisch für Deutschland, das nicht einfach Marktmechanismen für alle eingeführt hat, sondern Koordinierung in Bereichen beibehalten hat, in denen diese strategisch wichtig war. In diesem Sinne gibt es immer noch grundlegende Unterschiede zwischen koordinierten und liberalen Marktwirtschaften. Deutschland unterscheidet sich wahrscheinlich nicht mehr so sehr im Grad der Solidarität von liberalen Marktwirtschaften, wohl aber darin, wie sehr Unternehmen sich koordinieren (Höpner 2007; Jackson/Deeg 2012; Thelen 2012). Die folgenden Abschnitte betrachten die anderen koordinierten Länder, beginnend mit dem Land, das Deutschland – und dem Ideal einer koordinierten Ökonomie – am ähnlichsten ist.

4.3.2 Österreich: Korporatismus in einem kleinen Land

Hintergrund

In Österreich verhinderten regionale und soziale Spaltungen lange Zeit eine umfassende nationale Koordinierung, wie es sie in den skandinavischen Ländern schon früh gab. Doch Österreich ist auch geprägt durch einen starken Katholizismus, der den Zusammenschluss gesellschaftlicher Gruppen förderte, was wirtschaftliche Koordination vereinfachte (vgl. Mann 1993: 330ff.). Ebenso wie das damalige Deutsche Reich koordinierte Österreich seine Wirtschaft nicht national, sondern berief Ende des 19. Jahrhunderts Arbeiterkommissionen auf Unternehmens- und Sektorebene, die die Sozialversicherungen verwalten sollten. Der Staat wollte sich die Loyalität der Arbeiter sichern, indem er ihnen Sozialleistungen auszahlte (Crouch 1993: 85). Der österreichische Staat half Verbände aufzubauen, um selbst Unterstützung zu gewinnen – was ihm insgesamt gelang (Katzenstein 1984: 64f.; Crouch 1993: 149). Österreich ist heute eine stabile Demokratie mit einer koordinierten Marktwirtschaft, die stark in Branchen mit inkrementellen Innovationen ist. Deutschland und Österreich haben deswegen eine ähnliche Art der Koordination. Beide Länder haben eine Wirtschaftsordnung, in der langfristige Unternehmensstrategien dominieren und Gewerkschaften mit Unternehmen kooperieren, weil sie sich aufgrund der institutionellen Struktur wirtschaftlicher Regulierung aufeinander verlassen können (vgl. Katzenstein 1984: 38; Busch 1993: 36).

Unternehmens-
führung

Wie für koordinierte Marktwirtschaften typisch, hat auch Österreich eine duale Unternehmensführung, in der ein Aufsichtsrat den Vorstand kontrolliert, so dass Arbeitnehmer die Entscheidungsfreiheit des Vorstands einschränken und im Unternehmen mitbestimmen können. Selbst die Mitglieder im Aufsichtsrat, die Anteilseigner repräsentieren, sind gesetzlich verpflichtet, die Interessen der Arbeitnehmer und Öffentlichkeit zu beachten (HBF/ETUI 2004: 7). Insofern sind österreichische Unternehmen stark in ihrer Fähigkeit eingeschränkt, kurzfristige Gewinninteressen zu verfolgen. Die liberale Konzeption des Unternehmens, das lediglich den Anteilseignern dient, ist Österreich fremd. Österreichische Unternehmen müssen sich zwar mit ihrer Belegschaft abstimmen. Das System ist jedoch nicht ganz so strikt wie die deutsche Arbeitnehmermitbestimmung, denn in Unternehmen mit mindestens 300 Mitarbeitern können Arbeitnehmervertreter maximal ein Drittel des Aufsichtsrates besetzen (und nie die Hälfte, wie in Deutschland ab 500 Mitarbeitern). Dabei bleiben – wieder anders als in Deutschland – die Gewerkschaften außen vor, denn die Arbeitnehmervertreter im Aufsichtsrat müssen Unternehmensmitarbeiter sein und stehen in engem Kontakt mit dem Betriebsrat (Kluge/Stollt/Conchon 2010: 3). Anders als in skandinavischen Ländern und Deutschland können Gewerkschaften darum nicht in die Unternehmen hineinregieren. Circa drei Viertel der Betriebsratsmitglieder sind aber auch Gewerkschaftsmitglieder, so dass die Gewerkschaften zumindest indirekt Macht in Unternehmen haben. Der Vorstand muss den Betriebsrat anhören, wenn er Betriebe schließen oder umstrukturieren will. Wenn der Betriebsrat nicht einverstanden ist, kann er die Strategie des Managements zwar kaum verhindern, jedoch durch sein Veto bis zu einen Monat lang blockieren (Fulton 2011). Wieder bestehen die Regelungen einer koordinierten Marktwirtschaft nicht darin, Unternehmen etwas zu verbieten. Aber zumindest muss sich das Management mit den Argumenten der Arbeitnehmer auseinandersetzen. Zudem haben österreichische Unternehmen weniger Kapitalmarktdruck. Sie müssen weniger strenge Buchhaltungsregeln beachten und Investoren weniger Informationen liefern als in den meisten anderen Ländern (Jackson 2005: 12). Im Vergleich zur Wirtschaftskraft Österreichs spielt der Kapitalmarkt kaum eine Rolle (vgl. Abbildung 8).

Besonders an Österreich ist, dass es mit dem Gewerkschaftsbund, der Arbeiterkammer, der Wirtschaftskammer und der Landwirtschaftskammer national zentralisierte Verbände hat, die die Wirtschaft koordinieren. Diese Spitzenverbände der Arbeitgeber und Arbeitnehmer handeln Sozialpolitik und Arbeitsgesetzgebung aus. Teilweise einigen sie sich direkt auf Gesetzestexte, die das Parlament daraufhin nur noch ratifiziert (vgl. EIRO 2009a: 3). Dies ist Korporatismus in Reinform. Österreichs Arbeitgeber und Gewerkschaften verhandeln Löhne vor allem auf sektoraler Ebene. Doch zusätzlich koordinieren sie ihre sektoralen Verhandlungen national. Umgekehrt passen sie auf Unternehmensebene Regelungen an, zumindest wenn die übergeordneten Beschlüsse dies vorsehen (vgl. Hemerijck/Unger/ Visser 2000: 194; Katzenstein 1984: 61f.). Häufig gibt der Metallsektor den Takt für Lohnsteigerungen in anderen Branchen vor, so dass die Sozialpartner Löhne national koordinieren (EIRO 2009n: 3). Diese Regelungen sind den deutschen durchaus ähnlich. | *Arbeitsbeziehungen*

Ebenfalls wie in Deutschland gibt es in Österreich eine Zwangsmitgliedschaft in Kammern. Unternehmen müssen Mitglied in der sogenannten Wirtschaftskammer werden, die wiederum alle Arbeitgeber repräsentiert. Anders als in Deutschland sind es nicht Verbände (denen Unternehmen freiwillig angehören), sondern Kammern (zu denen Unternehmen gehören müssen), die mit den Gewerkschafen über Löhne verhandeln. Die Verbände dagegen treffen sich auf nationaler Ebene in der Paritätischen Kommission mit staatlichen Repräsentanten, um sicherzustellen, dass Lohnerhöhungen mit dem Wirtschaftswachstum Schritt halten und um sich in Bezug auf nationale Arbeitsmarktziele abzustimmen (EIRO 2009a: 7). Obwohl nur 32 Prozent aller Beschäftigten gewerkschaftlich organisiert sind, erfassen Tarifverträge 98 Prozent aller Beschäftigten, da sie auf ganze Branchen ausgedehnt werden. Diese Koordination unterscheidet sich jedoch von der landesweiten Koordination sozialdemokratischer Länder, da österreichische Gewerkschaften üblicherweise nicht versuchen, die Einkommen der Beschäftigten einander anzugleichen (Katzenstein 1984: 36; EIRO 2009a: 5).

Zwar gilt Österreich seit dem Zweiten Weltkrieg als äußerst korporatistisches Land. Doch in den 1990er Jahren schloss die Regierung die Verbände oft vom Politikprozess aus. So erodierte ein großer Teil der Koordinierung der österreichischen Wirtschaft. Seit 2005 hat sich dieser Trend jedoch wieder umgekehrt (vgl. Kelly/Hamann 2008: 144f.; EIRO 2009a: 3). Zwar schränkt das österreichische System der Lohnaushandlung die Freiheit der Firmen ein, Löhne festzulegen. Aber es führt auch zu hohem sozialem Frieden. Seit 2005 gab es in Österreich keinen einzigen Arbeitskampf (EIRO 2009a: 6).

Österreichs Sozialpartner managen auch das Ausbildungssystem, was ebenfalls typisch für eine koordinierte Marktwirtschaft ist (EIRO 2009a: 5f.). Dieses | *Ausbildungssystem* ist dem deutschen System ähnlich. Ein Unterschied ist jedoch, dass der Staat Unternehmen subventioniert, damit diese ausbilden. Außerdem hat er auch eine stärkere Rolle in der Ausbildung, die den Arbeitgebereinfluss einschränkt (Busemeyer/Trampusch 2011: 37). Neben einer betrieblichen Ausbildung kann man in Österreich auch schulische Ausbildungen machen, die zu generelleren Qualifikationen führen und bezüglich der späteren Arbeitsmarktchancen (anders als in Deutschland) attraktiver sind. Dabei managen die Sozialpartner Ausbildungen stärker, wenn sie im Betrieb und nicht in der Schule stattfinden (Graf/Lassnigg/Powell 2011: 152ff.).

Wohlfahrtsstaat

Auch ist das österreichische Produktionssystem insofern koordiniert, als der österreichische Wohlfahrtsstaat über 5 Jahre hinweg im Durchschnitt 59 Prozent des Einkommens eines Arbeitnehmers ersetzt, der arbeitslos wird (OECD 2009: 76). Österreichische Arbeitnehmer sind somit im Vergleich gut abgesichert.

Zusammenfassung:
Österreich

Aufgrund dieser Regelungen ist Österreich zusammen mit Deutschland ein Modellbeispiel für koordinierte Marktwirtschaften. Der Unterschied zu den vier skandinavischen Ländern liegt darin, dass österreichische Gewerkschaften nicht darauf erpicht sind, Löhne anzugleichen. In der Varieties-Typologie wird Österreich allerdings im Vergleich zu Deutschland stiefmütterlich behandelt, weil es wirtschaftlich weniger bedeutend ist. Dabei ist es im Gegensatz zu seinem größeren Nachbarn Deutschland heute das stärker koordinierte Land, da sich die typischen Arrangements einer koordinierten Marktwirtschaft hier besser halten konnten.

4.3.3 Niederlande: Von sozialer Spaltung zu Koordination

Hintergrund

Wie Deutschland und Österreich waren auch die Niederlande lange Zeit in unterschiedliche soziale Gruppen gespalten. Bis nach dem Zweiten Weltkrieg waren die Niederlande gesellschaftlich in einen katholischen, protestantischen und calvinistischen Teil gespalten. Jede dieser drei Bevölkerungsgruppen hatte früher eine eigene Gewerkschaft und politische Partei (vgl. Ebbinghaus 2006: 60; Kersbergen 2009: 124f.; Lipset/Rokkan 1967; Goodin, et al. 1999: 64). Eine nationale Arbeitgeberorganisation konnte nicht entstehen, da diese nicht gleichzeitig katholische, protestantische und calvinistische Mitglieder repräsentieren konnte (Crouch 1993: 118, 89; Trampusch 2009: 306f.). Die einzelnen gesellschaftlichen Gruppen waren zwar intern solidarisch und konnten sich auch koordinieren, doch eine nationale Koordination konnte aufgrund der gesellschaftlichen Spaltungen nicht zustande kommen (vgl. Trampusch 2009: 293; Lijphart 1968). Erschwerend kommt hinzu, dass Calvinisten eine liberale Regulierung der Wirtschaft befürworten, während Katholiken Koordination innerhalb gesellschaftlicher Gruppen bevorzugen (vgl. Kahl 2005; 2009).

Arbeitsbeziehungen

Weil die niederländische Gesellschaft derart zersplittert und nationale Koordination unmöglich war, fanden Lohnverhandlungen lange Zeit nur auf Unternehmensebene statt. 1937 verabschiedete der niederländische Staat jedoch ein Gesetz, mit dem er Lohnvereinbarungen auf Wirtschaftsbranchen ausdehnen konnte

(Trampusch 2010a: 208). Seitdem entwickelten sich branchenweite Tarifverträge. Als religiöse Spaltungen weniger wichtig wurden und darum die Zersplitterung der niederländischen Gesellschaft abnahm, nahm die wirtschaftliche Koordination zu. Nach dem Krieg etablierten die Niederlande den Sozial-Ökonomischen Rat, in dem Staat, Gewerkschaften und Arbeitgeber sich landesweit abstimmen konnten. Der Höhepunkt dieser Koordination war das sogenannte Wassenaar-Abkommen von 1982. Darin verpflichteten sich die Gewerkschaften, Löhne langsamer als die Produktivität ansteigen zu lassen, damit die Unternehmen wettbewerbsfähig blieben. Dafür versprachen die Arbeitgeber, die wöchentliche Arbeitszeit zu reduzieren und die vorhandene Arbeit auf mehr Schultern zu verteilen (Hemerijck/Meer/Visser 2000: 262f.). Dies klappte insgesamt sehr gut. Die niederländische Arbeitslosenquote sank unter 5 Prozent, die Teilzeitquote stieg auf 25 Prozent für Männer und auf über 75 Prozent für Frauen (EIRO 2009h: 3). Immer noch treffen Gewerkschaften und Arbeitgeberverbände im Sozialökonomischen Rat Übereinkünfte, denen der Staat Gesetzeskraft verleiht. Auch hier manifestiert sich der für koordinierte Marktwirtschaften typische Korporatismus. Ähnlich wie in Deutschland sind nur 24 Prozent der Beschäftigten direkt in einer Gewerkschaft. Doch da Tarifverträge auf ganze Wirtschaftssektoren ausgeweitet werden, sind 84 Prozent der Beschäftigten abgedeckt, so dass man mit derselben Qualifikation dasselbe verdient (EIRO 2009h: 2, 4). Tarifverträge werden mittlerweile auf nationaler Ebene koordiniert und auf Betriebsebene ausdifferenziert (vgl. Hemerijck/Meer/Visser 2000: 259; EIRO 2009h: 6ff.).

Auch in Bezug auf die Unternehmensführung sind die Niederlande typisch koordiniert. Niederländische Betriebsräte vertreten einerseits die Interessen der Beschäftigten, versuchen diese andererseits jedoch auch mit den Unternehmensinteressen in Einklang zu bringen. Dazu kann der Betriebsrat bis zu einem Drittel des Aufsichtsrats besetzen. Interessanterweise passiert das jedoch eher selten. Der Aufsichtsrat als Ganzes ist zudem verpflichtet, nicht nur die Interessen der Anteilseigner, sondern auch der Belegschaft zu repräsentieren. Auch in den Niederlanden zeigt sich somit, dass Unternehmen nicht nur die Interessen der Eigentümer verfolgen, sondern mit der Belegschaft kooperieren müssen. Zudem entspricht die niederländische Art der Unternehmensführung dem Modell einer koordinierten Marktwirtschaft, da Unternehmen ihre Aktionäre nicht ganz so häufig informieren müssen und die Gefahr einer feindlichen Übernahme geringer ist (vgl. Jackson 2005: 12).

Unternehmensführung

Die Niederlande hatten lange kein koordiniertes Ausbildungssystem. Als die gesellschaftliche Polarisierung abnahm, begannen die Sozialpartner jedoch nicht nur, sich auf nationaler Ebene über Löhne zu einigen. Seit den 1980er Jahren haben sie sich auch um das Ausbildungssystem gekümmert. Beispielsweise hielten sie in Tarifverträgen Gelder zur Finanzierung sektoraler Ausbildungen zurück und begannen, Berufsschulen zu managen. Das heißt, sie legten die Inhalte der Ausbildungen fest und der Staat finanzierte die Schulen, in denen die Ausbildung stattfand. Erst nachdem der Staat die Sozialpartner anregte, Lohnaushandlungen zu koordinieren, begannen diese, sich über Ausbildungsgänge abzustimmen und mehr und mehr Ausbildungen konnten in Unternehmen stattfinden (Busemeyer/

Ausbildungssystem

Trampusch 2011: 31, 42; Anderson/Nijhuis 2011: 101). Dies ist ein gutes und praktisches Beispiel dafür, dass Koordination in einem Feld meist Koordination in einem anderen Feld unterstützt, so dass Länder meist durchgehend liberal oder koordiniert sind.

Wohlfahrtsstaat

Wie in anderen koordinierten Marktwirtschaften, gibt es in den Niederlanden Regelungen, die langfristige Beschäftigungsverhältnisse sicherstellen sollen. Wenn ein Unternehmen jemandem kündigen will, muss das örtliche Arbeitsamt dem zustimmen. Dies tut es nur, wenn das Unternehmen für die Kündigung gute Gründe nennt, beispielsweise eine schlechte Ertragslage oder inakzeptables Verhalten des Arbeitnehmers. Das Arbeitsamt kann ein Gericht entscheiden lassen, ob eine Kündigung gerechtfertigt ist. Oft führt dies dazu, dass der Arbeitgeber eine Abfindung zahlen muss. So etwas wäre in liberalen Marktwirtschaften undenkbar. Denn dort würde man argumentieren, dass die Gesellschaft einem Unternehmen nicht vorschreiben darf, ob es seine Arbeitnehmer entlassen darf. Zudem ersetzen die Niederlande 71 Prozent des Gehalts eines Durchschnittsarbeiters bei Arbeitslosigkeit, so dass Arbeitnehmer nicht sofort jeden Job annehmen müssen, wobei dieser Betrag bei längerer Arbeitslosigkeit rasch absinkt (OECD 2009: 76).

Zusammenfassung: Niederlande

Neben Deutschland und Österreich sind auch die Niederlande ein typisch koordiniertes Land. Der Weg dorthin war weit. Denn religiöse Spaltungen erschwerten umfassende Koordination. Heute entspricht das Land jedoch in allen wesentlichen Punkten einer koordinierten Ökonomie.

4.3.4 Belgien: Das Land, das sich nicht einigen kann

Hintergrund

Deutschland, Österreich und die Niederlande zeigen, dass Gesellschaften, die in gesellschaftliche Gruppen aufgespalten sind, zwar innerhalb dieser Gruppen Koordination und Solidarität organisieren können, jedoch erreichen sie auch kaum Koordination über diese Gruppen hinaus, so dass nationale Koordination schwierig ist. Belgien ist ein weiteres Beispiel dafür, denn Belgien war und ist bis heute gesellschaftlich extrem gespalten.

Es ist darum ein interessanter Fall, der – vielleicht am besten von allen koordinierten Ländern – illustriert, wie soziale Spaltungen sich in der Koordination der Wirtschaft niederschlagen. Denn seit seiner Gründung 1830 ist Belgien einerseits geteilt in Flandern, das holländisch spricht und zudem katholisch und agrarisch geprägt ist, und andererseits in die französischsprachige, traditionell sozialistische und industrielle Region Wallonien, die nicht religiös geprägt ist, zudem gibt es noch einen sehr kleinen deutschsprachigen Teil (vgl. Lipset/Rokkan 1967: 42). Aufgrund dieser regionalen Identitäten gab es in Belgien lange Zeit keine nationalen, sondern wallonische und flämische Parteien, Gewerkschaften, Kranken- und Arbeitslosenversicherungen, zumal die ideologischen Spaltungen oft mit den regionalen einhergingen und sich darum gegenseitig unterstützen (Pasture 1993: 708; Hemerijck/Unger/Visser 2000: 189f.).

Als Deutschland Belgien besetzt hielt, konnten sich die Gewerkschaften und Arbeitgeberverbände 1944 für eine Weile einigen. Sie akzeptierten sich gegenseitig als Verhandlungspartner und begannen, die Wirtschaft zu koordinieren (vgl. Pasture 1993: 701; Arcq/Pochet 2000: 115; Hemerijck/Marx 2010: 139). Trotzdem sind die belgischen Gewerkschaftskonföderationen immer noch entlang traditioneller gesellschaftlicher Konfliktlinien gespalten. Neben einem sozialistischen Dachverband gibt es einen christlichen und einen liberalen (Fulton 2011). Viele Arbeitgeberverbände und Gewerkschaften, wie beispielsweise die Metallgewerkschaft, teilen sich in einen wallonischen und einen flämischen Teil (EIRO 2009b: 3f.; Van Rie/Marx/Horemans 2011: 130). Andere Gewerkschaften agieren zwar unter einem Namen, sind aber intern entlang der zwei Regionen gespalten (Hemerijck/Marx 2010: 154). Neben der gesellschaftlichen Spaltung, die es erschwert, die Wirtschaft auf nationaler Ebene zu beeinflussen, ist Belgien auch durch verschiedene Regulierungsphilosophien beeinflusst: einerseits durch französischen Etatismus in Wallonien, andererseits durch die stärker verbandlich koordinierten Niederlande im flämischen Teil Belgiens.

Ähnlich wie französische, haben belgische Unternehmen keinen Aufsichtsrat, sondern nur einen Vorstand. Die belgische Regulierung bevorzugt Großaktionäre, da nicht jede Aktie auch über ein Stimmrecht verfügt. Für Kleinaktionäre ist es zudem schwieriger, sich notwendige Unternehmensinformationen zu beschaffen, da belgische Unternehmen gegenüber ihren Investoren nur wenig offenlegen müssen (Dherment-Férère/Renneboog 2010: 347). Unternehmen sind darum weniger in den Händen von Kleinaktionären, als in den Händen von Banken. Der Markt für Unternehmenskontrolle ist entsprechend schwach ausgebaut (vgl. Jackson 2005: 12). Unternehmensführung und Finanzierung

Belgische Unternehmen haben nicht nur keinen Aufsichtsrat, sondern müssen auch keine Arbeitnehmervertreter in den Vorstand berufen. Wie in den meisten koordinierten Ländern haben sie jedoch ab mehr als 100 Mitarbeitern einen Betriebsrat, der die Belegschaft repräsentiert und den das Management informieren und konsultieren muss. Die Mitbestimmungsrechte belgischer Betriebsräte gehen jedoch nicht so weit wie die von deutschen, österreichischen und holländischen (vgl. Abbildung 2). Wichtiger ist demgegenüber die sogenannte „Gewerkschaftsdelegation", eine belgische Institution, die die Gewerkschaftsmitglieder des Unternehmens repräsentiert, vom Management informiert werden muss und auch mit ihm verhandeln kann. Zudem kann die Gewerkschaftsdelegation einen Betriebsrat nominieren und dessen Rolle ausfüllen, wenn die Belegschaft keinen Betriebsrat stellt (EIRO 2009b: 6f.; Fulton 2011). Auch wenn die Regelungen anders sind als in typischen koordinierten Ländern – vor allem gibt es keine Arbeitnehmermitbestimmung im Aufsichtsrat – so gibt es in Belgien doch Institutionen, in denen sich Unternehmen mit ihren Arbeitnehmern absprechen.

In Belgien unterliegen 96 Prozent aller Beschäftigten Tarifverträgen und 51 Prozent aller Beschäftigten sind in einer Gewerkschaft (EIRO 2009b: 1f.) Wie in anderen koordinierten Ländern werden Tarifverträge verallgemeinert, um einheitliche Regelungen zu schaffen. Obwohl Belgiens Verbändelandschaft entlang ideologischer und regionaler Konfliktlinien gespalten ist, gelingt es ihr dadurch, sich national zu koordinieren. Gewerkschaften und Arbeitgeber orientieren Lohnsteigerungen an den Veränderungen in Deutschland, Frankreich und den Nieder- Arbeitsbeziehungen landen, um im Vergleich mit den wichtigsten Handelspartnern wettbewerbsfähig zu bleiben. Die beiden größten Gewerkschaftsdachverbände stellen in nationalen Verhandlungen jeweils zwei, die kleinste Gewerkschaft einen Vertreter, so dass trotz der Spaltung Verhandlungen möglich sind.

Nationale Lohnabschlüsse setzen Richtlinien fest, sektorale Lohnabschlüsse arbeiten diese aus und werden dann auf alle Arbeitgeber und Arbeitnehmer des entsprechenden Sektors ausgedehnt. Daneben gibt es auch Verhandlungen auf Unternehmensebene. Untere Ebenen dürfen jedoch nur zum Vorteil der Beschäftigten von der übergeordneten Regulierung abweichen. Belgiens Arbeitgeber und Arbeitnehmer verhandeln im sogenannten Nationalen Arbeitsrat Lohnsteigerungen und geben der Regierung Empfehlungen zu Fragen des Arbeitsrechts und der sozialen Sicherung. Daneben sitzen sie als zweitem Organ nationaler Konzertation im Zentralen Wirtschaftsrat zusammen, um zu geplanten Gesetzen Stellung zu nehmen (EIRO 2009b: 6). Es gibt also ein hohes Maß an Korporatismus in Belgien.

Ausbildungssystem
Mit dieser außergewöhnlich starken nationalen Kooperation managen die belgischen Sozialpartner auch das Ausbildungssystem. Sie finanzieren dieses, indem sie 1,9 Prozent der Löhne einbehalten. Damit tragen die Arbeitnehmer die Kosten für Auszubildende. An diesem Arrangement zeigt sich erneut die delikate Balance, mit der koordinierte Marktökonomien die Kollektivgutprobleme des Ausbildungssystems lösen. Auf nationaler Ebene legen die Sozialpartner Grundregeln der Berufsausbildung fest, die sie dann an sektorale und betriebliche Bedürfnisse anpassen (vgl. EIRO 2009b: 5).

Wohlfahrtsstaat
Belgiens Wohlfahrtsstaat unterstützt dieses koordinierte Produktionssystem, denn in Belgien musste man lange Zeit Gewerkschaftsmitglied sein, um eine Arbeitslosenversicherung zu haben. In diesem „Genter System" der Arbeitslosenversicherung (benannt nach der belgischen Stadt, in der das System Ende des 19. Jahrhunderts eingeführt wurde), verwalten Gewerkschaften das Arbeitslosengeld direkt. Das heißt, Arbeitnehmer müssen Gewerkschaftsmitglied werden, um sich gegen einen relativ geringen Mitgliedsbeitrag gegen Arbeitslosigkeit zu versichern. Relativ gering ist dieser Beitrag, da Gewerkschaften das Arbeitslosengeld zwar verwalten, es jedoch größtenteils nicht aus Gewerkschaftsbeiträgen, sondern vom Staat aufgebracht wird. Dieses System sorgt dafür, dass fast jeder Arbeitnehmer Gewerkschaftsmitglied wird und dass in Zeiten höherer Arbeitslosigkeit, mehr und nicht weniger Arbeitnehmer Gewerkschaftsmitglied werden. Belgien praktiziert dieses System nicht mehr in seiner puren Form. Seit 1944 muss man in Belgien arbeitslosenversichert sein, was dazu führte, dass die Gewerkschaften das Arbeitslosengeld zwar noch verwalten, aber es eine staatliche, und nicht mehr gewerkschaftliche Leistung ist, so dass man auch ohne Gewerkschaftsmitgliedschaft Arbeitslosengeld bekommt. Auch hier zeigt sich wieder die belgische Spaltung in gesellschaftliche Gruppen, denn die Arbeitslosenversicherung wird jeweils von einem Abkömmling der sozialistischen, konservativen und liberalen Gewerkschaften verwaltet (Van Rie/Marx/Horemans 2011: 129f.).

Auch ersetzt Belgiens Arbeitslosenversicherung – ähnlich wie die deutsche vor „Hartz IV" – einen prozentuellen Anteil des vorherigen Einkommens, im Prinzip ein Leben lang. Zudem gibt es besondere Zahlungen für „temporäre Arbeitslosigkeit." Wenn Arbeitgeber wegen schlechten Wetters, technischen Problemen oder plötzlichen Absatzeinbrüchen kurzfristig Mitarbeiter entlassen müssten, können sie stattdessen deren Arbeitszeit reduzieren, wobei das verlorene Einkommen der Arbeitnehmer durch staatliches Arbeitslosengeld kompensiert wird (vgl. Van Rie/Marx/Horemans 2011: 129). Dies erlaubt es Unternehmen, langfristig mit ihrer Belegschaft zusammenzuarbeiten, statt sie in Schwächephasen entlassen zu müssen. Arbeitnehmern erlaubt es, sich an ihr Unternehmen zu binden und spezielle Fähigkeiten zu erlernen, die das Unternehmen benötigt, ohne dass sie Angst haben müssen arbeitslos zu werden und keinen neuen Beruf zu finden.

Belgien ist somit ebenfalls ein klar koordiniertes Land. Belegschaften arbeiten mit ihrem Management im Betriebsrat und der Gewerkschaftsdelegation zusammen. Gewerkschaften und Arbeitgeberverbände koordinieren Ausbildungen und Löhne national und sektoral unter Berücksichtigung gesamtgesellschaftlicher Ziele. Der Wohlfahrtsstaat schützt Arbeitnehmer vor Arbeitslosigkeit. In der Schweiz und Japan dagegen findet man ein anderes Modell von Koordination; dort spielen Gewerkschaften eine weniger wichtige Rolle.

Zusammenfassung: Belgien

4.3.5 Schweiz: Weder koordiniert noch liberal

Hall und Soskice (2001a: 19) beschreiben die Schweiz als koordiniert. Andere beschreiben sie als teilweise liberal (vgl. Trampusch 2010b: 62). In seinem bekannten Buch „Corporatism and Change" nennt Peter Katzenstein (1984: 124) die Schweiz „liberal korporatistisch." Dies klingt nach einem Widerspruch. Denn Korporatismus ist gerade nicht liberal, sondern bevorzugt national organisierte Spitzenverbände. Trotzdem ist es die bisher beste Bezeichnung für ein Land, das Elemente liberaler und koordinierter Kapitalismustypen in sich vereinigt (vgl. Lipset/Rokkan 1967: 42; Obinger 2009). Die Schweiz ist in mehrfacher Hinsicht außergewöhnlich: Ihre ersten Kantone haben sich sehr früh als Nation zusammengeschlossen. Gleichzeitig blieb sie von regionalen und sprachlichen Unterschieden geprägt. In beiden Weltkriegen hat sie sich neutral verhalten und war insofern international isoliert. Gleichzeitig ist sie eines der wichtigsten Bankenzentren weltweit und in diesem Sinne international wie kaum ein anderes Land. Insofern passt die Schweiz dann doch wieder in das Varieties of Capitalism-Modell, denn so außergewöhnlich die Bedingungen, unter denen dort der Kapitalismus gewachsen ist, so außergewöhnlich ist auch die Form, die er angenommen hat.

Hintergrund

Die schweizerische Unternehmensführung vermischt Elemente koordinierter und liberaler Marktwirtschaften (Börsch 2007: 174). In schweizerischen Unternehmen sind Arbeitnehmervertreter nicht im Aufsichtsrat (Jackson 2005: 4). Zwar gibt es Betriebsräte, diese haben jedoch kaum mehr Macht, als es die EU-Gesetze verlangen (obwohl die Schweiz nicht zur EU gehört, orientiert sie sich an EU-Gesetzen). Auch müssen Unternehmen ihren Betriebsrat nicht, wie in Deutschland, von der Arbeit freistellen oder ihm Ressourcen zur Verfügung stellen. Allerdings können Tarifverträge zwischen Gewerkschaften und Arbeitgebern ihm das Recht einräumen, auf Unternehmensebene Löhne zu verhandeln (Baumann 2010). Ein

Unternehmensführung

schweizerisches Unternehmen muss sich somit stärker mit seiner Belegschaft ko-ordinieren als ein amerikanisches oder britisches, allerdings weitaus weniger als Unternehmen in Skandinavien (Katzenstein 1984: 30).

Arbeitsbeziehungen   Arbeitgeber- und Arbeitnehmervertreter verhandeln Löhne vor allem sekto-ral. Zunehmend weiten Kantone oder der Nationalstaat solche Tarifverträge dann auf alle Unternehmen eines Sektors aus, auch auf solche, die nicht in einem Arbeit-geberverband sind (Baumann 2010). Direkte nationale Abstimmungen zwischen Arbeitgebern und Arbeitnehmern gab es früher, sie sind jedoch zusammengebro-chen. Trotzdem decken Tarifverträge immer noch fast 50 Prozent der schweize-rischen Arbeitnehmer ab (Venn 2009: 16ff. und ICTWSS Database 2011). Einer-seits hat die Schweiz stark organisierte Arbeitgeberverbände, andererseits sind die Gewerkschaften nur schwach organisiert, was – wie auch in anderen Ländern – den Hintergrund hat, dass schweizerische Arbeitnehmer entlang konfessioneller, beruflicher und regionaler Linien gespalten waren (Gonon/Maurer 2011: 130ff.). Heute ist die Schweiz nach Frankreich und den USA das Land mit dem gerings-ten Anteil gewerkschaftlich organisierter Arbeitnehmer. 2008 waren nur noch 18 Prozent der schweizerischen Beschäftigten in einer Gewerkschaft. Noch wichtiger ist, dass die schweizerischen Verbände wenig Einfluss auf ihre Mitglieder haben und korporatistische Beschlüsse deswegen kaum durchsetzen können (vgl. Ab-bildung 5 und Abbildung 6). Insgesamt hat die Schweiz also bestenfalls schwach koordinierte Arbeitsbeziehungen.

Ausbildungssystem   Wie in Deutschland gibt es in der Schweiz eine duale Ausbildung, an der 66 Prozent eines Altersjahrgangs teilnehmen. Die Auszubildenden sind meistens ein bis anderthalb Tage pro Woche in der Schule und den Rest der Zeit im Betrieb (Gonon/Maurer 2011: 127f.). Darum erwerben die Auszubildenden besonders un-ternehmensspezifische Fähigkeiten (vgl. Hoeckel/Field/Grubb 2009). Verglichen mit anderen Ausbildungssystemen ist jenes der Schweiz stark koordiniert, so dass der Staat sich zurückhält und Ausbildungen den Sozialpartnern überlässt, wobei die Arbeitgeberverbände das System stärker koordinieren als die Gewerkschaften (Gonon/Maurer 2011: 128). Entsprechend ist das Ausbildungssystem dezentrali-siert und an die Bedürfnisse der jeweiligen Sektoren angepasst (Busemeyer/Tram-pusch 2011: 37, 40).

Wohlfahrtsstaat   Außergewöhnlich ist auch das schweizerische Wohlfahrtssystem. Im ers-ten Jahr von Arbeitslosigkeit ersetzt es 80 Prozent des vorherigen Einkommens. Schon im dritten Jahr sind Arbeitslose jedoch auf Sozialhilfe angewiesen, deren Bezug ähnlich stigmatisierend ist wie in liberalen Ländern (vgl. OECD 2009: 76; Bonoli 2003: 183f.). Auch das Renten- und Gesundheitssystem vermischt mittels Kopfpauschalen, Lohnabgaben, Steuerfinanzierung und privater Vorsorge libera-le, konservative und sozialdemokratische Elemente (vgl. Bonoli 2003). Selbst das politische System der Schweiz passt mit seinen direktdemokratischen Elementen nicht in die gängige Zweiteilung zwischen Proporz- und Mehrheitswahlsystemen.

Zusammenfassung: Wie man sehen kann, ergeben die verschiedenen Elemente der Schweiz
Schweiz   kein einheitliches Bild im Sinne der Varieties-Typologie. Denn einerseits hat die Schweiz schwache Arbeitnehmerrechte und Gewerkschaften, andererseits hat sie starke Arbeitgebervereinigungen. Einerseits überragt der Börsenwert ihrer Unter-

nehmen im Vergleich zum BIP den aller anderen Länder bei Weitem (vgl. Abbildung 8), andererseits kommen schweizerische Unternehmen auch an langfristige Finanzmittel. Einerseits ist der Bezug von Sozialhilfe ähnlich stigmatisierend wie in liberalen Ländern, andererseits hat die Arbeitslosenversicherung eine sehr hohe Lohnersatzrate. Koordinierte Aspekte, wie das Ausbildungssystem, stehen relativ unkoordinierten gegenüber, wie den Arbeitsbeziehungen. In welche Schublade man die Schweiz packen soll, weiß darum keiner. Dies passt jedoch zu den außergewöhnlichen gesellschaftlichen Umständen des Landes und ihrer internationalen Sonderrolle. Die Schweiz besteht aus Landesteilen mit verschiedenen Sprachen und hat sich nicht wie Österreich an Deutschland angelehnt oder wie Belgien an die Niederlande und Frankreich. Sie ist ein ganz eigenes System, das nicht zuletzt als sicherer Finanzplatz und aufgrund seiner politischen Stabilität funktioniert. Für die Varieties-Typologie ist die Schweiz koordiniert (Hall 2001: 19). Tatsächlich ist sie jedoch nicht genau zu klassifizieren.

4.3.6 Japan: Koordinierung innerhalb von Unternehmen

Hall und Soskice (2001a: 19) sehen Japan als koordinierte Marktwirtschaft an. Das Besondere an Japan ist, dass Koordination in großen Unternehmen und Unternehmensgruppen stattfindet. Als Japan in der zweiten Hälfte des 19. Jahrhunderts zu den anderen industrialisierten Ländern aufschließen wollte, besuchte sein zukünftiger Premierminister Itō Hirobumi Deutschland. Er erhielt wochenlange Instruktionen durch den deutschen Reichskanzler Otto von Bismarck und den deutschen Reformer Lorenz von Stein. Daraufhin übernahm er wichtige Elemente der traditionellen deutschen Marktwirtschaft. Dabei orientierte er sich jedoch am Paternalismus großer deutscher Unternehmen, so dass Koordination auf der Unternehmensebene begann, statt durch Verbände (vgl. Lehmbruch 2001: 60ff.). Dies prägt Japan noch heute. *Hintergrund*

Viele der Firmen, die man aus Japan kennt, wie Honda, Nissan, Toyota, Panasonic und Sony, sind sogenannte „Keiretsus." Das heißt, dass von Anfang der Wertschöpfungskette (Verarbeitung von Rohmaterialien) bis zu ihrem Ende (Verkauf der Produkte) alle Schritte innerhalb einer Unternehmensgruppe stattfinden. Vorstände sind oft in mehr als einem der Unternehmen tätig und sprechen sich ab. Eine Bank versorgt mehrere Unternehmen eines Keiretsus. Die Unternehmen selbst sind finanziell oft aneinander beteiligt. Das starke Zusammengehörigkeitsgefühl der Mitarbeiter innerhalb einer Unternehmensgruppe erlaubt es, eng zusammenzuarbeiten und sich zu koordinieren. Auch wenn Japan andere Institutionen für Koordination nutzt als Deutschland, so erlauben diese doch eine ebenso vertrauensbasierte und langfristige Kooperation (Manow 2001c: 119; Tricker 2009: 188). Man kann in diesem Sinne sagen, dass die großen, vertikal (entlang der Wertschöpfungskette) integrierten Keiretsus die Funktion korporatistischer Verbände ersetzen (Streeck 2001a: 26; vgl. auch Dore 1997). *Unternehmens-führung*

Während amerikanische und britische Vorstände häufig Entscheidungen im Sinne der Aktionäre treffen, die sie gegenüber der Belegschaft und dem unteren

Management dann durchsetzen, findet in japanischen Unternehmen Kommunikation zwischen den verschiedenen Managementebenen statt, bis ein Konsens entstanden ist. Der Vorstand übernimmt den gefundenen Konsens dann lediglich. Andererseits haben japanische Arbeitnehmer kaum formelle Einspruchsmöglichkeiten, wie es sie in Deutschland und anderen koordinierten Ländern durch den Betriebsrat oder Aufsichtsratssitze gibt (vgl. Jackson 2005: 12).

Besonders an den Keiretsus ist, dass sie ihren Mitarbeitern oft eine lebenslange Arbeitsplatzgarantie geben. Man wird in Japan „Mitglied" eines Unternehmen und dafür lebenslang abgesichert (Aspalter/Lai 2003: 252). Indem große Unternehmen Loyalität mit Arbeitsplatzsicherheit belohnen, gehen sie mit ihrer Belegschaft langfristige Kooperationsbeziehungen ein (Manow 2001c: 119). Arbeitnehmer opfern sich im Gegenzug für ihr Unternehmen teils so sehr auf, dass Zeitungen regelmäßig von Angestellten berichten, die sich zu Tode gearbeitet haben. Stärker als bis in den Tod können Unternehmen und ihre Belegschaft nicht kooperieren. Die japanische Kultur der Zusammenarbeit speist sich daraus, dass alle Angestellten eines Unternehmens sich als Teil einer Gemeinschaft sehen, ähnlich einer Familie. Dies ersetzt institutionelle Mitbestimmungsrechte der Arbeitnehmer, so dass japanische Belegschaften nicht über einen Aufsichts- oder Betriebsrat repräsentiert sein müssen (Mallin 2010: 283).

Unternehmens-finanzierung
Im Gegensatz zu dieser starken unternehmensinternen Gemeinschaft richtete sich das klassische japanische System der Unternehmensführung bisher kaum an externen, also Aktionärsinteressen aus. Es gab keinen Markt für Unternehmenskontrolle; feindliche Übernahmen waren selten. Die gegenseitigen Unternehmensbeteiligungen haben sich jedoch etwas gelöst. 2007 versuchte ein japanisches Unternehmen sogar, ein anderes aufzukaufen (Tricker 2009: 188f.). Dies ist jedoch noch weit entfernt von dem lebhaften Markt für Unternehmenskontrolle der USA oder Großbritanniens. Immer noch sind 23 Prozent aller Aktien börsengehandelter japanischer Unternehmen in den Händen der Regierung oder der Banken. Weitere 28 Prozent sind im Besitz anderer Unternehmen. Japanische Unternehmen sind deswegen vor feindlichen Übernahmen immer noch geschützt und können ihren kurzfristigen Aktienwert vernachlässigen, um langfristig mit ihrer Belegschaft zusammenzuarbeiten (vgl. Tricker 2009: 182).

Arbeitsbeziehungen
Nur circa 18 Prozent der japanischen Beschäftigten sind in Gewerkschaften organisiert und durch Tarifverträge abgedeckt. Löhne werden vor allem im Unternehmen ausgehandelt (Venn 2009: 17; EIRO 2004). Der große Unterschied zwischen Japan und anderen koordinierten Ländern ist, dass Unternehmen Aufgaben übernehmen, die andernorts Verbände erledigen (vgl. Ebbinghaus 2006: 67f.; Aspalter/Lai 2003: 248). Auch Gewerkschaften sind auf Unternehmensebene organisiert. Auf sektoraler Ebene sprechen sie sich ab und sind in einer Föderation zusammengeschlossen. Diese Föderationen sind wiederum im Dachverband RENGO zusammengeschlossen. Sektorale Koordination gibt es zwar, doch gemeinsame Forschung und Ausbildung findet vor allem in den Keiretsus statt (Hall/Soskice 2001a: 34). Koordination funktioniert, da die Belegschaft in Keiretsus Fähigkeiten erlernt, die die jeweilige Unternehmensgruppe braucht. Als Gegenleistung bieten Keiretsus traditionell eine lebenslange Anstellung, so dass Arbeit-

nehmer nicht besorgt sein müssen, mit ihren speziellen Qualifikationen arbeitslos zu werden. Japan ist zudem bekannt dafür, dass Arbeiter helfen, den Produktionsprozess effizienter zu gestalten. In liberalen Ländern haben sie dazu keinen Anreiz, denn ohne Beschäftigungssicherheit besteht die Gefahr, dass sie dadurch ihren eigenen Arbeitsplatz wegrationalisieren.

Das japanische Ausbildungssystem ähnelt dem amerikanischen, da Japan amerikanische Arrangements übernahm, nachdem die USA es besetzten. Typisch für Japan sind erneut die Unternehmen, die sich besonders um die Ausbildung ihrer Arbeitnehmer kümmern (Busemeyer/Trampusch 2011: 21). Japan unterscheidet sich von den USA, da japanische Unternehmen durch die geringe Arbeitnehmermobilität einen höheren Anreiz haben, in das Training ihrer Arbeitnehmer zu investieren (Busemeyer 2009a: 388ff.). Auch hier zeigt sich wieder, dass koordinierte Arrangements in einem Bereich koordinierte Arrangements in anderen Bereichen unterstützen. `Ausbildungssystem`

Auch die soziale Absicherung der Arbeitnehmer findet in Japan vor allem über Unternehmen statt. So ersetzt der Sozialstaat durch Arbeitslosigkeit verlorenes Einkommen kaum (vgl. OECD 2009: 76). Lange Zeit war in Japan eine Arbeitslosenversicherung außerhalb der Unternehmen kaum nötig, da diese ihre Arbeitnehmer nicht arbeitslos werden ließen. Die Absicherung durch Unternehmen und die starke Arbeitnehmer-Arbeitgeberbindung hat sich aufgrund der Liberalisierung, die auch Japan beeinflusst hat, zwar etwas abgeschwächt. Sie ist aber immer noch weitaus stärker als in anderen Ländern (Busemeyer 2009a: 391). `Wohlfahrtsstaat`

Japan ist somit ein besonderer Fall. Es ist nicht nur das einzige asiatische Land, das im Zentrum der Varieties-Debatte steht, sondern es ist auch wirtschaftlich bedeutend. Seine koordinierten Arrangements sind zudem interessant, weil sie eine *spezifische Form* von Koordination aufweisen. Wo man auch hinschaut: in der Unternehmensführung, der Unternehmensfinanzierung, den Arbeitsbeziehungen, dem Ausbildungssystem und dem Wohlfahrtsstaat, immer wieder gelingt Koordination durch die stabilen Kooperationsbeziehungen zwischen großen Unternehmensgruppen und ihren Belegschaften. `Zusammenfassung: Japan`

4.3.7 Schweden: Sozialdemokratische Koordination

Schweden ist ein außergewöhnliches Land. Es wird weltweit wegen seines egalitären Sozialstaats und seiner kooperativen Arbeitsbeziehungen bewundert. Wie konnte Schweden solch ein Ausmaß nationaler Kooperation erreichen? Schwedens Territorium wurde nicht durch Kriege und Revolutionen geteilt, so dass seine Bevölkerung relativ homogen blieb (Ahn 1996; Mann 1993: 711). Auch blieb das Land von typischen gesellschaftlichen Konflikten verschont, wie Konflikten zwischen der Stadt- und Landbevölkerung oder religiösen Auseinandersetzungen. Dies führte zu einer homogenen Bevölkerung und einer starken nationalen Identität, auf der sozialdemokratische Regierungen später einen egalitären Wohlfahrtsstaat und eine national koordinierte Wirtschaft aufbauen konnten. Schwedens lutherische Staatskirche unterschied sich außerdem vom Calvinismus. Sie `Hintergrund` befürwortete Eingriffe des Staates in die Wirtschaft, statt Individualismus und Marktliberalismus (Anderson 2009: 213). Als die sozialdemokratische Partei 1932 an die Macht kam, setzte sie die Idee des „Folkhemmet", des „Volksheims", um. Das bedeutet, dass Solidarität nicht in den einzelnen gesellschaftlichen Gruppen aufgehoben ist – anders als in den bisher vorgestellten kontinentaleuropäischen Ländern, sondern sich auf die Nation als Ganzes erstreckt, was eben nicht nur einen universalistischen Wohlfahrtsstaat ermöglichte, sondern auch eine national koordinierte Wirtschaft. Dies zeigt sich in allen Aspekten der schwedischen Wirtschaftsordnung, angefangen mit den Beziehungen zwischen Management und Arbeitnehmern in Unternehmen.

Unternehmens-führung
Der in schwedischen Unternehmen typischerweise mächtige Vorstandsvorsitzende wird von einem hauptsächlich mit Anteilseignern besetzten Verwaltungsrat kontrolliert. In dieses Kontrollgremium können Arbeitnehmer ihre Vertreter entsenden, wenn ein Unternehmen mehr als 25 Beschäftigte hat. Arbeitnehmervertreter stellen dort allerdings nie die Mehrheit (Jackson 2005: 5; EIRO 2009l: 7f.). Eine Besonderheit ist, dass Beschäftigtenvertreter im Verwaltungsrat Gewerkschaftsmitglieder sein müssen; dies verleiht Gewerkschaften direkten Einfluss in Unternehmen. Die Belegschaft an sich hat kein Recht auf Repräsentation, wenn das Unternehmen keinem Tarifvertrag unterliegt. Im Durchschnitt zählt der Verwaltungsrat eines Unternehmens sieben Mitglieder, davon meist zwei Arbeitnehmervertreter (HBF/ETUI 2004: 113ff.).

Beschäftigte können sich, typisch für koordinierte Marktwirtschaften, zu Managemententscheidungen äußern, die ihre Arbeitsbedingungen beeinflussen. Management und Arbeitnehmer tauschen sich aus und entscheiden im Konsens, wie Produkte und Prozesse verbessert werden können. Arbeitnehmer haben eine hohe Autonomie bei der Erfüllung ihrer Aufgaben und Verbesserungen des Arbeitsprozesses (Ervasti, et al. 2008: 9f.). Dasselbe Bild einer koordinierten Marktwirtschaft bietet der Kündigungsschutz. Das schwedische Arbeitsrecht schreibt vor, dass Beschäftigungsverhältnisse standardmäßig unbefristet sind. Will ein Unternehmer einen Mitarbeiter entlassen, muss er dafür gute Gründe vorbringen und seine Entscheidung rechtfertigen, sonst kann der Arbeitnehmer gegen seine Entlassung klagen. Gesetzlich ist festgelegt, dass ein Arbeitgeber seine Mitarbeiter nicht entlassen darf, wenn diese zufriedenstellende Arbeit leisten und es genug Arbeit im Unternehmen gibt. Wenn ein Unternehmen betrieblich bedingte Kündigungen aussprechen muss, darf es auch nicht jedem Arbeitnehmer kündigen, sondern muss eine nach sozialen Kriterien definierte Kündigungsliste erstellen. Möchte der Arbeitgeber einem Arbeitnehmer aus nicht-betrieblichen Gründen kündigen, muss er dies ihm und der zuständigen Gewerkschaft gegenüber begründen. Kann der Arbeitgeber die Entlassung gegenüber der Gewerkschaft, dem Arbeitnehmer und letztlich einem Gericht nicht zufriedenstellend rechtfertigen, muss er zwischen sechs und 48 Monaten Gehalt als Abfindung zahlen sowie eine Kompensation für entgangenes Gehalt und erlittene psychische Belastung. Dies entspricht den Arrangements, die Hall und Soskice für koordinierte Marktökonomien beschreiben. Für flexible Unternehmen mit kurzfristigem Zeithorizont wäre ein derartiger Zwang zum Konsens mit Arbeitnehmern zu zeitraubend. Doch ermöglichen und erzwingen solche Regelungen es, sich mit seiner Belegschaft zu einigen und zu kooperieren, was ein Vorteil für langfristig denkende Unternehmen ist.

Anders als in Deutschland gibt es in Schweden keinen von der Belegschaft gewählten und von der Gewerkschaft unabhängigen Betriebsrat. Stattdessen bietet dieses System der Mitbestimmung den *Gewerkschaften* Unternehmenseinfluss, auch wenn sie Managemententscheidungen kaum blockieren können. Dieser Regelung liegt die gleiche Idee zugrunde wie in Deutschland. Es soll Institutionen geben, in denen Arbeitgeber und Arbeitnehmer verhandeln können, um bei gegensätzlichen Auffassungen zu einem Kompromiss zu kommen, es soll Möglichkeiten für „Voice" statt „Exit" geben (Teague 2009: 514). Dies führt zu den langfristigen Kooperationsbeziehungen, die Hall und Soskice für koordinierte Unternehmen beschreiben. Diese kooperative Unternehmensführung zeigt sich auch in den nationalen und sektoralen Arbeitsbeziehungen.

Das schwedische System industrieller Beziehungen ist koordiniert, jedoch mittlerweile weniger, als es einmal der Fall war. Schweden war bekannt als „Mecca of north European corporatist industrial relations" (Teague 2009: 502; Baccaro/Howell 2011: 27). Die soziale Homogenität des Landes ermöglichte es Arbeitgeberverbänden, sich früh zusammenzuschließen und Schwedens Wirtschaft national zu koordinieren (Crouch 1993: 89). Die Arbeitgeberverbände trafen auf Gewerkschaften, die weniger die Bedürfnisse einzelner Unternehmen, sondern vielmehr die makroökonomische Situation Schwedens berücksichtigten. Die mächtigen und zentralisierten Arbeitgeberorganisationen trugen zudem dazu bei, die weltweit stärkste sozialdemokratische Arbeiterbewegung zu schaffen – und sie taten dies ohne Reue; im Gegenteil, sie schätzten die Verhandlungspartner auf Augenhöhe (Swenson 2002: 15). Anders als in Deutschland handelte das schwedische System industrieller Beziehungen nationale Lohnabschlüsse über Sektoren hinweg aus, so dass Löhne auch über Industrien und Berufe hinaus gleichmäßig verteilt waren (vgl. Dølvik/Martin 2000: 296ff.). Schwedens kooperatives Unternehmensführungssystem wurde darum traditionell auf der Makroebene unterstützt von einem:

Arbeitsbeziehungen

> "highly organized, centralized approach to industrial relations, with employers seeking nationwide deals with unions, which they sought, not to destroy, but to reshape into stabilizing counterparts – often being willing to engage in massive and uncompromising conflict in order to persuade them to do so" (Crouch 1993: 41).

Zentralisierte Gewerkschaften und Arbeitgeberverbände ermöglichten damit die Positivsummenspiele, welche typisch für koordinierte Marktwirtschaften sind. Besonders wichtig war die Einigung zwischen dem schwedischen Gewerkschaftsbund und dem schwedischen Arbeitgeberverband 1938, im Abkommen von Saltsjöbaden. Darin vereinbarten die beiden Verbände, Lohnfragen einvernehmlich auf Spitzenebene auszuhandeln und damit Streiks und Konflikte zu vermeiden, die das Verhältnis zwischen Arbeitgebern und Arbeitnehmern belasten könnten (Edling 2006: 118; Valocchi 1992: 146; Ervasti, et al. 2008: 9ff.). Arbeitgeber akzeptierten einen umfangreichen Wohlfahrtsstaat, dafür wurde ihnen zugestanden, innerhalb ihrer Unternehmen Entscheidungen weitgehend ohne Arbeitnehmerbeteiligung treffen zu können (Schnyder 2012: 1127). Darum gibt es in Schweden keine starke Mitbestimmung in Unternehmen. Wohingegen es in Deutschland auf Unternehmensebene einen zweiten Pfeiler industrieller Beziehungen gibt, die gewerkschaftsunabhängigen Betriebsräte, handelte Schweden bis in die 1980er Jahre die meisten Details seiner industriellen Beziehungen auf nationaler Ebene aus (Pontusson 1997: 63f.).

Die nationalen Spitzenverbände richteten Lohnzuwächse an der nationalen Produktivitätsentwicklung aus, statt an der Produktivitätsentwicklung einzelner Branchen (Hall 2007: 48; Ebbinghaus 2006: 66). Für Schwedens Wettbewerbsfähigkeit war dieses System sinnvoll, da die großen, exportorientierten Unternehmen von relativ günstigen Löhnen profitierten, verglichen mit einem Branchentarifvertrag. Hingegen konnten die weniger produktiven Unternehmen die vereinbarten Lohnzuwächse oft nicht tragen. Doch das war durchaus erwünscht. Die am wenigsten rentablen Unternehmen sollten vom Markt verschwinden, damit nur die besten überleben und sich Kapital in diesen effizienten, profitablen und meist sehr großen Unternehmen konzentrierte (Schnyder 2012: 1128). Für viele Schweden bedeutete dieses, nach zwei Gewerkschaftsökonomen benannte Rehn-Meidner Modell, dass ihre Löhne sich im Gleichklang aufwärts bewegten. Steinmo beschreibt, was dieses Modell ausmacht:

> *"[F]irst it is meant to describe a 'neo-corporatist' institutional structure (in which policy-making is dominated by huge, centralized employer and employee federations under the coordination of the Social Democratic Party elite). This political decision-making system facilitated the 'Politics of Compromise'. Secondly, the model consisted of a particular system of wage agreement in which the employer and employee federations set national wage policy with the explicit aim toward increasing wages of the lower income workers and holding back potential wage claims of workers in more economically advantaged sectors of the economy." (Steinmo 2005: 151)*

Dieses Lohnfindungssystem war insofern noch koordinierter als das deutsche, als dass Lohnverhandlungen zentralisierter waren. Während in Deutschland beispielsweise die IG Metall für einen bestimmten Sektor oder ein Bundesland Löhne aushandelt, sind Lohnverhandlungen in Schweden national. Doch solch ein System benötigt enorme nationale Solidarität. Schließlich könnten die Besserverdiener sich zusammenschließen und in eigenen Lohnverhandlungen höhere Lohnzuwächse erreichen. In der Tat geschah genau das Anfang der 1980er Jahre. Denn irgendwann war die Solidarität erschöpft, auf der das schwedische System aufbaute, die produktiven Arbeiter wollten nicht mehr auf einen Teil ihres Lohnes verzichten, damit die Lohnzuwächse für alle gleich sein konnten (Schnyder 2012: 1131). Der nationale Verband schwedischer Ingenieursunternehmen einigte sich deswegen 1983 mit der Schwedischen Metallarbeitergewerkschaft und verhinderte damit eine branchenübergreifende Lohnaushandlung zwischen der schwedischen Arbeitgebervereinigung und dem schwedischen Gewerkschaftsdachverband (Dølvik/Martin 2000: 293f.). Damit endeten die nationalen, branchenübergreifenden Lohnverhandlungen; industrieweite Tarifverträge lösten sie ab, deren Abschlüsse in Unternehmen noch ausdifferenziert wurden (Valocchi 1992: 148; Baccaro/Howell 2011: 26ff.).

Der Zusammenbruch der extrem zentralisierten schwedischen Lohnverhandlungen führte dazu, dass viele das schwedische System in den 1990er Jahren für gescheitert erklärten (Schnyder 2012: 1126f.). Doch 1997 einigten sich die Arbeitgeberverbände und Gewerkschaften der produzierenden Industrie darauf, dass die Exportindustrie Lohnsteigerungen aushandeln sollte, denen sich die restlichen Sektoren dann anschließen (Schnyder 2012: 1137). Da die meisten Wirtschaftssektoren sich wiederum am Lohnabschluss des Industriesektors orientieren und da die Regierung die verschiedenen Abschlüsse koordiniert, richten Lohnabschlüsse sich nun wieder weitgehend nach volkswirtschaftlichen Rahmendaten, wie der nationalen Wettbewerbsfähigkeit und den Lohnsteigerungen in vergleichbaren Ländern, so dass Schwedens Lohnverhandlungen de facto wieder wie ein sehr zentralisiertes System funktionieren (Dølvik/Martin 2000: 313; EIRO 2009l: 5f; Teague 2009: 513; EIRO 2009n: 3). Zudem ist die Reichweite sektoraler Tarifverträge mit 92 Prozent der Beschäftigten seit den 1990er Jahren stabil, so dass Schwedens System industrieller Beziehungen immer noch als stark koordiniert gilt, auch wenn Flächentarifverträge zunehmend Raum für individuelle Verhandlungen lassen (Venn 2009: 18; Baccaro/Howell 2011: 26).

Die Kooperation zwischen Gewerkschaften und Arbeitgebern in Unternehmen und bei Lohnaushandlungen wiederholt sich im Ausbildungssystem. Gewerkschaften und Arbeitgeber passen alte Ausbildungen neuen Anforderungen an und beraten über neue Ausbildungsgänge. In wirtschaftlichen Krisen reduzieren Arbeitgeber die Arbeitszeit und bilden Arbeitnehmer fort (EIRO 2009l: 6). Genau solche Absprachen machen koordinierte Marktwirtschaften aus, denn sie erlauben es, zu beiderseitigem Nutzen Kooperationen einzugehen, die über den Markt nicht zustande kämen. Zudem bildet der schwedische Staat in Berufsschulen auch selbst aus (Busemeyer/Trampusch 2011: 12). Diese sind in die reguläre schulische Sekundarstufe integriert. Insgesamt ist Schwedens Modell der Ausbildung darum staatszentriert, während in Deutschland Unternehmen, Verbände und der Staat gemeinsam ausbilden (Busemeyer 2009a: 395). Wichtig an Schweden ist nicht nur, wie es sein Ausbildungssystem regelt, sondern auch, dass es einfach mehr Geld für sein Bildungssystem ausgibt als andere Länder (Schnyder 2012: 1134).

Schwedische Unternehmen pflegen zwar in der Regel kooperative Beziehungen zu ihrer Belegschaft, jedoch müssen sie auch ihre Investoren genau informieren (vgl. Jackson 2005: 12). Individuelle und institutionelle Investoren halten 53 Prozent der Anteile börsennotierter Unternehmen, was für eine koordinierte Marktwirtschaft viel ist und schwedische Unternehmen einem hohen Kapitalmarktdruck aussetzt (vgl. Tricker 2009: 182).

Schweden besteuert Einkommen, sowie Vermögen und Konsum hoch, Unternehmergewinne jedoch kaum, solange sie reinvestiert werden. Mit seiner Besteuerung steuert der schwedische Staat die Investitionen von Unternehmen. Er unterstützt die großen Unternehmen, die auf Weltmärkten erfolgreich sind (Pontusson 1997). Volvo, Saab, H&M, Ericsson und Ikea sind allesamt große schwedische Unternehmen. Mit Sicherheit fallen einem nicht ähnlich viele große Unternehmen aus vergleichbaren Ländern ein. Interessanterweise hat es Schweden nicht geschafft, so viele große Unternehmen zu haben, weil es ihnen viel Freiheit gelassen hat. Vielmehr konnten Schwedens Unternehmen erfolgreich werden, weil sie mit ihrer Belegschaft kooperieren konnten und es auch mussten.

Ausbildungssystem

Unternehmensfinanzierung

Wohlfahrtsstaat   Das schwedische System fordert einen starken inneren Zusammenhalt, gerade von seiner Bevölkerung gegenüber den großen Unternehmen. Denn während
die Unternehmen wenig Steuern zahlen, sind die Steuern normaler Arbeitnehmer
hoch. Tatsächlich waren Schwedens Bürger lange bereit, hohe Steuern zu zahlen. Schließlich bekamen sie dafür die Leistungen des schwedischen Sozialstaa-
tes; lange Zeit musste niemand privat vorsorgen. Bei Arbeitslosigkeit, Krankheit
und im Rentenalter war jeder gut versorgt. Zudem konnte die Bevölkerung eine
exzellente soziale Infrastruktur nutzen. Doch mit der Zeit gewöhnten sich die
Schweden daran, ihre Ansprüche stiegen. Arbeitnehmer erwarteten weiter steigen-
de Löhne und Sozialleistungen; die Steuern, die dies finanzierten, stiegen immer
weiter. Als die bekannte Kinderbuchautorin Astrid Lindgren 1976 aufgrund eines
nach oben offenen Spitzensteuersatzes mehr als 100 Prozent Einkommenssteuer
zahlen sollte, erregte dies öffentliches Aufstehen. Immer weniger Schweden akzeptierten die hohe Steuerlast. Doch lange Zeit änderte sich wenig. Noch 1990
wurden 60 Prozent der schwedischen Wirtschaftsleistung durch Steuern umver-
teilt. Anfang der 1990er Jahre senkte die Regierung die Steuern. Die schwedischen
Institutionen hatten eine „institutional exhaustion" hinter sich, was bedeutet, dass
Institutionen durch ihr Funktionieren und ihre eigene Funktionslogik die Samen
ihrer eigenen Zerstörung säen (Streeck/Thelen 2005; Schnyder 2012). Doch auch
wenn die hohen schwedischen Steuern sich irgendwann selbst untergruben, unter
den niedrigeren Steuern litt problematischerweise die öffentliche Infrastruktur.
Daraufhin geschah etwas, was man wohl nur in Schweden beobachten kann. Die
Schweden wählten eine Regierung, *weil* diese ankündigte, die Steuern anzuheben.
Sie wollte den Spitzensteuersatz, der zwischenzeitlich von 80 Prozent auf 50 Prozent reduziert worden war, wieder auf 55 Prozent anheben (vgl. für die vorherigen
Absätze Steinmo 2005).

Heute bietet der schwedische Wohlfahrtsstaat im Wesentlichen noch die Sicherheit, die ein koordiniertes Produktionssystem benötigt. Ein durchschnittlicher
Beschäftigter, der in Schweden arbeitslos wird, bekommt im ersten Jahr 66 Prozent und im zweiten Jahr 63 Prozent seines vorherigen Gehalts ersetzt. Typisch
für eine koordinierte Marktwirtschaft, erlaubt dies den Arbeitnehmern, nicht jeden
Job anzunehmen, sondern zu suchen, bis sie eine Arbeit gefunden haben, die zu
ihren individuellen Qualifikationen passt. Wenn Arbeitnehmer jedoch langfristig
nichts finden, bietet ihnen der öffentliche Sektor umfangreiche Beschäftigungs-
möglichkeiten, statt wie in konservativen Ländern nur Lohnersatzleistungen.
Im vierten Jahr der Arbeitslosigkeit gehen die Lohnersatzleistungen darum auf
durchschnittlich acht Prozent des vorherigen Lohnes herunter (OECD 2009: 76).
Außerdem nutzt Schweden das sogenannte Genter System der Arbeitslosenversicherung. Darin verwalten – wie weiter oben schon angemerkt – Gewerkschaften
die Arbeitslosenversicherung, so dass Arbeitnehmer Mitglied einer Gewerkschaft
werden, um gegen Arbeitslosigkeit versichert zu sein. Dies wiederum sorgt dafür,
dass fast jeder Arbeitnehmer in einer Gewerkschaft ist und der gewerkschaftliche
Organisationsgrad seit den 1970er Jahren in Schweden gestiegen und nicht, wie in
den meisten Ländern, gefallen ist (Van Rie/Marx/Horemans 2011: 137). Auf diese

Weise unterstützt der schwedische Sozialstaat über sein Genter System die mächtige Gewerkschaftsbewegung, die wiederum die Wirtschaft koordinieren kann.

Schweden ist eine typische koordinierte Marktwirtschaft. In Unternehmen und auf gesamtgesellschaftlicher Ebene verständigen sich Arbeitnehmer und Arbeitgeber, um Marktversagen und Kollektivgutprobleme zu umgehen. Im Vergleich zur deutschen Marktwirtschaft gibt es eine sehr hohe nationale Solidarität, die sich in traditionell nationalen Lohnverhandlungen und einer hohen Steuerquote manifestiert. Beides hat sich in der Zwischenzeit relativiert, wobei kein Zweifel besteht, dass Schweden immer noch eine der koordiniertesten Marktwirtschaften ist, da Arbeitnehmer und Arbeitgeber langfristig zusammenarbeiten. Die entsprechenden sektoralen und nationalen Absprachen schränken zwar die Flexibilität einzelner Unternehmen ein, ermöglichen jedoch auch die langfristige Orientierung, die typisch für koordinierte Marktwirtschaften ist. Außerdem war selbst die Art der Liberalisierung, die Schweden durchgemacht hat, typisch für ein koordiniertes Land mit einem sozialdemokratischen Wohlfahrtsstaat. So führte Schweden zwar Marktmechanismen ein, gleichzeitig führte dies aber nicht, wie in koordinierten Ländern mit einem konservativen Wohlfahrtsstaat, dazu, dass einige Teile der Bevölkerung ausgegrenzt wurden. Stattdessen nutzte Schweden aktive Arbeitsmarktpolitik und einen durch hohe Steuern finanzierten öffentlichen Dienstleistungssektor, um jedem eine Arbeit zu geben, der arbeiten kann, so dass gerade Schweden – wie auch andere skandinavische Länder – so liberalisiert hat, dass es immer noch zu einem der egalitärsten Länder gehört (Thelen 2012: 155).

Zusammenfassung: Schweden

4.3.8 Dänemark: Schweden mit einem Schuss Liberalismus

Ähnlich wie Schweden ist auch Dänemark vom lutherischen Glauben geprägt und eine relativ homogene Gesellschaft, zumindest seit es die Regionen Schleswig und Holstein an Deutschland verlor (vgl. Mann 1993: 711; Kahl 2005: 106; 2009: 273). Es gelang Dänemark außerdem, ähnlich wie Schweden, seine Landbevölkerung zu integrieren, so dass religiöse und Stadt-Land Konflikte ausblieben (Knudsen/Rothstein 1994: 214). Ebenso wie in Schweden fußt die dänische Regulierung der Wirtschaft auf „national values, or ideological foundations, or a fundamental mind-set [that] society's different groups are bound together by mutual responsibility" (Levine 1978: 54, 68). Wie in Schweden führte diese nationale Solidarität zu einem national koordinierten Produktionssystem. Dänemark war traditionell eine homogene Gesellschaft mit homogener Kultur und homogenen Wertvorstellungen. Dies ermöglichte es einzelnen Gruppen, sich zu nationalen Verbänden zusammenzuschließen und das Produktionssystem zu koordinieren (vgl. Martin/Swank 2008: 183; Trampusch 2010a: 206). Im Unterschied zu anderen koordinierten Ländern hatte Dänemark keine gesellschaftlichen Spaltungen, die es seinen Verbänden unmöglich machten, sich national zusammenzuschließen.

Hintergrund

Schon Ende des neunzehnten Jahrhunderts hatten sich in Dänemark deswegen nationale Verbände geformt, die die Wirtschaft koordinieren konnten (Crouch 1993: 80, 84; Trampusch 2010a: 204). Wie in anderen Ländern auch, gerieten Dä-

Arbeitsbeziehungen

nemarks nationale Lohnverhandlungen jedoch in den 1970er Jahren unter Druck. Denn wegen der Ölpreisschocks war der Staat außerstande, durch gemeinsam zwischen Arbeitgebern und Arbeitnehmern ausgehandelte Lohnzurückhaltung eine niedrige Arbeitslosigkeit zu garantieren (Lind 2000: 137). Doch im Gegensatz zu Schweden gelang es in Dänemark, Tarifverhandlungen trotz allem zwischen verschiedenen Sektoren zu koordinieren (vgl. EIRO 2004). Dies liegt auch daran, dass Gewerkschaften durch das Genter System, in dem sie die Arbeitslosenversicherung koordinierten, ihre Mitglieder nicht durch hohe Lohnforderungen an sich binden mussten, sondern niedrige Lohnsteigerungen hinnehmen können, wenn diese makroökonomisch sinnvoll sind. Während Gewerkschaften und Arbeitgeber auf nationaler Ebene Rahmenbedingungen festhalten, werden auf sektoraler und betrieblicher Ebene Feinheiten ausgehandelt, wobei der Trend jedoch in Richtung Dezentralisierung geht (vgl. EIRO 2009c: 6). Tarifverträge erfassen 82 Prozent der dänischen Arbeitnehmer (Venn 2009: 16). Streiks sind verboten, solange ein Tarifvertrag noch läuft. Die friedlichen Arbeitsbeziehungen zeigen sich daran, dass sehr wenige Arbeitstage durch Streik verloren gehen (vgl. EIRO 2009c: 7).

Unternehmens-
führung

Die kooperativen dänischen Arbeitsbeziehungen setzen sich auf Unternehmensebene fort. Dies liegt nicht zuletzt daran, dass die nationalen Gewerkschafts- und Arbeitgeberverbände Regelungen zur Mitbestimmung im Unternehmen einvernehmlich beschließen, was erneut außergewöhnliche Kooperationsfähigkeit dokumentiert (vgl. HBF/ETUI 2004: 19). Dänische Unternehmen haben teils eine duale (wie Deutschland), teils eine unitarische Führungsstruktur (wie Schweden). Es gibt also in einigen Unternehmen nur einen Vorstand, der das Unternehmen leitet; in anderen Unternehmen gibt es zudem einen Aufsichtsrat, der den Vorstand im Sinne der Aktionäre und Arbeitnehmer kontrolliert. Wie in koordinierten Marktwirtschaften üblich, können Arbeitnehmer in Unternehmen mit über 50 Mitarbeitern mindestens zwei Repräsentanten in den Aufsichtsrat entsenden und bis zu einem Drittel seiner Mitglieder stellen (Jackson 2005: 5; HBF/ETUI 2004: 21; EIRO 2009c: 9).

Auch gibt es in Dänemark sogenannte Kooperationskomitees, die die Interessen der Belegschaft mit den Unternehmensinteressen in Einklang bringen sollen. Ganz im Sinne von koordinierten Marktwirtschaften führt dies dazu, dass Unternehmen ihre Interessen weniger *gegen* die Belegschaft verfolgen, sondern langfristige Absprachen treffen und zu beiderseitigem Nutzen kooperieren. Der 2005 in Kraft getretene dänische Corporate Governance-Codex betont entsprechend, dass Unternehmensleitung und Belegschaft in einem dauerhaften Dialog stehen und das Management Entscheidungen nicht gegen den Widerstand der Belegschaft treffen soll (Mallin 2010: 222). Positiv für dänische Unternehmensleitungen ist zudem, dass es in Dänemark Großaktionäre gibt, die Unternehmen vor feindlichen Übernahmen schützen. Jedoch spielen Banken dabei eine weniger wichtige Rolle als in Deutschland (vgl. Jackson 2005: 12). Viele dänische Unternehmen werden stattdessen von institutionellen Investoren oder Stiftungen gehalten (Mallin 2010: 220).

Ausbildungssystem

Die soziale Homogenität Dänemarks und die darauf basierende Kooperation zeigen sich auch im dänischen Ausbildungssystem. Schon seit Anfang des zwanzigsten Jahrhunderts koordinieren Arbeitnehmer- und Arbeitgeberverbände das Berufsbildungssystem zusammen (Trampusch 2010a: 214). Anders als der deutsche Staat subventioniert der dänische Staat Unternehmen, damit diese ausbilden (Busemeyer/Trampusch 2011: 32, 37). Der Staat zahlt bis zu 10.000 Euro für jeden geschaffenen Ausbildungsplatz. Wichtig ist auch (und hier zeigt sich Komplementarität), dass dänische Gewerkschaften national organisiert und fast alle Arbeitnehmer in Gewerkschaften sind. Anders als im deutschen System, welches auf sektoraler Koordination beruht, ist Dänemarks Ausbildungssystem von nationalen Repräsentanten der Gewerkschaften und Arbeitgeber koordiniert, die deswegen auch das nationale Interesse über die Interessen einzelner Wirtschaftsbranchen stellen. Auch im Ausbildungssystem zeigt sich, dass Dänemark eher national koordiniert ist, während sich Deutschlands wirtschaftliche Koordination regional und anhand einzelner Berufsgruppen aufspaltet. Entsprechend sind die Fähigkeiten, die das dänische System seinen Auszubildenden beibringt, auch weniger berufsspezifisch. Das System kümmert sich auch darum, dass jeder eine Ausbildung bekommt, anstatt – wie in Deutschland – einige Jugendliche auf ein Abstellgleis zu schieben, das ihnen keine Zukunft bietet (Nelson 2011: 179ff.).

Dänemarks Kündigungsschutz ist untypisch für eine koordinierte Marktwirtschaft. Er ist relativ liberal, das heißt Unternehmen können ihre Arbeitnehmer jederzeit und unangekündigt entlassen (Venn 2009: 16). Dafür ersetzt die dänische Arbeitslosenhilfe bis zu 90 Prozent des vorherigen Einkommens, jedoch werden Arbeitnehmer auch gedrängt, möglichst schnell einen neuen Job zu finden (vgl. Madsen 2002: 249ff.; Venn 2009: 18). So wird jedem Arbeitslosen nach spätestens sechs Monaten ein Job angeboten, den er annehmen muss. Dass in Dänemark Arbeitnehmer relativ schnell einen neuen Job annehmen müssen, passt wiederum dazu, dass das Ausbildungssystem Qualifikationen beibringt, die weniger berufsspezifisch als im deutschen Ausbildungssystem sind. Auch Dänemark benutzt, wie Schweden und Finnland, das Genter System der Arbeitslosenversicherung, in dem Gewerkschaften ihren Mitgliedern eine Arbeitslosenversicherung anbieten. Dadurch steigt in Krisenzeiten der gewerkschaftliche Organisationsgrad eher, als dass er fällt (Van Rie/Marx/Horemans 2011: 136f.).

Dänemarks liberaler Kündigungsschutz ist eine Ausnahme gegenüber allen anderen koordinierten Marktwirtschaften. Die dänische lutherische Kirche war liberaler als die schwedische und befürwortete Marktarrangements stärker; dänische Unternehmen waren exportorientierter, kleiner, erfolgreicher und brauchten darum weniger Schutz vor internationalen Wettbewerbern als schwedische, so dass auch die Unternehmen weniger für nicht-liberale Schutzregelungen plädierten (Thorkildsen 1997: 156; Ebbinghaus 2006: 66). Das Land ist insgesamt koordiniert und ohne Frage sozialdemokratisch, es hat aber einige liberale Elemente, besonders einen liberalen Kündigungsschutz (Knudsen/Rothstein 1994: 216; vgl. auch Mann 1993: 711; Kuhnle 1981: 135; Kesting/Nielsen 2008: 41ff.).

Wohlfahrtsstaat

Zusammenfassung: Dänemark

4.3.9 Finnland: Der nordische Nachzügler

Hintergrund Finnland ist Schweden und Dänemark ähnlich. Bis 1809 gehörte es zu Schweden, danach bis 1917 zu Russland. Aufgrund seiner geografischen Lage zwischen Schweden und Russland hatte es schwedische und russische Minderheiten und darum stärkere gesellschaftliche Konfliktlinien als andere skandinavische Länder. Während finnische Arbeitgeber schon früh kooperierten und sich zentral organisierten, war die finnische Arbeitnehmerbewegung zersplittert in schwedenfreundliche Sozialdemokraten und russlandfreundliche Kommunisten (Crouch 1993: 114). Dies führte zu einem Bürgerkrieg bis 1918, in Folge dessen der Staat der Arbeiterbewegung misstraute und die Arbeitgeber zentrale Lohnverhandlungen verweigerten. 1930 verbot der Staat die kommunistische Gewerkschaft sogar (Edling 2006: 118). Erst nach dem Zweiten Weltkrieg, in dem Finnland gegen Russland kämpfte, näherte sich das Land an die anderen sozialdemokratisch koordinierten Länder an und ist nun ein typisch koordiniertes Land (Crouch 1993: 310; Pesonen/ Riihinen 2002: 20). Finnland hat viel von Schwedens Sozial- und Wirtschaftspolitik übernommen, was sich an seinen Institutionen zeigt (Knudsen/Rothstein 1994: 204; Kautto 2010: 590; Crouch 1993: 331).

Unternehmens-
führung Ähnlich wie die anderen skandinavischen Länder hat Finnland zwei Unternehmensführungsstrukturen, eine monistische und eine dualistische. Manche Unternehmen haben nur einen Verwaltungsrat, andere, meist größere Unternehmen, haben nicht nur einen Vorstand, sondern auch einen ihn kontrollierenden Aufsichtsrat. (HBF/ETUI 2004: 26). In Unternehmen mit mehr als 150 Mitarbeitern sind Arbeitnehmer im Aufsichts- oder Verwaltungsrat (je nach Unternehmensstruktur) repräsentiert. Anders als in Deutschland ist die Mitbestimmung jedoch kaum gesetzlich geregelt. Gewerkschaften und Arbeitgeber handeln sie auf nationaler, sektoraler und betrieblicher Ebene selbst aus. Das Gesetz verpflichtet Unternehmen nur, Arbeitnehmer an Managemententscheidungen teilhaben zu lassen und Gremien zu circa einem Viertel mit Arbeitnehmervertretern zu besetzen. Die Rolle der Betriebsräte übernehmen in Finnland Gewerkschaften. Bevor ein finnisches Unternehmen mit mehr als 20 Arbeitnehmern etwas entscheiden kann, was direkt oder indirekt seine Belegschaft betrifft, muss der Vorstand sich mit Gewerkschaftsabgeordneten absprechen, die die Belegschaft repräsentieren. Auch hier zeigt sich, dass das System Kooperation zwischen Management und Belegschaft ermöglicht (vgl. Fulton 2011; Jackson 2005: 5). Ein ähnlich kooperatives Arrangement hat sich auf überbetrieblicher Ebene in den Arbeitsbeziehungen eingespielt.

Arbeitsbeziehungen Auch die finnischen Arbeitsbeziehungen erklären sich aus der Geschichte des Landes. Mit dem Krieg gegen Russland 1939 entwickelte die finnische Gesellschaft ein nationales Einheitsgefühl. Dieses diente als Grundlage für die Sozialpartner, um sich auf nationaler Ebene zusammenzuschließen und dort auch Arbeitsbedingungen zu verhandeln.

> *„Social pacts have a long history in the Finnish labour market, beginning from the Winter War in 1939-1940, when the employees' and employers' central organisations agreed to solve their disputes through negotiation, through the so-called 'January Engagement' in early 1940. [...] Through these agreements employers acknowledged employees' right to unionise and emplo-*

yees acknowledged employers' right to direct work (Haataja, 1995). After the Second World War, the Finnish social partners started to negotiate social pacts on the level of the main organizations." (Kauppinen 2000: 162)

Nach landesweiten Zusammenschlüssen der Gewerkschaften seit den 1940er Jahren erreichten die Arbeitnehmer in den 1960er Jahren mit den Arbeitgeberverbänden „centralized income policy agreements in an effort to stabilize the macroeconomic environment" (Böckerman/Uusitalo 2006: 286). Seither gibt es in Finnland strategische Absprachen, wie sie typisch für koordinierte Marktwirtschaften sind. Heute sind ungefähr 70 Prozent aller finnischen Erwerbstätigen Gewerkschaftsmitglieder, für 90 Prozent gelten Tarifverträge. Das liegt auch daran, dass finnische Gewerkschaften ihre Mitglieder an sich binden, indem sie deren Arbeitslosenversicherung verwalten. Bis 2007 wurden die Ergebnisse von Lohnverhandlungen in Finnland national vereinbart und auf sektoraler Ebene nur noch ausdifferenziert (Venn 2009: 16). Seit der Finanzkrise 2008 ist die sektorale Ebene dominant, auch wenn es immer noch nationale Koordination gibt (EIRO 2009d: 5). Bisher war Finnland ein Beispiel für zentral koordinierte Lohnverhandlungen. Es zeichnet sich ab, dass diese langfristig auch wieder dominant werden, obwohl die Finanzkrise sie eine Weile geschwächt hat. Im Oktober 2011 ist es den Sozialpartnern jedenfalls schon wieder gelungen, national einheitliche Lohnsteigerungen auszuhandeln.[15]

Unternehmensfinanzierung und Wohlfahrtsstaat

Der finnische Markt für Unternehmenskontrolle ist schwach ausgebaut. Einige stabile Großinvestoren, besonders Banken, halten Unternehmensanteile, was Unternehmen vor feindlichen Übernahmen schützt. Unternehmen müssen trotzdem genau Rechenschaft gegenüber ihren Aktionären ablegen (Jackson 2005: 12). Typisch für eine koordinierte Marktwirtschaft ist auch, dass der finnische Staat Arbeitnehmer vor Arbeitslosigkeit schützt. Ein durchschnittlicher Arbeitnehmer bekommt, wenn er doch einmal entlassen wird, im ersten und zweiten Jahr seiner Arbeitslosigkeit circa 59 Prozent seines vorherigen Gehalts ersetzt (OECD 2009: 76). Durch diese recht hohe Arbeitslosenunterstützung müssen entlassene Arbeitnehmer längere Arbeitslosigkeit nicht fürchten. Zudem können Finnen sicher sein, ihren Job relativ lange zu behalten, denn finnische Unternehmen, die mehr als 10 Arbeitnehmer entlassen wollen, müssen mit ihren Arbeitnehmervertretern mindestens sechs Wochen darüber verhandeln, eine Zeit, in der die Arbeitnehmer vorschlagen können, wie das Unternehmen Entlassungen vermeiden kann (Fulton 2011).

Zusammenfassung: Finnland

Diese Arrangements erlauben nationale Kooperation zwischen finnischen Unternehmen und ihrer Belegschaft. Aufgrund dieser Kooperation können Unternehmen Produkte und Produktionsprozesse mit ihrer Belegschaft langfristig verbessern. Andererseits machen die Informations- und Absprachepflichten mit der Belegschaft es schwierig, schnell auf neue Trends zu reagieren. Dies hat Folgen für Finnlands industrielle Spezialisierung. Beispielsweise war Finnlands wichtigstes Unternehmen Nokia Spitzenreiter, solange es darum ging, Mobiltelefone immer weiter zu verbessern, ein typisches Beispiel für eine inkrementelle Innova-

---

15 Quelle: http://www.eurofound.europa.eu/eiro/country/finland_4.htm - Zugriff am 10.01.2014

tion. Als Nokia jedoch auf den neuen Trend der Smartphones aufspringen musste, verlor es gegen amerikanische Wettbewerber wie Apple und Google. Die koordinierten Arrangements Finnlands helfen dem Land, bestehende Produkte immer weiter zu verbessern, aber sie machen es schwer, auf ganz neue Ideen zu kommen.

4.3.10 Norwegen: Wo die Welt der Koordination noch in Ordnung ist

Hintergrund und Arbeitsbeziehungen

Wie auch Finnland gehörte Norwegen bis 1905 zu Schweden. Ähnlich wie Dänemark und Schweden hat es eine starkes Gefühl nationaler Zusammengehörigkeit und eine homogene Bevölkerung (Bjørnson 2001: 207; Christensen 2005: 726; Mann 1993: 711). In solch einem Umfeld, dass es gesellschaftlichen Gruppen früh erlaubte zu kooperieren, entstanden auch Arbeitgeberkonföderationen früh. Im Jahr 1900 war Norwegen eines von vier Ländern mit nationalen "confederations that made some claim to co-ordinate overall strategy" (Crouch 1993: 89). Norwegen gilt weltweit immer noch als hochgradig korporatistisch und koordiniert (Dølvik/Martin 2000: 280ff.). Denn immer noch gibt es in Norwegen eine nationale Arbeitgebervereinigung (NHO), die ihre Mitglieder stark beeinflussen kann. Norwegens Kooperation und Koordination erstreckte sich über die ganze Nation und ähnelte somit der Schwedens:

> *"Historically, Norway and Sweden shared the Nordic tradition of labour market regulation through national level negotiations between highly organised employers and unions, aimed initially at managing conflict so as to maintain social peace and more recently at moderating wage growth so as to maintain macroeconomic stability. Moreover, there has also been an implicit understanding that co-operation in the labour market would be coupled with expansion of a universalistic welfare state and the maintenance of full employment. In both countries, then, there was thus something like sustained, institutionalised social pacts."* (Dølvik/Martin 2000: 279)

Im Unterschied zu Schweden konnte Norwegen nationale Lohnverhandlungen aufrechterhalten. Es hat zwar auch sektorale Abschlüsse. Diese differenzieren nationale Lohnabschlüsse jedoch nur aus. Unternehmensabschlüsse komplementieren das System, sie dürfen Arbeitnehmer jedoch nicht schlechter stellen als sektorale Beschlüsse. In der Praxis verhandeln die Sozialpartner zuerst nationale Abschlüsse. Im nächsten Jahr passen sie diese an unterschiedliche Sektoren und Unternehmen an. Daraufhin wiederholt sich der Zyklus (EIRO 2009n: 2). Nur 52 Prozent der norwegischen Beschäftigten sind in Gewerkschaften, 74 Prozent fallen unter Tarifverträge. Doch die nationale Ebene schafft immer noch den Rahmen, innerhalb dessen sektorale und betriebliche Verhandlungen stattfinden. Wie die anderen skandinavischen Länder, verliert Norwegen nur wenige Arbeitstage durch Streiks und andere Arbeitskonflikte (Venn 2009: 17; EIRO 2009i: 1f., 6f.).

Dass es so wenige Konflikte gibt, liegt daran, dass Verhandlungen sich stark an ökonomischen Rahmendaten orientieren. Die Sozialpartner analysieren zuerst, wie viel Arbeitskosten die exportierenden Sektoren in Anbetracht ihrer Produktivitätsentwicklung und der Wettbewerbsfähigkeit der wichtigsten internationalen Konkurrenten verkraften können. An diesem Zuwachs orientieren sich die Lohnabschlüsse. Danach schließen die anderen Sektoren ihre Lohnabschlüsse ab, so dass die nicht-exportierenden Unternehmen weder bevorzugt noch benachteiligt sind (Fulton 2011). Heute ist Norwegen das einzige Land, in dem sich ein traditioneller Korporatismus ohne Einschränkungen halten konnte: demzufolge akzeptieren Arbeitnehmer moderate Lohnabschlüsse, dafür können sie Unternehmensentscheidungen beeinflussen und langfristige Lohnsteigerungen durchsetzen.

Die kooperativen Beziehungen zwischen Arbeitnehmern und Arbeitgebern auf nationaler und sektoraler Ebene setzen sich auf Betriebsebene fort. Die Form der Unternehmensmitbestimmung handeln nationale Arbeitnehmer- und Arbeitgebervertreter selbst aus (EIRO 2009i: 5). Wie die übrigen skandinavischen Länder ist Norwegens Unternehmensstruktur gemischt. Unternehmen mit weniger als 200 Mitarbeitern haben einen Vorstand, größere Unternehmen haben zusätzlich einen Aufsichtsrat. In Unternehmen mit 30 bis 50 Mitarbeitern können Arbeitnehmer ein Vorstandsmitglied stellen, in Unternehmen mit bis zu 200 Mitarbeitern ein Drittel des Vorstands. In Unternehmen mit über 200 Mitarbeitern können sie zusätzlich ein Drittel des dann vorgesehenen Aufsichtsrats wählen; die Aktionäre wählen die restlichen zwei Drittel. Jedoch haben nur ein Fünftel der großen Unternehmen überhaupt einen Aufsichtsrat; die meisten Unternehmen verzichten darauf (Fulton 2011). Arbeitnehmer werden vor allem durch Gewerkschaftsmitglieder repräsentiert. Betriebsräte gibt es nur in einigen großen Unternehmen; ihre Aufgabe ist, durch Absprachen mit Mitarbeitern das Unternehmen effizienter zu machen, statt Arbeitnehmer gegenüber der Unternehmensführung zu repräsentieren (vgl. Fulton 2011).

Wie in anderen koordinierten Marktwirtschaften auch, können Arbeitnehmer durch diese Möglichkeiten im Unternehmen mitentscheiden. Ebenso ist Norwegen typisch für eine koordinierte Marktwirtschaft, da sowohl Unternehmensleitung als auch Arbeitnehmervertreter vertrauensbasiert und fair zusammenarbeiten müssen. Denn wenn ein Unternehmen einen Standort schließen will, können Gewerkschaften vorschlagen, dass die Arbeitnehmer den Standort weiterführen. Unternehmen müssen ihre Strategie gegenüber ihrer Belegschaft erklären und sich rechtfertigen. Gewerkschaften und Arbeitnehmer können Entscheidungen zwar nicht verhindern, wenn das Management entschlossen ist, sie durchzusetzen. Stattdessen gibt es jedoch Institutionen, die den Gewerkschaften ermöglichen, überhaupt erst einmal ihren Standpunkt vorzutragen. Norwegische Unternehmen müssen auch ihren Anteilseignern strenge Rechenschaft ablegen. Sie sind allerdings vor feindlichen Übernahmen weitgehend geschützt, da viele Großinvestoren und Banken Anteile langfristig halten (vgl. Jackson 2005: 12). Arbeitgeber und Arbeitnehmer koordinieren auch gemeinsam das Ausbildungssystem, wobei diese Zusammenarbeit seit 2001 etwas abgenommen hat (EIRO 2009i: 7). Für ein koordiniertes Land typisch, hat Norwegen zudem hohe Lohnersatzleistungen bei Arbeitslosigkeit. Über fünf Jahre hinweg erhält ein durchschnittlicher Arbeitsloser 72 Prozent seines vorherigen Lohns, mehr als in jedem anderen OECD-Land (OECD 2009: 76)

Wie andere koordinierte Länder auch, hat Norwegen eine Fülle an Institutionen, die Kooperation ermöglichen. Insgesamt ist Norwegen mittlerweile wahrscheinlich das am stärksten national koordinierte Land. Denn mehr als jedes andere Land hat Norwegen noch national koordinierte Lohnverhandlungen. Jedoch ist die Unternehmensmitbestimmung nicht so stark wie in Deutschland verankert.

Unternehmensführung

Zusammenfassung: Norwegen

Besonders an Norwegen ist auch, dass es große Öl- und Gasvorräte hat. Mit dem daraus resultierenden finanziellen Spielraum kann der Staat Verteilungskonflikte befrieden, die andere koordinierte Länder belasten. Dies erklärt ein Stück weit, wie das Land koordiniert bleiben konnte, während andere Länder liberaler wurden, denn aus vielen Problemen kann sich Norwegen einfach herauskaufen.

4.4 Die Gemeinsamkeit der koordinierten Länder

Die skandinavischen Länder als sozialdemokratisch-koordinierte Untergruppe?

Die vorherigen Kapitel haben gezeigt, wie jedes der koordinierten Länder seine Eigenheiten hat. Jedoch sind sich alle koordinierten Länder auch auf bestimmte Weisen ähnlich. Der wahrscheinlich wichtigste Unterschied innerhalb der Gruppe der koordinierten Länder verläuft zwischen den vier skandinavischen Ländern und allen anderen. Viele Forscher sehen Schweden, Dänemark, Finnland und Norwegen als Untergruppe innerhalb der koordinierten Länder (vgl. vor allem Esping-Andersen 1990; 1999). Dafür gibt es gute Gründe. Stein Kuhnle (1981: 125) argumentiert in einer klassischen Studie, die vier skandinavischen Länder:

> „share a basic cultural unity and are often, and not completely without foundation, looked upon as one single entity. The Nordic countries have traditionally had an eye on each other, learned from each other's experiences, and used one or several of the other countries as justifying references for the implementation of specific policies or for the introduction and refusal of new ideas. After World War II, closer formal cooperation was instituted at the top political and administrative levels. Ties were established that not only furthered the coordination of public policies on a number of topics, but which contributed, and still contribute, to the development of similar policies within each of the national territories."

Goodin et al (1999: 45f) argumentieren, die vier skandinavischen Länder verbinde ein außergewöhnliches Engagement für Egalitarismus, also für die Gleichverteilung von Ressourcen und Chancen über die gesamte Bevölkerung hinweg. Dies resultiert wahrscheinlich aus der gesellschaftlichen Homogenität, die typisch für die skandinavischen Länder ist – mit Ausnahme Finnlands. Auch sind all diese Länder durch den lutherischen Protestantismus geprägt, der Individualismus zugunsten einer Gemeinschaft der Gläubigen – und darum auch soziale Ungleichheit – ablehnt (Thorkildsen 1997: 159). „Gemeinschaft" meint somit in diesen Ländern nicht die Gemeinschaft einer gesellschaftlichen Subgruppe – wie in katholischen Ländern, sondern die Gemeinschaft der gesamten Nation. Diese Kultur bildet eine Grundlage für die nationale Koordination des Produktionssystems, denn sie erlaubt und fordert, dass ein Land über Klassen- und Regionsgrenzen hinaus zusammenarbeitet (vgl. Goodin, et al. 1999: 46). Das bedeutet, dass die Koordination dieser Länder auf anderen kulturellen und sozialen Vorbedingungen beruht – und möglicherweise auch umfassender ist als die der anderen koordinierten Länder. Da aber Hall und Soskice neben liberalen Ländern jedwede Art von koordinierten Ländern als koordiniert ansehen, ist es zumindest nach deren Logik nicht nötig, die vier skandinavischen Länder in einer eigenen Gruppe zusammenzufassen. Wichtig ist jedoch, dass die skandinavischen Länder sich von den anderen koordinierten Ländern durch nationale, statt gruppenbasierter Koordination unterscheiden.

Die vier nordischen sozialdemokratischen Länder haben auch liberalisiert. Sie verlagerten Lohnabsprachen von der nationalen auf die sektorale und betriebliche Ebene. Trotzdem gibt es noch weitreichende nationale Koordination. Koordiniert sind diese Länder zudem auch, da die Mitspracherechte von Arbeitnehmern auf Unternehmensebene stabil sind und vereinzelt sogar zunehmen. Selbst die zwei unterschiedlichsten skandinavischen Länder sind sich ähnlicher, als es jedes skandinavische gegenüber jedem liberalen Land ist. Zwar behaupten Forscher mitunter, „Schweden sei nicht mehr Schweden." Mindestens so sehr wie an Schwedens Veränderung liegt dies jedoch daran, dass auch Forscher mit Sensationen aufwarten wollen – selbst wenn es eigentlich keine gibt. Ganz im Gegenteil zeigt sich der Nutzen des Varieties-Ansatzes darin, dass er vor Augen führt, inwiefern sich jedes skandinavische Land von jedem nicht-skandinavischen Land unterscheidet.

Die zweite Gruppe neben den sozialdemokratisch-koordinierten Ländern sind die konservativ-koordinierten Länder (vgl. Goodin, et al. 1999: 51). Die originale Varieties-Typologie enthält diese Unterscheidung nicht; schließlich sind beide Ländergruppen koordiniert. Die Unterscheidung ist aber durch Esping-Andersens (1990) Wohlfahrtsstaatentypologie geläufig, welche Deutschland, Österreich, die Niederlande, Belgien, die Schweiz und Japan als konservativ ansieht. Die Besonderheit der konservativen Ländergruppe ist, dass diese – anders als die sozialdemokratischen Länder – ihre Wirtschaft weniger national koordinieren. Konservativ-koordinierte Länder haben starke religiöse, regionale, ethnische und sprachliche Konfliktlinien (Cleavages). Dies führte dazu, dass auch ihre Verbände nach industriellen Sektoren, Regionen oder Berufsgruppen zersplittert waren und es oft noch sind (Crouch 1993: 107; Martin/Swank 2008: 183).

Die restlichen koordinierten Länder als konservativ-koordinierte Untergruppe?

Außerdem beeinflusst der Katholizismus die konservativ-koordinierten Länder. Katholische politische Mobilisation war eine Antwort auf Liberalismus und Sozialismus. Der Katholizismus will Individuen weder dem Markt überlassen, noch fordert er Staatseingriffe in die Wirtschaft. Dies führte zwar zu einem koordinierten Wirtschaftstyp, dieser ist jedoch anders koordiniert als in den skandinavischen Ländern (vgl. Kersbergen 1995: 31, 187; Flora/Alber 1981: 43). Koordinierung war insofern konservativ, als dass sie die Stellung der einzelnen gesellschaftlichen Gruppen erhielt, also konservierte. Die gesellschaftliche Ordnung wurde nicht angetastet. Wirtschaftliche Koordination fand innerhalb gesellschaftlicher Gruppen statt, nicht über sie hinweg wie in Skandinavien.

Historisch waren konservative Länder außergewöhnlich stark von Krieg und sozialen Konflikten betroffen. Sie mussten deswegen versuchen, soziale Stabilität aufrecht zu erhalten, um als Nationen nicht von ihren gesellschaftlichen Spaltungen zerrissen zu werden (vgl. Mann 1993: 281; Goodin, et al. 1999: 55). Dies hat bis heute Folgen. Immer noch haben diese Länder soziale Sicherungssysteme, die ihre soziale Stratifizierung stabilisieren, indem sie jeden dort halten, wo er gesellschaftlich schon steht. Dies unterstützt und benötigt ein koordiniertes Produktionssystem, welches auf langfristige und stabile Beschäftigungsverhältnisse setzt (Palier 2010c: 37f.). Diese Länder integrierten auch die Arbeitnehmerbewegung mit dem Ziel, die soziale Ordnung zu stabilisieren (Crouch 1993: 301; Palier

2010a: 604). In einem Satz: Diesen Ländern ging es darum, die bestehende soziale Ordnung stabil zu halten, statt die Gesellschaft gleicher zu machen. In dieser Hinsicht sind sie konservativ.

Wie in anderen koordinierten Ländern, ist auch in Japan soziale Stabilität ein zentrales Ziel, doch das Land hatte weder starke soziale Cleavages noch war es katholisch, was das Land von anderen koordinierten Ländern unterscheidet. Japan wurde allerdings stark von Deutschland beeinflusst (vgl. Lehmbruch 2001). Es ähnelt anderen konservativ-koordinierten Ländern, abgesehen davon, dass seine Koordination auf Unternehmensebene beziehungsweise in Unternehmenskonglomeraten stattfindet.

Es steht also außer Frage, dass sich die koordinierten Länder voneinander unterscheiden. Die Leistung der Varieties-Typologie ist gerade, dass sie diese Unterschiede zwar wahrnimmt, jedoch auch zeigt, dass alle diese Länder auf die eine oder andere Weise koordiniert sind. Dabei gibt es Grenzfälle wie die Schweiz, die koordinierte und liberale Elemente hat, und die die Varieties-Typologie trotzdem als koordiniert ansieht. Eine weitere Ländergruppe wird von der Typologie selbst als unklar bezeichnet. Dabei handelt es sich um die Länder Frankreich, Italien, Spanien und Portugal. Die folgenden vier Abschnitte behandeln die Frage, warum die Varieties-Typologie diese Länder keiner Gruppe zuordnen kann.

4.5 Die vier nicht-eindeutigen Länder der Varieties-Typologie

4.5.1 Frankreich: Der Staat kümmert sich drum

Hintergrund   Frankreich passt nicht recht in die Varieties-Typologie (vgl. Maclean/Harvey 2008: 210). Es steht zwischen koordinierten und liberalen Marktwirtschaften. Zwar nutzt Frankreich nicht durchgehend den Markt, insofern ist es nicht liberal. Im klassischen Sinne koordiniert ist das Land aber auch nicht, weil Frankreichs Verbände schwach sind. So sind nur circa acht Prozent aller Arbeitnehmer gewerkschaftlich organisiert – so wenig wie in keinem anderen hier untersuchten Land; trotzdem decken kollektive Tarifverträge 95 Prozent der Arbeitnehmer ab (vgl. Abbildung 4 und Abbildung 5). Arbeitgeber und Gewerkschaften bekämpfen sich, statt dass sie zusammenarbeiten, was untypisch für koordinierte Marktwirtschaften ist. Die Gewerkschaften haben ein Klassenkampfethos und arbeiten nicht mit den Arbeitgebern zusammen; die Arbeitgeber möchten Entscheidungen am liebsten ohne Arbeitnehmerbeteiligung treffen. Colin Crouch (1993: 77) hat anschaulich beschrieben, wie Lohnverhandlungen zwischen Gewerkschaften und Arbeitgebern traditionell abliefen:

> *„workers would parade around the town with placards declaring their demand, and if the employer wished to make a concession he would simply post a notice outside the factory announcing a changed wage rate. The two sides never spoke to each other."*

Um den französischen Kapitalismus zu verstehen, muss man vor allem eines bedenken: In Frankreich spielt der Staat die zentrale Rolle. Franzosen finden es normal, dass der Staat die Wirtschaft reguliert, denn als Erbe des Absolutismus sahen sie den Staat als natürlichen Hort politischer Autorität:

> „The French polity located sovereignty in the central state, as the only force that could orchestrate political order and hold the nation together. [...] French policy aimed to guide major manufacturing and infrastructural sectors from above, on the principle that only the state can prevent self-interested entrepreneurs and market irrationalities from disrupting progress." (Dobbin 1994: 2, 4; vgl. auch Boyer 1997: 97).

Der französische Staat setzte sich 1905 als zentrale Autorität gegenüber der katholischen Kirche durch, die in anderen Ländern auch im 20. Jahrhundert noch Regulierungsideen beeinflusste (vgl. Crouch 1993: 302f.). Gleichzeitig waren die französischen Gewerkschaften zersplittert. So koordinierte der Staat nach dem Krieg die Löhne französischer Arbeitnehmer (Hall 2007: 49). Statt sie dem Spiel freier Märkte zu überlassen, passte er sie an das an, was er für makroökonomisch und politisch geboten hielt. Immer noch zeigt sich die Zersplitterung der französischen Verbände in den Arbeitsbeziehungen.

Die französischen Arbeitsbeziehungen sind nicht durch mehr oder weniger friedliche Zusammenarbeit bestimmt, wie man sie aus anderen koordinierten Marktökonomien kennt. Das Problem ist nicht nur, dass die Arbeitnehmer in fünf nationale Dachverbände zersplittert sind. Problematisch ist vielmehr auch, dass diese Dachverbände in Konkurrenz zueinander stehen und gegeneinander arbeiten (vgl. EIRO 2009e; Fulton 2011). In Deutschland repräsentieren die IG Metall und ver.di *unterschiedliche* Arbeitnehmer. In Frankreich aber konkurrieren Gewerkschaften um *dieselben* Arbeitnehmer und überbieten sich darum gegenseitig mit Lohnforderungen. Deswegen orientieren sich Lohnsteigerungen nicht an der gesamtwirtschaftlichen Produktivitätsentwicklung oder Inflationsrate. Stattdessen ähnelt so ein System eher dem liberalen Pluralismus, in dem jeder versucht, das Beste für sich rauszuholen, ohne die makroökonomischen Folgen zu beachten.

Auch die Arbeitgeberdachverbände sind zersplittert. Sie konkurrieren jedoch zumindest nicht miteinander. Außerdem sind die Chefs großer Unternehmen in Frankreich zwar nicht durch Unternehmerverbände verbunden, wie in Deutschland, doch sie kennen sich untereinander, weil sie – oft zusammen mit mächtigen Bürokraten – zusammen an sogenannten „Grandes Ecoles" studiert haben, also Eliteuniversitäten wie Sciences Po, ENA oder den verschiedenen Polytechniques. Diese gemeinsame Ausbildung ermöglicht ihnen eine informelle Koordination untereinander und mit der staatlichen Bürokratie.

Lohnverhandlungen finden vor allem auf sektoraler und zunehmend auf Unternehmensebene statt (Palier/Thelen 2010: 125). Die Grundregel ist, dass sektorale Verhandlungen für kleine Unternehmen gelten, während große Unternehmen ihre Tarifverträge selbst aushandeln (vgl. EIRO 2009e: 6). Der Staat weitet Lohnabschlüsse oft auf alle Arbeitgeber einer Branche aus. Dadurch unterscheiden sich die französischen Arbeitsbeziehungen dann doch wieder von denen liberaler Länder. Zudem setzt der Staat einen Mindestlohn fest, der mit über 9 Euro pro Stunde (2011) viele Niedrigverdiener betrifft.

Da es französischen Gewerkschaften selten gelingt, sich mit Arbeitgebern zu einigen, streiken sie stattdessen, um ihre Interessen durchzusetzen. Dies ist

Arbeitsbeziehungen

problematisch, denn ein Streik verringert die Produktionskapazität und ist insofern destruktiv, auch wenn er nötig ist, um Interessen durchzusetzen. Französische Arbeitnehmer streiken nicht nur für Löhne, sondern auch für politische Forderungen. Das französische System macht dies leider nötig. Denn in korporatistischen Ländern hat die Politik einen Ansprechpartner: zentralisierte Gewerkschaften. Wenn sich die SPD beispielsweise mit der IG Metall geeinigt hat, kann sie darauf zählen, dass die IG Metall diese Politik gegenüber ihren Mitgliedern auch verteidigt. Das ist in einem Land wie Frankreich nicht möglich, wo kein zentraler Ansprechpartner für die Politik bereitsteht, der Abkommen gegenüber seinen Mitgliedern durchsetzen könnte. Der französische Korporatismus war darum schon immer eine Farce. In Wirklichkeit traf der Staat alle wichtigen Entscheidungen, inklusive dem Lohnniveau (vgl. Levy 2000: 312; Hall 1986; 2007: 49f.; Shonfield 1965). Da also verhandlungsfähige Gewerkschaften fehlen, streiken französische Arbeitnehmer, um ihre Forderungen durchzusetzen.

Der französische Staat kontrollierte das Produktionssystem über staatliche Banken, sowie durch staatlich kontrollierte Unternehmenskonglomerate und öffentliche Subventionen (Ebbinghaus 2006: 66). Dies ändert sich jedoch. Die europäische Kommission bemängelt die starke Rolle des französischen Staates. In Reaktion darauf koordiniert der Staat weniger offensichtlich. Doch immer noch fördert er „nationale Champions", schützt seine Industrie durch Regulierung, koordiniert Unternehmensnetzwerke und subventioniert Branchen, die er für bedeutend hält (vgl. Thatcher 2007: 163; Maclean/Harvey 2008: 219).

Der französische Staat versucht, sich zunehmend mit Arbeitnehmern und Arbeitgebern abzustimmen, statt Gesetze zu beschließen, gegen die besonders die Gewerkschaften dann demonstrieren. Ein Gesetz zur Modernisierung des sozialen Dialogs von 2007 sieht vor, dass die Regierung sich mit den Sozialpartnern abspricht, bevor sie Gesetze zu Arbeitsbeziehungen, Beschäftigung und Ausbildungen beschließt. Das Gesetz fordert die Sozialpartner auf, im Vorfeld einer Gesetzgebung vorzuschlagen, wie der Staat seine Ziele zusammen mit den Arbeitnehmern und Unternehmen erreichen kann (vgl. EIRO 2009e: 9). Dies scheitert jedoch immer wieder daran, dass Verbände nicht geschlossen ihre Forderungen stellen, so dass der Staat in der Regel dann doch selbst entscheidet – und daraufhin oft mit Streiks konfrontiert wird, wenn Bürger sich im Nachhinein über die Entscheidungen empören. Man kann insofern als Politiker in Frankreich wenig richtig und viel falsch machen. Mit einer „rechten" Politik, die auf Märkte setzt, verärgert man einen großen Teil der Bevölkerung, mit einer „linken" Politik, die versucht Märkte einzudämmen, jedoch auch (Amable/Guillaud/Palombarini 2012: 1176ff.). Das ist das Problem, wenn Spitzenverbände zu zersplittert sind, um sich mit ihnen absprechen zu können. Denn dann gibt es niemanden, den man vor einer Gesetzgebung befragen kann, was für Arbeitnehmer und Arbeitgeber akzeptabel wäre und der entsprechende Beschlüsse auch nach „unten" hin durchsetzen und dafür werben kann.

Unternehmens-
führung
Der Mangel an Absprachen in den Arbeitsbeziehungen setzt sich in den Unternehmen fort. Französische Unternehmen müssen keinen Aufsichtsrat haben, so dass die meisten darauf verzichten. Selbst wenn sie einen Aufsichtsrat einrichten,

müssen französische Unternehmen darin keine Arbeitnehmervertreter akzeptieren (vgl. HBF/ETUI 2004: 33). Lediglich in einigen staatlichen Unternehmen ist dies anders. Betriebsräte gibt es zwar. Das Management muss sie auch zu etlichen Themen anhören. Doch anders als in Deutschland kann sich das Management leicht über die Betriebsratsmeinung hinwegsetzen. Der Betriebsrat vertritt die Arbeitnehmer außerdem zusammen mit einem Gewerkschaftsrepräsentanten, den die Gewerkschaft einsetzen kann, wenn ihr mindestens 10 Prozent der Belegschaft angehören. Der Betriebsrat vertritt nicht die Interessen der Belegschaft an sich, sondern die der Gewerkschaft. Wenn es dafür Spielraum gibt, passt er übergeordnete Lohnbeschlüsse an sein Unternehmen an (vgl. Fulton 2011). Auch wenn die Gewerkschaften angehört werden können, tragen sie Meinungsunterschiede doch eher mit Konflikten aus und es ist vor allem dieses Konfliktpotential, das französische Unternehmensvorstände berücksichtigen müssen (vgl. HBF/ETUI 2004: 37).

Französische Unternehmen sind nur zu 35 Prozent in der Hand individueller und institutioneller Investoren. Das gibt ihnen mehr Spielraum gegenüber anonymem Kapitalmarktdruck als angloamerikanischen Unternehmen (vgl. Tricker 2009: 182; Jackson 2005: 12). Relativ frei von Arbeitnehmermitbestimmung und Kapitalmarktdruck können französische Vorstände ihre Unternehmen recht autokratisch führen. Teils sind sie auch in anderen Unternehmen tätig, was wiederum Absprachen ermöglicht, die typisch für eine koordinierte Marktökonomie sind (Maclean/Harvey 2008: 213ff.).

Obwohl die französischen Arbeitnehmer- und Arbeitgeberverbände fragmentiert sind, koordinieren sie auf nationaler Ebene das Ausbildungssystem (vgl. EIRO 2009e: 6). Doch anders als in Deutschland steht der Staat hinter solchen Aushandlungen. Er lässt die Sozialpartner im Wesentlichen aushandeln, was er ansonsten selbst gesetzlich festlegen würde. Auch betreibt er Berufsschulen selbst (vgl. Busemeyer/Trampusch 2011: 12, 21).

Ausbildungssystem

Der französische Wohlfahrtsstaat hat eine ähnliche Entwicklung wie der deutsche durchgemacht. Traditionell haben die französischen Sozialversicherungssysteme alle Arbeitnehmer abgesichert. Doch wie in Deutschland stiegen die dazu nötigen Zahlungen der Arbeitnehmer immer mehr an, was Arbeit verteuerte und darum die Arbeitslosigkeit immer mehr ansteigen ließ. Der französische Staat reagierte darauf, indem er Leistungen der Sozialversicherung nur noch den Arbeitnehmern zugutekommen ließ, die vorher in das System eingezahlt hatten.

Wohlfahrtsstaat

Frankreich hat eine auf den Absolutismus zurückgehende Regulierungstradition, wonach der Staat über den Interessen von Einzelnen steht und als zentrale Instanz das Gemeinwohl organisiert. Dementsprechend hat der französische Staat schon früh die Wirtschaft koordiniert (vgl. Dobbin 1994) und tut es im Wesentlichen immer noch. Frankreich steht zwischen den Idealtypen liberaler und koordinierter Marktwirtschaften. Frankreich ist liberal, weil es kaum Koordination durch Verbände gibt. Andererseits ist Frankreich koordiniert, insofern der Staat Aufgaben übernimmt, die Gewerkschaften und Arbeitgeberverbände in anderen Ländern übernehmen (vgl. Hall/Soskice 2001a: 35f.). Das System erklärt sich dadurch, dass der Staat immer wieder die zentrale Rolle spielt. Wie bereits erwähnt, hielt er nicht nur Anteile an französischen Unternehmen und beeinflusste sie, auch

Zusammenfassung: Frankreich

indem er Beamte in deren Aufsichts- oder Verwaltungsrat schickte. Auch die Tradition eines starken französischen Vorstandsvorsitzenden, der sich kaum mit Arbeitnehmern absprechen muss, „is in line with the French tradition of centralized leadership and power" (Mallin 2010: 225). Insofern Varieties of Capitalism zeigen will, wie wirtschaftliche Akteure *untereinander* kooperieren – und nicht mit dem Staat – passt Frankreich nicht ins Bild (Hall/Soskice 2001a: 45; vgl. zur Kooperation wirtschaftlicher Akteure mit dem Staat Shonfield 1965). Doch insgesamt gibt es auch in Frankreich ein signifikantes Ausmaß an Koordination, so dass man es als staatskoordiniert ansehen kann (vgl. Hancké/Rhodes/Thatcher 2007: 24f.; Schmidt 2002; Amable/Guillaud/Palombarini 2012: 1173). Liberalisierung in Frankreich folgt der Logik anderer Länder, die koordiniert sind und einen konservativen Wohlfahrtsstaat haben. Der französische Staat hält Schutz und Leistungen für Kernbelegschaften hoch. Der Preis dafür ist, dass um diese Kernbelegschaften herum relativ prekär und geringfügig Beschäftigte entstehen, oft Frauen und junge Menschen, die auf weniger großzügige Sozialleistungen angewiesen sind und nicht unter den rigiden Kündigungsschutz fallen, welcher etablierte Stammbelegschaften schützt. Man spricht darum auch in Frankreich von einer Liberalisierung, die man als Dualisierung zusammenfassen kann (Palier/Thelen 2010).

4.5.2 Italien: Gesellschaftliche Spaltungen verhindern Koordination

Hintergrund

Der italienische Staat entstand, so wie der deutsche, erst Ende des 19. Jahrhunderts. Wie andere kontinentaleuropäische Länder war Italien regional, sprachlich und ethnisch gespalten; ebenso gespalten waren dessen Gewerkschaften, die sich in einen sozialistischen und einen katholischen Block teilten. Nationale Koordination konnte in Anbetracht dieser Spaltung nicht entstehen (Crouch 1993: 118; Negrelli 2000). Auch heute noch gibt es drei nationale Gewerkschaften, eine für kommunistische, eine für sozialistische und eine für christliche Arbeitnehmer (EIRO 2009g: 5). Neben diesen weltanschaulichen Spaltungen ist Italiens Norden wohlhabender und industriell, während der Süden arm und agrarisch geprägt ist. Insofern ist es in Italien schwierig, von *einem* System zu sprechen (Piore/Sabel 1984; Putnam 1993), weswegen die Varieties-Typologie es auch als unklares, schwer einzuordnendes Land ansieht (Hall/Soskice 2001a: 21). Bis in die 1970er Jahre waren viele italienische Unternehmen in der Hand mächtiger Familien. Damit einher ging eine insiderorientierte Unternehmensführung, Unternehmen waren aneinander beteiligt und es gab einen sehr rigiden Arbeitsmarkt, der es fast unmöglich machte, Arbeitnehmer zu entlassen. Doch das bedeutet noch lange nicht, dass Unternehmen auch besonders gut darin waren, inkrementelle Innovationen hervorzubringen, denn es fehlten schon immer die Komplementaritäten koordinierter Marktwirtschaften (Rangone/Solari 2012: 1190). Die folgenden Absätze zeigen, inwiefern Italien weder liberal noch koordiniert ist.

Unternehmens-
führung

Italienische Unternehmen haben in der Regel keinen Aufsichtsrat. Arbeitnehmer sind auch nicht im Vorstand vertreten. Seit 2003 können Firmen wählen zwischen dem traditionellen italienischen Modell ohne Aufsichtsrat, oder einem dualen Modell mit Aufsichtsrat, jedoch ebenfalls ohne Arbeitnehmervertretung (Rangone/Solari 2012: 1199). Nur in seltenen Fällen haben Unternehmen Tarif-verträge unterschrieben, die eine Arbeitnehmerbeteiligung vorsehen. Mitarbeiter können zwei Drittel der Betriebsratsmitglieder wählen, jedoch nur aus Kandi-daten, die die Gewerkschaft vorgeschlagen hat; das restliche Drittel wählen die Gewerkschaftsmitglieder im Unternehmen selbst. Damit beherrschen die Ge-werkschaften meist die Betriebsräte. Letztere haben nicht dieselben Rechte wie in deutschen Unternehmen. In der Regel muss der Arbeitgeber sie informieren und deren Meinung einholen. Anders als in Deutschland ist er jedoch nicht verpflich-tet, deren Meinung zu beachten (vgl. Abbildung 2). Arbeitnehmer haben somit eher schwache Mitbestimmungsrechte. Trotzdem ist das Ziel der Arbeitnehmer-mitbestimmung, dass Arbeitgeber und Belegschaft gemeinsam Lösungen finden und kooperieren, indem sie sich zumindest austauschen (Fulton 2011).

Auch der Kapitalmarkt setzt italienische Unternehmen nicht sonderlich un-ter Druck. Börsennotierte Unternehmen sind zu 32 Prozent in der Hand individu-eller oder institutioneller Investoren. Dass verstreute Investoren nicht sehr viele Anteile an italienischen Unternehmen halten, setzt diese weniger unter anonymen Kapitalmarktdruck als angloamerikanische Unternehmen; hier ist Italien Deutsch-land, den Niederlanden und Frankreich ähnlich. Außerdem halten Banken und die Regierung 40 Prozent der Anteile börsengehandelter Unternehmen (gegenüber 3 Prozent in den USA, UK 5 Prozent, Deutschland 17 Prozent, Schweden 8 Pro-zent, Frankreich 14 Prozent, Niederland 1 Prozent). Dies schützt italienische Un-ternehmen vor feindliche Übernahmen, so dass sie weniger auf ihren Aktienwert achten müssen (vgl. Tricker 2009: 182). Dieser Schutz geht allerdings weniger von Banken als von besitzenden Familien, dem Staat und anderen Unternehmen aus (Mallin 2010: 230). Die frei handelbaren Anteile italienischer Unternehmen an der Börse sind zusammengerechnet auch im Vergleich zu Italiens Wirtschafts-leistung nicht viel wert (vgl. Abbildung 8). Aktienwertorientierung spielt somit in italienischen Unternehmen keine große Rolle. Andererseits haben Unternehmen auch nicht, wie in Deutschland und koordinierten Marktwirtschaften, stabile Be-ziehungen zu Hausbanken, sondern leihen sich Geld nur kurzfristig von Banken und finanzieren Investitionen meist aus ihren eigenen Gewinnen (Trigilia/Burroni 2009: 633).

In den 1970er Jahren waren Italiens Gewerkschaften und Arbeitgeber heil- **Arbeitsbeziehungen**
los zerstritten. Italienischen Spitzenverbänden gelang es daher nicht, Löhne nur langsam und mit dem Wachstum der Produktivität ansteigen zu lassen, weswegen Italien eine hohe Inflationsrate hatte. Das änderte sich in den 1990er Jahren (Bac-caro/Howell 2011: 24ff.). In Italien fallen aktuell etwa 80 Prozent der Beschäf-tigten unter kollektive Tarifverträge, was sehr viel ist, obschon nur 36 Prozent in Gewerkschaften organisiert sind. Auch sind nur 50 Prozent der Unternehmen in Arbeitgeberverbänden organisiert (EIRO 2009g: 2). Verhandlungen zwischen Ge-werkschaften und Arbeitgebern finden vor allem auf Branchenebene statt und wer-den dann auf Unternehmensebene angepasst. Diese Verhandlungen auf sektoraler Ebene vermindern die Lohnkonkurrenz von Unternehmen in ähnlichen Branchen und etablieren einen Minimallohn. Unternehmensbasierte Verhandlungen tragen

Unterschieden zwischen großen und kleinen Unternehmen sowie dem Nord-Süd-Gefälle Rechnung (EIRO 2009g: 3).

Die italienischen Arbeitsbeziehungen sind „voluntaristisch." Sie beruhen also nicht auf Gesetzen, sondern Gewerkschaften und Arbeitgeberverbände handeln sie aus. Trotzdem beschlossen diese mit dem Staat seit Anfang der 1990er Jahre etliche Maßnahmen. Sie arbeiteten auch zusammen, um die Finanzkrise 2008 zu bewältigen. Wichtig für Italiens Status als zumindest teilweise koordinierte Marktwirtschaft ist, dass Arbeitnehmerrechte stark ausgebaut sind und individuell ausgehandelte Regelungen die Ergebnisse kollektiver Lohnverhandlungen nicht unterschreiten dürfen (Michelotti/Nyland 2008: 188f.). Während Gewerkschaften und Arbeitgeber Anfang der 1990er Jahre beschlossen, Löhne nicht mehr an die Inflationsrate zu koppeln, führten sie dies 2009 wieder ein, auch wenn sie – wie meistens in Italien – große Schwierigkeiten hatten, sich zusammenzuraufen. Verhandlungen auf Unternehmensebene stellen sicher, dass die Unternehmensproduktivität in die Lohnzuwächse einfließt. Insgesamt hat Italien mit diesem differenzierten System stärker koordinierte Arbeitsbeziehungen als liberale Marktwirtschaften, jedoch auch schwächer koordinierte Beziehungen als Europas nordische Länder. Solch einem gemischten System entspricht ebenfalls das Ausbildungsmodell, welches eher den koordinierten Ländern gleicht, jedoch nicht so koordiniert ist wie Deutschlands (Trigilia/Burroni 2009: 633).

Wohlfahrtsstaat   In den Mitwirkungsmöglichkeiten der Arbeitnehmer auf Unternehmensebene ist Italien nur leicht koordiniert. Dasselbe gilt für Lohnverhandlungen, welche nur schwach koordiniert sind. Ebenso ist der Wohlfahrtsstaat nur schwach ausgebaut. Wer in Italien arbeitslos wird, bekommt im ersten Jahr durchschnittlich nur 37 Prozent seines vorherigen Lohns und ab dem zweiten Jahr nichts. Das ist im ersten Jahr so wenig wie in liberalen Ländern; über fünf Jahre Arbeitslosigkeit hinweg zahlen nur die USA noch weniger (OECD 2009: 76). Andererseits ist Italien doch wieder insofern koordiniert, als dass es langjährige Mitarbeiter vor Kündigung schützt (Trigilia/Burroni 2009: 633; Michelotti/Nyland 2008). Diesen hohen Kündigungsschutz hat Italien mit allen südeuropäischen Ländern (also Portugal, Spanien und auch Frankreich) gemeinsam (vgl. Abbildung 9). Typisch für Italien ist auch, dass der Wohlfahrtsstaat darauf baut, dass Menschen durch ihre Familien abgesichert werden.

Zusammenfassung: Italien ist insgesamt weder besonders koordiniert noch besonders liberal.
Italien   Für ein koordiniertes Land fehlen eine stärkere Unternehmensmitbestimmung und koordinierte Lohnverhandlungen, ebenso wie stärkere Unternehmens- und Bankenkooperation. Ein liberales Land ist Italien auch nicht, denn die Kapitalmarktfinanzierung spielt keine wesentliche Rolle und die Unternehmen müssen keine harten Auflagen gegenüber ihren Aktionären erfüllen; außerdem ist der Markt für Unternehmensführung kaum ausgebaut (Jackson 2005: 12). Italien fehlen sowohl die Komplementaritäten eines liberalen als auch eines koordinierten Modells (Rangone/Solari 2012: 1203). Trigilia und Burroni (2009: 632f.) meinen deswegen, Italien sei

> *„not characterized by a coherent and integrated set of national institutions. On the one hand, there are similarities with the CME model: a high level of labour market rigidities, tripartism in*

economic and social policies, a medium-high level of institutionalization in industrial relations, a weak role for the stock market. On the other hand, there is a clear separation between banks and firms as in liberal market economies; SMEs with family management prevail and firms rely mainly on self-financing and short-term loans by banks – a financial system quite different from that of both the CMEs and LMEs. Furthermore, the Italian case is characterized by a more pluralist model of industrial relations, with many fragmented collective organizations."

Italien hat somit kein einheitliches nationales System. Bedeutend sind stattdessen Italiens regionale Ökonomien und deren jeweilige Governance, sowie unterschiedliche Verbände, die kaum zusammenarbeiten. Insofern zeigt ein regional zersplitterter Fall wie Italien auch die Grenzen von Varieties of Capitalism, das von national homogenen Wirtschaftsräumen mit landesweit gültigen Institutionen ausgeht.

4.5.3 Spanien: Uneinigkeit statt Koordination

Ebenso wie Italien ist auch Spanien schwer zu klassifizieren. Selbst als „Mixed Market Economy", als die Molina und Rhodes (2007) es – ebenso wie Italien – beschreiben, ist es schwer zu fassen. Denn das Land besteht aus mehreren Regionen mit unterschiedlichen Produktionssystemen (Trigilia/Burroni 2009: 631). Zudem war Spanien bis 1978 eine Diktatur, dessen Diktator Franco keine unabhängigen Gewerkschaften oder Arbeitgeberverbände erlaubte. So konnten Unternehmen nie die Kooperation einüben, die für koordinierte Marktwirtschaften typisch ist (Molina/Rhodes 2007: 237). Andererseits waren Spaniens Unternehmen aufgrund von Francos abgeschotteter Wirtschaftspolitik auch nie dem Marktdruck ausgesetzt wie Unternehmen liberaler Länder. Spanien war so isoliert, dass es ganz eigene Formen wirtschaftlicher Regulierung herausbildete, bis es sich ab den 1980er Jahren an europäischen Ländern orientierte.

Hintergrund

Spanische Unternehmen entsprechen deswegen weder dem liberalen noch dem koordinierten Typ. So wie in anderen koordinierten Ländern, muss sich die Unternehmensleitung zwar mit einem Betriebsrat absprechen und ihn informieren; der Betriebsrat kann der Geschäftsleitung jedoch nie etwas vorschreiben. Meistens fragt die Geschäftsleitung ihn auch erst gar nicht und wenn doch, verweigert er oft seine Zusammenarbeit, da sich spanische Betriebsräte – anders als deutsche – nicht als Ko-Management sehen (HBF/ETUI 2004: 104). Spanische Unternehmen haben auch keinen Aufsichtsrat; im Vorstand sind Arbeitnehmer auch nicht vertreten – von wenigen öffentlichen Unternehmen abgesehen. Insgesamt müssen spanische Unternehmen somit kaum ihre Belegschaft beachten. Andererseits müssen sie auch nicht feindliche Übernahmen befürchten oder strenge Buchhaltungsregeln befolgen, die liberale Unternehmen zwingen, gegenüber ihren Investoren offen zu sein (Jackson 2005: 12). Spanische Unternehmen werden somit weder durch ihre Arbeitnehmer noch durch den Finanzmarkt kontrolliert. Stattdessen sind Unternehmensanteile in den Händen von Familien und Banken, die starke Kontrolle ausüben (Jackson 2005:12). Da Unternehmensinhaber ihre Unternehmen oft selbst managen, stellt sich das Principal-Agent-Problem nicht, welches in Kapitel 1.2.1 beschrieben wurde (HBF/ETUI 2004: 104).

Unternehmensführung

Arbeitsbeziehungen   Nur 17 Prozent der spanischen Beschäftigten sind in Gewerkschaften organisiert, für 60 Prozent gelten Tarifverträge (EIRO 2009k: 1f). Die spanischen
Gewerkschaften teilen sich in zwei große Dachverbände. Diese konnten sich zwar
im Übergang zur Demokratie 1977 darauf einigen, Lohnforderungen an die Inflationsrate zu koppeln, wie es typisch für koordinierte Marktwirtschaften ist (Moreno 2001: 103; Lucio 2000: 440; Royo 2007: 49). Doch nationale Koordination
wurde schwieriger, als das gemeinsame Ziel aller Akteure erreicht war, nämlich
ein friedlicher Übergang zur Demokratie. Vielmehr findet wirtschaftliche Koordination im Rahmen industrieller Beziehungen nun auf regionaler und sektoraler
Ebene statt. Sie reflektiert Spaniens soziale und regionale Spaltungen (Pérez 2000:
345ff.; Royo 2007).

Zusammenfassung: Koordination erreichte Spanien vor allem, als sich noch alle Akteure einig
Spanien   waren, dass das Land zu einer stabilen Demokratie werden muss. Nun hat Spaniens
Marktwirtschaft kaum noch koordinierte Elemente. Zwar stimmen sich Gewerkschaften und Arbeitgeber sektoral ab, doch sind diese Abstimmungen oft auch
noch regional zersplittert. Zudem müssen sich spanische Unternehmen kaum mit
ihrer Belegschaft abstimmen. Spaniens Wirtschaft ist somit bestenfalls schwach
koordiniert und zudem auch noch von regional unterschiedlichen Regelungen geprägt. Es ist darum schwer, das Land in die Varieties-Typologie einzuordnen.

4.5.4 Portugal: Zu arm für Koordination oder Liberalismus

Hintergrund   Vieles, was auf Spanien zutrifft, gilt noch mehr für Portugal. Im Vergleich zu den
liberalen und koordinierten wirtschaftlichen Kraftzentren hat sich Portugal erst
spät entwickelt und ist immer noch relativ arm. Portugiesische Arbeitskräfte kosten beispielsweise weniger als halb so viel wie deutsche, der Mindestlohn lag 2009
bei monatlich 450 Euro (EIRO 2009f: 1; EIRO 2009j: 1). Portugal war, ähnlich
wie Spanien, seit 1932 ein autoritäres Regime, geführt von dem Katholiken Antó-
nio de Oliveira Salazar. Dieser wollte Portugal „traditional, rural, and Catholic"
halten (Crouch 1993: 177). Das ist ihm gelungen. Erst in den 1970er Jahren wurde
Portugal demokratisch. Seitdem hat es sich langsam entwickelt, konkurriert jedoch immer noch vor allem über sein niedriges Lohnniveau. Das Land hat kaum
Industrien oder Dienstleistungen, die auf Weltmärkten bestehen können. Denn
portugiesischen Unternehmen fehlen sowohl die Flexibilität und Fähigkeit zu radikalen Innovationen, die liberale Länder haben, als auch die hochqualitative und
diversifizierte Produktion mit inkrementellen Innovationen, die koordinierte Länder auszeichnet. Obwohl Portugals Bevölkerung größer ist als beispielsweise die
Schwedens, verfügt es über keine international bekannten Unternehmen.

        Auch an Portugal zeigen sich die Grenzen des Varieties of Capitalism-Ansat-
zes. Denn weniger entwickelte Länder können schwer als liberal oder koordiniert
bezeichnet werden. Sie haben (noch) nicht die nötigen Institutionen entwickelt,
um in eine der beiden Kategorien zu passen. Insofern ist Portugal eher mit den
Niedrig- und Mittellohnländern Osteuropas vergleichbar als mit den entwickelten

Ländern der Varieties-Typologie. Hall und Soskice (2001a: 21) sehen es entsprechend weder als liberal noch als koordiniert an.

Auch Portugals Unternehmensführung ist weder liberal noch koordiniert. **Unternehmens-** Denn nur in großen Unternehmen gibt es Betriebsräte, die von den Arbeitneh- **führung** mern gewählt werden. Räte, die die Gewerkschaftsmitglieder repräsentieren, gibt es zwar öfter. Doch die Unternehmensleitung kann beide übergehen (EIRO 2009j: 6f.; Fulton 2011). Portugal ist damit das einzige nicht-liberale Land, dessen Betriebsräte – sofern überhaupt vorhanden – keinerlei Einspruchsrechte haben (vgl. Abbildung 2).

Portugiesische Unternehmen haben zudem keinen Aufsichtsrat. Auch im Vorstand haben Arbeitnehmer keine Mitspracherechte. Bis hierhin müsste man sagen, Portugals Unternehmensführung sei klar liberal. Doch portugiesische Unternehmen müssen auch gegenüber ihren Aktionären kaum Vorschriften erfüllen. Unternehmen müssen nur wenige ihrer Zahlen offen legen und es gibt kaum einem Markt für Unternehmenskontrolle, so dass Unternehmen sich keine Sorgen machen müssen, dass Konkurrenten sie aufkaufen. Stattdessen sind Unternehmensanteile in den Händen anderer Unternehmen und Banken (Jackson 2005: 12). Die Bedeutung frei an der Börse handelbarer Unternehmen ist gering, auch im Vergleich zum sowieso schon niedrigen Bruttoinlandsprodukt (vgl. Abbildung 8).

In Portugal sind 22 Prozent der Beschäftigten gewerkschaftlich organisiert; **Arbeitsbeziehungen** jedoch unterliegen im Privatsektor 90 Prozent Tarifverträgen. Der Grund dafür sind nicht starke Gewerkschaften oder Arbeitgeberverbände. Vielmehr weitet das zuständige Ministerium Lohnabschlüsse auf nicht-organisierte Arbeitnehmer und Arbeitgeber aus, so dass Unternehmen nach Tarifvertrag zahlen müssen (EIRO 2009j: 1ff.). Trotz der niedrigen Organisationsquote gelang in Portugal tripartistische Koordination zwischen Arbeitgebern, dem Staat und den Gewerkschaften. Doch dies geschah vor allem, als es – ähnlich wie in Spanien – darum ging, in den 1970er und 1980er Jahren einen friedlichen Übergang zur Demokratie zu finden. Danach waren Gewerkschaften und Arbeitgeber eher zerstritten (Barreto/ Naumann 2000: 395; Lima/Naumann 2000: 322; Chuliá/Asensio 2007: 622). Genauso wie Spanien hat Portugal damit weder vollkommen dezentralisierte, noch zentralisierte Arbeitsbeziehungen (Glatzer 2005: 113). Lohnverhandlungen sind vor allem sektoral (EIRO 2009n: 3; EIRO 2009j: 4). Allerdings unterscheidet sich Portugaldarin von Spanien, da es weniger stark in Regionen gegliedert ist.

Ähnlich wie in Spanien und Italien schützen Portugals rigide Kündigungs- **Wohlfahrtsstaat** regeln regulär angestellte Arbeitnehmer in wirtschaftlichen Kernsektoren. Das bedeutet für diese Arbeiter eine hohe Jobstabilität und Löhne, die eine Familie ernähren können. Zudem steigen die Löhne mit dem Alter an. Daneben gibt es einen peripheren Sektor, der instabile und schlecht bezahlte Beschäftigung bietet (Ferrera 2010: 619; EIRO 2009j). Prekäre Beschäftigungsverhältnisse und Arbeitslosigkeit treffen insbesondere Jugendliche. Wer ein Normalarbeitsverhältnis hat, ist dagegen bei Arbeitslosigkeit gut abgesichert. In den ersten zwei Jahren bekommt ein durchschnittlicher Arbeitsloser 79 Prozent seines vorherigen Lohnes. Die durchschnittliche Arbeitslosenhilfe sinkt allerdings im fünften Jahr bis auf 3 Prozent (OECD 2009: 76). Auch hier zeigt sich wieder die Zwitterstellung zwischen liberalen und koordinierten Arrangements. Für regulär Beschäftigte bietet Portugal einen hohen Schutz. Viele prekär Beschäftigte schaffen jedoch den Übergang in diesen Sektor nicht, denn die Unternehmen halten sich zurück, Arbeitnehmer in diesen extrem geschützten Bereich aufzunehmen.

*Zusammenfassung:
Portugal*

Mehr als liberal oder koordiniert ist Portugal vor allem arm. Es konkurriert über niedrige Löhne, statt über radikale oder inkrementelle Innovationen. Entsprechend passt es auch nicht in eine der beiden Varieties-Schubladen. Die Unternehmensführungsregeln in Portugal sind liberal, Unternehmen müssen sich nicht mit ihrer Belegschaft absprechen. Andererseits stehen Unternehmen auch nicht unter dem Kapitalmarktdruck, wie Unternehmen in liberalen Ländern es tun. Im Bereich der Arbeitsbeziehungen wiederholt sich diese Zwitterstellung. Zwar unterliegen viele Beschäftigte Tarifverträgen. Doch es gibt keine zentralisierten Verbände, die gesamtwirtschaftlich-koordinierende Aufgaben übernehmen. Auch schützt Portugal seine Arbeitnehmer stark vor Arbeitslosigkeit. Doch aufgrund der starren Kündigungsregeln finden gerade Jugendliche keine, unsichere oder schlecht bezahlte Arbeit. Das erklärt, warum Portugal sich nicht klassifizieren lässt. Möglicherweise entwickelt es sich in eine der beiden Richtungen, wenn das Lohnniveau steigt und Unternehmen nicht mehr über niedrige Löhne konkurrieren können.

4.6 Und der Rest der Welt?

Hier endet die detaillierte Darstellung der zwanzig wichtigsten Varieties of Capitalism-Länder. Dabei fehlten Länder, die nicht zu den typischen entwickelten Staaten gehören. Was ist mit Asien? Was ist mit Osteuropa, Südamerika und Afrika? Hall und Soskice (2001a: 21) nennen zwar die Türkei (zusammen mit Frankreich, Italien, Spanien, Portugal und Griechenland) als unklaren Fall. Doch viele Forscher kritisieren, dass sich der Varieties-Ansatz nur auf entwickelte Länder konzentriert und Schwellenländer vernachlässigt.

Dahinter steckt die Überlegung, dass – wie Portugal zeigt – viele Länder (noch) keine koordinierten oder liberalen Arrangements haben, welche die Varieties-Typologie unterscheidet. Trotzdem versuchen Wissenschaftler die Typologie auf weitere Länder auszudehnen. Die folgenden Kapitel gehen darauf ein und zeigen, welche Institutionen China sowie osteuropäische und lateinamerikanische Länder haben. Für die anderen Länder Asiens, ebenso wie für afrikanische Länder, liegen bisher leider kaum brauchbare Untersuchungen vor.

4.6.1 China

*Der Wert der
Varieties-Typologie
in der Klassifikation
neuer Länder*

Voraussichtlich 2020 wird China ein höheres Bruttoinlandsprodukt als die USA haben. Damit wird es das wirtschaftlich wichtigste Land der Welt. Ist es darum nicht wichtig zu verstehen, ob China eine koordinierte oder liberale Ökonomie ist? Nein, denn China konkurriert immer noch über niedrige Löhne, nicht über radikale oder inkrementelle Innovationen, weswegen bisherige Versuche, China in eine der beiden Kategorien, liberal oder koordiniert zu pressen, nicht weit geführt haben, wie die folgenden Abschnitte zeigen.

Prinzipiell ist ein Nutzen der Varieties-Typologie, dass man damit bisher unbekannte Länder klassifizieren kann. Denn Varieties of Capitalism sagt einem, worauf man achten muss, wenn man versucht, Länder zu klassifizieren. Die Typologie sensibilisiert dafür, ob 1) das Finanzsystem langfristiges oder kurzfristiges Kapital bereitstellt, 2) die interne Struktur von Unternehmen aus kooperativer Abstimmung mit den Arbeitnehmern oder Managementfreiheit besteht, 3) Arbeitsbeziehungen aus kooperativem Korporatismus mit Absprachen oder flexiblem Pluralismus besteht, 4) das Ausbildungssystem kooperative Absprachen zwischen Arbeitgebern, Arbeitnehmern und dem Staat vorsieht oder individuelle Investitionen in die eigene Ausbildung dominieren und 5) Unternehmensbeziehungen aus kooperativer Zusammenarbeit bestehen oder Unternehmen sich gegenseitig aufkaufen. Was ergibt sich also, wenn man die verschiedenen Subsysteme Chinas auf die Frage hin überprüft, ob sie liberal oder koordiniert sind? Dies hat Michael Witt (2010) gemacht, auf dem die folgenden Absätze basieren.

China ist nicht kapitalmarktgetrieben. Kapital ist nicht nur kurzfristig verfügbar. Stattdessen stellen staatliche Banken Kapital langfristig zur Verfügung, was China eher in die Nähe einer koordinierten Marktwirtschaft rückt. Doch die Banken haben kaum Kontrolle über Unternehmen, da sie – anders als in koordinierten Marktökonomien – keine Anteile an diesen halten dürfen. Außerdem sind die Banken staatlich gelenkt, so dass es weder ein markt- noch ein tatsächlich bankbasiertes System gibt.

Unklare Unternehmensfinanzierung

Chinesische Vorstände sind *innerhalb* ihres Unternehmens sehr mächtig, was liberalen Marktwirtschaften entspricht. Auch ist die Mobilität chinesischer Arbeitnehmer höher als in liberalen Marktwirtschaften, so dass langfristige Absprachen schwierig sind. In seiner Unternehmensführung erscheint China somit als extrem liberal.

Eher liberale Unternehmensführung

Zwar sind 48 Prozent der chinesischen Arbeitnehmer in der chinesischen Gewerkschaftsföderation All China Federation of Trade Unions und für 34 Prozent der Arbeitnehmer gelten Tarifverträge. Doch sowohl die nationale Gewerkschafts- als auch die Arbeitgeberföderation sind regional zersplittert. Außerdem kontrolliert die kommunistische Partei (KP) alle Gewerkschaften – denn da die KP ihrer Doktrin nach die Interessen der Arbeiter vertritt, kann sie keine unabhängige Gewerkschaft neben sich dulden. In der Realität ist die KP aber auf die Interessen der Wirtschaft und Arbeitgeber fokussiert, so dass Gewerkschaften, die ja von der KP kontrolliert werden, die Arbeitnehmer nicht wirklich repräsentieren. Paradoxerweise führt somit gerade die Herrschaft der kommunistischen Partei dazu, dass Arbeitnehmerrechte nicht besonders gut ausgebaut sind. Auch wenn Koordination somit im Prinzip möglich ist – sofern der Staat es will – können Verbände nicht viel ausrichten und der Staat hält sich in der Praxis ebenfalls zurück. Diese Lücke zwischen prinzipiell möglicher und tatsächlich stattfindender Regulierung besteht im Übrigen auch beim Kündigungsschutz. Während dieser laut Gesetz stark ist, wird der Kündigungsschutz in der Praxis kaum beachtet, so dass Chinas de facto Kündigungsregeln eher einer liberalen Marktökonomie entsprechen.

Theoretisch kommunistische, de facto liberale Arbeitsbeziehungen

Unkoordiniertes
Ausbildungssystem

In der Berufsausbildung arbeiten Gewerkschaften, Arbeitgeber und der Staat nicht zusammen, um Ausbildungen an Unternehmensbedürfnisse anzupassen. Auch die Unternehmen selbst haben kein Interesse auszubilden, da Arbeitnehmer nur kurz im Unternehmen verbleiben. Auch hier entspricht China einer liberalen Marktökonomie. Zudem legt die klassische chinesische Bildung eher Wert auf generelle intellektuelle, statt berufsspezifische Fähigkeiten, da letztere mit einfacher, manueller Arbeit assoziiert werden. Insgesamt passt China auch hier eher in die liberale Kategorie.

Kopieren statt
kooperieren

Dies gilt auch für den letzten Bereich, den der Unternehmensbeziehungen. Chinesische Unternehmen kooperieren kaum, um Zugang zu Technologien zu bekommen. Wenn Unternehmen das Wissen anderer Firmen wollen, kopieren sie deren Produkte, was zwar auch in China rechtswidrig ist, doch in der Praxis geduldet wird. Zudem können Unternehmen aufgrund der hohen Arbeitnehmermobilität auch an neue Technologien gelangen, indem sie Arbeitnehmer von anderen Unternehmen abwerben.

China als liberale
Marktökonomie?

Witt (2010), auf den die vorherigen Abschnitte zurückgehen, kommt deswegen zu dem Schluss, dass China eher einer liberalen, statt einer koordinierten Marktökonomie entspricht, schließlich müssen sich Unternehmensvorstände weit weniger als in liberalen Marktökonomien mit ihren Arbeitnehmern absprechen; Arbeitsbeziehungen sind nicht durch unabhängige Verbände koordiniert; das Ausbildungssystem ist nicht durch Arbeitgeber- und Arbeitnehmerverbände an die Bedürfnisse der Unternehmen angepasst; und auch die Unternehmensbeziehungen sind nicht durch Kooperation geprägt, sondern durch Konkurrenz und gegenseitiges Abwerben von Arbeitskräften, wie man es aus liberalen Marktökonomien kennt. Nur das Finanzsystem passt nicht, denn es ist weder liberal, da die Finanzmärkte kaum eine Rolle spielen, noch ist es bankenbasiert, da es keine unabhängigen Banken gibt.

Fligstein und Zhang (2011) stimmen bei ihrem Versuch, China zu klassifizieren, in vielem mit Witt überein. So argumentieren sie ebenfalls, dass China de facto kaum Beschränkungen für Kündigungen hat und Arbeitnehmer kaum organisiert sind. Doch sie führen auch an, dass der chinesische Staat die Marktwirtschaft stark kontrolliert und viele Unternehmen zudem direkt in Staatbesitz sind. Fligstein und Zhang erklären deswegen, dass China nicht einer liberalen Marktwirtschaft ähnlich ist, sondern Frankreich, einer Marktwirtschaft, in der der Staat ebenfalls die dominante Rolle spielt, während Verbände relativ unwichtig sind (Fligstein/Zhang 2011: 50ff.). Da manche China als marktgetrieben und damit als liberale Marktökonomie sehen, während andere es als staatsgetrieben und damit als eine Art französische koordinierte Marktwirtschaft sehen, nehmen Varieties-Skeptiker China als Beleg, dass die Varieties-Typologie außerhalb entwickelter Länder wenig Sinn macht, schließlich gebe es eine „apparent inability of the conventional VoC framework to digest the Chinese model" (Peck/Zhang 2013: 385). Das stimmt aber nur zur Hälfte. Denn es ist zwar richtig, dass China möglicherweise weder in die Kategorie einer liberalen noch einer koordinierten Marktwirtschaft fällt, doch dass es das *nicht* tut, entspricht den Vorhersagen der Varieties-Typologie. Diese erklärt schließlich, warum Länder entweder besonders gut in radikalen oder inkrementellen Innovation sind. China jedoch hat zwar als Land eine sehr hohe Wirtschaftskraft, doch das Pro-Kopf Bruttoinlandsprodukt von China ist weniger als 10 Prozent des deutschen.[16] Das heißt, dass China nicht über inkrementelle oder radikale Innovationen konkurriert, sondern über niedrige Löhne. Insofern als China nicht über radikale oder inkrementelle Innovationen konkurriert, gibt es auch keinen Grund, warum es eine liberale oder koordinierte Marktökonomie sein sollte.

Bestehende Forschung äußert, ähnlich wie im Falle Chinas, dass Indien, Indonesien, Laos, Malaysia, die Philippinen, Thailand und Vietnam schlecht einzuordnen sind, weil sie Aspekte liberaler und koordinierter Marktwirtschaften mischen oder keinem der beiden Modelle entsprechen, so dass Forscher auch hier meinen: „the traditional dichotomy of CMEs versus LMEs (Hall and Soskice, 2001) is not useful for understanding Asian business systems" (Witt/Redding 2013: 295). Das mag sein, doch hat auch niemand behauptet, dass die über niedrige Löhne konkurrierenden asiatischen Länder in eine der beiden Kategorien fallen müssten. Denn ob ein Land liberal oder koordiniert ist, wird eben erst eine relevante Kategorie, wenn es nicht mehr lediglich über niedrige Löhne, sondern durch radikale oder inkrementelle Innovationen konkurrieren. Dementsprechend sind entwickelte asiatische Länder einfacher einzugruppieren. Ein relativ klarer Fall ist Korea, wo es, ähnlich wie in Japan, Unternehmensgruppen gibt, die dort Chaebols heißen und in denen erhebliche wirtschaftliche Koordination stattfindet (Tipton 2009: 409). Ob jedoch China und andere asiatische Länder ebenfalls – wie Japan – eine Art der Koordination entwickeln, muss so lange unklar bleiben, wie diese Länder über niedrige Arbeitskosten konkurrieren.

4.6.2 Osteuropa

Nölke und Vliegenthart (2009) haben die vier osteuropäischen Länder Tschechien, Ungarn, Polen und die Slowakei untersucht. Gerade bei den osteuropäischen Ländern, die seit 1989 ihre Wirtschaftsverfassung frei wählen können, stellt sich die Frage, ob diese sich in die liberale oder koordinierte Richtung entwickeln. Doch Nölke und Vliegenthart meinen, dass sich diese Länder in keine der beiden Richtungen entwickelt haben. Stattdessen bilden sie einen dritten Kapitalismustyp, den einer abhängigen Marktökonomie (DME – „dependent market economy"). Denn während koordinierte und liberale Länder jeweils ein kohärentes System bilden, an das sich ausländische Investoren anpassen müssen, sind die Institutionen osteuropäischer Firmen von den Arrangements abhängig, die multinationale Konzerne einführen. Nicht nationale Institutionen beeinflussen hier die Unternehmen, sondern letztere bringen ihre eigenen Institutionen mit.

Abhängige Marktökonomien in Osteuropa?

Beispielsweise bauen deutsche Autohersteller in Osteuropa Fabriken, um günstiger zu produzieren. Forschung, Entwicklung und Design bleiben jedoch im Mutterland. Die Autohersteller bringen deswegen Regulierungsformen mit, die für reibungslose Produktion sorgen – nicht jedoch für Innovationen. Westliche

Importierte Institutionen

---

16 Quelle: http://data.worldbank.org/indicator/NY.GNP.PCAP.KD - Abruf am 13.01.2013

Unternehmen, die Lohnkosten sparen wollen, benötigen günstige und trotzdem qualifizierte Arbeitskräfte. Beides finden sie in Gebieten Osteuropas, die aus der Zeit des Kommunismus noch Wissen und Fähigkeiten für industrielle Produktion haben, beispielsweise die notwendigen Ausbildungsgänge. Da die wirtschaftlichen Bedingungen, die diese Länder anbieten, ein System komplementärer Institutionen bilden, meinen Nölke und Vliegenthart von einem Kapitalismustyp sprechen zu können.

Da dieses System sich durch die Investments internationaler Unternehmen definiert, erklärt es sich umgekehrt nicht durch Markt-, Staats- oder Verbändekoordination. Zentral für wirtschaftliche Koordination ist hier vielmehr die Hierarchie großer Unternehmen. Entsprechend finanzieren sich Unternehmen weder durch Kapitalmärkte, wie in liberalen Marökonomien, noch durch Hausbanken, wie in koordinierten Marktökonomien. Stattdessen finanzieren Mutterunternehmen aus Westeuropa ihre Ableger in diesen Ländern. Auch Innovationen finden in den Mutterunternehmen statt, die diese dann in die abhängige Marktökonomie exportieren.

Keine Streiks und
keine Mitbestimmung

Da Unternehmen ihre Belegschaft langfristig brauchen, sind sie an stabilen Kooperationsbeziehungen interessiert. Das für liberale Länder typische „hire and fire" findet man darum kaum. Unternehmen erlauben jedoch auch keine Unternehmensmitbestimmung, wie sie in koordinierten Ländern typisch ist. Dessen ungeachtet versuchen Unternehmen ihre Belegschaft zufrieden zu halten, da Streiks extrem teuer werden, nachdem Produktionskapazitäten an einem Standort aufgebaut und in eine internationale „just in time" Lieferkette eingebaut sind. Kollektive Tarifverträge oberhalb des Unternehmensniveaus bestehen nicht, da die Unternehmen sich an ihrem Mutterunternehmen orientieren.

Günstige Produktion,
statt Innovationen

Dieses System führt dazu, dass diese Länder weder stark in inkrementellen noch in radikalen Innovationen sind, sondern in der günstigen Produktion halbstandardisierter industrieller Güter, wie Autos oder Elektronik. Design und Forschung finden in diesen Ländern jedoch nicht statt. In der *Produktion* von Gütern sind die abhängigen Marktökonomien jedoch recht flexibel, das heißt, sie können sich mit ihrer gut qualifizierten Belegschaft schnell auf neue Produkte umstellen.

Ausländische
Investitionen,
ausländische
Institutionen

Das Hauptmerkmal dieses Kapitalismustyps ist somit, dass Kapital, Innovationen und Institutionen von außen kommen. Unternehmen, die investieren wollen, treffen nicht auf ein festes und kohärentes System, mit dem sie sich anfreunden müssen. Vielmehr können Unternehmen ihre eigenen Regelungen mitbringen. Dieses System zeigt sich somit auch an starken Direktinvestitionen in den betroffenen Ländern. In der Euro-Zone hatten ausländische Tochterfirmen und Zweigniederlassungen 2004 einen Marktanteil von 16 Prozent; in Osteuropa waren es dagegen 70 Prozent, so dass ausländische Firmen den Markt beherrschen. In Polen gehören annähernd 100 Prozent aller technologieintensiven Branchen ausländischen Investoren, was die These abhängiger Marktökonomien belegt (Nölke/ Vliegenthart 2009: 681, 688). Nicht nur Unternehmensanteile sind in Osteuropa in der Hand von Ausländern. Auch die Corporate Governance Codes vieler dieser Länder sind nicht dort entstanden, sondern von der EU auferlegt.

Ungarn hat allerdings daneben auch Elemente tripartistischer Koordination, die nationale Abstimmung ermöglichen. In Tschechien und der Slowakei setzen sektorale Lohnverhandlungen Mindeststandards. Doch auch dort ist die Unternehmensebene wichtiger als alle anderen, ebenso wie in Polen (EIRO 2009n: 2f.). Bisher hat dieses System den osteuropäischen Ländern zu einem passablen Wirtschaftswachstum verholfen. Fraglich ist jedoch, ob Unternehmen bei steigenden Löhnen in günstigere Länder ziehen oder ob die abhängigen Marktökonomien bis dahin Vorteile entwickelt haben, wegen derer Unternehmen höhere Löhne zahlen werden.

Ein einziges osteuropäisches Land zeigt bisher, dass ehemals kommunistische Länder zu koordinierten Marktwirtschaften werden können, dies ist Slowenien (Nölke/Vliegenthart 2009: 692). Crowley und Stanojević (2011) haben das Land genauer untersucht und ihre Ergebnisse sind eindeutig: Annähernd 100 Prozent der slowenischen Arbeitskräfte unterliegen sektoralen Tarifverträgen, während in den meisten osteuropäischen Ländern Verträge auf Unternehmensebene vorherrschen. Slowenien hat ein duales Ausbildungssystem, das dem deutschen ähnelt und in dem Arbeiter unternehmens- und branchenspezifische Fähigkeiten erlernen. Slowenien ist auch das einzige osteuropäische Land mit Betriebsräten, welche ähnlich weitreichende Mitbestimmungsrechte haben wie in Deutschland. Auf nationaler Ebene sprechen sich Arbeitgeber, Gewerkschaften und der Staat über moderate Lohnsteigerungen ab, welche die Inflation nicht anheizen. Auch gibt Slowenien einen höheren Anteil seiner Wirtschaftskraft für Sozialleistungen aus als jedes andere osteuropäische Land. Durch dieses System hat Slowenien einen höheren Lebensstandard als alle anderen osteuropäischen Länder. Trotzdem hat das Land eine geringe soziale Ungleichheit. Genau für diese Kombination eines hohen und relativ gleichmäßig verteilten Lebensstandards, sind koordinierte Marktwirtschaften bekannt. Mit nur zwei Millionen Einwohnern ist Slowenien zwar wirtschaftlich nicht sehr relevant, aber aus wissenschaftlicher Perspektive ist interessant, warum dort eine koordinierte Marktwirtschaft entstehen konnte, während dies in allen anderen ex-sozialistischen Ländern nicht geschah.

Slowenien exportierte schon als sozialistisches Land Güter, deren Herstellung Facharbeiter benötigte, so dass Arbeitgeber hohe Qualifikationen sicherstellen wollten, statt niedrige Löhne. Doch die Geschichte ist nicht so einfach, wie Varieties of Capitalism es suggerieren würde: Es waren nicht nur die Arbeitgeber, die koordinierte Arrangements unterstützten, weil diese für sie ein Wettbewerbsvorteil waren. Ebenso wichtig war, dass Arbeiter für ihre Interessen genau zu dem Zeitpunkt streikten, als die Regierung darüber nachdachte, vormals staatliche Unternehmen zu privatisieren. Aufgrund dieses Timings entstand die Idee, Arbeiter an den Aktien und der Kontrolle der zu privatisierenden Unternehmen zu beteiligen. Ein weiterer begünstigender Faktor war Sloweniens ethnisch homogene Bevölkerung. Außerdem war Slowenien kaum von ausländischen Direktinvestitionen abhängig, die von den Institutionen einer koordinierten Marktwirtschaft hätten abgeschreckt werden können. Stattdessen gab es in Slowenien noch Unternehmen aus dem Kommunismus, in denen Arbeitnehmer und Arbeitgeber kooperierten. Diese zeigten, dass Kooperation möglich war und galten wegen des damit verbundenen

Abweichungen vom und Ergebnisse des osteuropäischen Modells

Slowenien: Eine koordinierte Marktwirtschaft

sozialen Friedens als Vorbild für den Rest der Wirtschaft. Um den streikenden Arbeitern zusätzlich entgegenzukommen, führte die Regierung eine umfangreiche Arbeitslosenversicherung und die Möglichkeit zur Frühverrentung ein. Die Regierung zog aus diesem Streik die Lehre, dass sie Forderungen der Arbeiter und Gewerkschaften ernst nehmen sollte und dass es Sinn machte, auf gemäßigte Forderungen der Arbeitnehmer einzugehen.

Arbeitgeber geben den Arbeitnehmern nach

Aus theoretischer Perspektive ist dies interessant, da es zeigt, dass Arbeitgeber sehr wohl koordinierte Arrangements unterstützen. Allerdings braucht es dazu auch Druck, der ihnen zeigt, dass liberalere Arrangements schwierig durchzusetzen sind. Wichtig ist zudem, dass die Arbeitnehmerbewegung von einer Gewerkschaft vertreten wird, die mit einer einheitlichen Stimme auftritt und konkrete erfüllbare Forderungen stellt sowie genug Kontrolle hat, um einen Streik zu beenden, wenn diese Forderungen erfüllt sind. Der Vergleich mit Polen zeigt, dass Streiks an sich noch keine Reformen in Richtung einer koordinierten Marktwirtschaft bringen (vgl. für die vorhergehenden Absätze Crowley/Stanojević 2011; vgl. auch Adam/Kristan/Tomsic 2009).

4.6.3 Lateinamerika

Hierarchische Marktwirtschaften in Lateinamerika?

Ben Ross Schneider (2009) hat untersucht, welcher Kapitalismusvariante die Länder Südamerikas entsprechen. Er meint, dass die wirtschaftlich bedeutsamsten Länder der Region, also Argentinien, Brasilien, Chile, Kolumbien und Mexiko, hierarchisch koordiniert sind. Dies bedeutet nicht, dass sie koordinierte Marktwirtschaften sind. Es gibt in diesen Ländern keine Aushandlung, sondern hierarchische Befehlsstrukturen in Unternehmensgruppen und multinationalen Unternehmen, atomistische – also unorganisierte – Arbeitsbeziehungen und niedrige Qualifikationen. Es gibt auch keine Institutionen, die für Kooperation im Unternehmen sorgen oder Kollektivgutprobleme bei Ausbildungen lösen können. Zudem sind Gewerkschaften in der Regel wegen einem hohen Beschäftigungsanteil im informellen Sektor.

Hierarchie statt Koordination oder Markt

Typisch für dieses System ist hierarchische Koordination in dem Sinne, dass übergeordnete Instanzen Befehle erteilen können. Das unterscheidet sich von Koordination, die auf Absprachen beruht, ebenso wie es sich von einer Orientierung am Markt unterscheidet. So beruhen beispielsweise südamerikanische Arbeitsbeziehungen auf Gesetzen, die nationale Regierungen erlassen, statt auf Aushandlungsergebnissen zwischen Arbeitnehmern und Arbeitgebern. Große Unternehmensgruppen sind häufig in der Hand von Familien, die alle Kontrollrechte innehaben. Diese Familien können sowohl Tochterfirmen als auch Arbeitern Anweisungen erteilen. Dafür müssen sie sich nicht kompliziert absprechen wie in koordinierten Marktwirtschaften. Das Wichtige ist dabei nicht per se, dass es hierarchische Anweisungen gibt – diese gibt es in anderen Marktwirtschaften auch. Wichtig ist, dass größere Teile der Wirtschaft keine Entscheidungen treffen können, weil sie von den Befehlen übergeordneter Instanzen abhängen. Die wichtigsten Unternehmen sind große einheimische Unternehmensgruppen und multinationale Unternehmen. Beiden ist gemeinsam, dass ein Mutterkonzern bestimmt, wie seine Filialen zu handeln haben. Diese Unternehmen sprechen sich also nicht ab, wie in koordinierten Marktwirtschaften oder folgen Marktdruck, wie in liberalen Marktwirtschaften. Sie folgen vielmehr den Befehlen ihrer Mutterunternehmen.

Gewerkschaften können in so einem System nur noch politisch aktiv werden, sind aber oft selbst staatlich (hierarchisch) kontrolliert. Für kollektive Lohnver-handlungen oder Absprachen in Unternehmen haben sie kein Mandat. Die Unter-nehmen haben ihre Produktion an den niedrigen Bildungsstand der Arbeitnehmer angepasst, so dass weder sie noch der Staat einen Anreiz haben, in Bildung zu investieren. Lateinamerika ist dadurch in einer „Niedrigqualifikationsfalle" (vgl. Kapitel 1.2.3). Anders als in koordinierten und liberalen Marktökonomien ist die-ses System nicht effizient, aber trotzdem stabil. Es kann sich nicht ändern, weil seine unterschiedlichen Teilsysteme sich trotz ihrer Ineffizienz gegenseitig stabili-sieren (vgl. für die vorherigen Absätze Schneider 2009).

Politische Gewerkschaften, niedrige Qualifikationen: gefangen in einem ineffizienten System

5 Wer ist am besten? Die wirtschaftliche und soziale Leistungsfähigkeit der Kapitalismusvarianten

Die letzten Kapitel haben die verschiedenen Kapitalismusarten unterschieden, erstens anhand verschiedener Institutionen und zweitens je nach Land. Doch dies lässt eine wichtige Frage unbeantwortet: Ist eine der Kapitalismusvarianten besser? Nach welchen Kriterien? In der Tat haben die verschiedenen Kapitalismusarten Stärken in unterschiedlichen Bereichen. Jede Kapitalismusvariante bringt beispielsweise ein unterschiedliches Ausmaß an sozialer Ungleichheit und Armut mit sich. Insofern ist es für die Bevölkerung eines Landes wichtig, ob ihre Wirtschaft koordiniert oder liberal ist. Dieses Kapitel vergleicht die verschiedenen Länder in Bezug auf unterschiedliche Aspekte ihrer wirtschaftlichen Leistungsfähigkeit. Es beginnt mit dem möglicherweise wichtigsten Faktor, der Wirtschaftskraft pro Kopf, also der Frage, wie reich ein Land ist.

5.1 Wirtschaftskraft

Hall und Soskice (2001a; Hall/Gingerich 2004; 2009) vermuten, dass durchgehend koordinierte und durchgehend liberale Kapitalismustypen erfolgreicher sind als Mischformen. Denn liberale Marktwirtschaften sollten mit radikalen Innovationen erfolgreich sein, während koordinierte Marktwirtschaften in inkrementellen Innovationen Vorteile haben. Gleichzeitig sind Mischformen weder in radikalen noch in inkrementellen Innovationen erfolgreich. Reine Kapitalismusformen sind nach dieser Sichtweise besser, da sie ein höheres Pro-Kopf-Bruttoinlandprodukt (BIP) haben, als gemischte Marktökonomien. Um zu zeigen, welche Länder nach diesem Maßstab am produktivsten sind, gibt folgende Abbildung das BIP pro Kopf wieder. Beide Balken geben das Bruttoinlandsprodukt pro Kopf in US Dollar wieder. Der schwarze Balken bereinigt die unterschiedliche Pro-Kopf Wertschöpfung jedoch (relativ zu den USA) um Kaufkraftparitäten. Der schwarze Balken berücksichtigt also, dass manche Länder teurer sind als andere und die höhere Produktion dieser Länder sich darum nicht in gleichem Maße in mehr Wohlstand umsetzt. Der schwarze Balken ist darum eine stärkere Annäherung an den tatsächlichen materiellen Lebensstandard eines Landes. Der graue Balken gibt hingegen wieder, wie viel man mit den durchschnittlichen Pro-Kopf erwirtschafteten Waren eines Landes in den USA kaufen könnte. Er gibt also wieder, wie wirtschaftlich leistungsfähig ein Land im Vergleich zu anderen ist, ohne dessen Binnenmarktpreisniveau in Rechnung zu stellen. So hat zwar beispielsweise die Schweiz eine sehr hohe Wertschöpfung pro Kopf (grauer Balken), aber das Leben in der Schweiz ist auch teurer als in den USA, so dass die Schweizer trotz einer höheren Wertschöpfung materiell keinen höheren Lebensstandard als die Amerikaner haben. Für die Menschen, die in einem Land leben, ist das Bruttoinlandsprodukt nach Kaufkraftparitäten wichtig, denn dieses misst, wie viel sich Bewohner eines Landes in diesem

Land leisten können. Darum ist dies der Indikator, an dem die Länder aufgereiht
sind.

*Abbildung 16: Pro-Kopf BIP in US $ nach Kaufkraftparitäten (schwarz) und kon-
stanten Wechselkursen (grau)*

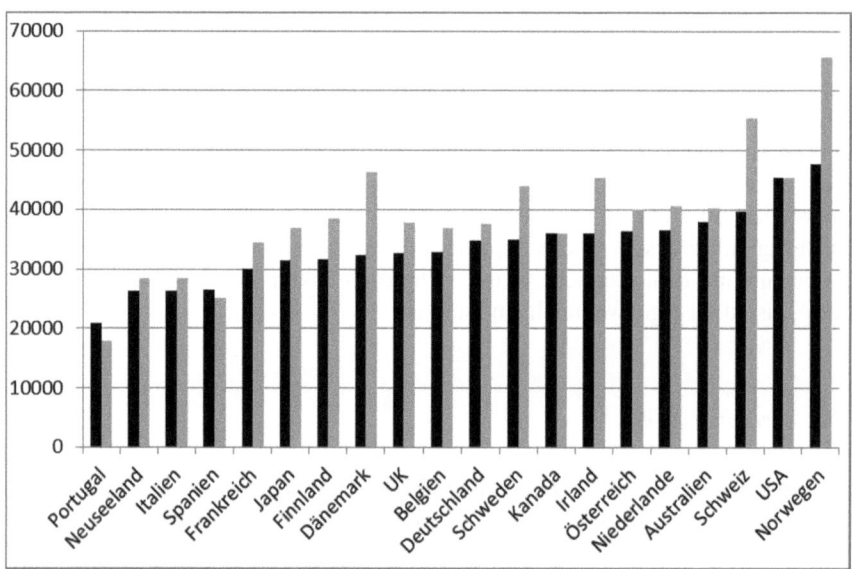

*Quelle: OECD.Stat 2013, Daten für 2012. Bruttoinlandsprodukt pro Kopf in US Dollar, konstante
Preise. Schwarzer Balken: BIP mit Kaufkraftparität, grauer Balken, BIP nach konstanten Wechselkursen.*

Wirtschaftskraft
ist unabhängig von
Liberalismus oder
Koordination

Wie man sehen kann, gibt es keine klare Gruppierung in koordinierte und liberale
Länder – egal ob man Kaufkraftparitäten berücksichtigt oder nicht. Die sechs liberalen Länder sind mit ihrer Wirtschaftskraft zwischen den restlichen Ländern verteilt. Dass sowohl koordinierte als auch liberale Länder erfolgreich sein können,
passt zu den Vorhersagen der Varieties of Capitalism-Typologie. Doch im Gegensatz zu deren Voraussagen lässt sich nicht erkennen, dass stark koordinierte oder
stark liberale Länder besonders erfolgreich sind. Relativ arm sind vielmehr die
südeuropäischen Länder und Neuseeland. Relativ reich sind jedoch liberale und
koordinierte Länder, wobei auch unklare Fälle eine hohe Wirtschaftskraft haben.

Insofern haben Hall und Soskice somit Unrecht, dass durchgehend liberale und durchgehend koordinierte (kohärente) Länder wirtschaftlich erfolgreicher
sind – zumindest gemessen am groben Maß des Bruttoinlandsproduktes. Dies ist
auch insofern nicht erstaunlich, als die Wirtschaftskraft eines Landes von weitaus
mehr Faktoren abhängt als von der Kohärenz seiner Institutionen entlang liberaler
oder koordinierter Prinzipien (vgl. für umfangreichere Berechnungen, unter Kon-
stanthaltung weiterer Einflussfaktoren Kenworthy 2006; Hall/Gingerich 2004;
Hall/Gingerich 2009). Für eine hohe Wirtschaftskraft ist die Nähe zum koordinierten oder liberalen Idealtypus also keineswegs die einzige Bedingung.

5.2 Patente

Eine weitere Kernthese der Varieties-Typologie ist, dass die zwei Kapitalismus-spielarten sich in ihrer Innovationsstärke unterscheiden. Hall und Soskice (2001a: 42f.) zeigen in ihrer Einleitung mit Statistiken des Europäischen Patentamtes, dass Deutschland augenscheinlich tatsächlich in genau jenen Wirtschaftsfeldern viele Patente hat, in denen die USA schwach sind – und umgekehrt. Deutschland ist erfolgreich in Bereichen, in denen inkrementelle Innovationen, also schrittweise Produktverbesserungen von Bedeutung sind; die USA sind dahingegen in Bereichen im Vorteil, die radikale Innovationen benötigen. Die Patentdaten, die Hall und Soskice nutzen, stammen jedoch aus den 1980er und 1990er Jahren. Die folgende Abbildung zeigt darum anhand neuerer Daten des Europäischen Patentamts, wie viele Patente die USA und Deutschland 2009 jeweils in verschiedenen Kategorien hatten.

Abbildung 17: Patente in Deutschland und den USA nach Wirtschaftssektor

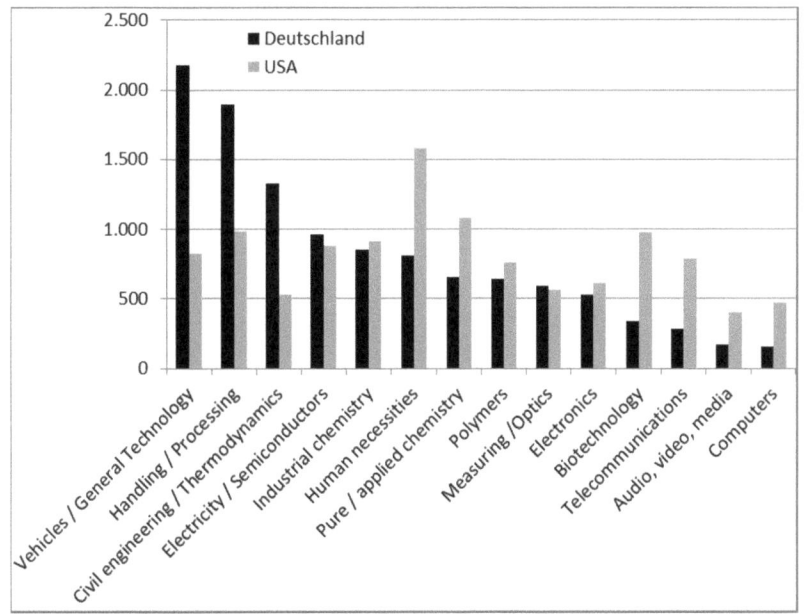

Quelle: Europäisches Patentamt 2009. URL: http://documents.epo.org/projects/babylon/eponet.nsf/0/ 9693C51802BAFF78C1257726004D7CA2/$File/granted_patents_2009_per_origin_and_technolo- gy_en.pdf - 28.08.2011

Auch an diesen neueren Patentdaten zeigt sich, dass Deutschland vor allem in Bereichen stark ist, in denen die USA schwach sind. Besonders stark ist Deutschland bei Patenten auf Fahrzeuge und generelle Technologie (vehicles and general technology), in der Ver- und Weiterverarbeitung von Gütern (handling and processing), dem Bauingenieurswesen und der Wärmetechnik (civil engineering and thermodynamics). Für diese Felder könnte man in der Tat argumentieren, dass es

Deutschland ist stark in traditionellen, die USA ist stark in neuen Industrien

weniger um radikal neue Innovationen geht, sondern eher um die stetige Verbesserung bestehender Produkte und Herstellungsprozesse.

Wenn man sich nun anschaut, wo die USA im Gegensatz zu Deutschland besonders stark sind, so ist dies Biotechnologie, Telekommunikation, Audio, Video,
Medien und Computer. Bei diesen Branchen handelt es sich um neue Industrien, bei
denen man vermuten kann, dass eher radikale Innovationen gefragt sind. Während
beispielsweise ein neuer Motor fast immer eine Weiterentwicklung eines alten Mo-
tors ist, ist ein neues biotechnologisches Produkt in der Regel eine Neuentwicklung.

Unklar bleibt jedoch, ob man überhaupt Patente anhand der Industriebereiche,
in denen sie angemeldet wurden, in radikale und inkrementelle Innovationen unterscheiden kann. Außerdem wird die Statistik dadurch verzerrt, dass in den USA mehr
Menschen leben als in Deutschland und allein deswegen dort mehr Patente zugelassen
werden. Zudem geht es hier bisher nur um zwei Länder und nicht um die zwanzig
OECD-Staaten, die in der Varieties of Capitalism-Typologie relevant sind. Aus diesem
Grund zeigt die folgende Abbildung die Patente pro Million Einwohner für jedes Land
in einem Industriezweig, in dem besonders die koordinierten Länder stark sein sollten.
Die folgende Abbildung veranschaulicht also, wie innovativ ein Land im Bereich von
Fahrzeugen und Basis-Technologien ist, gemessen an seiner Einwohnerzahl.

*Abbildung 18: Patentanmeldungen für Fahrzeuge und Basis-Technologien pro
Million Einwohner*

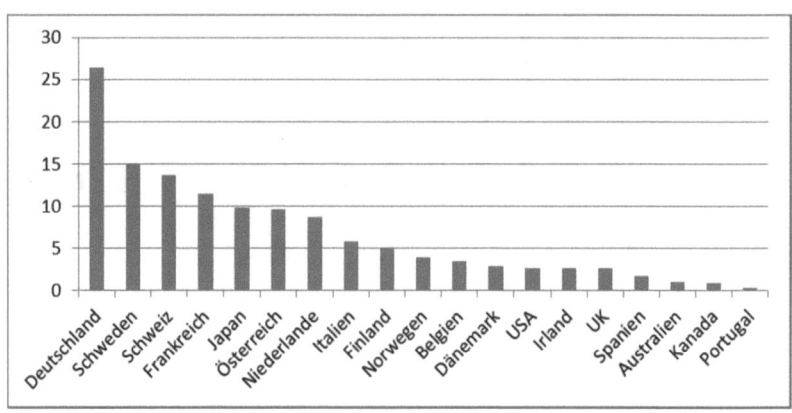

*Quelle: Europäisches Patentamt 2009. URL: http://documents.epo.org/projects/babylon/eponet.nsf/0/
9693C51802BAFF78C1257726004D7CA2/$File/granted_patents_2009_per_origin_and_technolo-
gy_en.pdf - 28.08.2011*

Wie man sehen kann, halten die koordinierten Länder im Fahrzeugsektor die meisten Patente pro Million Einwohner. Die fünf liberalen Länder (für Neuseeland gab
es keine Daten) haben – zusammen mit den technologisch rückständigen Ländern Spanien und Portugal – die wenigsten Patente. Doch auch diese Statistik hat
Schwächen. Die Frage ist, ob der eine, hier analysierte Wirtschaftssektor tatsächlich einen guten Anhaltspunkt für Stärke in inkrementellen Innovationen liefert.
Kann es nicht auch bei Fahrzeugen und Basistechnologien radikale Innovationen

geben? Auch könnten nicht-europäische Länder hier unterrepräsentiert sein, weil es um Patente beim Europäischen Patentamt geht (was allerdings nicht die Schwäche Irlands und Großbritanniens erklären würde).

Abbildung 19: Patente für Mechanik; Motoren, Pumpen, Turbinen und Maschinenwerkzeuge pro eine Million Einwohner

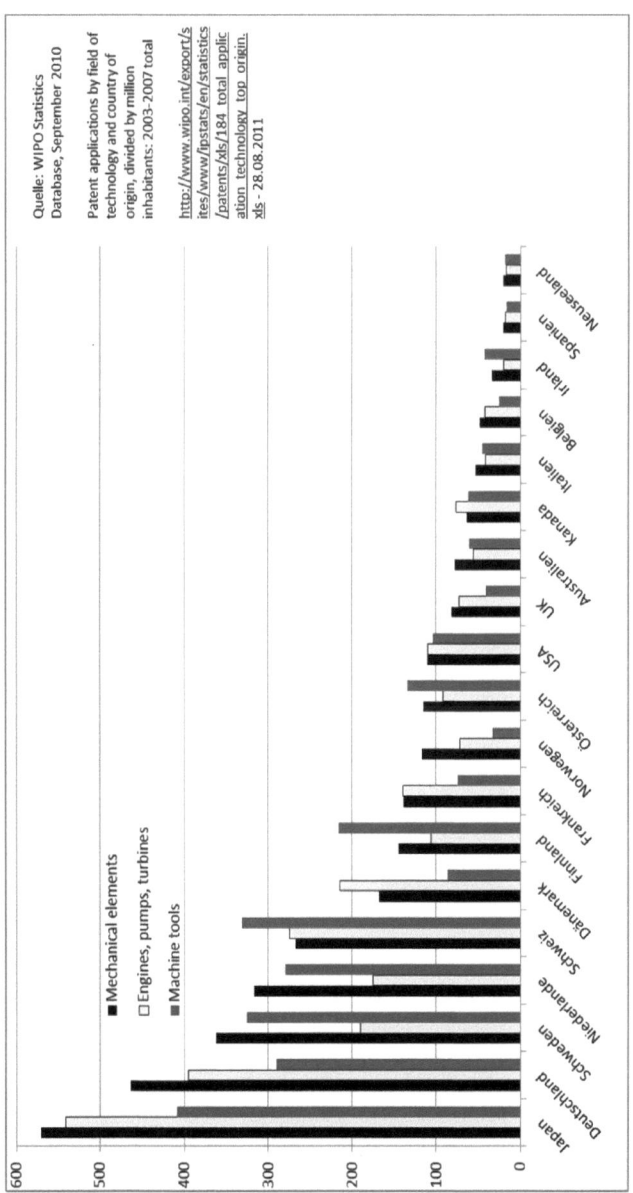

Koordinierte Länder
sind innovativer
in traditionellen
Industrien

Ein paar dieser Probleme kann man ausräumen, indem man Daten der World Intellectual Property Organization (WIPO) nutzt, die über internationale Patente informiert und Patentklassen genauer aufgliedert als das Europäische Patentamt. Die WIPO-Statistik zeigt, wie viele Patente in „klassischen" Industriebereichen vergeben werden, in denen eher bestehende Produkte verbessert, statt neue Produkte geschaffen werden. Abbildung 19 gibt wieder, wie viele Patente in den Bereichen Mechanik, Motoren, Pumpen und Turbinen sowie Maschinenwerkzeuge in verschiedenen Ländern pro Million Einwohner zwischen 2003 und 2007 vergeben wurden.

Abbildung 19 zeigt, dass mit Ausnahme von Spanien, Belgien und Italien alle koordinierten Länder in traditionellen Branchen pro Million Einwohner mehr Patente haben als die liberalen Länder. Interessant ist zudem, dass Länder, die in einer der traditionellen Industrien viele Patente haben, in der Regel auch in anderen traditionellen Industrien viele Patente haben. Dieser Befund passt zu der Varieties of Capitalism-Argumentation, dass Länder mit einem koordinierten Produktionssystem in mehreren Industriebereichen stark sind, die auf der kontinuierlichen Verbesserung von Produkten beruhen. Ein anderes Bild müsste sich nach dieser Argumentation ergeben, wenn man die Anzahl der Patente in relativ jungen Industrien betrachtet. Die folgende Abbildung zeigt daher Patente, die verschiedene Länder pro Million Einwohner im Bereich neuer „IT methods for management" (so die offizielle Bezeichnung) haben.

Abbildung 20: Patente für „IT methods for management" je Million Einwohner

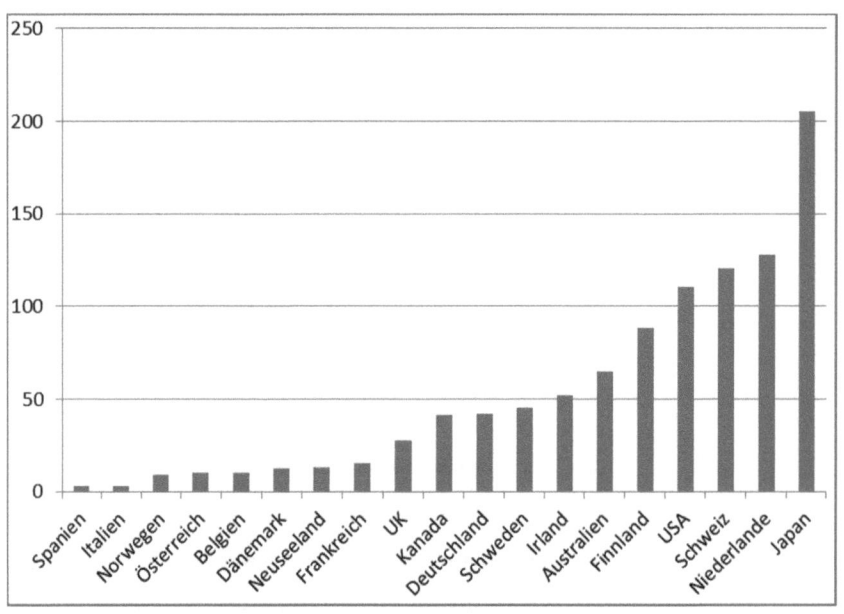

Quelle: WIPO Statistics Database, September 2010
Patent applications by field of technology and country of origin: 2003-2007 total
*http://www.wipo.int/export/sites/www/ipstats/en/statistics/patents/xls/184_total_application_*
technology_top_origin.xls - 28.08.2011

Diese Abbildung ist überraschend, denn auch hier dominieren die koordinierten Länder. Anscheinend werden in koordinierten Ländern generell mehr Patente vergeben. Wichtig ist darum eher der relative Vergleich mit den anderen Wirtschaftssektoren. Denn in dem neuen Industriebereich von Abbildung 20 sind liberale Länder wie die USA, Irland und Großbritannien nicht so weit abgeschlagen wie in den traditionellen Industrien. Hier befinden sich viele liberale Länder im Mittelfeld und teils sogar in der oberen Hälfte der Patentanmeldungen.

Die liberalen Länder sind stärker in einer neuen Industrie

Auch wenn die Datenlage nicht eindeutig ist, zeigt sich zumindest in der Tendenz, dass die Stärken und Schwächen der Länder in Bezug auf inkrementelle und radikale Innovationen den Voraussagen der Varieties of Capitalism-Typologie entsprechen, allerdings nicht in der Weise, dass die liberalen Länder besser in radikalen Innovationen sind, sondern dort einen geringeren Nachteil als bei inkrementellen Innovationen haben. Jedoch muss man auch davon ausgehen, dass weitaus mehr Faktoren als die jeweilige Kapitalismusart eines Landes beeinflussen, ob ein Land viele oder wenige Innovationen in einem bestimmten Bereich hervorbringt, beispielsweise, wie viel es in Forschung und Entwicklung investiert. Das folgende Kapitel untersucht, ob die Voraussagen der Varieties-Typologie auch insofern richtig sind, als dass liberale und koordinierte Länder nicht nur in unterschiedlichen Wirtschaftsbereichen Patente haben, sondern auch in unterschiedlichen Wirtschaftsbereichen Wert schöpfen.

Unterschiedliche Kapitalismusvarianten, unterschiedliche Patentstärken

5.3 Stärken in Wirtschaftssektoren

Je mehr Patente Länder in bestimmten Industrie- und Dienstleistungssektoren haben, desto wettbewerbsfähiger sollten sie in diesen sein. Der Varieties-Ansatz ist jedenfalls recht explizit darin, den koordinierten Ökonomien eine Stärke in etablierten und den liberalen Ökonomien eine Stärke in jungen Industrie- und Dienstleistungssektoren zuzuschreiben. Der vorherige Abschnitt zeigte, dass die koordinierten Länder mehr Patente in Industriesektoren haben. Die liberalen Länder müssten dagegen ihre Flexibilität nutzen können, um Dienstleistungen anzubieten. Entsprechend müsste in koordinierten Ländern der Industrie- und in liberalen Ländern der Dienstleistungssektor stärker ausgebaut sein. Wie die folgende Abbildung zeigt, ist dies der Fall.

Mit Ausnahme Irlands sind tatsächlich alle liberalen Länder in der Ländergruppe, in der die Industrie einen geringen Anteil der gesamten Wirtschaftsleistung erwirtschaftet. Die liberalen Länder haben damit anscheinend einen Vorteil im Dienstleistungssektor, während die koordinierten Länder eher auf Industrieproduktion spezialisiert sind.

Koordinierte Länder haben eine stärkere Industrie

Abbildung 21: Wertschöpfung in der verarbeitenden Industrie gemessen an Wirtschaftsleistung

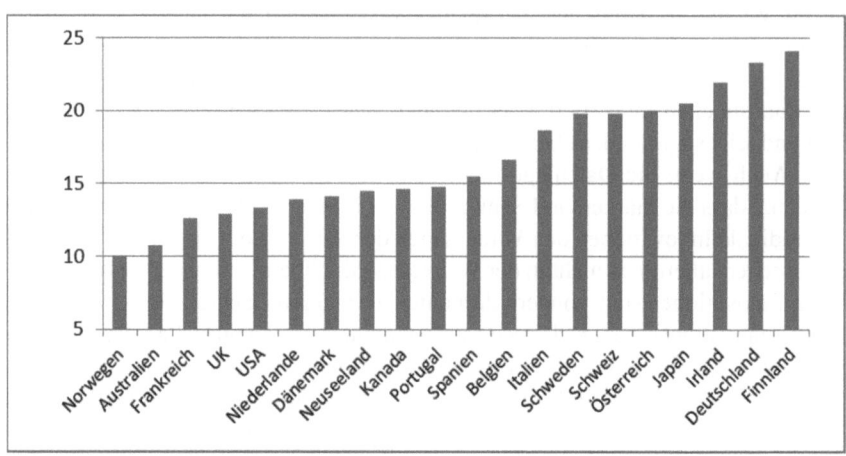

Quelle: OECD.Stat 2011, Daten für 2006

Besonders sind liberale Länder gut darin, neue Finanzdienstleistungen und Finanzprodukte zu schaffen. Diese Spezialisierung auf Wirtschaftssektoren ist messbar. Die OECD stellt dazu den „revealed comparative advantage" eines Sektors zur Verfügung. Dieser Indikator misst, wie hoch der Anteil eines wirtschaftlichen Sektors an allen Exporten eines Landes ist (beispielsweise könnten zehn Prozent aller deutschen Exporte Autos sein). Dieser Anteil wird dann durch den Wert geteilt, den Exporte dieser Kategorie weltweit durchschnittlich ausmachen. Beispielsweise könnte ein durchschnittliches Land nur fünf Prozent seiner Exporte mit Autos bestreiten – in diesem Fall würde sich für Deutschland ein Wert von zwei ergeben, denn seine Exporte in diesem Bereich wären doppelt so hoch wie in einem durchschnittlichen Land. Die verschiedenen Sektoren sind in der ISIC-Kategorisierung (International Standard Industrial Classification of all Economic Activities) festgehalten. Wenn man vergleicht, wie stark der komparative Vorteil verschiedener Länder in den verschiedenen ISIC-Kategorien ist, so sieht man, dass koordinierte Länder sich eher auf etablierte Industrien konzentrieren, liberale Länder dagegen eher auf Dienstleistungen und neue Industrien. Das folgende Schaubild verdeutlicht dies am Beispiel einer wirtschaftlichen Aktivität, die sehr etabliert ist, der Herstellung von Maschinen und Anlagen (ISIC-Code 29, Revision 3).

Abbildung 22: Komparative Vorteile in der Herstellung von Maschinen und Anlagen

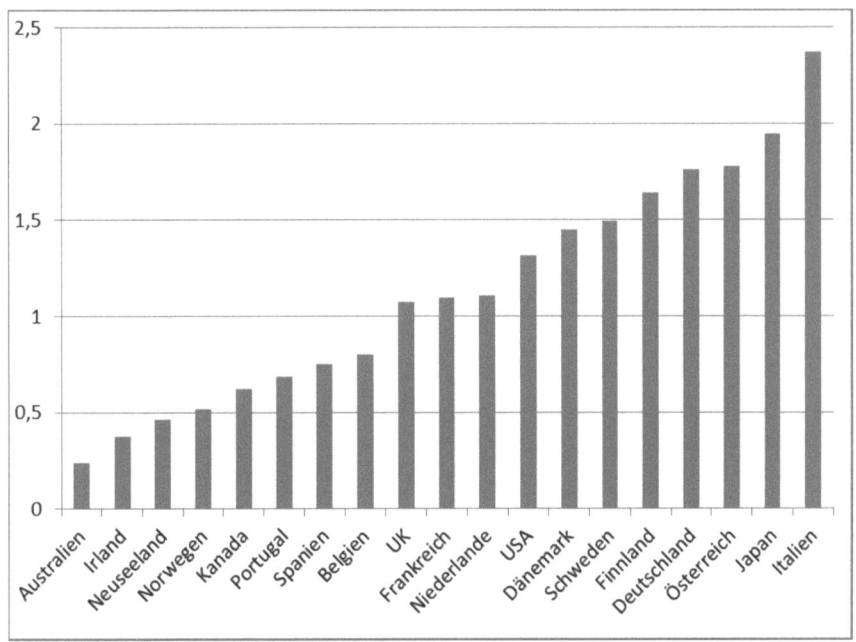

Quelle: OECD.Stat 2011, Daten für 2008, Indicator: 1: Revealed comparative advantage.
ISIC-CODE 29: Manufacturing of machinery and equipment n.e.c.

Hier zeigt sich tatsächlich ein deutlicher Unterschied zwischen den koordinierten und den liberalen Ländern. Die drei schwächsten Länder im Maschinen- und Anlagenbau sind liberal. Die sieben stärksten Länder im Anlagen- und Maschinenbau sind nicht liberal. Mit Ausnahme der USA befinden sich alle liberalen Länder in der schwächeren Länderhälfte. Ein ähnliches Bild ergibt sich, wenn man eine andere bereits etablierte Industrie betrachtet, in der es somit weniger um radikale Innovationen, sondern um die kontinuierliche Verbesserung bereits bestehender Produkte: die Herstellung elektrischer Maschinen und Apparate.

Koordinierte Länder sind besser in der Herstellung von Maschinen und Anlagen

Abbildung 23: Komparative Vorteile in der Herstellung elektrischer Maschinen und Apparate

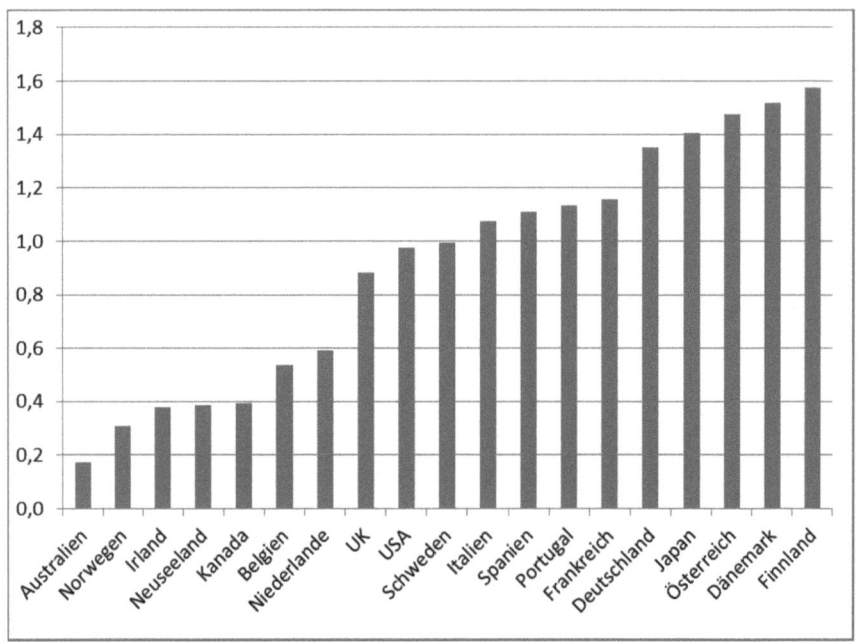

Quelle: OECD.Stat 2011, Daten für 2008, Indicator: 1: Revealed comparative advantage.
ISIC-CODE 31: Manufacturing of electrical machinery and apparatus n.e.c.

Koordinierte Länder sind besser in der Herstellung elektrischer Maschinen und Apparate

Auch hier sieht man wieder, dass die liberalen Länder schwach sind. Keines der liberalen Länder kommt über einen Wert von 1. Das heißt, diese Länder haben im Bereich elektrische Maschinen und Apparate unterdurchschnittliche Exporte. Die liberalen Länder gleichen ihre Schwäche in diesen etablierten Industrien jedoch durch eine Stärke im Bereich der Dienstleistungen und weniger etablierten Industrien aus. Dort haben die typisch liberalen Länder USA und Großbritannien einen starken komparativen Vorteil. Die folgende Abbildung 24 zeigt dies.

Liberale Länder sind besser in Dienstleistungen

Abbildung 24 erfasst Dienstleistungen als „community, social and personal service activities." Keines der koordinierten Länder ist so stark auf den Export solcher Dienstleistungen spezialisiert wie die liberalen Länder USA und Großbritannien. Wichtig ist hier nicht nur der sowieso schon eindrucksvolle relative, sondern auch der absolute Vergleich der Werte. Während Länder wie Finnland, aber auch Irland, die Niederlande und Japan Werte unter 0,2 haben, hat Großbritannien einen Wert von 8,4 und die USA von 4,4. Großbritannien ist also beispielsweise mehr als vierzig Mal so stark wie diese Länder auf die Exporte von Dienstleistungen spezialisiert. Ein ähnliches Bild zeigt sich bei komparativen Vorteilen bei Finanzdienstleistungen und neue Finanzprodukten. Die folgende Abbildung 25 illustriert dies.

Abbildung 24: Komparative Vorteile bei Dienstleistungen

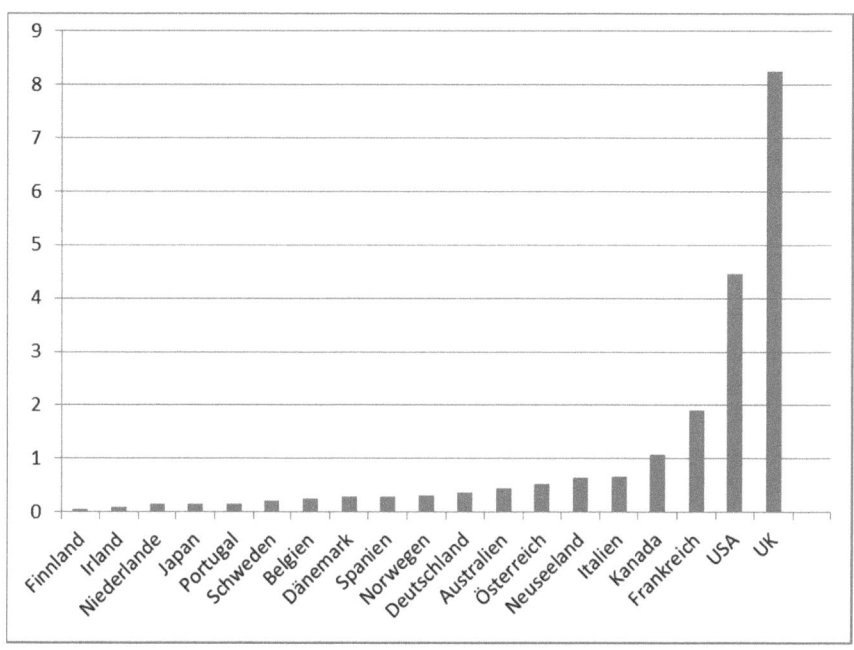

Quelle: OECD.Stat 2011, Daten für 2008, Indicator: 1: Revealed comparative advantage.
ISIC-CODE O: Other community, social and personal service activities

Abbildung 25: Komparative Vorteile bei Finanzdienstleistungen

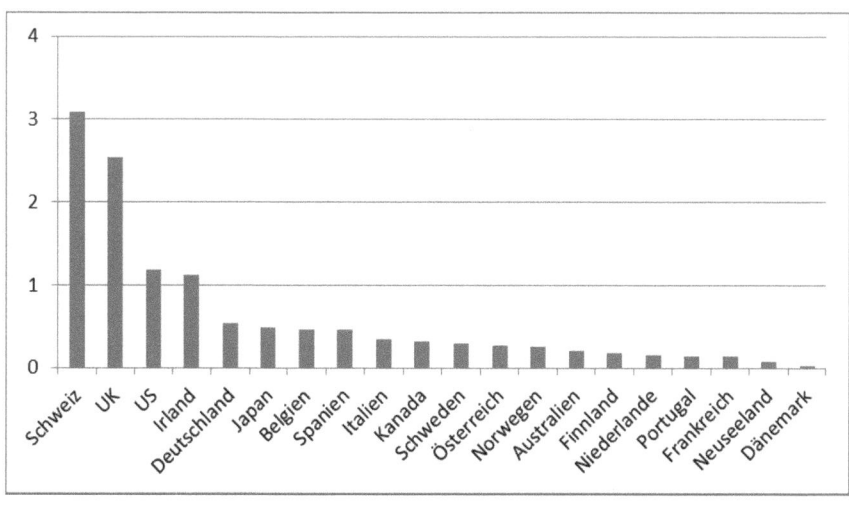

Quelle: OECD.Stat 2011, Daten für 2007, Indicator: 1: Revealed comparative advantage.
Service category 260: Financial services

Die Schweiz, Groß-
britannien, die USA
und Irland als Cham-
pions bei Finanz-
dienstleistungen

Bei Finanzdienstleistungen ist die Schweiz ein Ausnahmefall, obwohl sie nicht klar koordiniert ist, hat sie sehr viele Finanzdienstleitungen. Ansonsten aber haben die liberalen Länder Großbritannien, die USA und Irland die höchsten komparativen Vorteile in der Schaffung und im Vertrieb von Finanzprodukten. Entsprechend kann es auch kaum überraschen, dass das liberale Großbritannien, die USA und Irland stark von der Finanzkrise 2008 getroffen wurden – und dass diese überhaupt erst in den USA begann. Die Schweiz hatte dagegen eine starke Industrie, die ihr half, durch die Finanzkrise zu kommen. Allerdings fehlt die Spezialisierung auf Finanzdienstleistungen in den ebenfalls liberalen Ländern Neuseeland und Australien. Auch in Kanada ist sie nicht besonders stark.

Die Realität entspricht also nicht ganz der Theorie; es ist fast nie so, dass alle liberalen Länder sich auf eine Art von Patenten, Industrie oder Dienstleistung konzentrieren. Trotzdem kann man in der Tendenz deutliche Unterschiede zwischen den koordinierten und liberalen Ländern erkennen. Solche empirischen Unterschiede machen den Reiz der Varieties -Typologie aus. Die Typologie kann keine sichere Voraussage treffen, welche Stärken und Schwächen ein Land hat. Insgesamt zeigt sich aber doch über verschiedene Industrien und Patentgruppen ein Spezialisierungsmuster der koordinierten und liberalen Länder. Dieses Muster zeigt sich jedoch nicht ausschließlich an der Spezialisierung der Länder auf bestimmte Güter und Innovationen. Man erkennt die Unterschiede der liberalen und koordinierten Länder auch anhand von sozialen Aspekten wie der Erwerbs-, Dienstleistungs- und Armutsquote sowie der Einkommensverteilung, die für die Bewohner eines Landes wahrscheinlich wichtiger ist als die wirtschaftliche Spezialisierung. Diesem Unterschied der liberalen und koordinierten Länder in Bezug auf soziale Indikatoren widmet sich der folgende Abschnitt.

5.4 Einkommensverteilung

Da liberale Länder in Marktarrangements weniger eingreifen, entsteht dort in der Regel mehr soziale Ungleichheit. Der Gini-Koeffizient dokumentiert dies.[17] Je höher sein Wert, desto höher die soziale Ungleichheit zwischen Haushalten eines Landes. Folgendes Bild zeigt die Gini-Koeffizienten verschiedener Länder:

---

17 Der Gini Koeffizient zeigt, wie sehr die tatsächliche Ungleichverteilung der Haushaltseinkommen eines Landes von einer hypothetischen Gleichverteilung auf einer Skala von null (jeder Haushalt hat dasselbe Einkommen – es gibt also keine Ungleichheit) bis eins (ein Haushalt hat das gesamte Einkommen, alle anderen haben nichts – vollkommene Ungleichheit). Der Gini-Koeffizient der Haushaltsnettoäquivalenzeinkommen berücksichtigt zusätzlich, dass größere Haushalte pro Person etwas niedrigere Kosten haben, da das Zusammenleben Geld spart, indem er die Einkommen eines Haushalts durch die Wurzel der Haushaltsmitglieder teilt.

Abbildung 26: Gini-Koeffizient der Haushaltsnettoäquivalenzeinkommen nach Steuern, Abgaben und Transfers

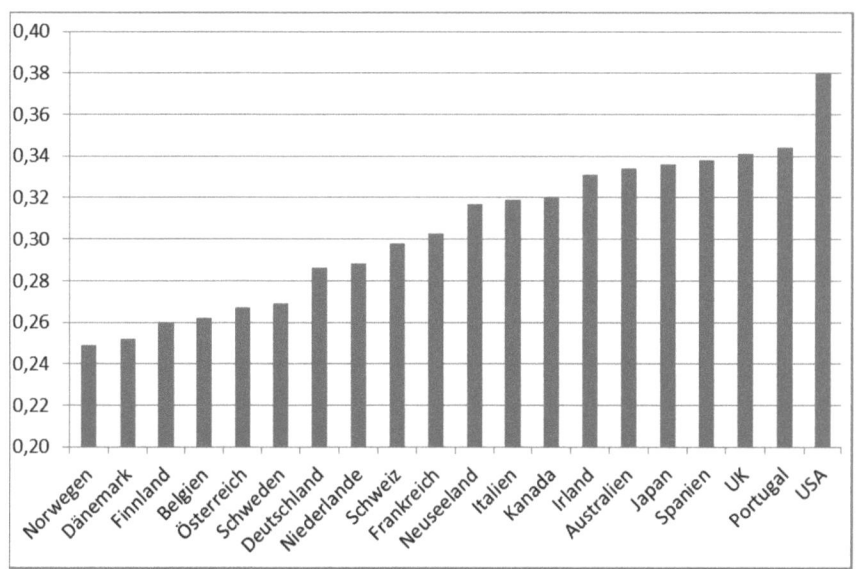

Quelle: OECD.Stat 2013, Daten für 2010, Gini (at disposable income, post taxes and transfers). Irland, Japan, Neuseeland, Schweiz: Daten von 2009

Die liberalen Länder USA, Großbritannien, Australien, Irland, Kanada und Neuseeland haben zusammen mit Japan und den mediterranen Wohlfahrtsstaaten die höchste soziale Ungleichheit. Alle sechs liberalen Länder sind in der Hälfte der Länder mit der höchsten Ungleichheit. Die drei Länder mit der geringsten Ungleichheit sind koordinierte skandinavische Länder. Deutschland hat immer noch eine relativ niedrige Ungleichheit. Beim Gini Koeffizienten geht es um die Ungleichheit der gesamten Einkommensverteilung. Doch davon abgesehen sollten liberale Marktökonomien auch mehr Arme haben. Die folgende Abbildung zeigt deswegen die Armutsquote der verschiedenen Länder, gemessen als Anteil der Menschen, die weniger als 60 Prozent des Medianeinkommens haben.[18]

Liberale Länder haben eine hohe soziale Ungleichheit

18 Das Medianeinkommen liegt zwischen den Einkommen der reichsten und ärmsten 50 Prozent der Bevölkerung. Wenn man beispielsweise alle Menschen eines Landes nach ihrem Einkommen aufreiht, verdient der Mensch in der Mitte dieser Kette also das Medianeinkommen. Die obige Abbildung gibt wieder, wie viel Prozent der Bevölkerung eines Landes weniger als 60 Prozent dieses Einkommens haben. Der Median ist also nicht das durchschnittliche Einkommen,

Abbildung 27: Prozentanteil der Bevölkerung mit weniger als 60 Prozent des Medianeinkommens nach Steuern, Abgaben und Transfers

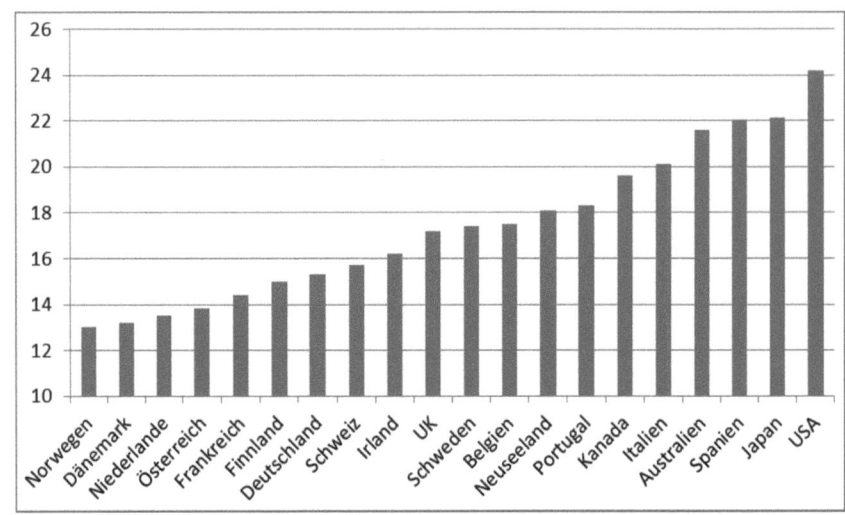

Quelle: OECD.Stat 2013, Daten für 2010, Poverty rate after taxes and transfers, Poverty line 60%. Für Irland, Japan, Neuseeland, Schweiz Daten von 2009

Liberale Länder haben eine hohe Armutsquote

Auch hier zeigt sich ein klares Bild. Nur circa 10 bis 15 Prozent der Bevölkerung der vier skandinavischen Länder, sowie der Niederlande, Österreichs und Frankreichs verfügen über weniger als 60 Prozent des Medianeinkommens. In den USA dagegen muss ein knappes Viertel der Bevölkerung mit weniger als 60 Prozent des Medianeinkommens auskommen. Allerdings sind es nicht nur liberale Länder in denen viele Menschen arm sind. Auch in Japan und den südeuropäischen Ländern leben viele Menschen unter der Armutsgrenze.

Dass in liberalen Ländern viele Menschen arm sind, ist kein Zufall, sondern logischer Bestandteil des liberalen Produktionsmodells. Denn in Ländern, die Marktkräften freien Lauf lassen, entsteht auch ein Sektor, in dem – mitunter sehr niedrige – Marktlöhne gezahlt werden. Allerdings ist das hohe Maß an sozialer Ungleichheit und Armut in den liberalen Ländern mindestens ebenso sehr darauf zurückzuführen, dass diese Länder einen liberalen Wohlfahrtsstaat haben. Es ist unklar, ob die Hauptursache für die hohe Ungleichheit dieser Länder deren Produktionssystem oder Wohlfahrtsstaat ist. Hier wird jedoch auch die These vertreten, dass diese beiden Aspekte auch gar nicht zu trennen sind, da liberale und koordinierte Produktionssysteme systematisch mit dazu „passenden" politischen, wohlfahrtsstaatlichen und rechtlichen Systemen einhergehen. Dies thematisiert das folgende Kapitel.

6   Produktionssysteme und...

Dieses Kapitel blickt über den Tellerrand einer eng gefassten Varieties-Typologie hinaus. Denn koordinierte Produktionssysteme gehen mit sozialdemokratischen oder konservativen Wohlfahrtsstaaten einher, sowie mit einem auf Verhältnis- wahlrecht basierenden politischen System und einem Civil Law Rechtssystem. Liberale Produktionssysteme gehen dahingegen mit liberalen Wohlfahrtsstaa- ten, politischem Mehrheitswahlrecht und einem auf Common Law basierenden Rechtssystem einher. Insofern geht es bei der Varieties-Typologie nicht lediglich um die Organisation von Wirtschaftssystemen. Stattdessen hängt die jeweilige Organisation des Wirtschaftssystems systematisch mit dem politischen, wohl- fahrtsstaatlichen und rechtlichen System der jeweiligen Länder zusammen. Mar- tin Höpner (2009) meint sogar, die jeweilige Form des Kapitalismus erkläre die Staatätigkeit eines Landes. Die folgenden Kapitel gehen auf diese Argumente ein und zeigen damit, dass die Varieties-Typologie nicht nur illustriert, wie Länder ihre Wirtschaft organisieren, sondern dass liberale Länder auch ihre restlichen in- stitutionellen Systeme anders als nicht-liberale Länder organisieren.

Ein Blick über den Tellerrand

6.1   ...liberale / nicht-liberale Wohlfahrtsstaaten

Wie die Besprechung von Esping-Andersens (1990) Typologie schon gezeigt hat, haben alle liberalen Produktionssysteme auch einen liberalen Wohlfahrtsstaat (vgl. Kapitel 1.2.6). Länder mit koordinierten Produktionssystemen haben entweder ei- nen sozialdemokratischen (Skandinavien) oder einen konservativen Wohlfahrtsstaat (restliches Europa). Weil die Varieties-Typologie diesen Zusammenhang aufzeigt, hat sie eine interessante Debatte angestoßen. Viele Vertreter der Varieties-Typologie meinen nämlich, dass Unternehmen und ihre Verbände in koordinierten Marktwirt- schaften umfangreiche (konservative oder sozialdemokratische) Sozialpolitik be- fürworten, weil diese Sozialpolitik ihre koordinierte Produktionsweise unterstützt (siehe für diese Komplementaritäten Kapitel 1.2.6 und Kapitel 3.4). Dagegen lehnen Unternehmen und Unternehmerverbände in liberalen Marktwirtschaften Sozialpoli- tik weitgehend ab, weil Sozialpolitik ihre liberale Produktionsweise untergräbt (vgl. Mares 2001a; 2001b; Swenson 2002). Das würde zugespitzt bedeuten, dass Unter- nehmen in koordinierten Ländern im Sinne von beneficial constraints (vgl Kapitel 2.1.3) eingeschränkt werden *wollen* und sogar bereit sind, für die damit einherge- hende Sozialpolitik zu zahlen. Wie kann das sein?

Lassen sich Unternehmen in koordinierten Marktwirtschaften freiwillig einschränken?

Eine provokante These des Varieties-Ansatzes ist, dass Arbeitgeber, die Mitarbeiter mit unternehmensspezifischen Fähigkeiten brauchen, kaum ausbil- dungswillige Arbeitnehmer finden, da ihre unternehmensspezifischen Ausbil- dungen dazu führen, dass Arbeitnehmer nur für einen eingeschränkten Bereich der Wirtschaft relevante Qualifikationen haben und sich darum scheuen, die entsprechenden unternehmensspezifischen Ausbildungen zu erlernen. Sie ha-

Der Wohlfahrtsstaat und spezifische Fähigkeiten

ben Angst, mit solchen spezifischen Qualifikationen entlassen zu werden und anschließend keinen neuen Beruf zu finden (vgl. Kapitel 1.2.3). Der Varieties-Ansatz unterstellt, dass in solchen Ländern Unternehmerverbände daran interessiert sein müssten, Arbeitnehmer bei Arbeitslosigkeit weitreichend abzusichern, so dass diese bereit sind, die speziellen Fähigkeiten zu lernen, die Unternehmen brauchen, um Produkte immer weiter zu verbessern. Ebenso hätten Unternehmer nach diesem Modell ein Interesse daran, weitreichende Möglichkeiten zur Frühverrentung und zum Ausscheiden aus dem Arbeitsmarkt zu unterstützen, um Arbeitskräfte loswerden zu können, ohne das kooperative Klima in Unternehmen zu beschädigen, das nötig ist, um Produkte immer weiter zu entwickeln (vgl. Estevez-Abe/Iversen/Soskice 2001). Nach dieser Logik befürworten Arbeitgeber konservative Wohlfahrtsstaaten, da diese Wohlfahrtsstaaten ihre Leistungen von vorheriger stabiler Arbeitsmarktteilnahme abhängig machen (vgl. Kapitel 1.2.6). Diese konservative Sozialpolitik, so das Argument, kommt der langfristig ausgerichteten Strategie der Arbeitgeber entgegen, da sie stabile Beschäftigungsverhältnisse begünstigt. Einerseits wäre es merkwürdig, dass Unternehmer in diesem Sinne ihre eigene Einschränkung unterstützen. Doch tatsächlich fanden historisch arbeitende Gesellschaftswissenschaftler Dokumente, in denen deutsche Arbeitgeberverbände weitreichende Regelungen zur Arbeitslosenversicherung und zum Wohlfahrtsstaat unterstützten, mit dem Argument, diese bewirken, dass Arbeitnehmer spezifische Qualifikationen erlernen, die sie benötigen (Mares 2001a; 2001b; Swenson 2002).

Relativierungen arbeitgeberzentrierter Wohlfahrtsstaatserklärungen

Andere Forscher kritisierten, diese Argumentation sei funktionalistisch und schreibe Arbeitnehmern und Arbeitgebern zu viel Rationalität zu. Funktionalistisch sei sie, weil sie unterstelle, dass das, was für Unternehmen funktional sein, sich auch durchsetze. Hyperrational sei diese Argumentation, da sie Arbeitgebern ein unrealistisches Maß an Planungsfähigkeit unterstelle (vgl. Streeck 2009). Vertreter der sogenannten Power Resources-These argumentieren darum, dass es – genau umgekehrt – einen starken Wohlfahrtsstaat gibt, wenn die Arbeiterklasse eines Landes stark war und sich erfolgreich gegen die Interessen der Unternehmen organisierte (Esping-Andersen 1985; Korpi 1985; 2006). Wer hat also Recht? Wie kommt es, dass koordinierte wirtschaftliche Regulierungen mit umfangreichen Wohlfahrtsstaaten einhergehen? Forderten Unternehmen koordinierter Marktwirtschaften die damit einhergehenden, sie einschränkenden Regelungen und einen umfangreichen Sozialstaat, den sie selbst bezahlen müssen? Oder musste beides gegen den Widerstand der Arbeitgeber erkämpft werden?

Mittlerweile hat sich zwischen den beiden Lagern eine dritte, vermittelnde Lesart herausgebildet. Diese besagt, dass Arbeitgeberverbände zwar nicht die hyperrationalen und vorausschauenden Akteure sind, als die die frühe Varieties of Capitalism-Literatur sie darstellt. Gleichzeitig zeigte empirische Forschung jedoch immer wieder, dass Arbeitgeberverbände in koordinierten Marktwirtschaften auf umfassende Sozialgesetzgebung tatsächlich lieber beeinflussend und befürwortend reagierten, anstatt diese rundherum abzulehnen und damit faktisch keinen Einfluss auf einen Politikprozess zu haben, den sie nicht verhindern konnten (Münnich 2010; Paster 2011). Die vermittelnde Lösung, die

sich hier gebildet hat, ist somit, dass Arbeitgeber durchaus weitgehende Wohlfahrtsstaatliche Regelungen befürwortet haben, aber nur weil sie im Umfeld
koordinierter Marktwirtschaften gemerkt haben, dass sie diese sowieso nicht
vollkommen aufhalten können.

Auch über die enge Erklärung mittels spezifischer und allgemeiner Fähigkeiten hinaus, hat man mittlerweile besser verstanden, warum liberale und koordinierte Produktionssysteme mit entsprechenden Wohlfahrtsstaaten einhergehen.
Denn nur bei minimalen wohlfahrtsstaatlichen Leistungen ist das Problem, wer
wie viele sozialstaatliche Leistungen bekommen soll, einfach zu lösen. Wenn
Wohlfahrtsstaaten lediglich Armut verhindern, ist die Frage, wer was bekommt,
nicht schwer zu beantworten, denn die Armen bekommen lediglich eine minimale
Unterstützung und ansonsten bekommt niemand etwas. Anders sieht es aus, wenn
der Wohlfahrtsstaat sich um mehr als das Existenzminimum kümmert. In diesem
Fall stellt sich die Frage: Wer soll wie viel bekommen?

Gewerkschaften kennen die Bedürfnisse der Arbeitnehmer und können darum eine Arbeitslosen- oder Rentenversicherung verwalten, wie es im international weit verbreiteten „Gent-System" der Fall ist. Bedingung dafür ist aber, dass
Gewerkschaften organisiert sind. Einer chaotischen Arbeitnehmerbewegung kann
man nicht die Verteilung von Wohlfahrtsleistungen anvertrauen. Tatsächlich lässt
sich zeigen, dass Gewerkschaften umso organisierter sind, je mehr der Wohlfahrtsstaat *nicht* liberal ist. Die vermutete Kausalität geht also folgendermaßen: Eine
anfangs zumindest mittelmäßig organisierte Arbeitnehmerbewegung ermöglicht
es, mehr als liberale Wohlfahrtsleistungen zu verwalten. Besonders in Ländern,
die das Genter System der Arbeitslosenversicherung nutzen, also Belgien, Schweden, Dänemark und Finnland, überantwortet der Staat den Gewerkschaften die
Arbeitslosenversicherung, mitunter auch die Renten- oder Gesundheitsversiche-
rung. Die Gewerkschaften ziehen von den Arbeitnehmern Beiträge ein; dafür
versichern sie sie gegen Arbeitslosigkeit, Krankheit und zahlen ihnen später eine
Rente. Der Staat bezuschusst diese Systeme in der Regel mit Steuergeldern. Doch
die Verwaltung dieser Wohlfahrtsleistungen durch die Gewerkschaften konsoli-
diert diese und schafft eine schlagkräftige Organisation, die sich für den Erhalt
der Wohlfahrtsleistungen engagiert. Eine zentralisierte Gewerkschaftsbewegung,
die ein Produktionssystem koordiniert, kann somit einerseits durch einen starken
Wohlfahrtsstaat gefördert werden und sorgt andererseits dafür, dass dieser erhalten
bleibt (vgl. Manow 2001a; 2001b). Die folgende Abbildung zeigt diesen Zusammenhang. Sie veranschaulicht, dass die Arbeitnehmer eines Landes stärker organisiert sind, wenn ein Land weniger liberal ist.[19]

*Starke Zentral-
gewerkschaften
befördern
Wohlfahrtsstaat und
Koordination*

---

19 Die Abbildung nutzt dazu Esping-Andersens (1990) Liberalismus-Indikator für den Wohlfahrtsstaat
und den Gradmesser für die Stärke der Zentralgewerkschaft nach Martin und Swank (2001).

Abbildung 28: Zusammenhang Gewerkschaftszentralisierung – Liberalismus

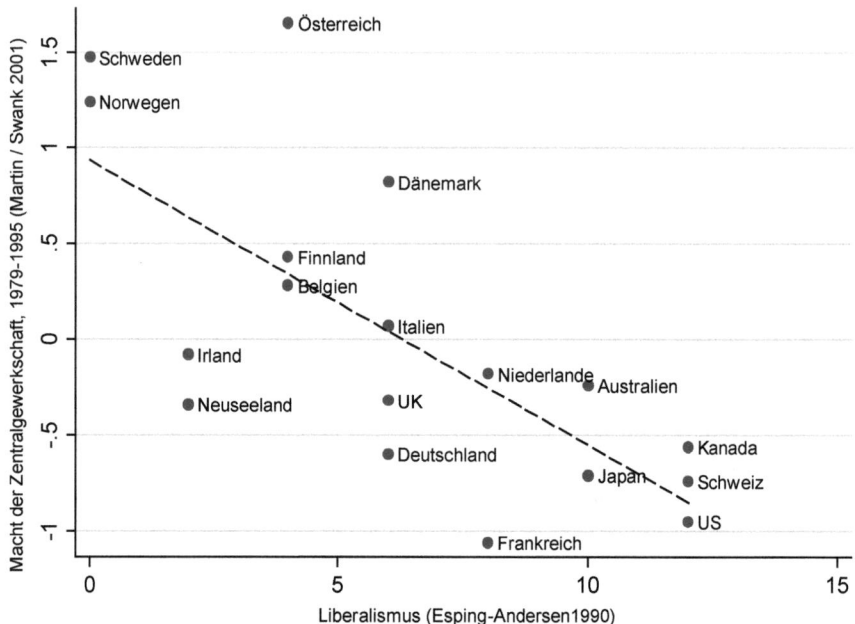

Tatsächlich ist die Zentralgewerkschaft eines Landes umso schwächer, je liberaler ein Land ist. Der Zusammenhang ist nicht extrem stark; doch einer der Indikatoren erklärt immerhin etwas mehr als die Hälfte der Varianz des anderen (r^2=0,51). Einige Länder fallen jedoch aus dem Bild; so hat Frankreich – relativ zu seinem Grad an Liberalismus – nur schwach zentralisierte Gewerkschaften. Insgesamt lässt sich jedoch erkennen, dass ein Wohlfahrtsstaat umso liberaler ist, je stärker zersplittert seine Gewerkschaften sind. Unklar bleibt dabei jedoch, in welche Richtung die Kausalität verläuft, ob also starke Gewerkschaften einen starken Wohlfahrtsstaat bedingen oder umgekehrt, wobei nichts dagegen spricht, dass der Zusammenhang tatsächlich in beiden Richtungen besteht.

Starker Wohlfahrtsstaat erlaubt Unternehmenskooperation

Ein weiteres Argument für den Zusammenhang zwischen Kapitalismus- und Wohlfahrtsstaatstyp ist, dass Unternehmen Arbeitnehmer nicht mit individuellen Leistungsangeboten wie einer betrieblichen Renten- oder Krankenversicherung abwerben können, wenn der Wohlfahrtsstaat hohe Sozialleistungen für alle bietet. Mit diesem Mechanismus stellen umfangreiche Wohlfahrtsstaaten unflexible Arbeitsmärkte her, die für koordinierte Marktwirtschaften wichtig sind (Swenson 2002; Thelen 2000b; vgl. Martin/Swank 2001). In der Tat geht der Grad an Dekommodifikation, also wie stark Wohlfahrtsstaaten Menschen dem Markt entziehen (vgl. Kapitel 3.4), mit dem Grad wirtschaftlicher Koordination einher. Folgende Abbildung verdeutlicht dies anhand der Indikatoren von Hall / Gingerich (2004) und Esping-Andersen (1990).

Abbildung 29: Zusammenhang Dekommodifikation – Koordination

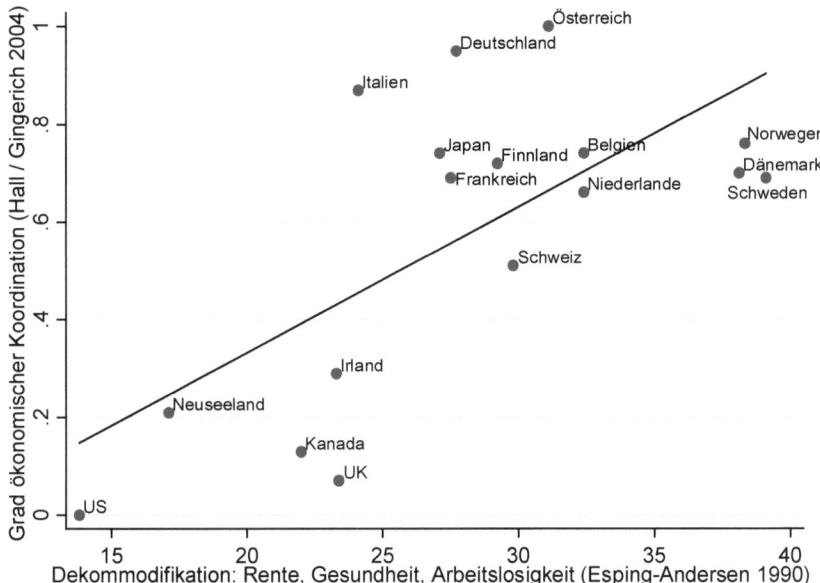

Länder, die ihre Arbeitnehmer wohlfahrtsstaatlich absichern, koordinieren ihre Wirtschaft stärker. Man kann ein Cluster liberaler Länder unten links erkennen und ein Cluster koordinierter Länder oben rechts. Leider sind nicht für alle Länder Daten verfügbar. Auch liegen Länder kaum direkt auf der Regressionsgeraden, so dass der Zusammenhang nur mittelmäßig stark ist ($r^2=0,46$). Alle liberalen Länder haben jedoch wenig Dekommodifikation. Für den Grad ihrer Koordination haben dahingegen die konservativen Wohlfahrtsstaaten (oberhalb der Regressionsgeraden) immer noch verhältnismäßig wenig Dekommodifikation; die sozialdemokratischen Länder haben dahingegen für ihren mittleren Grad ökonomischer Koordination außergewöhnlich starke Dekommodifikation. Zu beachten ist hier außerdem, dass es sich um relativ alte Daten handelt. Esping-Andersens Dekommodifikationsindex spiegelt die Zeit vor 1990 wider; Hall und Gingerichs Koordinationsindex basiert auf Daten vor dem Jahr 2004.

Ein weiterer Grund, warum koordinierte Kapitalismusvarianten mit umfangreichen Wohlfahrtsstaaten einhergehen, ist, dass Arbeitnehmer sich, wie weiter oben angeführt, bei rigiden Kündigungsregeln weniger um ihre Markttauglichkeit sorgen. Stattdessen sind sie eher bereit, die für koordinierte Marktwirtschaften notwendigen spezifischen Qualifikationen zu lernen (vgl. Estevez-Abe/Iversen/ Soskice 2001; Wood 2001; Soskice/Iversen 2001; Iversen/Soskice 2006). In der Tat gehen starre Kündigungsregeln mit stärkerer Koordination der Wirtschaft einher, wie folgende Abbildung zeigt, welche Daten der OECD zum Kündigungsschutz mit dem Koordinationsindex von Hall und Gingerich (2004) in Beziehung setzt.

Starker
Kündigungsschutz
bringt Koordination

Abbildung 30: Zusammenhang Koordination – Kündigungsschutz

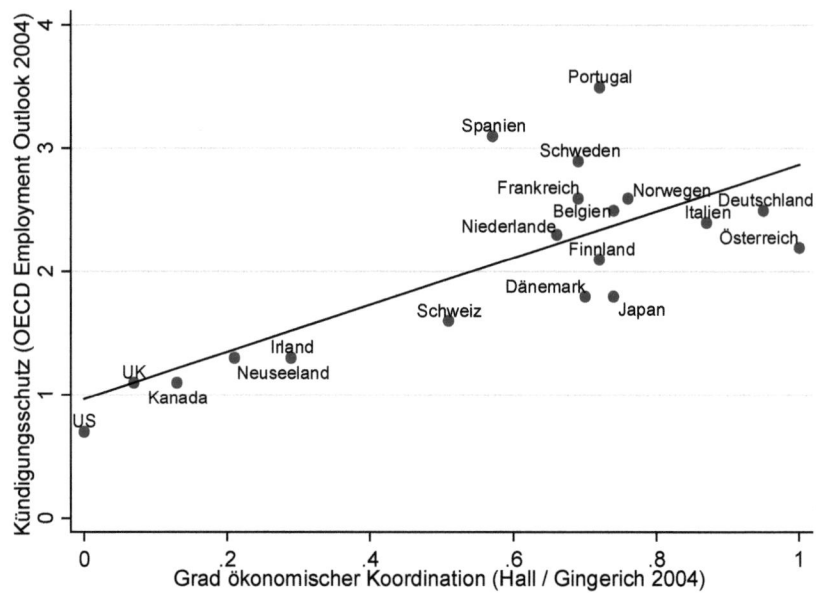

Hier zeigt sich ein (liberales) Cluster mit niedrigem Kündigungsschutz und wenig Koordination, dessen Länder fast genau auf der Regressiongeraden liegen. Zwischen den koordinierten Ländern gibt es dahingegen mehr Varianz. Die besonders konservativen südeuropäischen Länder Spanien und Portugal haben einen relativ hohen Kündigungsschutz, während Dänemark mit seiner Flexicurity einen niedrigen Kündigungsschutz hat. Es fällt jedoch auf, dass der Kündigungsschutz in den koordinierten Ländern insgesamt höher ist als in den liberalen Ländern. Die Korrelation zwischen den beiden Variablen beträgt $r^2=0,56$. Insofern scheint es empirisch einen Zusammenhang zwischen Kündigungsschutz und wirtschaftlicher Koordination zu geben und damit eine weitere Erklärung, wie ausgebaute Wohlfahrtsstaaten mit koordinierten Wirtschaftssystemen einhergehen.

Großzügige Rente fördert Koordination

Ein vierter Zusammenhang zwischen koordinierten Produktionssystemen und nicht-liberalen Wohlfahrtsstaaten besteht darin, dass großzügige staatliche Renten es Unternehmen erlauben, ihre Belegschaft zu verkleinern, ohne die vertrauensbasierte, langfristige Zusammenarbeit mit der Belegschaft zu beschädigen, welche typisch für koordinierte Marktökonomien ist. Anstatt ihre Arbeitnehmer zu entlassen, können Unternehmen sie in Frührente schicken. Deshalb kann man vermuten, dass Länder umso koordiniert sind, je mehr ihre Rentensysteme vorherigen Verdienst ersetzen und somit ermöglichen, Belegschaften relativ konfliktfrei abzubauen (vgl. Ebbinghaus 2001; Hall 2001). Wie folgende Abbildung zeigt, ist auch dies der Fall.

Abbildung 31: Zusammenhang Koordination – Rentenersatzleistungen

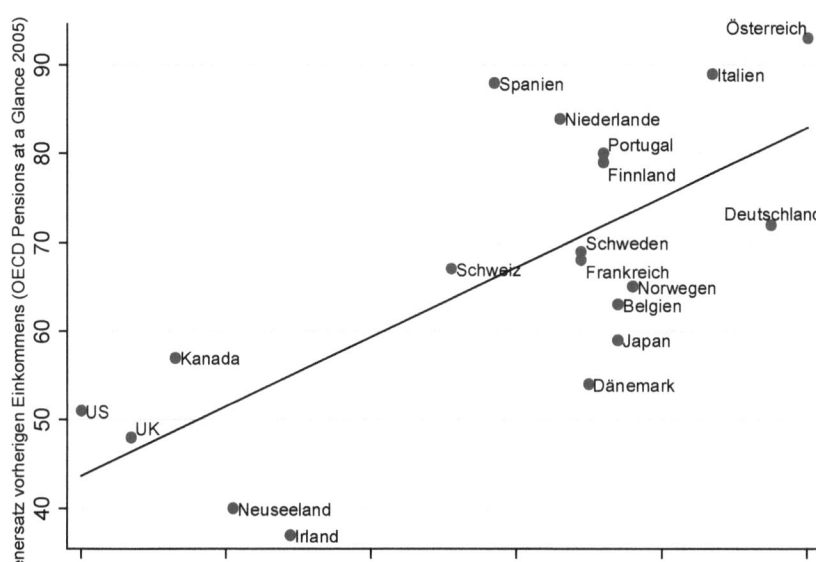

Koordinierte Länder haben eine höhere Rentenersatzrate als die liberalen Länder, mit Ausnahme Dänemarks und Japans, die geringere Rentenersatzleistungen als Kanada bieten. Die Korrelation beträgt $r^2=0,51$. Mehr als ein linearer Zusammenhang entlang der Korrelationsgeraden zeigt jedoch eine relativ klare Gruppierung in eine liberale und eine nicht-liberale Ländergruppe.

Neben diesen institutionellen Ähnlichkeiten bezieht sich der letzte Zusammenhang zwischen Wohlfahrtsstaaten und Produktionsregimen darauf, dass sozialdemokratische und konservative Wohlfahrtsstaaten teuer sind. Die damit verbundenen Kosten können Unternehmen und Privatleute möglicherweise eher tragen, wenn Unternehmen sich auf hochproduktive und gut entlohnte Tätigkeiten spezialisieren, statt auf eine Niedrigkostenstrategie, die in liberalen Ländern verbreitet ist. Umgekehrt benötigen koordinierte Produktionssysteme sozialstaatliche Absicherung, die ihren Arbeitnehmern Stabilität verschafft. Dies lässt vermuten, dass der vielleicht wichtigste sozialstaatliche Indikator – nämlich wie viel Sozialstaaten kosten – mit wirtschaftlicher Koordination einhergeht. Wie das folgende Schaubild zeigt, ist auch dies der Fall, obschon der Zusammenhang erneut nicht sehr stark ist.

Hohe Sozialausgaben bringen Koordination

Abbildung 32: Zusammenhang Koordination – öffentliche Sozialausgaben

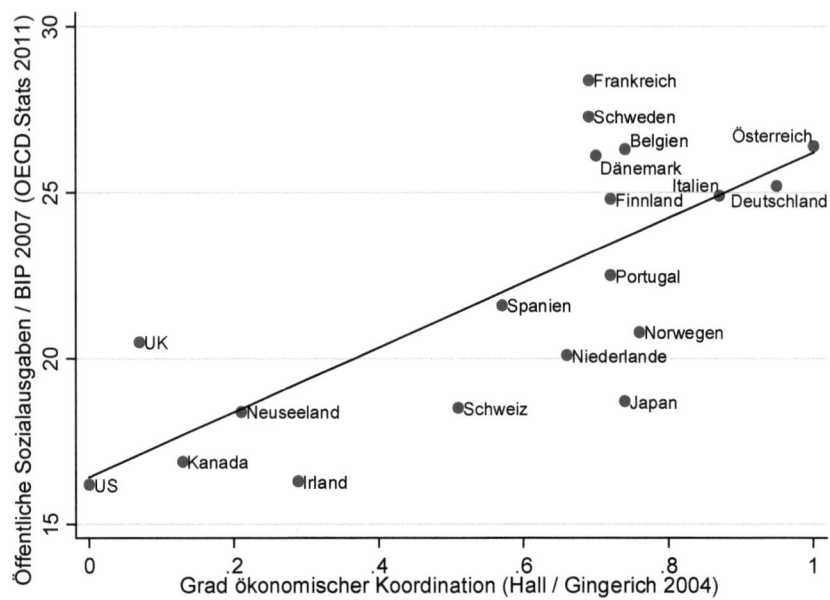

Man sieht, dass die koordinierten Länder eher mehr soziale Ausgaben (laut OECD-Klassifikation: Ausgaben für Rente, Veteranen, Behinderte, Gesundheit, Familie, aktive Arbeitsmarktprogramme, Arbeitslosigkeit, sozialen Wohnungsbau und weitere Bereiche) haben als die liberalen Länder. Nur Großbritannien hat mehr öffentliche Sozialausgaben als einige der koordinierten Länder, was an seinem steuerfinanzierten Gesundheitssystem liegt. Insofern gibt es auch hier wieder einen Zusammenhang ($r^2 = 0,53$). Dieser zeigt sich aber erneut eher als Clustering in Ländergruppen und nicht als ein linearer Zusammenhang. Denn Frankreich, Schweden, Belgien und Dänemark haben – bei mittlerem Koordinationsgrad – besonders hohe soziale Ausgaben. Irland, die Schweiz, die Niederlande, Japan und interessanterweise Norwegen haben dahingegen – gemessen an ihrem Koordinationsgrad – geringe soziale Ausgaben.

Kultur als Hintergrund für Wohlfahrtsstaat und Produktionssystem

Es gibt somit eine ganze Reihe von kausalen Mechanismen, die umfangreiche (sozialdemokratische und konservative) Wohlfahrtsstaaten mit koordinierten Produktionssystemen verbinden und liberale Wohlfahrtsstaaten mit liberalen Produktionssystemen. Es gibt jedoch auch noch einen einfacheren – wenn auch weniger leicht messbaren Grund, warum umfangreiche Wirtschaftssysteme mit umfangreichen Wohlfahrtsstaaten einhergehen: Kultur. Wenn die Bevölkerung eines Landes generell befürwortet, dass der Markt entscheidet, wer was bekommt, wird sich dies im Wohlfahrtsstaat *und* im Produktionssystem zeigen. Die verschiedenen Ländergruppen haben deswegen ähnliche kulturell-religiöse Hintergründe, weswegen sie dem Markt mehr oder weniger skeptisch gegenüberstehen. Welche kulturellen Hintergründe sind dies?

Alle liberalen Länder – mit Ausnahme Irlands – sind vom calvinistischen Glauben geprägt; koordinierte Länder mit einem konservativen Wohlfahrtsstaat sind katholisch geprägt, wohingegen der Lutheranismus koordinierte Länder mit sozialdemokratischem Wohlfahrtsstaat beeinflusste. Während der Calvinismus zu einer marktbejahenden Philosophie führte, forderten Katholizismus und Lutheranismus dazu auf, den Markt auf je spezifische Arten einzudämmen. Etliche Autoren argumentieren in diesem Sinne, dass mit diesen Religionen einhergehende, mehr oder minder marktfreundliche Einstellungen zu Politikstilen geführt haben, die sowohl den Wohlfahrtsstaat als auch das Produktionssystem nachhaltig prägten (vgl. Hall 1993: 279; Crouch 1993: 296; Dobbin 1994: 3; Kersbergen 1995: 229; Goodin, et al. 1999: 5; Peck/Theodore 2007: 739; Svallfors 2010: 245).

Wie aber sollten verschiedene Religionen zu mehr oder minder marktfreundlichen Einstellungen führen? Der Calvinismus und der reformierte Protestantismus betonen, dass man am Markterfolg einer Person indirekt ablesen kann, ob diese Person für den Himmel oder die Hölle prädestiniert ist (Kahl 2005: 107; vgl. ferner Weber 1978 [1920]). Dies bedeutet, dass Märkte einerseits als legitimer Mechanismus für die Verteilung von Gütern gesehen werden, was zu einem liberalen Produktionssystem führt. Andererseits führt dieses Denksystem auch zu einem liberalen Wohlfahrtsstaat, denn es beinhaltet die Idee, dass Armut eine Strafe Gottes ist. Und wenn Gott selbst mit Armut ein Zeichen setzen möchte, warum sollte man den Armen dann helfen? Wenn Markterfolg umgekehrt Gottes Zeichen für Auserwähltsein ist, warum sollte man dann den Markt begrenzen? Die Kultur calvinistischer Länder war somit skeptisch gegenüber Marktinterventionen (vgl. Kahl 2009: 285). Alle angloamerikanischen Länder sind stark von diesem Gedankengut beeinflusst, was sich in ihrem Wohlfahrts- und Produktionssystem zeigt.

Das Gedankengut der liberalen Länder: Calvinismus

Die skandinavischen Länder sind dahingegen "homogeneously Protestant societies with Lutheran state churches" (Kersbergen/Manow 2010: 267; vgl. ausführlich Thorkildsen 1997). Das Luthertum grenzt sich ab von der katholischen Vorstellung, man könne sich vor der Hölle retten, wenn man für die Armen spendet. Denn in der Vorstellung des Luthertums kann nur Gott Gnade gewähren, niemals jedoch kann diese durch Handlungen zu Lebzeiten erlangt werden. Der Lutheranismus wandte sich auch gegen die Grundidee des Calvinismus, Armut sei als Strafe Gottes gerechtfertigt (Kahl 2005: 103). Die von diesem Gedanken beeinflussten Länder unterstützten darum weder die katholische Kultur des Almosenspendens noch den calvinistischen Gedanken, jeder sei für sich selbst verantwortlich. Stattdessen hat der Staat im Luthertum die Aufgabe, Arbeit und Lebenschancen für alle bereitzustellen (Kahl 2005: 116; 2009: 289).

Das Gedankengut der sozialdemokratischen Länder: Luthertum

Zudem propagiert das Luthertum eine „Gemeinschaft der Gläubigen", in der große materielle Unterschiede inakzeptabel sind (Thorkildsen 1997: 159). In den homogenen skandinavischen Ländern ist mit der vom Luthertum propagierten „Gemeinschaft" nicht eine Untergruppe der Gesellschaft gemeint, sondern die ganze Gesellschaft (Goodin, et al. 1999: 46). Die skandinavisch-lutherischen Länder unterstützten deswegen institutionalisierte und landesweite Solidarität und befürworteten staatliche Interventionen in Wirtschaft und Gesellschaft (vgl. Lipset/Rokkan 1967: 15). Dies zeigt sich sowohl im Wohlfahrtsstaat als auch im

Produktionssystem. Diese Länder versuchen deswegen, die Interessen von Kapital und Arbeit auszugleichen, so dass beide zusammenarbeiten können, was typisch für eine koordinierte Marktwirtschaft ist (vgl. Goodin, et al. 1999: 46). Dass Solidarität sich im Luthertum auf die ganze Nation bezieht, ermöglicht einen stark umverteilenden Sozialstaat *und* nationale Koordination.

Das Gedankengut der sozialdemokratischen Länder: Katholizismus

Der Katholizismus beeinflusste die dritte Ländergruppe. Seine Philosophie ist dem Liberalismus der angloamerikanischen und dem Sozialismus der skandinavischen Länder entgegengesetzt (Kersbergen 1995: 31). Weder befürwortete der Katholizismus, dass Arbeiter wie eine Ware behandelt werden, noch wollte diese Religion, dass der Staat sich in die Wirtschaft einmischt. Denn der Katholizismus fürchtete, dass zu viel Staatseinfluss die Familie als gesellschaftliche Basiseinheit beschädigt (Kersbergen 1995: 187). Im Gegensatz zu Ländern mit starken lutherischen Kirchen entstand in katholischen und religiös gemischten Ländern die Idee der Subsidiarität. Das heißt, dass kleinere Einheiten, wie die Familie oder lokale Verbände, gestärkt werden und übergeordnete Ebenen wie der Nationalstaat sich erst kümmern, wenn untere Einheiten dies nicht mehr schaffen (vgl. Flora/Alber 1981: 43). Im Unterschied zum liberalen Calvinismus unterschied der Katholizismus nicht zwischen den „deserving poor", die nicht arbeiten *konnten* und darum Almosen verdienten, und den „undeserving poor", die nicht arbeiten *wollten,* und darum keine Almosen bekommen dürfen. Jeder, der um Almosen bat, sollte auch welche bekommen. Doch im Unterschied zum Luthertum führte der Katholizismus dazu, dass Sozialstaaten Almosen in Form von Sozialtransfers verteilten, welche den Armen jedoch nicht systematisch halfen die Probleme, die zu ihrer Armut führten, zu überwinden. Typisch für den Katholizismus ist somit "almsgiving without discrimination between and judgments about the poor [and] relieving poverty without systematically enabling people to overcome it." Der Katholizismus entwickelte damit durch den Wohlfahrtsstaat und das Produktionssystem einen konservativen Stabilitätsbias. Denn traditionell predigte er, man solle nicht versuchen, das Diesseits zu verändern, sondern warten, bis das Jenseits Erlösung bringt. Genau diese stabilitätsorientierte Ideologie steht hinter den konservativen europäischen Sozialstaaten:

> *"It is for this reason that the corporatist welfare regime is generally characterized as 'conservative'. Its basic goal is to preserve the existing social order, and the existing pattern of distributions within it – in stark contrast to the social democratic welfare state's frank intention to alter that existing pattern through redistribution" (Goodin, et al. 1999: 55).*

Sozialstaaten mit katholischem Erbe versuchen somit im Gegensatz zu liberalen und sozialdemokratischen Wohlfahrtsstaaten, gesellschaftliche Stabilität zu erreichen (Palier 2010c: 37f.). Dies gilt nicht nur für soziale Sicherungssysteme, die Menschen in ihrer gesellschaftlichen Position halten. Es gilt auch für die Koordination der Produktionssysteme dieser Länder. So entstanden in den Staaten dieses Regimetyps organisierte Arbeitnehmer- und Arbeitgeberverbände in dem Maße, wie diese die bestehende soziale Ordnung unterstützten (Crouch 1993: 604; Palier 2010a: 604). In diesem Sinne hatten diese Länder einen konservativen Stabilitätsbias in Bezug auf ihren Wohlfahrtsstaat *und* in Bezug auf ihr Produktionssystem, aus dem Grund, dass sich in beiden Systemen dieselbe konservative (katholische) Soziallehre spiegelt (vgl. Goodin, et al. 1999: 51).

Ausnahmen

Dieses Argument funktioniert jedoch nicht für jedes Land gleichermaßen. Am stärksten beeinflusste der Katholizismus Österreich. In Deutschland, der Schweiz und Belgien gab es auch etliche Protestanten, in Frankreich und den Niederlanden war der katholische Einfluss eher schwach. Weitere Länder sind zwar stark vom Katholizismus beeinflusst, doch ihr Wohlfahrtsstaat und ihr Produktionssystem können nicht eindeutig zugeordnet werden. Dies ist der Fall in den mediterranen Ländern Italien, Portugal und Spanien. Japan hat dahingegen konservative Elemente aufgenommen, weil es sich an Deutschland orientierte, nicht weil es katholisch war (vgl. Lehmbruch 2001: 60; Aspalter/Lai 2003: 245; Peng/Wong 2010: 660).

Diese Ausnahmen ändern jedoch nichts an der grundlegenden Argumentation. Demnach erklären nicht nur Komplementaritäten, warum liberale Wohlfahrtsstaaten mit liberalen Produktionssystemen einhergehen und nicht-liberale Wohlfahrtsstaaten mit nicht-liberalen Produktionssystemen. Es gibt also nicht nur wechselseitige funktionale Unterstützung. Vielmehr beruhen ähnliche Wohlfahrtsstaaten und Produktionssysteme auf ähnlichen religiösen und kulturellen Grundeinstellungen, welche hinter beiden stehen.

6.2 …Mehrheits- / Verhältniswahlrecht

Das Produktionssystem eines Landes hängt nicht nur mit dessen Wohlfahrtsstaat, sondern auch mit dessen politischem System zusammen: Alle liberalen Länder praktizieren das Mehrheitswahlrecht, alle koordinierten Länder das Verhältniswahlrecht. Das Verhältniswahlrecht führt dazu, dass jede Partei proportional zu ihrer Stimmenanzahl im Parlament vertreten ist. Das Mehrheitswahlsystem ist dagegen ein „winner take all"-System: die Partei, die mehr als 50 Prozent der Stimmen eines Wahlkreises hat, gewinnt all dessen Stimmen. So muss ein amerikanischer Präsidentschaftskandidat nicht die absolute Stimmenmehrheit für sich gewinnen, sondern eine 50-Prozent Mehrheit in möglichst vielen Bundesstaaten, was beispielsweise dazu geführt hat, dass George Bush 2005 gegen Al Gore gewonnen hat, obwohl mehr Wähler für Al Gore gestimmt haben. Dass ein Kandidat über 50 Prozent kommen muss, um alle Stimmen eines Wahlkreises zugeschlagen zu bekommen, macht es kleinen Parteien schwer, so dass Mehrheitswahlsysteme in der Regel nur zwei Parteien haben. Im Verhältniswahlrecht können dahingegen auch kleinere Parteien überleben; die größeren Parteien müssen mit ihnen koalieren, wenn sie keine absolute Mehrheit an Stimmen erringen können. Darum wird Deutschland – wie die meisten koordinierten Länder und im Unterschied zu liberalen Ländern – in der Regel von einer Koalition regiert.

Liberale Länder haben Mehrheits-, koordinierte Länder Verhältniswahlrecht

Cusack, Iversen und Soskice (2007) liefern eine Erklärung dafür, dass koordinierte Produktionssysteme mit Verhältniswahlrecht und liberale Produktionssystem mit Mehrheitswahlrecht einhergehen. In koordinierten Ländern kooperieren Unternehmen miteinander und mit Arbeitnehmern. Diese Kooperation fand früher

… denn in koordinierten Ländern muss jeder repräsentiert sein

auf lokaler Ebene statt. Als sich Nationalstaaten mit nationalen Parlamenten bildeten, wollten die Arbeitnehmer und Arbeitgeber auch national politisch repräsentiert sein. Damit die möglicherweise kleinen Parteien, die die Interessen der Arbeitnehmer und Unternehmer vertreten, im Parlament repräsentiert sein können, braucht es ein Verhältniswahlrecht. Um Politik zu machen, mussten diese Parteien jedoch Mehrheiten bilden; sie mussten also koalieren und Kompromisse finden. Einer dieser Kompromisse war, dass die Gewerkschaften Tarifverträge bekamen und sich um die Berufsbildung kümmern; dafür durften die Arbeitgeber weiter die Unternehmen kontrollieren und den Inhalt der Ausbildungsgänge bestimmen, welche die Gewerkschaften jedoch verwalteten. So könnte die Regulierung koordinierter Marktwirtschaften zusammen mit Verhältniswahlrecht entstanden sein.

... und Verhältniswahlrecht bringt soziale Absicherung, die koordinierte Marktwirtschaften brauchen

Zudem müssen Arbeiter mit unternehmensspezifischen Qualifikationen sicher sein, dass ihr Unternehmen ihre Löhne nicht senkt oder ihnen kündigt, denn sie können ihren Job nicht einfach wechseln. Wenn solche Arbeiter doch gekündigt werden, sind sie zumindest auf eine gute Arbeitslosenversicherung angewiesen. Die Unternehmen dagegen, die in die Qualifikation ihrer Arbeitnehmer investiert haben und von ihren spezifischen Qualifikationen und Fähigkeiten abhängig sind, wollen sichergehen, dass ihre Mitarbeiter sie nicht damit erpressen, dass sie für das Unternehmen fast unersetzlich sind. Um politische Arrangements durchzusetzen, die die Interessen beider Gruppen berücksichtigen, müssen beide politisch repräsentiert sein. Dies wiederum kann nur das Verhältniswahlrecht gewährleisten.

Liberale Länder und Mehrheitswahlrecht: Arbeitgeber wollen sich gegen Arbeitnehmer zusammenschließen

Liberalen Ländern stellten sich von Anfang an ganz andere Probleme. Cusack, Iversen und Soskice haben herausgearbeitet, dass Arbeitgeber und Arbeitnehmer dort nie eng kooperierten. Entsprechend gab es auch keine Notwendigkeit, jede Gruppe national politisch zu repräsentieren, um kooperative Arrangements nationalstaatlich zu unterstützen. Unternehmer und rechte Parteien sprachen sich stattdessen für ein Mehrheitswahlrecht aus, um der Arbeiterbewegung politisch die Stirn bieten zu können. Dies erscheint erst einmal unlogisch, da doch die Arbeiter in der Mehrheit sein müssten. Doch die Überlegung dahinter ist, dass Mehrheitswahlsysteme weniger umverteilen, da sich die Mittelklasse dort mit der Oberschicht in einer Partei zusammentut, welche eine niedrige Besteuerung sicherstellt. Im Gegensatz dazu sorgt das Verhältniswahlrecht für mehr Umverteilung, da sich dort eine Partei der Mittelklasse mit einer Partei der Arbeiterklasse verbündet (vgl. Iversen/Soskice 2006; Manow 2009). Dies wiederum erklärt nach Meinung von Iversen und seiner Kollegen, wie Produktionssysteme mit Wahlrecht *und* Wohlfahrtsstaaten zusammenhängen. Zusammengefasst lautet das Argument von Cusack, Iversen und Soskice also, dass Länder, die schon immer auf lokaler Ebene koordiniert waren, sich für ein Verhältniswahlrecht entscheiden, welches dann dafür sorgt, dass Koordination national stattfinden kann. Länder, die dahingegen früher schon liberal waren, entscheiden sich für ein Mehrheitswahlrecht, weswegen sie liberal bleiben.

Funktionalismus hinter der Erklärung von Wahlsystemen

Einerseits muss man Iversen und seinen Kollegen zugutehalten, dass sie einen Sachverhalt erklären, der ansonsten schwer verständlich ist. Andererseits kann man skeptisch sein. Denn Iversen et al. bauen auf ein ökonomisches Modell von Meltzer und Richard (1981), wonach Institutionen und ihre Verteilungswirkungen vor allem aus wirtschaftlichen Interessen entstehen und erklärbar sind. Aber entstehen Wahlsysteme wirklich daraus, dass jemand sie für wirtschaftlich sinnvoll hält? Berücksichtigen Arbeitnehmer und Arbeitgeber, dass Arbeitnehmer in koordinierten Marktwirtschaften in unternehmens- und branchenspezifische Fähigkeiten investiert haben, die nun geschützt werden müssen, was wiederum besser mit Verhältniswahlrecht geht? Iversen und seine Kollegen würden diese Fragen bejahen.

Problematisch daran ist, dass diese Forscher eine Struktur, die vielleicht eher zufällig entstanden ist, durch das bewusste Wirken weitsichtiger Arbeitnehmer und Arbeitgeber erklären, die wirtschaftlich optimale Wahlsysteme designen. In der Antwort auf diese Frage gehen auch die Meinungen von Peter Hall und David Soskice auseinander. Denn während Soskice solch funktionalistischen Erklärungen zugeneigt ist, schreibt Hall zusammen mit Kathleen Thelen: „in contrast to some functionalist analyses, we think it dangerous to assume that the institutions of the political economy were originally created to serve the interests they advance at much later periods of time" (Hall/Thelen 2009: 14).

Man kann also durchaus anzweifeln, dass Wahlsysteme entstanden sind, weil sie den wirtschaftlichen Interessen bestimmter Gruppen entsprechen. Möglicherweise haben die liberalen Länder stattdessen ein Mehrheitswahlrecht, weil sie sich an Großbritannien orientiert haben. Möglicherweise ist es sogar Zufall, dass bestimmte Wahlsysteme mit bestimmten Produktionssystemen einhergehen; schließlich geht es dabei nur um circa zwanzig Länder. Bis jedoch jemand eine bessere Erklärung präsentiert, liefern Cusack, Iversen und Soskice die einzig plausible Erklärung, warum politische und wirtschaftliche Systeme zusammenhängen.

6.3   …Common Law / Civil Law Rechtssysteme

Nicht nur Wohlfahrtsstaaten und Produktionssysteme gehen mit Kapitalismusvarianten einher. Auch haben die liberalen Marktökonomien Großbritannien, Irland, die USA, Kanada, Neuseeland und Australien allesamt Common Law-Rechtssysteme. Darin sprechen Richter Präzedenzurteile, die gesetzesähnlichen Status haben. Alle koordinierten Länder haben dahingegen Civil Law-Rechtssysteme, wobei sich diese in eine französische, deutsche und skandinavische Untergruppe aufteilen (La Porta/Lopez-de-Silanes/Shleifer 2008: 288). Dies entspricht interessanterweise auch den verschiedenen Arten an Wohlfahrtssystemen, in die man koordinierte Länder einteilen kann (plus Frankreich). Alle Civil Law-Rechtssysteme haben jedoch gemeinsam, dass das Parlament Gesetze verabschiedet, die allgemeine Gültigkeit haben; Richter wenden Gesetze nur noch an, statt durch ihre eigenen Urteile welche zu schaffen. Der Grundunterschied ist also, ob die Gesetzgebungsgewalt lediglich beim Parlament liegt oder auch bei Richtern.

> In liberalen Ländern entwickeln Richter das Recht weiter

Wie kann man erklären, dass das Rechts-, Wirtschafts- und Wohlfahrtssystem unterschiedlicher Länder miteinander einhergeht? Eine Erklärung baut darauf auf, dass sich das britische Volk im 17. Jahrhundert gegen seinen König auflehnte. Es misstraute der staatlichen Macht, die von der Monarchie repräsentiert wurde.

> Großbritannien: Richter gegen den Staat. Frankreich: Der Staat macht das Recht

Aus dieser Tradition des Misstrauens heraus erwuchs die Idee, dass Richter vom Staat unabhängig sein sollen und auch entsprechend unabhängig urteilen. Richter sollten sich darum nicht nur an das Recht halten, sondern es auch schaffen, ohne staatliche Einmischung. Zudem gingen britische Gerichte aus einer Revolution hervor, die Privateigentum vor staatlichem Zugriff schützte und selbst den König dem Gesetz unterstellte. In diesem Sinne steht in der britischen Regulierungsphilosophie das politische System unter dem Gesetz, statt dieses zu schaffen, und das Gesetz selbst hat vor allem den Zweck, Privateigentum und freie Märkte zu schützen. Britische Richter urteilten dieser Regulierungsphilosophie entsprechend marktfreundlich, gerade indem sie Privateigentum und private Verträge gegen staatliche Einflussnahme schützten. In Frankreich hingegen waren Richter bis zur französischen Revolution mit der absolutistischen Monarchie verbündet. Die Französische Revolution entmachtete sie, denn die Revolutionäre wollten die Macht des Staates nutzen, um den Besitz umzuverteilen, und die Judikative sollte sie nicht daran hindern (La Porta/Lopez-de-Silanes/Shleifer 2008: 289, 303f.). Die Französische Revolution sah Richter als Teil des absolutistischen Staates und nicht als dessen Gegengewicht. Daher schaffen in Frankreich nicht unabhängige Richter das Recht, sondern das Parlament verabschiedet Gesetze und spezifiziert diese für jede Eventualität. Es ist wiederum nicht erstaunlich, dass Gesetze, die vom Staat gemacht werden, eher staatliche Eingriffe befürworten sowie persönliches Eigentum – und damit auch Aktionäre und den freien Markt – weniger vor Staatseingriffen schützen.

Abgemilderte Versionen in weiteren Ländern

Diese verschiedenen Rechtssysteme – und die damit verbundene mehr oder weniger marktfreundliche Haltung – exportierten Frankreich und Großbritannien in ihre Kolonien und andere Länder in ihrem Einflussbereich. Englisch beeinflusste Länder führten das Common Law ein, was sie zu marktfreundlichen liberalen Marktökonomien machte. Französisch beeinflusste Länder führten das Civil Law ein und wurden zu eher marktfeindlichen koordinierten Marktökonomien. Napoleons Armeen brachten das Civil Law nach Belgien, Holland, Italien und in Teile Deutschlands; von da aus breitete es sich nach Portugal, Spanien und in Teile der Schweiz aus.

Deutschland entwickelte 1897 mit dem Handelsgesetzbuch eine Sonderform des Civil Law, in dem Gerichte einen größeren Spielraum bei der Auslegung von Gesetzen haben – womit sich das deutsche Recht geringfügig in Richtung des liberalen Common Law bewegte (La Porta/Lopez-de-Silanes/Shleifer 2008: 304). Dieses abgeschwächte Civil Law kopierten Österreich, die Tschechoslowakei, Griechenland, Ungarn, Italien, die Schweiz, Jugoslawien, Japan und Korea. Auch die skandinavischen Länder entwickelten eine eigene Civil Law-Rechtstradition, welche weniger Elemente des römischen Rechts aufnahm als das französische oder deutsche Recht (La Porta/Lopez-de-Silanes/Shleifer 2008: 289f.).

Mehr Schutz für Privateigentum im liberalen Common Law

Da Gerichtsurteile im Common Law mehr Respekt für Privateigentum haben, sind Anteilseigner von Unternehmen dort besser geschützt. Dies führt laut La Porta et al. wiederum dazu, dass Unternehmen in Ländern mit Common Law bessere Finanzierungsmöglichkeiten haben, da Investoren sich dort als besser geschützt wahrnehmen. Die flexibleren Finanzmärkte der liberalen Länder, ebenso

wie deren zerstreuterer Unternehmensbesitz hängen daher laut der gängigen Erklärung mit dem dortigen Rechtssystem und dessen besserem Schutz von Privateigentum zusammen.

La Porta und seine Kollegen machen an dieser Stelle jedoch nicht Halt. Sie
behaupten auch, die geringere Staatseinmischung in Common Law Ländern führe
zu weniger Staatsausgaben, Korruption, Schwarzarbeit und effizienteren Arbeits-
märkten. Im Wesentlichen argumentieren sie, Common Law Länder seien besser
als Civil Law Länder. Dies versuchen sie auch mit Ländervergleichsdaten zu beweisen. Doch sie finden keinen Zusammenhang zwischen Wirtschaftswachstum
und Rechtssystem, obschon Common Law-Rechtssysteme ihren Vorhersagen
nach ein höheres Wirtschaftswachstum haben müssten. Deswegen vermuten sie,
dass in turbulenten Zeiten, wie Kriegen oder Wirtschaftskrisen, Civil Law-Rechtssysteme besser sein könnten, da diese den Markt besser regulieren können (vgl. als
erste Formulierung des gesamten Arguments über Rechtssysteme La Porta, et al.
1997; La Porta, et al. 1998; vgl. als Zusammenfassung und Weiterentwicklung der
bisherigen Diskussion La Porta/Lopez-de-Silanes/Shleifer 2008).

Sind Common Law
Länder wirtschaftlich
erfolgreicher?

Doch wie kommt es, dass die zwei Rechtssysteme mit den zwei Kapitalismusvarianten einhergehen? La Porta und seine Kollegen argumentieren explizit,
dass es *nicht* eine mehr oder minder marktfreundliche Kultur sei, die Rechtssysteme beeinflusst. Sie zeigen dies, indem sie berechnen, dass die Rechte von
Kreditgebern 2002 stärker mit dem Rechtssystem der verschiedenen Länder
korrelierten als kulturelle Einstellungen es tun. Rechts- und Wirtschaftssystem
hängen also angeblich stärker zusammen, als Kultur mit einem der beiden Faktoren einhergeht. Doch La Porta und seine Kollegen operationalisieren Kultur
als den jeweiligen Prozentanteil an Menschen, der findet, dass Kinder gehorchen müssen, dass Eltern alles für ihre Kinder tun sollten, dass Familienleben
wichtig ist und dass man Fremden trauen kann. Auch erklären La Porta et al.,
dass Länder nicht ein bestimmtes Rechtssystem haben, wenn Umfragen zeigen,
dass Menschen eines Landes individualistisch oder obrigkeitshörig sind oder
wenn Menschen sich als besonders maskulin beschreiben (La Porta/Lopez-
de-Silanes/Shleifer 2008: 312). Ihrer Meinung nach zeigt dies, dass kulturelle
Aspekte eines Landes nicht mit dessen Rechtssystem einhergehen. Doch dass
Antworten auf die Frage, ob Kinder ihren Eltern gehorchen sollten, kaum mit
dem Rechtssystem oder dem Schutz für Anleger korrelieren, ist kein Beleg dafür, dass Rechtssysteme nicht mit kulturellen Variablen zusammenhängen. Es ist
vielmehr ein Beleg dafür, dass La Porta et al. unsinnige Variablen ausgewählt
haben, um Kultur zu messen. Einen Beleg für die These, dass kulturelle Einstellungen gegenüber dem Markt nicht mit dem Rechtssystem zusammenhängen,
ist ihre Untersuchung deswegen keinesfalls. Sinnvoller wäre es zu testen, wie
stark der Schutz von Investoren damit korreliert, dass Befragte eines Landes
dem Markt gegenüber positiv eingestellt sind. Zudem beziehen sich die Daten
von La Porta und seinen Kollegen nur auf die Gegenwart und nicht auf die Zeit,
zu der Rechts- und Wirtschaftssysteme entstanden.

Länder unterscheiden
sich systematisch in
ihren Wirtschafts-,
Wohlfahrts-, Wahl-
und Rechtssystemen

La Porta et al. zeigen somit, dass Rechtssysteme mit Kapitalismusvarianten korrelieren. Zusammen mit den Untersuchungen über Wahlsysteme und Wohlfahrtsstaaten verdeutlichen sie, dass sich entwickelte Länder signifikant unterscheiden und in mindestens zwei Gruppen einordnen lassen. Die eine Gruppe hat liberale Produktionssysteme, liberale Wohlfahrtsstaaten, Mehrheitswahlrecht und ein Common Law-Rechtssystem. Die andere Ländergruppe hat koordinierte Produktionssysteme, Verhältniswahlrecht, konservative oder sozialdemokratische Wohlfahrtsstaaten und Varianten eines Civil Law-Rechtssystems. Erst weil solche Unterschiede immer wieder und systematisch auftreten, kann man von Kapitalismusvarianten sprechen, statt von unabhängig nebeneinander stehenden Varianten von Produktions-, Wohlfahrts-, Wahl- und Rechtssystemen. Wahrscheinlich bilden diese vier Systeme auf noch nicht völlig bekannte Weise ein Komplettsystem, welches erlaubt, von Ländergruppen zu sprechen, die den Markt in verschiedenen gesellschaftlichen Teilbereichen mehr oder weniger stark nutzen. Aber was dabei was bedingt, ist beim derzeitigen Stand der Forschung noch unklar.

Wichtig ist jedoch, dass die Forschung zu den vier Feldern sich gegenseitig bereichert. Beispielsweise ist die Forschung zu Rechtssystemen bisher recht ratlos, warum Länder mit Civil Law erfolgreich sind. Die Varieties-Typologie beantwortet diese offene Frage damit, dass Civil Law Länder mit wirtschaftlich effizienten koordinierten Produktionssystemen einhergehen, welche deren wirtschaftlichen Erfolg erklären können. Darum hätten sich die vier Disziplinen, welche sich mit Produktions-, Wohlfahrts-, Wahl- und Rechtssystemen beschäftigen, gegenseitig viel zu sagen. Es bleibt darum zu hoffen, dass diese bisher weitgehend getrennten Forschungsrichtungen kombiniert werden, damit man versteht, wie die Welt in zusammenhängende Systeme von Varianten des Kapitalismus aufteilbar ist, statt lediglich in isolierte Varianten von Produktions-, Rechts-, Wahl- und Wohlfahrtssystemen.

6.4 ...Staatstätigkeit

Kapitalismusvarian-
ten erklären,...

Martin Höpner (2009) meint, die Kapitalismusvariante eines Landes erkläre dessen Staatstätigkeit. Auf Manfred Schmidt (1995) zurückgehend, erklären Politikwissenschaftler Staatstätigkeit aus 1) dem Entwicklungsgrad eines Landes, 2) dem Klassen- bzw. Schichtsystem, 3) der regierenden Partei, 4) dem politischem System, sowie 5) dem Grad an Internationalisierung und Industrialisierung eines Landes. Höpner meint, dass auch die jeweilige Spielart des Kapitalismus über die Staatstätigkeit eines Landes entscheidet. Er verdeutlicht dies an drei Beispielen.

...ob Staaten einen
hohen Kündigungs-
schutz unterstützen

Erstens unterstützen koordinierte Marktwirtschaften einen starken Kündigungsschutz und Wohlfahrtsstaat. Dabei nutzt Höpner das Argument von Iversen et al., welches in Kapitel 6.2 thematisiert wurde. Demnach fordern Unternehmen einen hohen Kündigungsschutz und Absicherung der Arbeitnehmer, damit die Belegschaft bereit ist, die speziellen Fähigkeiten zu lernen, die Unternehmen benötigen, obschon solche speziellen Fähigkeiten es Arbeitnehmern schwer machen, bei Arbeitslosigkeit einen neuen Job zu finden (vgl. Estevez-Abe/Iversen/Soskice 2001; Soskice/Iversen 2001; Mares 2001a; Swenson 2002; Iversen/Soskice 2006).

Dasselbe Argument kann laut Höpner erklären, warum Frauen in koordinierten Marktwirtschaften stärker benachteiligt sind als in liberalen. Denn gerade koordinierte Marktökonomien investieren in spezifische Fähigkeiten. Bei Frauen scheuen Unternehmen diese Investition, weil Frauen mit höherer Wahrscheinlichkeit eine Babypause einlegen oder ganz aus dem Beruf ausscheiden. Koordinierte Marktwirtschaften, die stärker auf darauf beruhen, dass Unternehmen in spezifische Fähigkeiten investieren, benachteiligen Frauen somit stärker als liberale Marktwirtschaften, in denen Unternehmen *weder* in Frauen noch in Männer investieren. In koordinierten Ökonomien wären Frauen somit in einer Falle, da niemand in ihre Fähigkeiten investiert. Deswegen würden sie die Erwerbstätigkeit ihrer Ehemänner unterstützen, statt selbst zu arbeiten.

… die Benachteiligung von Frauen auf dem Arbeitsmarkt

Ein drittes Beispiel bringt Höpner aus der Makroökonomie. In koordinierten Ländern, die stärker auf spezifische Fähigkeiten setzen und in denen Arbeitnehmer darum mehr Angst vor Arbeitslosigkeit haben, werden Arbeitnehmer aus Furcht vor Arbeitslosigkeit in Krisenzeiten ihr Einkommen eher sparen als in liberalen Marktökonomien, in denen Arbeitnehmer sich weniger um Arbeitslosigkeit sorgen und ihr Geld darum eher ausgeben. Diese unterschiedliche Haltung macht sich bemerkbar, wenn der Staat in Krisenzeiten versucht, die Nachfrage anzukurbeln. Während keynesianische Wachstumsprogramme zur Steigerung der Massennachfrage sich in liberalen Ökonomien in Nachfrage umsetzen, sparen Arbeitnehmer in koordinierten Marktökonomien lieber, wenn ihnen der Staat in Krisenzeiten mehr Geld an die Hand gibt. Somit würde antizyklische Fiskalpolitik nur in liberalen Ländern funktionieren (für diese drei Beispiele, vgl. Höpner 2009: 15ff.).

… die Wirksamkeit antizyklischer Fiskalpolitik

Einerseits hat Höpner möglicherweise Recht, dass Kapitalismusvarianten durch die von ihm genannten Mechanismen Staatstätigkeit und deren Folgen erklären. Andererseits besteht mit dem Anspruch, der Varieties-Ansatz erkläre Staatstätigkeit, die Gefahr, dessen Erklärungskraft zu überdehnen. Es ist beispielsweise fraglich, ob man tatsächlich so viel mit dem Unterschied zwischen spezifischen und nicht-spezifischen Fähigkeiten erklären kann, wie Iversen und Soskice es versuchen. Höpners Versuch zeigt jedoch, wie gut der Varieties of Capitalism-Ansatz darin ist, Hypothesen über Staatsverhalten zu generieren.

Was der Varieties of Capitalism-Ansatz leisten kann

Fest steht zudem, dass sich liberale und koordinierte Marktökonomien nicht nur in Bezug auf die Koordination ihres Wirtschaftssystems unterscheiden. Auch haben sie liberale / nicht-liberale Wohlfahrtsstaaten, Verhältnis- / Mehrheitswahlrecht und Civil Law / Common Law-Rechtssysteme. Ebenso gibt es Indizien dafür, dass sich liberale und koordinierte Marktökonomien darin unterscheiden, wie stark ihr Arbeitsmarkt Frauen diskriminiert und wie makroökonomische Steuerung funktioniert. Insofern ist beeindruckend, in wie vielen verschiedenen Aspekten sich liberale und koordinierte Marktökonomien unterscheiden. Dies erlaubt es, von kompletten Kapitalismusvarianten zu sprechen, statt lediglich von unterschiedlichen Produktionssystemen.

7 Kritik am Varieties of Capitalism-Ansatz

Es war für etliche Wissenschaftler eine Provokation, dass Hall und Soskice 2001 vorschlugen, lediglich zwei Kapitalismustypen zu unterscheiden. Schließlich ist die Welt komplexer, wie auch die einzelnen Länderkapitel zeigen. Großbritannien und die USA unterscheiden sich, obwohl beide liberal sind; Deutschland, Österreich und die Niederlande unterscheiden sich, obwohl alle diese Länder koordiniert sind. Auch kann man Kapitalismusvarianten nicht schon daraus erklären, was für Unternehmen funktional ist, schließlich spielen auch die Arbeitnehmerbewegung eines Landes eine Rolle, sowie Politik, Kultur und historische Zufälle. Zudem interpretierten Wissenschaftler aus der Varieties-Typologie heraus, dass Länder sich nicht verändern könnten, da koordinierte Marktwirtschaften Koordinierung und liberale Marktwirtschaften Liberalismus als Wettbewerbsvorteil aufrechterhalten. Während die extreme Vereinfachung auf zwei Kapitalismustypen etliche Wissenschaftler beeindruckte, war es auch genau die damit verbundene Schlichtheit, die andere abschreckte. Die nächsten Kapitel geben wieder, was Wissenschaftler im Zuge dessen an der Varieties-Typologie kritisierten.

Ist der Varieties of Capitalism-Ansatz zu einfach?

7.1 Funktionalismus

Funktionalismus erklärt das Bestehende daraus, dass es funktional – oder auch: zweckdienlich – ist. Institutionen bestehen demnach, weil sie eine Funktion erfüllen. Varieties of Capitalism erklärt Kapitalismusvarianten entsprechend dadurch, dass diese für Unternehmen funktional sind. Doch Institutionen, die in Gesellschaften entstehen, sind nicht immer optimale funktionale Lösungen, erst recht nicht für Unternehmen. Eine sozialwissenschaftliche Theorie als funktionalistisch zu bezeichnen, ist deswegen fast immer eine Kritik. Auch an der Varieties-Typology kritisierten Forscher, sie erkläre koordinierende Institutionen dadurch, dass diese für Unternehmen funktional seien (Peck/Theodore 2007: 750; Streeck 2009: 4). Dieser Vorwurf stimmt zur Hälfte. Hall und Soskice behaupten nicht, dass Institutionen *entstanden* seien, weil Unternehmen dies wollten oder weil dies für Unternehmen funktional sei. Stattdessen führen sie kulturelle und historische Gründe dafür an, dass Institutionen entstanden sind (Hall/Soskice 2001a: 16). Die beiden Autoren vermuten jedoch tatsächlich, das Unternehmen koordinierende Institutionen – *wenn diese erst einmal existieren* – in dem Maße aufrechterhalten, wie sie für sie von Nutzen sind (Hall/Soskice 2001a: 57). Allerdings sind die beiden Autoren diesbezüglich nicht deterministisch, obschon ihnen das immer wieder vorgeworfen wird. Stattdessen gehen Hall und Soskice explizit davon aus, dass nicht *nur* Unternehmensinteressen, sondern auch andere Faktoren beeinflussen, wie Institutionen sich entwickeln (vgl. Hall/Soskice 2001a: 15ff.). So beschreiben sie fast jede der von ihnen postulierten Wirkungen mit der Formulierung „tend to"; Diese Formulierung kommt in ihrer Einleitung 20-mal vor und beschreibt fast jede

Varieties of Capitalism- und Power Resources: Wenn zwei aneinander vorbei reden

kausale Wirkrichtung, die sie skizzieren. In neueren Publikationen schreiben Peter Hall und Kollegen über koordinierte und liberale Institutionen: „firms and governments will often (although not always) adapt their strategies to take advantage of [...] complementarities" (Hall/Gingerich 2009: 460). Dies ist verbunden mit der These „that the institutions and practices of capitalist political economies can rarely be sustained over time without the active support of at least some powerful segments of capital" (Hall/Thelen 2009: 11). Zwar vermutet die Varieties-Typologie insofern schon, dass Unternehmen Komplementaritäten nutzen und unterstützen. Doch die Aussage, dass Institutionen lediglich bestehen, weil sie nützlich für Unternehmen sind, muss man den Autoren der Varieties-Typologie schon in den Mund legen, um sie zu finden. Hall und Soskice ist durchaus klar, dass nicht nur Unternehmensinteressen bestimmen, ob wirtschaftliche Institutionen entstehen und erhalten bleiben. Sie wollten mit ihrer Arbeit jedoch darauf hinweisen, dass Unternehmensinteressen *ein* wichtiger Erklärungsfaktor neben anderen sind, um marktliche und nicht-marktliche Institutionen zu erklären, wie sie unmissverständlich darlegen (Hall/Soskice 2001a: 15).

Man kann somit kaum sagen, dass Peter Hall und seine Kollegen übermäßig funktionalistisch denken. Sie vermuten lediglich, dass Institutionen *unter anderem* auch aufrechterhalten werden, weil sie die Unterstützung derer haben, für die sie nützlich sind. Dem kann man wohl kaum widersprechen. Doch insbesondere für Vertreter des Power Resources-Ansatzes war nicht hinnehmbar, dass Hall und Soskice zumindest dahingehend interpretiert werden konnten, dass Institutionen lediglich bestehen, weil Unternehmen sie unterstützen. Denn das zentrale Anliegen der Vertreter des Power Resources-Ansatzes – vor allem von Walter Korpi (1985; 2006) – war, dass eine starke Arbeiterklasse wohlfahrtsstaatliche Institutionen *gegen* Unternehmen durchsetzen musste. Anhänger des Varieties-Ansatzes vertraten jedoch die gegenteilige These, wonach Unternehmen mitunter eine umfangreiche Arbeitslosenversicherung befürworteten, damit Arbeitnehmer die speziellen Fertigkeiten lernen, die koordinierte Marktökonomien brauchen und nicht von der Sorge vor Arbeitslosigkeit davon abgehalten werden (vgl. Kapitel 2.1.3, 6.1 und Estevez-Abe/Iversen/Soskice 2001).

Teilweise ist dieser Konflikt darauf zurück zu führen, dass Vertreter der beiden Ansätze aneinander vorbei geredet haben. Denn natürlich ist auch Hall, Soskice und deren Varieties-Kollegen klar, dass Institutionen nicht *nur* entstehen und sich bewähren, weil sie wirtschaftlich nützlich sind. Besonnene Beobachter des Varieties-Ansatzes erkennen dies an. Martin Höpner (2009: 316) meint, die Sichtweise der Varieties of Capitalism könne gegenüber der Perspektive der Power Resources durchaus sinnvoll sein, denn:

> *„In der historisch-genetischen Variante untersuchen Autoren wie Mares (2000, 2001, 2003) und Swenson (2002, 2004) entscheidende Wendepunkte bei der Entstehung moderner Wohlfahrtsstaaten und zeigen auf, dass die Haltungen der Arbeitgeber nicht von monolithischer Gegnerschaft geprägt waren. Beide Autoren argumentieren mit großer Vorsicht und warnen vor der Fehlinterpretation, der Wohlfahrtsstaat sei funktional und genetisch als Arbeitgeberinstrument zur Generierung von Wettbewerbsvorteilen zu verstehen."*

Wie gesagt grenzt die Kritik am Funktionalismus des Varieties of Capitalism-Ansatzes somit an ein (bewusstes?) Missverständnis des Ansatzes, denn dessen ernsthafte Vertreter argumentieren kaum funktionalistisch. Die Funktionalismus-Kritik trifft jedoch schon eher auf Iversen und Soskice (Estevez-Abe/Iversen/Soskice 2001; Soskice/Iversen 2001; Iversen/Soskice 2006) zu, da diese Autoren Wohlfahrtsarrangements – und sehr viel mehr – durch Rechenmodelle erklären, hinter denen die Annahme hyperrationaler Akteure und die Unterscheidung zwischen spezifischen und allgemeinen Fähigkeiten steht, wie Kapitel 6.1 und 6.2 ausführen. Andererseits müssen auch die erbittertsten Gegner des Varieties-Ansatzes zugestehen, dass Unternehmen soziale Absicherung unterstützen können, wenn dies in ihrem wirtschaftlichen Interesse liegt. Problematisch ist jedenfalls, dass man den Varieties-Ansatz auf zwei Arten lesen kann. Wer möchte, kann Funktionalismus in ihn hineinlesen. Doch so haben Hall und Soskice ihren Ansatz nicht gemeint, wie zumindest Peter Hall immer wieder klarstellte (vgl. Hall 2007; 2009; Hall/Thelen 2009).

7.2 Methodologischer Nationalismus

Ein weiteres Problem des Varieties-Ansatzes ist, dass er nationalstaatliche Institutionen analysiert. Doch nationale Regulierung wird weniger relevant. So können sich Unternehmen in der EU mittlerweile unabhängig von ihrem Standort als Unternehmensform eines anderen EU Landes registrieren lassen. Beispielsweise kann man eine deutsche Gesellschaft mit beschränkter Haftung (GmbH) in England gründen oder eine britische Limited Company (Ltd.) in Deutschland. Wer in Deutschland eine Ltd. gründet, muss zwar trotzdem einen Betriebsrat zulassen, doch eine Arbeitnehmermitbestimmung im Aufsichtsrat gibt es dann nicht. Nicht nur erodiert diese Europäisierung nationale Kapitalismusvarianten „von oben." Ebenso erodieren nationale Institutionen „von unten", nämlich durch regionale Governanceformen. Colin Crouch (2005: 26) hat dieses Problem am eindrücklichsten zusammengefasst:

> „*The fundamental point is this: Empirical cases must be studied, not to determine to which (singular) of a number of theoretical types they should each be allocated, but to determine which (plural) of these types are to be found within them, in roughly what proportions, and with what change over time.*"

Laut dieser Sichtweise gibt es innerhalb einer nationalen Kapitalismusvariante einen regionalen Flickenteppich unterschiedlicher Regulierung. Für viele Länder trifft dies in der Tat zu. So haben die Amerikaner Piore und Sabel (1984) herausgearbeitet, dass es in Italien drei Regulierungsmodelle gibt. Italiens Süden ist arm und korrupt, Italiens Norden ist klassisch industriell und dann gibt es noch das „Dritte Italien" im Nordosten des Landes, in den Regionen Venedig, Emilia-Romagna und Toskana. In diesem Teil Italiens kooperieren kleine, familiengeführte Unternehmen, um gemeinsam Güter herzustellen. Durch diese Kooperation können die Unternehmen besonders schnell auf veränderte Nachfrage reagieren.

Erodieren nationale Kapitalismusvarianten?

Dies ist einerseits ein Produktionssystem mit einer bestimmten (gemeinschaftlichen) Art der Koordination. Andererseits ist es nicht typisch für ganz Italien, sondern nur für eine seiner Regionen. Andere Forscher haben noch mehr solcher Regionen gefunden und gezeigt, dass diese ihre eigene Produktionsart ausbilden, welche nicht mit der jeweiligen nationalen Kapitalismusart übereinstimmen muss (Crouch, et al. 2001; Crouch, et al. 2004; Crouch/Voelzkow 2009).

In der Tat kann diese Aushöhlung von „oben" und „unten" zum Problem für nationale Kapitalismusvarianten werden. Doch bisher unterscheiden sich beispielsweise Deutschland, Großbritannien und die Niederlande immer noch stärker untereinander als Regionen innerhalb dieser Länder. Wie die Statistiken in Kapitel 1 und 5 zeigen, unterscheiden sich Nationalstaaten immer noch signifikant, sowohl in ihren gesetzlichen Regelungen als auch in den Ergebnissen, die aus diesen resultieren. Solange dies der Fall ist, bleibt der Varieties-Ansatz weiter nützlich. Auf jeden Fall bleibt es jedoch eine spannende Forschungsfrage, wie stark nationale Kapitalismusvarianten durch regionale und internationale Regulierung ausgehöhlt werden. Möglicherweise wird dies irgendwann einmal so sehr geschehen, dass es keinen Sinn mehr macht, von nationalen Kapitalismusvarianten zu sprechen.

7.3 Problem mit der Erklärung von Wandel

Hall und Soskice verstehen Komplementarität in dem Sinne, dass man keine einzelnen Elemente eines Wirtschaftssystems ändern kann, ohne auch andere Teile zu beeinflussen (vgl. Hall/Soskice 2001a: 17ff.). Dabei können zwar laut der Varieties-Konzeption regionale Abweichungen von einem nationalen Modell vorkommen (vgl. Herrigel 1996), doch auch diese spielen sich im Schatten eines dominanten Leitmodells ab, welches in die Richtung tendiert, die nationale Regulierung unterstützt (Hall/Soskice 2001a: 9; Apeldorn/Rhodes 1997: 4). Der ursprüngliche Varieties of Capitalism-Ansatz legt die Hürden für grundlegenden Wandel somit sehr hoch, weswegen Forscher ihn als deterministisch, rigide und statisch kritisiert haben (Lütz 2002: 27; Zugehör 2003: 24).

Der Varieties of Capitalism-Ansatz wird relativiert: Liberale Länder werden nicht notwendigerweise liberaler, koordinierte nicht immer koordinierter

Diese Kritik stimmt insofern, als empirische Untersuchungen Fälle fanden, in denen – entgegen ursprünglicher Annahmen des Varieties of Capitalism-Ansatzes – koordinierte Länder liberaler und liberale Länder koordinierter wurden. Wandel findet also nicht nur innerhalb einer Kapitalismusvariante statt. Wie Kapitel 4.1.3 zeigt, verabschiedete Irland in den 1980er Jahren korporatistische Sozialpakte auf nationaler Ebene. Deutschland und die meisten anderen korporatistischen Länder liberalisierten dahingegen ihr Produktionssystem und ihren Wohlfahrtsstaat auf eine Weise und in einem Ausmaß, die kaum mit dem Varieties of Capitalism-Ansatz vereinbar ist, wie vor allem Wolfgang Streeck dokumentierte (vgl. Streeck 2009; Baccaro/Howell 2011 und Kapitel 4.3). Dabei zeigte sich – ebenfalls entgegen ursprünglichen Varieties of Capitalism-Annahmen, dass einzelne Teile ökonomischer Regulierung veränderbar waren, ohne dass sich dadurch gleich das Gesamtsystem änderte.

Vor allem ist mittlerweile klar, dass auch koordinierte Länder liberalisiert haben. Eine gängige Art damit umzugehen, ist die Argumentation vieler Varieties of Capitalism-Forscher, dass koordinierte Länder zwar liberaler geworden seien. Jedoch hätten sich die sowieso schon liberalen Länder in der selben Zeit noch stärker liberalisiert, so dass die Unterschiede zwischen den Ländern gleich geblieben sind (Jackson/Deeg 2012: 1112). Andere Forscher gehen ebenfalls davon aus, dass alle Länder liberalisiert haben. Dies bedeutet jedoch in liberalen Ländern etwas anderes als in koordinierten. Liberale Länder haben Marktmechanismen eingeführt, unter denen nun alle Unternehmen und Arbeitnehmer handeln müssen. Die skandinavischen koordinierten Länder mit sozialdemokratischem Wohlfahrtsstaat haben zwar auch Marktmechanismen eingeführt, jedoch helfen diese Staaten – im Unterschied zu liberalen und koordinierten Ländern – mit aktiver Arbeitsmarktpolitik auch den schwächsten Teilen ihrer Bevölkerung, auf diesen neu eingeführten Märkten zu bestehen. Koordinierte Länder mit konservativen Wohlfahrtsstaaten, also Länder in Kontinentaleuropa, haben auf eine dritte Art liberalisiert. Für die Kernbelegschaften von Unternehmen bleiben diese Staaten koordiniert. Kernbelegschaften sind weiterhin über einen Betriebsrat repräsentiert, fallen unter gewerkschaftliche Tarifverträge und können kaum gekündigt werden. Doch immer weniger Menschen gehören zu diesen privilegierten Kernbelegschaften. Politiker in koordinierten Ländern mit konservativen Wohlfahrtsstaaten haben liberalisiert, indem sie koordinierende Institutionen nicht auf den Dienstleistungssektor und Leiharbeit ausgedehnt haben. In konservativen Ländern bedeutet Liberalisierung darum, dass ein weiterhin gut geschützter Kern an „Insidern" einem zunehmend großen Teil an prekär Beschäftigten „Outsidern" gegenübersteht. So kann man einerseits argumentieren, dass alle Länder liberalisiert haben. Andererseits hat die Kapitalismusvariante eines Landes überhaupt erst dazu geführt, dass es zu einer bestimmten Art von Liberalisierung kam, welche jeweils zur politischen Tradition eines Landes passte (Thelen 2012; Schröder 2013b).

Diese empirisch untermauerte Kritik führte dazu, dass Varieties of Capitalism-Vertreter deterministische Varianten ihrer Sichtweise zurücknahmen. Kaum jemand würde heute noch sagen, dass koordinierte Marktwirtschaften immer koordinierter werden, oder dass liberale Länder unweigerlich liberaler werden. Andererseits ist es weithin akzeptiert, dass die Kapitalismusvariante von Ländern deren Staatstätigkeit und damit auch deren Entwicklung beeinflusst (vgl. Höpner 2009).

Zusätzlich ist wichtig zu verstehen, dass Hall und Soskice vor allem Tendenzen beschreiben wollten. Sie sehen durchaus, dass koordinierte Marktwirtschaften liberalisieren können und vermuten demgegenüber lediglich, dass liberale Marktwirtschaften Liberalisierung stärker unterstützen als koordinierte und umgekehrt koordinierte Länder stärker Koordinierung unterstützen als liberale (vgl. Hall/Soskice 2001a: 58ff.). Mit dieser Prognose hatten sie insofern Recht, als Deutschland und andere europäische Länder nicht so radikal liberalisiert haben wie die liberalen Länder (vgl. Starke/Obinger/Castles 2008; Palier 2010b). Ein weiterer wichtiger Punkt ist, dass Vertreter der Varieties-Typologie in neueren Publikationen betonen, dass Wandel auch in unerwartete Richtungen möglich ist und die

Varieties-Typologie lediglich den Blick dafür schärft, welcher Wandel erwartbar und welcher ungewöhnlich ist:

> *"In a context whose defining feature is change, we need a theory to tell us which changes exactly we should be noting – in other words, which changes are likely to be consequential for the efficacy of the economy and related social outcomes. The varieties-of-capitalism framework provides an answer, suggesting that the changes that should command our attention are those affecting the capacities of firms to coordinate strategically."* (Hall/Thelen 2009: 17)

In diesem Sinne liefert Varieties of Capitalism einen Ansatzpunkt, welcher Wandel erstaunlich ist und ab wann man Wandel als relevant bezeichnen kann, nämlich sobald in koordinierten Marktwirtschaften Koordination erschwert wird. Wenn in Deutschland beispielsweise immer weniger Arbeitnehmer in Gewerkschaften sind, ist dies unproblematisch, solange Gewerkschaften Löhne noch strategisch koordinieren können und kollektive Lohnverträge durchsetzen, die makroökonomische Rahmendaten berücksichtigen. Sobald sich dies ändert, muss man sich fragen, ob Deutschland noch koordiniert ist. Der Varieties of Capitalism-Ansatz ist also nicht unfähig, Wandel zu verstehen, sondern bietet vielmehr in seinen neueren Entwicklungen die Möglichkeit, diesen einzuordnen und zu bewerten. Obwohl die Kritik durchaus richtig ist, dass in der Praxis viele Varieties of Capitalism-Forscher den Wandel von Kapitalismusarten kleinreden (Hall 2007: 75ff.; Hall/Gingerich 2009: 480).

Das Sorites-Paradox

Dabei besteht auch ein analytisch-philosophisches, nicht nur ein empirisches Problem. Dieses ist als „Sorites-Paradox" oder auch als „Haufen-Paradox" bekannt. Um dieses zu verstehen, kann man sich einen Mann mit Haarausfall vorstellen. An irgendeinem Punkt hat der Mann so viele Haare verloren, dass man ihn kahlköpfig nennen muss. Demgegenüber ist ein Mann, der noch Haare auf seinem Kopf hat, nicht kahlköpfig. Wenn dieser Mann mit Haaren nun jeweils ein einziges Haar verliert, wird er dadurch noch nicht kahlköpfig. Doch wenn immer mehr der einzelnen Haare ausfallen, muss man den Mann „irgendwann" kahlköpfig nennen. Doch bei welchem Haar genau hat der Wandel staatgefunden? Genau so könnte man fragen, wie viele Sandkörner man aus einem Haufen entfernen muss, damit es kein Haufen mehr ist.

Wann hört Koordination auf?

Analog dazu sind sich Wissenschaftler einig, dass Länder mit zunehmender Liberalisierung „irgendwann" nicht mehr koordiniert sind. Doch wann genau ist dieser Punkt erreicht (vgl. Baccaro/Howell 2011: 33)? Analytisch könnte man sagen: Sobald Unternehmen sich nicht mehr strategisch absprechen können. Doch ebenso wie es keinen empirisch genau bestimmbaren Punkt gibt, an dem ein Haufen kein Haufen mehr ist oder ab dem man jemanden kahlköpfig nennen kann, so gibt es auch keinen genauen Punkt, an dem strategische Absprachen und damit Koordination nicht mehr möglich sind.

So behaupten einige Forscher beispielsweise, Deutschland sei „immer noch" koordiniert, während andere argumentieren, Deutschland sei „nicht mehr" koordiniert. Insofern argumentieren Gegner und Verfechter der Stabilität von Kapitalismusvarianten oft aneinander vorbei. Während erstere zusammentragen, was sich verändert hat und sich zunehmend darauf fixieren (vgl. Streeck 2009), tragen letztere zusammen, was gleich geblieben ist – und verlieren anderslautende Sichtweisen aus dem Blick (Hall 2007; Hall/Gingerich 2009). Dies führt zu zwei Denkschulen, die sich immer unversöhnlicher gegenüberstehen und irgendwann gar nicht mehr verstehen. Besonders problematisch wird dies, da Institutionen eher langsam erodieren, wie in dem Sandhaufen-Beispiel (vgl. Streeck/Thelen 2005). Umso mehr stellt sich die Frage, ab wann Wandel stattgefunden hat und bis wann von Stabilität auszugehen ist.

7.4 Unterkomplexität

Die wahrscheinlich grundlegendste Kritik am Varieties-Ansatz lautet, er vereinfache die Realität zu stark. Er breche zu viel Komplexität auf ein zu einfaches Konzept herunter. Um diese Kritik zu verstehen, muss man sich vor Augen halten, dass es zwei Arten von Wissenschaftlern gibt: „Vereinfacher" und „Komplexitätsversteher." Die einen versuchen, die Welt auf einfache Regeln zu reduzieren. Die anderen sehen sich als Wissenschaftler, gerade da sie versuchen, Phänomene in ihrer ganzen Komplexität zu erfassen, ohne sie allzu sehr zu vereinfachen. Wer sein Leben lang untersucht hat, mit welch delikaten Arrangements Deutschland Löhne aushandelt, ist zu Recht verstimmt, wenn Hall und Soskice den Lohnaushandlungsmechanismus Deutschlands lediglich als „koordiniert" bezeichnen. Aus diesem Grund hat der Varieties of Capitalism-Ansatz unter Wissenschaftlern viele Feinde. Dabei handelt es sich vor allem um Kritiker, die ein möglichst genaues Bild von der Realität zeichnen wollen, statt diese in einfache Regeln und Varianten einzuteilen. Beispielsweise zeigt Wolfgang Streeck (2009), dass Deutschland viel komplizierter ist als die Beschreibung „koordiniert" es fassen kann, und dass sich in den letzten zwanzig Jahren vieles von dem verändert hat, was Hall und Soskice als typisch für Deutschland ansehen. Es ist richtig, dass Hall und Soskice viele grenzwertige Vereinfachungen vornehmen. Beispielsweise kritisiert Colin Crouch (2005: 26), dass sie ganze Industrien mit radikalen und inkrementellen Innovationen assoziieren:

> „According to such an approach, when Microsoft launches another mildly changed version of Windows it still represents radical innovation, because information technology is seen as a radical innovation industry; but when some firms eventually launch the hydrogen-fuelled motor engine, this will only be an incremental innovation, because the motor industry is an old industry."

Einerseits ist es richtig, eine Typologie, die etwas über die Realität aussagen will, mit dieser Realität zu konfrontieren. Andererseits ist auch Hall und Soskice klar, dass die Realität komplexer ist als das vereinfachte Bild, das sie von ihr zeichnen. Natürlich muss die Varieties-Typologie die Realität abbilden, doch gleichzeitig wird diese Realität immer vielschichtiger sein und manchmal von dem abweichen, was die Typologie als idealtypisch beschreibt.

Was also kann die Varieties-Typologie leisten? Um dies zu verdeutlichen, kann man sich einen Wald vorstellen. Die grundlegende Idee von Hall und Soskice war, sinnbildlich gesprochen, zu unterscheiden, dass in diesem Wald zwei verschiedene Baumarten stehen, beispielsweise Nadel- und Laubbäume. Jeder, der

Marginalien:

Ist der Varieties-Ansatz zu einfach

Der Varieties of Capitalism-Ansatz ist fürs Grobe zuständig

sich einen bestimmten Nadel- oder Laubbaum rauspickt, kann daraufhin anmerken, dass dieser sich von jedem anderen Nadel- oder Laubbaum unterscheidet. Andere schauen sich den Wald aus größerer Entfernung an und bemerken, dass es doch gar nicht so wichtig sei, die zwei Baumarten zu unterscheiden. Viel wichtiger sei doch festzustellen, dass an einer bestimmten Stelle ein Wald steht, und dass in diesem Bäume stehen. Wieder jemand anderes wird vielleicht einwenden, dass die Laubbäume noch einmal in Unterkategorien eingeteilt werden können. Diese Kritik ist nicht falsch, aber sie widerspricht nicht dem Nutzen der Varieties-Typologie. Denn Hall und Soskice haben lediglich gesagt, dass es zwei Hauptgruppen gibt und daneben möglicherweise bisher nicht-konzeptualisierte Kapitalismusvarianten. Das heißt nicht, dass andere Unrecht haben, wenn sie sagen, Kapitalismusvarianten seien doch komplexer und man könne auch andere Unterscheidungen einführen. Man kann drei (Esping-Andersen 1990), vier (Boyer 2004a) fünf (Amable 2003) und, wenn man möchte, noch mehr Kapitalismusarten unterscheiden. Doch dies widerspricht nicht der grundlegend sinnvollen Idee, kapitalistische Länder in zwei Typen einzuteilen, die zumindest eine gewisse Entsprechung in der Realität haben. Mit dieser schlichtenden Idee, was man von der Varieties-Typologie erwarten kann und was nicht, endet dieses Kapitel. Das folgende Schlusskapitel fasst die wichtigsten Argumente dieses Buches zusammen.

8 Zusammenfassung

Die Ausgangsfrage dieses Buches war, was Kapitalismusvarianten ausmacht. Das Gefangenendilemma verdeutlichte, warum es sinnvoll sein kann, sich abzusprechen und in diesem Sinne strategisch zu koordinieren, statt sein Eigeninteresse wahrzunehmen. Es zeigte, dass Koordination, welche kurzfristiges Eigeninteresse einschränkt, das zentrale Kriterium ist, welches Marktwirtschaften voneinander unterscheidet. Das erste Kapitel illustrierte, wie liberale und koordinierte Marktwirtschaften sich anhand von fünf Kriterien unterscheiden: 1) insider- versus outsiderorientierter Unternehmensführung, 2) korporatistischer statt pluralistischer Beziehungen zwischen Kapital und Arbeit, 3) strategisch abgesprochener Ausbildungen statt individuell erworbener, 4) geduldigem Bankenkapital statt flexibler Finanzierungsmöglichkeiten und 5) strategischer Unternehmenskooperation statt Konkurrenz. Diese Arrangements gehen in liberalen Ländern mit Wohlfahrtsstaaten einher, die ebenfalls Marktmechanismen unterstützen. Die Wohlfahrtsstaaten koordinierter Länder helfen dahingegen, kurzfristigen Marktdruck außer Acht zu lassen und ermöglichen dadurch Koordination.

Erstes Kapitel: Das Gefangenendilemma und wie man damit umgehen kann

Das zweite Kapitel zeigte, wie diese verschiedenen Institutionen sich entweder gegenseitig in Richtung liberaler Marktarrangements unterstützen, die die Effizienz von Märkten maximieren. Oder wie sie sich gegenseitig so unterstützen, dass Firmen sich strategisch koordinieren können. Damit entstehen aus den in Kapitel 1 präsentierten institutionellen Subsystemen koordinierte und liberale Marktwirtschaften. Koordinierte Marktwirtschaften unterscheiden sich von liberalen vor allem durch Beneficial Constraints. Zweitens unterscheiden koordinierte Marktwirtschaften sich dadurch, dass sie „Voice" statt „Exit" ermöglichen. Kapitel 2 zeigte dann, dass die daraus hervorgehenden Unterschiede zwischen koordinierten und liberalen Marktwirtschaften anhand empirischer Unterschiede messbar sind.

Zweites Kapitel: Die beiden Kapitalismusarten

Das dritte Kapitel widmete sich den Vorläufern der Varieties of Capitalism-Typologie. Schon Andrew Shonfield hatte in den 1960er Jahren herausgearbeitet, dass einige Länder stärker in ihre Wirtschaft eingreifen als andere. Die Korporatismusdebatte der 1970er Jahre zeigte, dass manche Länder zentralisiertere Arbeitnehmer- und Arbeitgeberverbände haben, welche die Wirtschaft koordinieren. Auch die französische Regulationsschule betonte dies und grenzte verschiedene Kapitalismusarten – mit verschiedenen Möglichkeiten zur Koordination – von der Regulierung der marktliberalen angloamerikanischen Länder ab. Esping-Andersen zeigte ähnliche Unterschiede auf der Ebene von Wohlfahrtsstaaten; Michel Albert gab der Debatte eine wertende Note, indem er einen effizienten und gerechten rheinischen Kapitalismus von einem verführerischen angloamerikanischen Marktliberalismus abgrenzte. Aus diesen Vorläufern entwickelten Hall und Soskice die Varieties of Capitalism-Typologie. Neu daran war, dass sie nicht bewerteten, also keine Kapitalismusvariante als besser oder schlechter darstellten. Stattdessen betonten sie, dass Unternehmen in liberalen Ländern Vorteile in Industriesektoren mit radikalen Innovationen haben, in denen Flexibilität wichtig ist. Unternehmen

Drittes Kapitel: Die Vorläufer der Varieties of Capitalism-Typologie in koordinierten Ländern, die mehr Stabilität bieten, haben dahingegen Vorteile in Industriesektoren, die vorhandene Produkte stetig verbessern.

Das vierte Kapitel zeigte, wie jedes Land seine Wirtschaft auf national spezifische Art reguliert. Trotzdem kommen Großbritannien und die USA dem Ideal einer liberalen Marktwirtschaft recht nahe. Denn beide Länder haben eine aktionärs- und outsiderorientierte Unternehmensführung, pluralistische Arbeitsbeziehungen, ein starkes universitäres Ausbildungssystem, einen gut entwickelten Aktienmarkt und einen liberalen Wohlfahrtsstaat. Die nächsten Unterkapitel zeigten, wie Irland, Kanada, Neuseeland und Australien viele der britischen und US-amerikanischen Ideen übernahmen. Irland hatte jedoch für eine Weile korporatistische Arbeitsbeziehungen, die möglicherweise auch wieder hervortreten werden. Kanada ist zwar liberal, jedoch sowohl in seinen Arbeitsbeziehungen als auch in seiner Unternehmensführung und Finanzmarktregulierung nicht so liberal wie die USA. Neuseeland und Australien waren lange Zeit sogenannte wage earner welfare states. Beide Länder näherten sich dem Idealtyp liberaler Marktwirtschaften an, wobei Neuseelands liberale Transformation durchgreifender als die Australiens war. Großbritannien, die USA, Irland, Kanada, Neuseeland und Australien profitieren heute von den Vorteilen einer Marktregulierung. Diese Länder sind erfolgreich im Dienstleistungssektor und ermöglichen ihren Bürgern Verträge abzuschließen, ohne sie in ihrer wirtschaftlichen Freiheit zu beschränken. Die Unternehmen dieser Länder können sich schnell an Veränderungen anpassen, zahlen dafür jedoch den Preis, in Bereichen schwach zu sein, in denen sich eine langfristige Herangehensweise auszahlt. Außerdem muss die Bevölkerung dieser Länder eine hohe soziale Ungleichheit akzeptieren.

Dann drehte sich alles um die zehn koordinierten Länder. Zuerst ging es ausführlich um Deutschland mit seinem konservativen Wohlfahrtsstaat und seiner einzigartig starken Arbeitnehmermitbestimmung in Unternehmen. Auch außerhalb der Unternehmen kooperieren deutsche Arbeitnehmer und Arbeitgeber. Immer noch gelingt es ihnen, ein Ausbildungssystem zu koordinieren, welches allgemein anerkannte Abschlüsse anbietet. Im Bereich der Unternehmensfinanzierung herrscht langfristiges Kapital vor, so dass Unternehmen zwar weniger flexibel sind, dafür jedoch langfristiger an ihre Unternehmungen herangehen können. Auch der deutsche Wohlfahrtsstaat unterstützt langfristige Produktionsstrategien, indem er durch ein hohes Schutzniveau Kündigungen erschwert und Arbeitslose absichert – wenn auch seit Einführung des Arbeitslosengeldes II auf niedrigerem Niveau als früher. Alle Elemente dieses Systems werden liberaler, obschon sie sich in ihrer Substanz und auch in der Art ihrer Liberalisierung von liberalen Ländern unterscheiden.

Daraufhin ging es um die anderen koordinierten Länder. Österreich ist Deutschland in vielem ähnlich. Allerdings sind seine Arbeitgeber-Arbeitnehmerbeziehungen noch koordinierter. Dafür ist die Unternehmensmitbestimmung nicht so stark ausgebaut wie in Deutschland. Auch die Niederlande sind ein koordiniertes Land mit sozialen Pakten zwischen Arbeitgebern und Arbeitnehmern, kooperativer Arbeitnehmermitbestimmung in Unternehmen und einem Ausbildungssystem, das die Sozialpartner aushandeln. Belgien ist regional gespalten, was jedoch zu einem – in Anbetracht dieses Umstandes – erstaunlichen Maß nationaler Koordination führt. Die Varieties-Typologie sieht die Schweiz zwar als koordiniert an, doch das Land hat schwache Arbeitnehmerrechte, wohingegen sich dessen Arbeitgeber stark koordinieren. Die Schweiz hat Hausbanken, jedoch auch ausgebaute Finanzmärkte. Arbeitgeber und Arbeitnehmer koordinieren die Ausbildungen; andererseits gibt es kaum Arbeitnehmermitbestimmung. Die Schweiz ist somit ein unklarer Fall, auch wenn Hall und Soskice meinen, schweizerische Unternehmen seien zur Koordination fähig. Ein ähnlich ambivalenter Fall ist Japan. Zwar gibt es dort Koordination, doch diese findet innerhalb von Unternehmen und Unternehmenskonglomeraten statt. Ein großer Teil der Koordination beruht zudem auf kulturellen Grundlagen und lässt sich darum nicht an formalen Institutionen festmachen.

Die vier skandinavischen Länder sind eine relativ homogene Untergruppe innerhalb der koordinierten Länder. Schweden war der Vorreiter in Skandinavien; Dänemark, Finnland und Norwegen orientierten sich daran. Auch wenn Schwedens Koordination in den 1980er Jahren zurückging, ist es immer noch eines der koordiniertesten und vor allem sozialdemokratischsten Länder. Ähnlich wie in Schweden ist auch Dänemarks Bevölkerung außergewöhnlich solidarisch. Dies zeigt sich daran, dass Arbeitnehmer und Arbeitgeber gesamtgesellschaftlich und in Unternehmen zusammenarbeiten; es zeigt sich auch an einem stark umverteilenden Wohlfahrtsstaat. Finnland war lange Zeit gesellschaftlich gespalten und begann sich vor allem nach dem Zweiten Weltkrieg an Schweden zu orientieren, so dass es nun ebenfalls ein typisch koordiniertes Land ist; seine Gewerkschaften und Arbeitgeber kooperieren in und außerhalb von Unternehmen. Auch Norwegen passt in dieses Bild. Durch seine Öl- und Gasexporte kann es sich vieles leisten, was in anderen sozialdemokratischen Ländern problematisch geworden ist. Heute hat es von allen sozialdemokratischen Ländern die am stärksten zentralisierten Arbeitsbeziehungen. Während somit alle skandinavischen Länder koordiniert sind, unterscheidet ihr Wohlfahrtsstaat sich von anderen koordinierten Ländern. Im Gegensatz zu den sozialdemokratisch-koordinierten Ländern versuchen die konservativ-koordinierten die bestehende Sozialstruktur aufrecht zu halten.

Die sozialdemokratisch-koordinierten Länder Skandinaviens

Im Anschluss ging es um die unklaren Länder in der Varieties-Typologie. Frankreich ist zwar koordiniert, aber eher durch den Staat als durch Verbände, denn seine Gewerkschaften sind zerstritten. Auch ist die Unternehmensmitbestimmung kaum ausgebaut. Dafür betreibt der Staat eine aktive Industriepolitik, die man als Koordination bezeichnen kann. Italiens Regionen unterscheiden sich stark, Mitbestimmung gibt es kaum, dafür aber koordinierte Arbeitsbeziehungen. Spanien und Portugal waren bis in die 1970er Jahre keine Demokratien. Es gibt dort Elemente von Koordination, da Belegschaften einen hohen Kündigungsschutz haben. Unternehmen können dadurch langfristig mit ihrer Belegschaft kooperieren. Auch gibt es nationale Zusammenarbeit von Gewerkschaften und Arbeitgebern. Andererseits nutzen die Unternehmen dieser Länder keine hochqualitative Industrieproduktion, die Kooperation mit der Belegschaft erfordert, sondern setzen oft auf niedrige Löhne.

Die unklaren Länder der Varieties-Typologie

Als nächstes ging es um die Länder, die nach der Varieties-Typologie nicht nur unklar sind, sondern die überhaupt nicht in der Typologie vorkommen. Ob China eher liberal oder koordiniert ist, ist noch nicht genau zu sagen. Bisher entspricht es eher einer liberalen Marktökonomie. Doch der Staat könnte, wenn er wollte, koordinierend in die Wirtschaft eingreifen. Vor allem wurde jedoch klar, dass die Varieties-Typologie nicht zu Ländern passt – und auch nie passen sollte – die weder durch inkrementelle noch durch radikale Innovationen konkurrieren, sondern durch niedrige Löhne, was auch für die meisten restlichen Staaten Asiens gilt. Die Länder Osteuropas wurden als „abhängige Marktwirtschaften" zusammengefasst, die auf die Investitionen multinationaler Unternehmen angewiesen sind, welche sich im jeweiligen Land eigene Institutionen schaffen. Lateinamerikanische Länder wurden als hierarchisch koordiniert beschrieben, da multinationale Unternehmen oder mächtige Familien große Unternehmen hierarchisch steuern und unteren Ebenen kaum Entscheidungsspielraum lassen.

Das fünfte Kapitel fragte, welche Kapitalismusvariante am besten ist. Es stellte heraus, in welchen Feldern jede der beiden Kapitalismusarten Stärken und Schwächen hat. Zunächst zeigte es sich, dass weder Liberalismus oder Koordination, noch kohärente (durchgängig koordinierte oder liberale) Institutionen den Wohlstand eines Landes erklären können. Patentdaten zeigten, dass liberale Länder tatsächlich einen relativen Vorteil in jungen Industriesektoren haben, bei denen anzunehmen ist, dass radikale Innovationen wichtig sind; die koordinierten Länder sind hingegen besser in etablierten Industriesektoren, in denen inkrementelle Innovationen eine größere Rolle spielen. Auch zeigte sich, dass koordinierte Länder insgesamt stärker in industrieller Fertigung sind, während liberale Länder ihre Stärken im Dienstleistungssektor haben, möglicherweise, weil dieser mehr Flexibilität benötigt. Die liberalen Länder haben jedoch auch mehr soziale Ungleichheit und Armut. Insgesamt ergab sich somit das Bild, das liberale Länder in neuen Industrien erfolgreich sind, welche neue Produkte entwickeln. Koordinierte Länder perfektionieren dann diese Produkte, während liberale Länder sich neuen Industrien zuwenden.

Das sechste Kapitel zeigte, dass mit liberalen Produktionssystemen liberale Wohlfahrtsstaaten, Mehrheitswahlrecht und Common Law-Rechtssysteme einhergehen. Koordinierte Produktionssysteme gehen mit sozialdemokratischen oder konservativen Wohlfahrtsstaaten, Verhältniswahlrecht und Civil Law-Rechtssystemen einher. Die Gründe dafür sind beim derzeitigen Stand der Forschung noch nicht ganz klar. Auffällig ist jedoch, dass alle von Großbritannien beeinflussten Länder individuelle Freiheit befürworten und staatliche Einmischung ablehnen, egal ob im Wirtschafts-, Wohlfahrts- oder Rechtssystem. Andere Länder schränken die wirtschaftliche Freiheit von Individuen stärker ein. Dazu dienen nicht nur umfangreichere Wohlfahrtsstaaten, sondern auch der institutionalisierte Ausgleich zwischen den Interessen von Arbeitnehmern und Arbeitgebern. Durch das Verhältniswahlrecht sind alle gesellschaftlichen Gruppen parlamentarisch repräsentiert. Die damit einhergehenden Civil Law-Rechtssysteme orientieren sich weniger an richterlicher Rechtsprechung durch Präzedenzfälle, sondern an parlamentarisch verabschiedeten, allgemeingültigen Gesetzen. Der zusammengenommene Vergleich von Wirtschafts-, Wohlfahrts-, Rechts- und Politiksystemen zeigt, dass liberale Länder individuelle Freiheit über verschiedene Subsysteme hinweg systematisch höher gewichten, wohingegen koordinierte Länder gesellschaftlichen Ausgleich unterstützen, egal ob im wirtschaftlichen, sozialstaatlichen, rechtlichen oder politischen Sinne.

Im siebten Kapitel wurde die Kritik am Varieties of Capitalism-Ansatz zusammengefasst. Es wurde die Kritik diskutiert, der Ansatz sei funktionalistisch. In der Tat haben Hall und Soskice vermutet, man könne Wirtschaftssysteme dadurch erklären, dass sie funktional für Unternehmen seien. Entsprechend vermuteten sie auch, dass Unternehmen koordinierte Arrangements unterstützen, wenn sie ihnen nützen. Der sich daran anschließende Streit mit den Vertretern des Power Resources-Ansatz geriet jedoch zur Haarspalterei und endete mit der Feststellung, dass Unternehmen in bestimmten Fällen koordinierte, sie einschränkende Arrangements unterstützen. Sie tun dies jedoch in der Regel nicht, weil sie ihre eigene Einschränkung befürworten, sondern weil sie in einem Umfeld agieren, in dem sie Regelungen eher beeinflussen können, wenn sie sich nicht vollkommen verweigern, sondern versuchen mitzugestalten, was sie nicht aufhalten können.

Die Kritik des methodologischen Nationalismus am Varieties of Capitalism-Ansatz zeigte sich als prinzipiell gerechtfertigt. Möglicherweise untergräbt europäische und internationale Regulierung die nationalstaatliche Regulierung, die hinter Kapitalismusvarianten steht. Solange man aber noch klare Unterschiede zwischen Ländern erkennen kann, wie Kapitel 1, 4 und 5 sie dokumentieren, bleibt die Typologie hilfreich.

Das Argument, der Varieties of Capitalism-Ansatz könne keinen Wandel konzeptualisieren, führte dazu, dass Kritiker und Verteidiger des Ansatzes aneinander vorbeiredeten. Gegner führten an, aufgrund der Annahmen der Varieties-Typologie sei es unmöglich, dass koordinierte zu liberalen Marktwirtschaften werden und umgekehrt. Vertreter des Ansatzes schränkten daraufhin ihre anfänglichen Aussagen ein, so dass nunmehr die Veränderung von Ländern und auch das Verlassen des Pfades einer Kapitalismusvariante denkbar sind. Doch weil Institutionen voneinander abhängen und sich gegenseitig unterstützen, gebe es eben *auch* eine starke Tendenz zur Pfadtreue innerhalb eines Kapitalismusmodells.

In ähnlicher Weise ist es eine Frage der Wahrnehmungsebene, ob die Varieties-Typologie dafür zu kritisieren ist, die komplexe Wirklichkeit zu stark zu vereinfachen. Einerseits sind sich koordinierte und liberale Länder jeweils ähnlicher als Länder aus unterschiedlichen Kapitalismusvarianten (vgl Kapitel 1.2 und 5). Andererseits bleiben etliche Feinheiten bei der groben Unterscheidung koordinierter und liberaler Marktwirtschaften auf der Strecke. Diesen Feinheiten widmen sich andere Typologien und vergleichende Länderstudien.

Dies fasst zusammen, was dieses Buch vermitteln wollte. Die Varieties of Capitalism-Typologie bildet einen hervorragenden Einstieg, um Länder zu unterscheiden. Wenn man beispielsweise hört, dass ein Land ein liberales Produktionssystem hat, kann man davon ausgehen, dass dieses Land mit hoher Wahrscheinlichkeit auch einen liberalen Wohlfahrtsstaat, hohe soziale Ungleichheit, radikale Innovationen, Mehrheitswahlrecht und eine Common Law-Rechtstradition hat.

Siebtes Kapitel: Kritik am Varieties-Ansatz

Nicht einverstanden? Willkommen in einer der spannendsten Debatten der Politikwissenschaft!

Plakativ formuliert, wollte dieses Buch ein Verständnis dafür vermitteln, warum Staatschefs auf der ganzen Welt sich mit deutschen Autos schmücken, die meisten radikal neuen Produkte jedoch aus den USA oder Großbritannien kommen, wieso die USA als Land freier Märkte gilt und warum Deutschland als stabilitätsorientiert bekannt ist. Wenn man nun zeigen möchte, dass dies in bestimmten Sektoren anders ist, oder dass diese Unterscheidung überhaupt nur eingeschränkt Sinn macht, dann befindet man sich mitten in einer der interessantesten Debatten, die die international vergleichende sozialwissenschaftliche Forschung zu bieten hat. Willkommen in der Debatte über Varianten des Kapitalismus!

Literatur

Adam, Frane/Primoz Kristan/Matevz Tomsic, 2009: Varieties of Capitalism in Eastern Europe (With Special Emphasis on Estonia and Slovenia). In: Communist and Post-Communist Studies 42, 65-81. <http://www.sciencedirect.com/science/article/pii/S0967067X09000087>

Aglietta, Michel, 1976: Régulation et crises du capitalisme. Paris: Calman-Lévy.

Ahn, Jae-Hung, 1996: Ideology and Interest: The Case of Swedish Social Democracy, 1886-1911. In: Politics & Society 24, 153-187. <http://pas.sagepub.com/content/24/2/153.short>

Albert, Michel, 1992: Kapitalismus contra Kapitalismus. Frankfurt/Main: Campus.

Alcock, Pete/Gary Craig, 2001: The United Kingdom: Rolling Back the Welfare State? In: Pete Alcock/Gary Craig (Hrsg.), International Social Policy. Welfare Regimes in the Developed World. New York: Palgrave, 124-142.

Alford, Robert R., 1967: Class Voting in the Anglo-American Political Systems. Party systems and voter alignments: Cross-national perspectives, Seymour M. Lipset/Stein Rokkan. New York: Free Press.

Amable, Bruno, 2003: The Diversity of Modern Capitalism. Oxford: Oxford University Press.

Amable, Bruno/Elvire Guillaud/Stefano Palombarini, 2012: Changing French Capitalism: Political and Systemic Crises in France. In: Journal of European Public Policy 19, 1168-1187. <http://dx.doi.org/10.1080/13501763.2012.709011>

Anderson, Karen M., 2009: The Church as Nation? The Role of Religion in the Development of the Swedish Welfare State. In: Kees van Kersbergen/Philip Manow (Hrsg.), Religion, Class Coalitions, and Welfare States. Cambridge: Cambridge University Press, 210-235.

Anderson, Karen M./Dennie Oude Nijhuis, 2011: The Long Road to Collective Skill Formation in the Netherlands. In: Marius Busemeyer/Christine Trampusch (Hrsg.), The Political Economy of Collective Skill Formation. Oxford: Oxford University Press, 101-125.

Apeldorn, Bastiaan van/Martin Rhodes, 1997: The Transformation of West European Capitalism? EUI Working Paper. Florenz.

Archibugi, Daniele/Andrea Filippetti, 2011: Innovation and Economic Crisis: Lessons and Prospects from the Economic Downturn. New York, NY: Routledge.

Arcq, Etienne/Philippe Pochet, 2000: Toward a New Social Pact in Belgium? In: Giuseppe Fajertag/Philippe Pochet (Hrsg.), Social pacts in Europe. Brussels: European Trade Union Institute, 113-134.

Arts, Wil/John Gelissen, 2001: Welfare States, Solidarity and Justice Principles: Does the Type Really Matter? In: Acta Sociologica 44, 283-299. <<Go to ISI>://WOS:000172901500001>

Aspalter, Christian/On-kwok Lai, 2003: Welfare Capitalism in Japan: Past, Recent, and Future Developments. In: Christian Aspalter (Hrsg.), Welfare Capitalism Around the World. Taichung: Casa Verde Publishing, 241-258.

Baccaro, Lucio/Chris Howell, 2011: Reformulating the Argument for Neoliberal Convergence: Institutional Change in European Industrial Relations*

Barreto, José/Reinhard Naumann, 2000: Portugal: Industrial Relations under Democracy. In: Anthony Ferner/Richard Hyman (Hrsg.), Changing Industrial Relations in Europe. Oxford: Blackwell, 395-425.

Baumann, Hans, 2010: Switzerland. <http://www.worker-participation.eu/National-Industrial-Relations/Countries/Switzerland>

Becker, Carsten/Sigurt Vitols, 1997: Innovationskrise in der deutschen Industrie? Das deutsche Innovationssystem der neunziger Jahre. In: Bob Hancké, et al. (Hrsg.), Ökonomische Leistungsfähigkeit und institutionelle Innovation. Das deutsche Produktions- und Politikregime im globalen Wettbewerb. Berlin: Edition Sigma, 251-268.

Beyer, Jürgen, 2003: Unkoordinierte Modellpflege am deutschen Modell. In: Jürgen Beyer (Hrsg.), Vom Zukunfts- zum Auslaufmodell? Die Deutsche Wirtschaftsordnung im Wandel. Wiesbaden: Westdeutscher Verlag, 7-35.

Beyer, Jürgen, 2009, 2009: Varietät verspielt? Zur Nivellierung der nationalen Differenzen des Kapitalismus durch globale Finanzmärkte. In: Kölner Zeitschrift für Soziologie und Sozialpsychologie Sonderheft 49, 305-325.

Birch, Anthony Harold, 1955: Federalism, Finance, and Social Legislation in Canada, Australia, and the United States. Oxford,: Clarendon Press.

Bjørnson, Øyvind, 2001: The Social Democrats and the Norwegian Welfare State: Some Perspectives. In: Scandinavian Journal of History 26, 197 - 223. <http://www.informaworld.com/10.1080/034687501750303855>

Block, Richard N., 2006: Industrial Relations in the United States and Canada. In: Michael J. Morley/Patrick Gunnigle/David G. Collings (Hrsg.), Global Industrial Relations. Routledge Global Human Resource Management Series. London: Routledge, 25-52.

Böckerman, Petri/Roope Uusitalo, 2006: Erosion of the Ghent System and Union Membership Decline: Lessons from Finland. In: British Journal of Industrial Relations 44, 283-303. <http://dx.doi.org/10.1111/j.1467-8543.2006.00498.x>

Bonoli, Giuliano, 2003: The Welfare State in Switzerland. In: Christian Aspalter (Hrsg.), Welfare Capitalism Around the World. Taichung: Casa Verde Publishing, 179-197.

Börsch, Alexander, 2007: Institutional Variation and Coordination Patterns in CMEs. Swiss and German Corporate Governance in Comparison. In: Bob Hancké/Martin Rhodes/Mark Thatcher (Hrsg.), Beyond Varieties of Capitalism. Conflict, Contradictions and Complementarities in the European Economy. Oxford: Oxford University Press, 173-194.

Bosch, Gerhard, 1999: Occupational Labour Markets and Structural Change. The Adaptation of the Dual System of Vocational Training in Germany to Structural Changes. Aufsatz für die Konferenz der „International Working Party" über Arbeitsmarktsegmentation. Bremen. <http://www.kua.uni-bremen.de/news/iwp/bosch.pdf>

Boston, Jonathan, 1999: New Zealand's Welfare State in Transition. In: Jonathan Boston/Paul Dalziel/Susan John (Hrsg.), Redesigning the Welfare State in New Zealand. Problems, Policies, Prospects. Oxford: Oxford University Press, 3-19.

Boyer, Robert, 2004a: How and Why Capitalisms Differ. MPIfG Discussion Paper 02/5. Cologne: Max Planck Institute for the Study of Societies. <http://www.mpifg.de/pu/mpifg_dp/dp05-4.pdf>

Boyer, Robert, 2004b: Théorie de la régulation. Les fondamentaux. Paris: La Découverte.

Boyer, Robert, 2004c: Une théorie du capitalisme est-elle possible? Paris: Odile Jacob.

Boyer, Robert/J. Rogers Hollingsworth (Hrsg.), 1997: Contemporary Capitalism: The Embeddedness of Institutions. Cambridge: Cambridge University Press.

Brodie, Janine, 2003: The Welfare State in Canada. In: Christian Aspalter (Hrsg.), Welfare Capitalism Around the World. Taichung: Casa Verde Publishing, 9-26.

Bryson, Lois, 2001: Australia: The Transformation of the Wage-Earner' Welfare State. In: Pete Alcock/Gary Craig (Hrsg.), International Social Policy. Welfare Regimes in the Developed World. New York: Palgrave, 64-84.

Burke, Helen, 1999: Foundation Stones of Irish Social Policy, 1831-1951. In: Gabriel Kiely, et al. (Hrsg.), Irish Social Policy in Context. Dublin: Dublin University Press, 11-32.

Busch, Andreas, 1993: The Politics of Price Stability: Why the German Speaking Nations are Different In: Francis Castles (Hrsg.), Families of Nations: Public Policy in Western Democracies. Brookfield, VT: Dartmouth University Press, 35-91.

Busemeyer, Marius, 2009a: Asset Specificity, Institutional Complementarities and the Variety of Skill Regimes in Coordinated Market Economies. In: Socio-Economic Review 7, 375-406. <http://ser.oxfordjournals.org/content/7/3/375.abstract>

Busemeyer, Marius, 2009b: Wandel trotz Reformstau. Die Politik der beruflichen Bildung seit 1970. Frankfurt/Main: Campus.

Busemeyer, Marius/Christine Trampusch, 2011: Introduction: The Comparative Political Economy of Collective Skill Formation. In: Marius Busemeyer/ Christine Trampusch (Hrsg.), The Political Economy of Collective Skill Formation. Oxford: Oxford University Press, 3-38.

Calmfors, Lars/John Driffill, 1988: Bargaining Structure, Corporatism and Macroeconomic Performance. In: Economic Policy 3, 13-61

Casper, Steven, 2001: The Legal Framework for Corporate Governance: The Influence of Contract Law on Company Strategies in Germany and the United States. In: Peter Hall/David Soskice (Hrsg.), Varieties of Capitalism: The Institutional Foundations of Comparative Advantage. Oxford: Oxford University Press, 387-416.

Castles, Francis, 1993a: Changing Course in Economic Policy: The English-Spea-
    king Nations in the 1980s. In: Francis Castles (Hrsg.), Families of Nations:
    Public Policy in Western Democracies. Brookfield, VT: Dartmouth Univer-
    sity Press, 3-34.
Castles, Francis (Hrsg.), 1993b: Families of Nations: Public Policy in Western
    Democracies. Brookfield, VT: Dartmouth University Press.
Castles, Francis, 1996: Needs-Based Strategies of Social Protection in Australia
    and New Zealand. In: Esping-Andersen Gøsta (Hrsg.), Welfare States in Tran-
    sition. National Adaptations in Global Economies. London: Sage, 88-115.
Castles, Francis, 2010: The English-Speaking Countries. In: Francis G. Castles,
    et al. (Hrsg.), The Oxford Handbook of the Welfare State. Oxford: Oxford
    University Press, 630-642.
Castles, Francis/Rolf Gerritsen/Jack Vowles (Hrsg.), 1996: The Great Experiment:
    Labour Parties and Public Policy Transformation in Australia and New Zea-
    land. Auckland: Auckland University Press.
Cheyne, Christine/Mike O'Brien/Michael Belgrave, 2008: Social Policy in Aote-
    aroa New Zealand. 4th. Auflage. South Melbourne: Oxford University Press.
Christensen, Tom, 2005: The Norwegian State Transformed? In: West European
    Politics 28, 721-739.
Chuliá, Elisa/María Asensio, 2007: Portugal: In Search of a Stable Framework. In:
    Ellen M. Immergut/Karen M. Anderson/Isabelle Schulze (Hrsg.), The Hand-
    book of West European Pension Politics. Oxford: Oxford University Press,
    605-659.
Crouch, Colin, 1993: Industrial Relations and European State Traditions. Oxford:
    Oxford University Press.
Crouch, Colin, 2000: Die Vielfalt des europäischen Verbandswesens. In: Werner
    Bührer/Edgar Grande (Hrsg.), Unternehmerverbände und Staat in Deutsch-
    land. Baden-Baden: Nomos, 23-35.
Crouch, Colin, 2005: Capitalist Diversity and Change: Recombinant Governance
    and Institutional Entrepreneurs. Oxford: Oxford University Press.
Crouch, Colin, et al. (Hrsg.), 2001: Local Production Systems in Europe: Rise or
    Demise? Oxford: Oxford University Press.
Crouch, Colin, et al. (Hrsg.), 2004: Changing Governance of Local Economies:
    Responses of European Local Production Systems. Oxford: Oxford Univer-
    sity Press.
Crouch, Colin/Wolfgang Streeck (Hrsg.), 1997: Political Economy of Modern Ca-
    pitalism: Mapping Convergence and Diversity. London: Sage.
Crouch, Colin/Helmut Voelzkow (Hrsg.), 2009: Innovation in Local Economies.
    Germany in Comparative Context. Oxford: Oxford University Press.
Crowley, Stephen/Miroslav Stanojević, 2011: Varieties of Capitalism, Power Re-
    sources, and Historical Legacies: Explaining the Slovenian Exception. In:
    Politics & Society 39, 268-295. <http://pas.sagepub.com/content/39/2/268.
    abstract>

Culpepper, Pepper/David Finegold (Hrsg.), 1999: The German Skills Machine. Sustaining Comparative Advantage in a Global Economy. New York/Oxford: Berghahn Books.

Cusack, Thomas/Torben Iversen/David Soskice, 2007: Economic Interests and the Origins of Electoral Systems. In: American Political Science Review 101, 373-391. <http://dx.doi.org/10.1017/S0003055407070384>

Dannreuther, Charlie/Pascal Petit, 2008: Contemporary Capitalisms and Internationalisation: From One Diversity to Another. In: Wolfram Elsner/Hardy Hanappi (Hrsg.), Varieties of Capitalism and New Institutional Deals. Regulation, Welfare and the New Economy. Cheltenham: Edward Elgar, 77-101.

Davey, Judith, 1999: New Zealand: The Myth of Egalitarianism. In: Jonathan Boston/Paul Dalziel/Susan John (Hrsg.), Redesigning the Welfare State in New Zealand. Problems, Policies, Prospects. Oxford: Oxford University Press, 85-103.

Deeg, Richard, 2012: The Limits of Liberalization? American Capitalism at the Crossroads. In: Journal of European Public Policy 19, 1249-1268. <http://dx.doi.org/10.1080/13501763.2012.709026>

Dherment-Férère, Isabelle/Luc Renneboog, 2010: Corporate Monitoring by Blockholders. In: H. Kent Baker/Ronald Anderson (Hrsg.), Corporate Governance. A Synthesis of Theory, Research, and Practice. 347-370.

Dobbin, Frank, 1994: Forging Industrial Policy. The United States, Britain, and France in the Railway Age. Cambridge: Cambridge University Press.

Dobbin, Frank/Jiwook Jung, 2010: The Missaplication of Mr. Michael Jensen: How Agency Theory Brought Down The Economy and Why It Might Again. In: Michael Lounsbury/Paul M. Hirsch (Hrsg.), Markets on Trial: The Economic Sociology of the U.S. Financial Crisis. Bingley: Emerald, 29-64.

Doherty, Eileen M., 2001: Globalization, Social Partnership, and Industrial Relations in Ireland. In: Christopher Candland/Rudra Sil (Hrsg.), The Politics of Labor in a Global Age. Continuity and Change in Late-Industrializing and Post-Socialist Economies Oxford: Oxford University Press, 132-155.

Dølvik, Jon Erik/Andrew Martin, 2000: A Spanner in the Works and Oil on Troubled Waters: The Divergent Fates of Social Pacts in Sweden and Norway. In: Giuseppe Fajertag/Philippe Pochet (Hrsg.), Social pacts in Europe. Brussels: European Trade Union Institute, 279-319.

Dore, Ronald, 1997: The Distinctiveness of Japan. In: Colin Crouch/Wolfgang Streeck (Hrsg.), Political Economy of Modern Capitalism: Mapping Convergence and Diversity. London: Sage, 19-32.

Durkheim, Émile, 1977 [1893]: Über soziale Arbeitsteilung. Studie über die Organisation höherer Gesellschaften. Frankfurt/Main: Suhrkamp.

Ebbinghaus, Bernhard, 2001: When Labour and Capital Collude: The Political Economy of Early Retirement in Europe, Japan and the USA. In: Bernhard Ebbinghaus/Philipp Manow (Hrsg.), Varieties of Welfare Capitalism. London: Routledge, 76-101.

Ebbinghaus, Bernhard, 2006: Reforming Early Retirement in Europe, Japan and the USA. Oxford: Oxford University Press.

Ebbinghaus, Bernhard/Bernhard Kittel, 2006: Europäische Sozialmodelle à la carte: Gibt es institutionelle Wahlverwandschaften zwischen Wohlfahrtsstaat und Arbeitsbeziehungen? In: Jens Beckert, et al. (Hrsg.), Transformationen des Kapitalismus. Frankfurt/Main: Campus, 223-246.

Edling, Nils, 2006: Limited Universalism: Unemployment Insurance in Northern Europe 1900-2000. In: Niels Finn Christiansen, et al. (Hrsg.), The Nordic Model of Welfare: A Historical Reappraisal. Copenhagen: Museum Tusculanum Press, 99-143. <http://www.loc.gov/catdir/toc/fy0903/2006506475.html>

EIRO, 2004: Industrial Relations in the EU, Japan and USA, 2002. <http://www.eurofound.europa.eu/eiro/2004/01/feature/tn0401101f.htm>

EIRO, 2009a: Austria: Industrial Relations Profile. <http://www.eurofound.europa.eu/eiro/country/austria.pdf>

EIRO, 2009b: Belgium: Industrial Relations Profile. <http://www.eurofound.europa.eu/eiro/country/belgium.htm>

EIRO, 2009c: Denmark: Industrial Relations Profile. <http://www.eurofound.europa.eu/eiro/country/denmark.pdf>

EIRO, 2009d: Finland: Industrial Relations Profile. <http://www.eurofound.europa.eu/eiro/country/finland.pdf>

EIRO, 2009e: France: Industrial Relations Profile. <http://www.eurofound.europa.eu/eiro/country/france.pdf>

EIRO, 2009f: Germany: Industrial Relations Profile. <http://www.eurofound.europa.eu/eiro/country/germany.pdf>

EIRO, 2009g: Italy: Industrial Relations Profile. <http://www.eurofound.europa.eu/eiro/country/italy.pdf>

EIRO, 2009h: The Netherlands: Industrial Relations Profile. <http://www.eurofound.europa.eu/eiro/country/netherlands.pdf>

EIRO, 2009i: Norway: Industrial Relations Profile. <http://www.eurofound.europa.eu/eiro/country/norway.pdf>

EIRO, 2009j: Portugal: Industrial Relations Profile. <http://www.eurofound.europa.eu/eiro/country/portugal.pdf>

EIRO, 2009k: Spain: Industrial Relations Profile. <http://www.eurofound.europa.eu/eiro/country/spain.pdf>

EIRO, 2009l: Sweden: Industrial Relations Profile. <http://www.eurofound.europa.eu/eiro/country/sweden.pdf>

EIRO, 2009m: United Kingdom: Industrial Relations Profile. <http://www.eurofound.europa.eu/eiro/country/united.kingdom.pdf>

EIRO, 2009n: Wage Formation in The EU. <http://www.eurofound.europa.eu/docs/eiro/tn0808019s/tn0808019s.pdf>

Ellguth, Peter/Susanne Kohaut, 2011: Tarifbindung und betriebliche Interessenvertretung: Aktuelle Ergebnisse aus dem IAB Betriebspanel 2010. In: WSI Mitteilungen 64, 242-247.

Erb, Scott, 2001: Party Politics and Economic Policy in the New Germany. In: German Politics 10, 191-206.

Ervasti, Heikki, et al., 2008: The Nordic Model. In: Heikki Ervasti, et al. (Hrsg.), Nordic Social Attitudes in a European Perspective. Cheltenham: Edward Elgar, 1-21.

Esping-Andersen, Gøsta, 1985: Politics Against Markets: The Social Democratic Road to Power. Princeton, NJ: Princeton University Press.

Esping-Andersen, Gøsta, 1990: The Three Worlds of Welfare Capitalism. Cambridge: Polity Press.

Esping-Andersen, Gøsta, 1996: Welfare States in Transition. National Adaptations in Global Economies. London: Sage.

Esping-Andersen, Gøsta, 1999: Social Foundations of Postindustrial Economies. New York, NY: Oxford University Press.

Estevez-Abe, Margarita/Torben Iversen/David Soskice, 2001: Social Protection and the Formation of Skills: A Reinterpretation of the Welfare State. In: Peter Hall/David Soskice (Hrsg.), Varieties of Capitalism: The Institutional Foundations of Comparative Advantage. Oxford: Oxford University Press, 145-183.

ETUI, 2011: Worker Representation in Europe. Labour Research Department and ETUI. <http://www.worker-participation.eu/National-Industrial-Relations/Across-Europe/Board-level-Representation2>

Ferrera, Maurizio, 2010: The South European Countries. In: Francis G. Castles, et al. (Hrsg.), The Oxford Handbook of the Welfare State. Oxford: Oxford University Press, 616-629.

Fioretos, Orfeo, 2001: The Domestic Sources of Multilateral Preferences: „Varieties of Capitalism" in the European Community. In: Peter Hall/David Soskice (Hrsg.), Varieties of Capitalism": The Institutional Foundations of Comparative Advantage. Oxford: Oxford University Press, 213-247.

Fligstein, Neil/Jianjun Zhang, 2011: A New Agenda for Research on the Trajectory of Chinese Capitalism. In: Management and Organization Review 7, 39-62. <http://dx.doi.org/10.1111/j.1740-8784.2009.00169.x>

Flora, Peter/Jens Alber, 1981: Modernization, Democratization, and the Development of Welfare States in Western Europe. In: Flora Peter/Arnold J. Heidenheimer (Hrsg.), The Development of Welfare States in Europe and America. New Brunswick, NJ: Transaction Books, 37-80.

Friedman, Milton, 2001 [1970]: The Social Responsibility of Business is to Increase Its Profits. In: Robert Almeder/James Humber/Milton Snoyenbos (Hrsg.), Business Ethics. New York, NY: Prometheus Books, 72-78. <http://www.colorado.edu/studentgroups/libertarians/issues/friedman-soc-resp-business.html>

Fukuyama, Francis, 1992: The End of History and the Last Man. New York / Toronto: Free Press.

Fulton, L., 2011: Worker Representation in Europe. Online Publication: Labour Research Department and ETUI. <http://www.worker-participation.eu/National-Industrial-Relations/Countries>

Gerum, Elmar, 2007: Das deutsche Corporate Governance-System. Eine empirische Untersuchung. Stuttgart: Schäffer-Poeschel Verlag.

Glatzer, Miguel, 2005: Revisiting "Embedded Liberalism." Globalization and the Welfare State in Spain and Portugal. In: Miguel Glatzer/Dietrich Rueschemeyer (Hrsg.), Globalization and the Future of the Welfare State. Pittsburg, PA: University of Pittsburgh Press, 106-129.

Gonon, Philipp/Markus Maurer, 2011: Educational Policy Actors as Stakeholders in the Development of the Collective Skill System: The Case of Switzerland In: Marius Busemeyer/Christine Trampusch (Hrsg.), The Political Economy of Collective Skill Formation. Oxford: Oxford University Press, 126-149.

Goodin, Robert E., et al., 1999: The Real Worlds of Welfare Capitalism. Cambridge, UK: Cambridge University Press.

Gospel, Howard/Tony Edwards, 2012: Strategic Transformation and Muddling Through: Industrial Relations and Industrial Training in the UK. In: Journal of European Public Policy 19, 1229-1248. <http://dx.doi.org/10.1080/13501763.2012.709023>

Graf, Lukas, 2009: Applying the Varieties of Capitalism Approach to Higher Education: Comparing the Internationalisation of German and British Universities. In: European Journal of Education 44, 569-585. <http://dx.doi.org/10.1111/j.1465-3435.2009.01401.x>

Graf, Lukas/Lorenz Lassnigg/Justin J. W. Powell, 2011: Austrian Corporatism and Institutional Change in the Relationship between Apprenticeship Training and School-Based VET. In: Marius Busemeyer/Christine Trampusch (Hrsg.), The Political Economy of Collective Skill Formation. Oxford: Oxford University Press, 150-179.

Granovetter, Mark, 1973: The Strength of Weak Ties. In: American Journal of Sociology 78, 1360-1380.

Granovetter, Mark, 1985: Economic Action and Social Structure. The Problem of Embeddedness. In: American Journal of Sociology 91, 481-510.

Grønbjerg, Kirsten A./David Street/Gerald D. Suttles, 1978: Poverty and Social Change. Chicago: University of Chicago Press.

Hall, Peter, 1986: Governing the Economy: The Politics of State Intervention in Britain and France. Cambridge: Polity Press.

Hall, Peter, 1993: Policy Paradigms, Social Learning, and the State. The Case of Economic Policymaking in Britain. In: Comparative Politics 25, 275-296.

Hall, Peter, 2001: Organized Market Economies and Unemployment in Europe: Is It Finally Time to Accept Liberal Orthodoxy? In: Nancy Bermeo (Hrsg.), Unemployment in the New Europe. New York, NY: Cambridge University Press, 52-86.

Hall, Peter, 2007: The Evolution of Varieties of Capitalism in Europe. In: Bob Hancké/Martin Rhodes/Mark Thatcher (Hrsg.), Beyond Varieties of Capitalism. Conflict, Contradictions and Complementarities in the European Economy. Oxford [u.a.]: Oxford University Press, 39-85.

Hall, Peter, 2009: Re-Forming Capitalism. In: Archives Européennes de Sociologie 50, 488-494.

Hall, Peter A./Kathleen Thelen, 2009: Institutional Change in Varieties of Capitalism. In: Socio-Economic Review 7, 7-34.

Hall, Peter/Daniel Gingerich, 2004: Varieties of Capitalism and Institutional Complementarities in the Macroeconomy: An Empirical Analysis. MPIfG Discussion Paper 04/5. Cologne: Max Planck Institute for the Study of Societies. <http://www.mpifg.de/pu/mpifg_dp/dp04-5.pdf>

Hall, Peter/Daniel W. Gingerich, 2009: Varieties of Capitalism and Institutional Complementarities in the Political Economy: An Empirical Analysis. In: British Journal of Political Science 39, 449-482.

Hall, Peter/David Soskice, 2001a: An Introduction to Varieties of Capitalism. In: Peter Hall/David Soskice (Hrsg.), Varieties of Capitalism: The Institutional Foundations of Comparative Advantage. Oxford: Oxford University Press, 1-71.

Hall, Peter/David Soskice (Hrsg.), 2001b: Varieties of Capitalism: The Institutional Foundations of Comparative Advantage. Oxford: Oxford University Press.

Hampson, Jack, 1997: Social Protection and Social Insurance in Portugal. In: Jochen Clasen (Hrsg.), Social Insurance in Europe. Bristol: Policy Press, 151-176.

Hancké, Bob, 1997: Nationale Institutionengefüge und innovative Industrieorganisation: Zulieferbeziehungen in Deutschland. In: Bob Hancké, et al. (Hrsg.), Ökonomische Leistungsfähigkeit und institutionelle Innovation. Das deutsche Produktions- und Politikregime im globalen Wettbewerb. Berlin: Edition Sigma, 235-250.

Hancké, Bob/Martin Rhodes/Mark Thatcher, 2007: Introduction: Beyond Varieties of Capitalism. In: Bob Hancké/Martin Rhodes/Mark Thatcher (Hrsg.), Beyond Varieties of Capitalism. Conflict, Contradictions and Complementarities in the European Economy. Oxford University Press, 3-38.

Harbridge, Raymond/Pat Walsh, 2002: Labour Market Reform in New Zealand. In: Hedva Sarfati/Giuliano Bonoli (Hrsg.), Labor Market and Social Protection Reform in International Perspective. Parallel or Converging Tracks? Aldershot: Ashgate, 198-220.

Hassel, Anke/Christof Schiller, 2010: Der Fall Hartz IV. Wie es zur Agenda 2010 kam und wie es weitergeht. Frankfurt/Main: Campus.

HBF/ETUI (Hrsg.), 2004: Workers' Participation at Board Level - Reports on the National Systems and Practices. Brussels: Hans Böckler Foundation / European Trade Union Institute. <http://www.worker-participation.eu/About-WP/Publications/Workers-participation-at-board-level-in-the-EU-15-countries-Reports-on-the-national-systems-and-practices/Workers-participation-at-board-level-Reports-on-the-national-systems-and-practices>

Hemerijck, Anton/Ben Knapen/Ellen Van Doorne (Hrsg.), 2009: Aftershocks: Economic Crisis and Institutional Choice. Amsterdam: Amsterdam University Press.

Hemerijck, Anton/Ive Marx, 2010: Continental Welfare at a Crossroads: The Choice between Activation and Minimum Income Protection in Belgium and the Netherlands. In: Bruno Palier (Hrsg.), A Long Goodbye to Bismarck? The Politics of Welfare Reforms in Continental Europe. Amsterdam: Amsterdam University Press, 129-155.

Hemerijck, Anton/Marc Van der Meer/Jelle Visser, 2000: Innovation Through Co-ordination - Two Decades of Social Pacts in the Netherlands. In: Giuseppe Fajertag/Philippe Pochet (Hrsg.), Social pacts in Europe. Brussels: European Trade Union Institute, 257-278.

Hemerijck, Anton/Brigitte Unger/Jelle Visser, 2000: How Small Countries Negotiate Change. Twenty-Five Years of Policy Adjustment in Austria, the Netherlands, and Belgium. In: Fritz W. Scharpf/Vivien A. Schmidt (Hrsg.), Welfare and Work in the Open Economy. Volume II. Diverse Responses to Common Challenges. Oxford: Oxford University Press, 175-264.

Herrigel, Gary, 1996: Industrial Constructions: The Sources of German Industrial Power. Cambridge: Cambridge University Press.

Higgins, Jane, 1999: From Welfare to Workfare. In: Jonathan Boston/Paul Dalziel/Susan John (Hrsg.), Redesigning the Welfare State in New Zealand. Problems, Policies, Prospects. Oxford: Oxford University Press, 260-277.

Hirschman, Albert O., 1970: Exit, Voice, and Loyalty: Responses to Decline in Firms, Organizations, and States. Cambridge, MA: Harvard University Press.

Hoeckel, Kathrin/Simon Field/W. Norton Grubb, 2009: Learning for Jobs OECD Studie zur Berufsbildung Schweiz: OECD. <www.oecd.org/dataoecd/5/43/42837311.pdf>

Hollingsworth, Roger, 1997a: Continuities and Changes in Social Systems of Production: The Cases of Japan, Germany and the United States. In: Robert Boyer/Roger Hollingsworth (Hrsg.), Contemporary Capitalism. The Embeddedness of Institutions. Cambridge: Cambridge University Press, 265-310.

Hollingsworth, Roger, 1997b: The Institutional Embeddedness of American Capitalism. In: Colin Crouch/Wolfgang Streeck (Hrsg.), Political Economy of Modern Capitalism: Mapping Convergence and Diversity. London: Sage, 133-147.

Höpner, Martin, 2003: European Corporate Governance Reform and the German Party Paradox. Program for the Study of Germany and Europe Working Papers Series, Center for European Studies, Harvard Unversity. Cambridge, MA. <http://www.ces.fas.harvard.edu/working_papers/Hoepner.pdf >

Höpner, Martin, 2007: Coordination and Organization. The Two Dimensions of Nonliberal Capitalism. Cologne: MPIfG. Bd. MPIfG Discussion Paper 07/12.

Höpner, Martin, 2009: „Spielarten des Kapitalismus" als Schule der vergleichenden Staatstätigkeitsforschung. In: Zeitschrift für vergleichende Politikwissenschaft 3, 303-327.

Höpner, Martin/Gregory Jackson, 2001: An Emerging Market for Corporate Control? The Mannesmann Takeover and German Corporate Governance. MPIfG Discussion Paper. Köln: Max-Planck Institut für Gesellschaftsforschung. <http://www.mpi-fg-koeln.mpg.de/pu/mpifg_dp/dp01-4.pdf>

Iversen, Torben/David Soskice, 2006: Electoral Institutions and the Politics of Coalitions: Why Some Democracies Redistribute More Than Others. In: American Political Science Review 100, 165-181.

Jackson, Gregory, 2005: Employee Representation in the Board Compared: A Fuzzy Sets Analysis of Corporate Governance, Unionism and Political Institutions. In: Industrielle Beziehungen 12, 1-28.

Jackson, Gregory/Richard Deeg, 2012: The Long-Term Trajectories of Institutional Change in European Capitalism. In: Journal of European Public Policy 19, 1109-1125. <http://dx.doi.org/10.1080/13501763.2012.709001>

Jackson, Gregory/Arndt Sorge, 2012: The Trajectory of Institutional Change in Germany, 1979–2009. In: Journal of European Public Policy 19, 1146-1167. <http://dx.doi.org/10.1080/13501763.2012.709009>

Jensen, Michael/William Meckling, 1976: Theory of The Firm. Managerial Behavior, Agency Costs and Ownership Structure. In: Journal of Financial Economics 3, 305-360.

Jones, Meredith/Richard Mitchell, 2008: Legal Origin, Legal Families and The Regulation of Labour in Australia. In: Shelley Marshall/Richard Mitchell/Ian Ramsay (Hrsg.), Varieties of Capitalism, Corporate Governance and Employees. Carlton, 60-94.

Kahl, Sigrun, 2005: The Religious Roots of Modern Poverty Policy: Catholic, Lutheran, and Reformed Protestant Traditions Compared. In: Archives Européennes de Sociologie 46, 91-126.

Kahl, Sigrun, 2009: Religious Doctrines and Poor Relief: A Different Causal Pathway. In: Philip Manow/Kees van Kersbergen (Hrsg.), Religion, Class Coalitions and Welfare States. Cambridge, UK: Cambridge University Press, 267-295.

Katzenstein, Peter, 1985: Small States in World Markets. Ithaca: Cornell University Press.

Katzenstein, Peter J., 1984: Corporatism and Change: Austria, Switzerland, and the Politics of Industry. Ithaca, NY: Cornell University Press.

Kauppinen, Timo, 2000: Social Pacts in Finland. In: Giuseppe Fajertag/Philippe Pochet (Hrsg.), Social pacts in Europe. Brussels: European Trade Union Institute, 161-186.

Kautto, Mikko, 2010: The Nordic Countries. In: Francis G. Castles, et al. (Hrsg.), The Oxford Handbook of the Welfare State. Oxford: Oxford University Press, 586-600.

Kelly, John/Kerstin Hamann, 2008: Varieties of Capitalism and Industrial Relations. In: Paul Blyton, et al. (Hrsg.), Handbook of Industrial Relations. London: Routledge, 129-148.

Kenworthy, Lane, 2006: Institutional Coherence and Macroeconomic Performance. In: Socio-Economic Review 4, 69-91.

Kersbergen, Kees van, 1995: Social Capitalism: A Study of Christian Democracy and the Welfare State. London: Routledge.

Kersbergen, Kees van, 2009: Religion and the Welfare State in the Netherlands. In: Kees van Kersbergen/Philip Manow (Hrsg.), Religion, Class Coalitions, and Welfare States. Cambridge: Cambridge University Press, 119-145.

Kersbergen, Kees van/Philip Manow, 2010: Religion. In: Francis G. Castles, et al. (Hrsg.), The Oxford Handbook of the Welfare State. Oxford: Oxford University Press, 265-277.

Kesting, Stefan/Klaus Nielsen, 2008: Varieties of Capitalism: Theoretical Critique and Empirical Observations. In: Wolfram Elsner/Hardy Hanappi (Hrsg.), Varieties of Capitalism and New Institutional Deals. Regulation, Welfare and the New Economy Cheltenham: Edward Elgar, 23-51.

King, Desmond/Stewart Wood, 1999: The Political Economy of Neoliberalism: Britain and the United States in the 1980s. In: Herbert Kitschelt, et al. (Hrsg.), Continuity and Change in Contemporary Capitalism. Cambridge: Cambridge University Press, 371-397.

Kitschelt, Herbert/Wolfgang Streeck, 2004: From Stability to Stagnation. Germany at the Beginning of the 21st Century. In: Herbert Kitschelt/Wolfgang Streeck (Hrsg.), Germany: Beyond the Stable State. London/Portland: Frank Cass, 1-36.

Kluge, Norbert/Michael Stollt/Aline Conchon, 2010: Übersicht: Unternehmensmitbestimmung in den 27 EU-Mitgliedstaaten: European Trade Union Institute. <http://www.worker-participation.eu/content/download/2182/17970/file/Table%20BLR%20in%20EU27_Draft-Update%20August%202010_DE_final.pdf>

Knudsen, Tim/Bo Rothstein, 1994: State Building in Scandinavia. In: Comparative Politics 26, 203-220. <http://www.jstor.org/stable/422268>

Konzelmann, Sue/Marc Fovargue-Davies/Gerhard Schnyder, 2010: Varieties of Liberalism: Anglo-Saxon Capitalism in Crisis? Working Paper No. 403. Cambride, UK: Centre for Business Research. University of Cambridge <www.cbr.cam.ac.uk/pdf/WP403.pdf>

Korpi, Walter, 1985: Power Resources Approach Vs. Action and Conflict: On Causal and Intentional Explanations in the Study of Power. In: Sociological Theory 3, 31-45.

Korpi, Walter, 2006: Power Resources and Employer-Centered Approaches in Explanations of Welfare States and Varieties of Capitalism: Protagonists, Consenters, and Antagonists. In: World Politics 58, 167-206.

Kuhnle, Stein, 1981: The Growth of Social Insurance Programs in Scandinavia: Outside Influences and Internal Forces. In: Flora Peter/Arnold J. Heidenheimer (Hrsg.), The Development of Welfare States in Europe and America. New Brunswick, NJ: Transaction Books, 125-150.

La Porta, Rafael/Florencio Lopez-de-Silanes/Andrei Shleifer, 2008: The Economic Consequences of Legal Origins. In: Journal of Economic Literature 46, 285-332. <http://www.aeaweb.org/articles.php?doi=10.1257/jel.46.2.285>

La Porta, Rafael, et al., 1997: Legal Determinants of External Finance. In: Journal of Finance 52, 1131-1150.

La Porta, Rafael, et al., 1998: Law and Finance. In: Journal of Political Economy 106, 1113-1155.

Lane, David Stuart/Martin Myant, 2007: Varieties of Capitalism in Post-Communist Countries. New York: Palgrave.

Lehmbruch, Gerhard, 2001: The Institutional Embedding of Market Economies. The German "Model" and Its Impact on Japan. In: Wolfgang Streeck/Kozo Yamamura (Hrsg.), The Origins of Nonliberal Capitalism. Ithaca, NY: Cornell University Press, 39-93.

Lehmbruch, Gerhard/Philippe Schmitter, 1979: Trends Toward Corporatist Intermediation. Beverly Hills, CA: Sage.

Levine, Daniel, 1978: Conservatism and Tradition in Danish Social Welfare Legislation, 1890-1933: A Comparative View. In: Comparative Studies in Society and History 20, 54-69. <http://www.jstor.org/stable/178321>

Levy, Jonah D., 2000: France. Directing Adjustment? In: Fritz W. Scharpf/Vivien A. Schmidt (Hrsg.), Welfare and Work in the Open Economy. Volume II. Diverse Responses to Common Challenges. Oxford: Oxford University Press, 308-351.

Lijphart, Arend, 1968: The Politics of Accommodation. Pluralism and Democracy in the Netherlands. Berkeley: University of California Press.

Lima, Maria da Paz Campos/Reinhard Naumann, 2000: Social Pacts in Portugal: From Comprehensive Policy Programmes to the Negotiation of Concrete Industrial Relations Reforms? In: Giuseppe Fajertag/Philippe Pochet (Hrsg.), Social pacts in Europe. Brussels: European Trade Union Institute, 321-342.

Lind, Jens, 2000: Recent Issues on the Social Pact in Denmark. In: Giuseppe Fajertag/Philippe Pochet (Hrsg.), Social pacts in Europe. Brussels: European Trade Union Institute, 135-159.

Lipset, Seymour Martin/Stein Rokkan, 1967: Cleavage structures, party systems, and voter alignments: An introduction. In: Seymour M. Lipset/Stein Rokkan (Hrsg.), Party systems and voter aligments: Cross-national perspectives. New York: Free Press, 1-64.

Lucio, Mitguel Martinez, 2000: Spain: Regulating Employment and Social Fragmentation. In: Anthony Ferner/Richard Hyman (Hrsg.), Changing Industrial Relations in Europe. Oxford: Blackwell, 426-458.

Lütz, Susanne, 2002: Der Staat und die Globalisierung von Finanzmärkten. Regulative Politik in Deutschland, Großbritannien und den USA. Frankfurt/Main: Campus.

Maclean, Mairi/Charles Harvey, 2008: The Continuing Diversity of Corporate Governance Regimes: France and Britain Compared. In: Roger Strange/Gregory Jackson (Hrsg.), Corporate Governance and International Business. Strategy, Performance and Institutional Change. New York: Palgrave, 208-225.

Madsen, Per Kongshøj, 2002: The Danish Model of Flexicurity: A Paradise - With Some Snakes. In: Hedva Sarfati/Giuliano Bonoli (Hrsg.), Labor Market and Social Protection Reform in International Perspective. Parallel or Converging Tracks? Aldershot: Ashgate, 243-265.

Mallin, Chris A., 2010: Corporate Governance. 3rd. Auflage. Oxford ; New York: Oxford University Press.

Mann, Michael, 1993: The Sources of Social Power: Volume 2, The Rise of Classes and Nation States 1760-1914. Bd. 2. Cambridge: Cambridge University Press.

Manow, Philip, 2001a: Business Coordination, Wage Bargaining and the Welfare State. Germany and Japan in Comparative Historical Perspective. In: Bernhard Ebbinghaus/Philipp Manow (Hrsg.), Varieties of Welfare Capitalism. London: Routledge, 27-51.

Manow, Philip, 2001b: Comparative Institutional Advantages of Welfare State Regimes and New Coalitions in Welfare State Reforms. In: Paul Pierson (Hrsg.), The New Politics of the Welfare State. Oxford: Oxford University Press, 146-164.

Manow, Philip, 2001c: Welfare State Building and Coordinated Capitalism in Japan and Germany In: Wolfgang Streeck/Kozo Yamamura (Hrsg.), The Origins of Nonliberal Capitalism: Germany and Japan in Comparison. Ithaca, NY: Cornell University Press, 94-120.

Manow, Philip, 2009: Electoral Rules, Class Coalitions and Welfare State Regimes, or how to Explain Esping-Andersen with Stein Rokkan. In: Socio-Economic Review 7, 101-121.

Mares, Isabela, 2001a: Firms and the Welfare State: When, Why, and How Does Social Policy Matter to Employers? In: Peter Hall/Soskice David (Hrsg.), Varieties of Capitalism: The Institutional Foundations of Comparative Advantage. Oxford: Oxford University Press, 184-212.

Mares, Isabela, 2001b: Strategic Bargaining and Social Policy Development: Unemployment Insurance in France and Germany. In: Bernhard Ebbinghaus/ Philipp Manow (Hrsg.), Varieties of Welfare Capitalism. London: Routledge, 52-75.

Martin, Cathie J./Duane Swank, 2012: The Political Construction of Business Interests: Coordination, Growth, and Equality, Cambridge studies in comparative politics. Cambridge ; New York: Cambridge University Press.

Martin, Cathie Jo /Duane Swank, 2008: The Political Origins of Coordinated Capitalism: Business Organizations, Party Systems, and State Structure in the Age of Innocence. In: American Political Science Review 102, 181-198. <http://dx.doi.org/10.1017/S0003055408080155>

Martin, Cathie/Duane Swank, 2001: Employers and the Welfare State: The Political Economic Organization of Firms and Social Policy in Contemporary Capitalist Democracies. In: Comparative Political Studies 34, 889-923.

Marx, Karl, 1966 [1867]: Das Kapital. Berlin: Dietz-Verlag.

McBride, Stephen, 2005: Exporting and Internalizing Globalization: Canada and the Global System of Power. In: Susanne Soederberg/Georg Menz/Philip Cerny (Hrsg.), Internalizing Globalization: The Rise of Neoliberalism and the Decline of National Varieties of Capitalism. New York: Palgrave, 106-122.

McLaughlin, Eugene, 2001: Ireland: From Catholic Corporatism to Social Partnership. In: Allan Cochrane/John Clarke/Sharon Gewirtz (Hrsg.), Comparing welfare states. London: Sage, 223-260.

Meltzer, Allan H./Scott F. Richard, 1981: A Rational Theory of the Size of Government. In: The Journal of Political Economy 89, 914-927. <http://www.jstor.org/stable/1830813>

Menz, Georg, 2005: Auf Wiedersehen, Rhineland Model: Embedding Neoliberalism in Germany. In: Susanne Soederberg/Georg Menz/Philip Cerny (Hrsg.), Internalizing Globalization: The Rise of Neoliberalism and the Decline of National Varieties of Capitalism. New York: Palgrave, 33-48.

Michelotti, Marco/Chris Nyland, 2008: Varieties of Capitalism and Diversity in Labour Standards Regulation: The Case of Italy. In: European Journal of Industrial Relations 14, 177-195. <http://ejd.sagepub.com/content/14/2/177.abstract>

Mikler, John, 2009: Greening the Car Industry: Varieties of Capitalism and Climate Change. Cheltenham, UK / Northampton, MA: Edward Elgar.

Molina, Óscar/Martin Rhodes, 2007: The Political Economy of Adjustment in Mixed Market Economies. A Study of Spain and Italy. In: Bob Hancké/Martin Rhodes/Mark Thatcher (Hrsg.), Beyond varieties of capitalism. Oxford: Oxford University Press, 223-252.

Moreno, Luis, 2001: Spain, a Via Media of Welfare Development. In: Peter Taylor-Gooby (Hrsg.), Welfare States Under Pressure. London: Sage, 100-123.

Münnich, Sascha, 2010: Interessen und Ideen: Die Entstehung der Arbeitslosenversicherung in Deutschland und den USA. Frankfurt/Main: Campus.

Negrelli, Serafino, 2000: Social Pacts in Italy and Europe: Similar Strategies and Structures; Different Models and National Stories. In: Giuseppe Fajertag/Philippe Pochet (Hrsg.), Social pacts in Europe. Brussels: European Trade Union Institute, 85-112.

Nelson, Moira, 2011: Continued Collectivism: The Role of Trade Self-Management and the Social Democratic Party in Danish Vocational Education and Training. In: Marius Busemeyer/Christine Trampusch (Hrsg.), The Political Economy of Collective Skill Formation. Oxford: Oxford University Press, 179-203.

Nilsson, Adriana, 2010: Old is New Again: National Responses to the Financial Crisis. CRESC Working Paper Series. Working Paper No. 78. CRESC, The University of Manchester. <www.cresc.ac.uk/sites/default/files/wp%2078.pdf>

Nölke, Andreas/Arjan Vliegenthart, 2009: Enlarging the Varieties of Capitalism: The Emergence of Dependent Market Economies in East Central Europe. In: World Politics 61, 670-702.

North, Douglass, 1990: Institutions, Institutional Change and Economic Performance. Cambridge: Cambridge University Press.

O'Donnell, Rory, 2004: Ireland: Social Partnership and the 'Celtic Tiger' Economy. In: Jonathan Perraton/Ben Clift (Hrsg.), Where are National Capitalisms
Now? New York: Palgrave, 50-69.

Obinger, Herbert, 2009: Religion and the Consolidation of the Swiss Welfare
State, 1848-1945. In: Kees van Kersbergen/Philip Manow (Hrsg.), Religi-
on, Class Coalitions, and Welfare States. Cambridge: Cambridge University
Press, 176-209.

OECD, 2009: OECD Employment Outlook 2009: OECD Publishing. <http://
dx.doi.org/10.1787/empl_outlook-2009-en>

Ogus, AI, 1982: Great Britain. In: Peter A. Kohler/Hans F. Zacher (Hrsg.), The
Evolution of Social Insurance, 1881-1981. New York: St. Martin's Press,
150-264.

Olson, Mancur, 1984: The Rise and Decline of Nations: Economic Growth, Stag-
flation, and Social Rigidities. New Haven, CT: Yale University Press.

Orloff, Ann Shola/Theda Skocpol, 1984: Why Not Equal Protection? Explaining
the Politics of Public Social Spending in Britain, 1900-1911, and the United
States, 1880s-1920. In: American Sociological Review 49, 726-750. <http://
www.jstor.org/stable/2095527>

Oschmiansky, Frank, 2010: Die Tarifpolitik. Bundeszentrale für politische Bildung. <http://www.bpb.de/themen/6SQZ0E,1,0,Die_Tarifpolitik.html>

Palier, Bruno, 2010a: Continental Western Europe. In: Francis G. Castles, et al.
(Hrsg.), The Oxford Handbook of the Welfare State. Oxford: Oxford University Press, 601-615.

Palier, Bruno (Hrsg.), 2010b: A Long Goodbye to Bismarck? The Politics of Welfare Reforms in Continental Europe. Amsterdam: Amsterdam University
Press.

Palier, Bruno, 2010c: Ordering Change: Understanding the 'Bismarckian' Welfare
Reform Trajectory. In: Bruno Palier (Hrsg.), A Long Goodbye to Bismarck?
The Politics of Welfare Reforms in Continental Europe. Amsterdam: Amster-
dam University Press, 19-44.

Palier, Bruno/Kathleen Thelen, 2010: Institutionalizing Dualism: Complementarities and Change in France and Germany. In: Politics & Society 38, 119-148.
<http://pas.sagepub.com/content/38/1/119.abstract>

Paster, Thomas, 2011: The Role of Business in the Development of the Welfare State and Labor Markets in Germany: Containing Social Reforms. New
York: Routledge.

Pasture, Patrick T., 1993: The April 1944 'Social Pact' in Belgium and Its Signi-
ficance for the Post-War Welfare State. In: Journal of Contemporary History
28, 695-714. <http://www.jstor.org/stable/260861>

Peck, Jamie/Nik Theodore, 2007: Variegated Capitalism. In: Progress in Human
Geography 31, 731-772. <http://phg.sagepub.com/content/31/6/731.abs-
tract>

Peck, Jamie/Jun Zhang, 2013: A Variety of Capitalism … with Chinese Charac-
    teristics? In: Journal of Economic Geography 13, 357-396. <http://joeg.ox-
    fordjournals.org/content/13/3/357.abstract>

Peng, Ito/Joseph Wong, 2010: East Asia. In: Francis G. Castles, et al. (Hrsg.), The
    Oxford Handbook of the Welfare State. Oxford: Oxford University Press,
    656-670.

Pérez, Sofía A., 2000: Social Pacts in Spain. In: Giuseppe Fajertag/Philippe Po-
    chet (Hrsg.), Social pacts in Europe. Brussels: European Trade Union Insti-
    tute, 343-363.

Pesonen, Pertti/Olavi Riihinen, 2002: Dynamic Finland. The Political System and
    the Welfare State, Studia Fennica / Historica ; 3. Helsinki: Finnish Literature
    Society.

Piore, Michael/Charles Sabel, 1984: The Second Industrial Divide. New York,
    NY: Basic Books.

Pontusson, Jonas, 1997: Between Neo-Liberalism and the German Model: Swe-
    dish Capitalism in Transition. In: Colin Crouch/Wolfgang Streeck (Hrsg.),
    Political Economy of Modern Capitalism: Mapping Convergence and Diver-
    sity. London: Sage, 55-70.

Porter, Michael E./Claas van der Linde, 1995: Toward a New Conception of the
    Environment-Competitiveness Relationship. In: The Journal of Economic
    Perspectives 9, 97-118. <http://www.jstor.org/stable/2138392>

Putnam, Robert, 1993: Making Democracy Work. Civic Traditions in Modern Ita-
    ly. Princeton, NJ: Princeton University Press.

Rangone, Marco/Stefano Solari, 2012: From the Southern-European Model to
    Nowhere: The Evolution of Italian Capitalism, 1976–2011. In: Journal of
    European Public Policy 19, 1188-1206. <http://dx.doi.org/10.1080/135017
    63.2012.709014>

Rehder, Britta, 2003: Betriebliche Bündnisse für Arbeit in Deutschland. Mitbe-
    stimmung und Flächentarif im Wandel. Frankfurt/Main: Campus.

Rhodes, Martin, 2000: Restructuring the British Welfare State: Between Domestic
    Constraints and Global Imperatives. In: Fritz W. Scharpf/Vivien A. Schmidt
    (Hrsg.), Welfare and Work in the Open Economy. Volume II. Diverse Re-
    sponses to Common Challenges. Oxford: Oxford University Press, 19-68.

Ricardo, David, 1821: On the Principles of Political Economy and Taxation. 3.
    Auflage. London. <http://socserv2.socsci.mcmaster.ca/~econ/ugcm/3ll3/ri-
    cardo/prin/index.html>

Rogow, Robert, 1993: Canada. In: Miriam Rothman/Dennis R. Briscoe/Raoul C.
    D. Nacamulli (Hrsg.), Industrial Relations Around the World. Labor Rela-
    tions for Multinational Companies. Berlin: De Gruyter, 67-86.

Royo, Sebastián, 2007: Varieties of Capitalism in Spain: Business and the Poli-
    tics of Coordination. In: European Journal of Industrial Relations 13, 47-65.
    <http://ejd.sagepub.com/content/13/1/47.abstract>

Sachs, Jeffrey, 2000: Notes on a New Sociology of Economic Development. In:
    Lawrence Harrison/Samuel Huntington (Hrsg.), Culture Matters. How Valu-
    es Shape Human Progress. New York: Basic Books, 29-43.

Schmidt, Manfred G., 1995: Vergleichende Politikforschung mit Aggregatdaten: Inwieweit beeinflussen Parteien Regierungspolitik? In: Ulrich von Alemann (Hrsg.), Politikwissenschaftliche Methoden. Grundriss für Studien und Forschung. Opladen: Westdeutscher Verlag, 327-356.

Schmidt, Vivien, 2000: Still Three Models of Capitalism? The Dynamics of Economic Adjustment in Britain, Germany and France. In: Roland Czada/Susanne Lütz (Hrsg.), Die politische Konstitution von Märkten. Opladen: Westdeutscher Verlag, 38-72.

Schmidt, Vivien, 2002: The Futures of European Capitalism. Oxford: Oxford University Press.

Schneider, Ben Ross, 2009: Hierarchical Market Economies and Varieties of Capitalism in Latin America. In: Journal of Latin American Studies 41, 553-575. <http://dx.doi.org/10.1017/S0022216X09990186>

Schnyder, Gerhard, 2012: Like a Phoenix from the Ashes? Reassessing the Transformation of the Swedish Political Economy since the 1970s. In: Journal of European Public Policy 19, 1126-1145. <http://dx.doi.org/10.1080/1350176 3.2012.709007>

Schröder, Martin, 2009: Integrating Welfare and Production Typologies. How Refinements of the Varieties of Capitalism Approach Call for a Combination with Welfare Typologies. In: Journal of Social Policy 38, 19-43.

Schröder, Martin, 2011: Die Macht moralischer Argumente. Produktionsverlagerungen zwischen wirtschaftlichen Interessen und gesellschaftlicher Verantwortung. Wiesbaden: VS Verlag für Sozialwissenschaften.

Schröder, Martin, 2013a: Integrating Varieties of Capitalism and Welfare State Research: A Unified Typology of Capitalisms. New York: Palgrave.

Schröder, Martin, 2013b: Integrating Varieties of Capitalism and Welfare State Research: A Unified Typology of Capitalisms. New York: Palgrave.

Schwartz, Herman, 2000: Internationalization and Two Liberal Welfare States. Australia and New Zealand. In: Fritz W. Scharpf/Vivien A. Schmidt (Hrsg.), Welfare and Work in the Open Economy. Volume II. Diverse Responses to Common Challenges. Oxford: Oxford University Press, 69-130.

Shonfield, Andrew, 1965: Modern Capitalism. The Changing Balance of Public and Private Power. New York, NY: Oxford University Press.

Smith, Adam, 1993 [1776]: An Inquiry Into the Nature and Causes of the Wealth of Nations. A Selected Edition, World's Classics. Oxford: Oxford University Press.

Soskice, David, 1990: Wage Determination: The Changing Role of Institutions in Advanced Industrialized Countries. In: Oxford Review of Economic Policy 6, 36-61.

Soskice, David, 1997: Technologiepolitik, Innovationen und nationale Institutionengefüge in Deutschland. In: Bob Hancké, et al. (Hrsg.), Ökonomische Leistungsfähigkeit und institutionelle Innovation. Das deutsche Produktions- und Politikregime im globalen Wettbewerb. Berlin: Edition Sigma, 319-348.

Soskice, David/Torben Iversen, 2001: An Asset Theory of Social Policy Preferences. In: American Political Science Review 95, 875-893.

Starke, Peter/Herbert Obinger/Francis G. Castles, 2008: Convergence Towards Where: In What Ways, If Any, Are Welfare States Becoming More Similar? In: Journal of European Public Policy 15, 975-1000. <<Go to ISI>://WOS:000259093000002>

Steinmo, Sven, 2005: The Evolution of the Swedish Model. In: Susanne Soederberg/Georg Menz/Philip Cerny (Hrsg.), Internalizing Globalization: The Rise of Neoliberalism and the Decline of National Varieties of Capitalism. New York: Palgrave, 149-164.

Streeck, Wolfgang, 1997a: Beneficial Constraints: On the Economic Limits of Rational Voluntarism. In: Robert Boyer/Roger Hollingsworth (Hrsg.), Contemporary Capitalism: The Embeddedness of Institutions. Cambridge, UK: Cambridge University Press, 197-219.

Streeck, Wolfgang, 1997b: German Capitalism. Does it Exist? Can it Survive? In: Colin Crouch/Wolfgang Streeck (Hrsg.), Political Economy of Modern Capitalism: Mapping Convergence and Diversity. London: Sage, 33-54.

Streeck, Wolfgang, 2000: Verbände als soziales Kapital: Von Nutzen und Nutzung des Korporatismus in einer Gesellschaft im Wandel. In: Werner Bührer/Edgar Grande (Hrsg.), Unternehmerverbände und Staat in Deutschland. Baden-Baden: Nomos, 53-62.

Streeck, Wolfgang, 2001a: Introduction: Explorations into the Origins of Nonliberal Capitalism in Germany and Japan. In: Wolfgang Streeck/Kozo Yamamura (Hrsg.), The Origins of Nonliberal Capitalism. Ithaca, NY: Cornell University Press, 1-38.

Streeck, Wolfgang, 2001b: The Transformation of Corporate Organization in Europe: An Overview. MPIfG Working Paper. Köln: Max-Planck Institut für Gesellschaftsforschung. <http:// www.mpi-fg-koeln.mpg.de/pu/workpap/wp01-8/wp01-8.html>

Streeck, Wolfgang, 2004: Educating Capitalists: A Rejoinder to Wright And Tsakalotos. In: Socio-Economic Review 2, 425-438. <http://ser.oxfordjournals.org/content/2/3/425.abstract>

Streeck, Wolfgang, 2009: Re-Forming Capitalism: Institutional Change in the German Political Eonomy. Oxford / New York: Oxford University Press.

Streeck, Wolfgang/Kathleen Thelen, 2005: Introduction: Institutional Change in Advanced Political Economies. In: Wolfgang Streeck/Kathleen Thelen (Hrsg.), Beyond Continuity: Institutional Change in Advanced Political Economies. Oxford: Oxford University Press, 1-39.

Svallfors, Stefan, 2010: Public Attitudes. In: Francis G. Castles, et al. (Hrsg.), The Oxford Handbook of the Welfare State. Oxford: Oxford University Press, 241-251.

Swenson, Peter, 2002: Capitalists Against Markets: The Making of Labor Markets and Welfare States in the United States and Sweden. Oxford: Oxford University Press.

Teague, Paul, 2009: Path Dependency and Comparative Industrial Relations: The Case of Conflict Resolution Systems in Ireland and Sweden. In: British Journal of Industrial Relations 47, 499-520. <http://dx.doi.org/10.1111/j.1467-8543.2009.00714.x>

Thatcher, Mark, 2007: Reforming National Regulatory Institutions. The EU and Cross-national Variety in European Network Industries. In: Bob Hancké/Martin Rhodes/Mark Thatcher (Hrsg.), Beyond varieties of capitalism. Oxford: Oxford University Press, 147-172.

Thelen, Kathleen, 2000a: Timing and Temporality in the Analysis of Institutional Evolution and Change. In: Studies in American Political Development 14, 101-108.

Thelen, Kathleen, 2000b: Why German Employers Cannot Bring Themselves to Dismantle the German Model. In: Torben Iversen/Jonas Pontusson/David Soskice (Hrsg.), Unions, employers and central banks. Cambridge: Cambridge University Press, 138-172.

Thelen, Kathleen, 2008: Skill Formation And Training. In: Geoffrey Jones/Jonathan Zeitlin (Hrsg.), The Oxford Handbook of Business History. Oxford: Oxford University Press, 558-580.

Thelen, Kathleen, 2012: Varieties of Capitalism: Trajectories of Liberalization and the New Politics of Social Solidarity. In: Annual Review of Political Science 15, 137-159.

Thelen, Kathleen/Marius R. Busemeyer, 2011: Institutional Change in German Vocational Training: From Collectivism toward Segmentalism. In: Marius Busemeyer/Christine Trampusch (Hrsg.), The Political Economy of Collective Skill Formation. Oxford: Oxford University Press, 68-100.

Thorkildsen, Dag, 1997: Religious Identity and Nordic Identity. In: Oystein Sorensen/Bo Strath (Hrsg.), The Cultural Construction of Norden. Oslo: Scandinavian University Press, 138-160.

Tipton, Frank, 2009: Southeast Asian Capitalism: History, Institutions, States, And Firms. In: Asia Pacific Journal of Management 26, 401-434. <http://dx.doi.org/10.1007/s10490-008-9118-z>

Trampusch, Christine, 2009: Religion, Parteien und Industrielle Beziehungen. Die Entstehung der Arbeitslosenversicherung in den Niederlanden. In: Zeitschrift für Sozialreform 55, 293-316.

Trampusch, Christine, 2010a: Co-evolution of Skills and Welfare in Coordinated Market Economies? A Comparative Historical Analysis of Denmark, the Netherlands and Switzerland. In: European Journal of Industrial Relations 16, 197-220.

Trampusch, Christine, 2010b: The Welfare State and Trade Unions in Switzerland: An Historical Reconstruction of the Shift From a Liberal to a Post-liberal Welfare Regime. In: Journal of European Social Policy 20, 58-73. <http://esp.sagepub.com/content/20/1/58.abstract>

Tricker, R. Ian, 2009: Corporate Governance: Principles, Policies and Practices. Oxford: Oxford University Press.

Trigilia, Carlo/Luigi Burroni, 2009: Italy: Rise, Decline and Restructuring of a Re-
   gionalized Capitalism. In: Economy and Society 38, 630-653. <http://dx.doi.
   org/10.1080/03085140903190367>

Valocchi, Steve, 1992: The Origins of the Swedish Welfare State: A Class Analysis
   of the State and Welfare Politics. In: Social Problems 39, 189-200. <http://
   www.jstor.org/stable/3097037>

Van Rie, Tim/Ive Marx/Jeroen Horemans, 2011: Ghent Revisited: Unemployment
   Insurance and Union Membership in Belgium and the Nordic countries. In:
   European Journal of Industrial Relations 17, 125-139. <http://ejd.sagepub.
   com/content/17/2/125.abstract>

Venn, Danielle, 2009: Legislation, Collective Bargaining and Enforcement: Up-
   dating the OECD Employment Protection Indicators. <www.oecd.org/da-
   taoecd/36/9/43116624.pdf>

Vervier, Eric, 2002: European Labour Markets and Education Systems Seen in Relation to Firm Strategies and National Innovation Systems - A Comparative
   Perspective. "Loc Nis" Workshop. Aix-en-Provence. (05.12.2002).

Vitols, Sigurt, 2001: Varieties of Corporate Governance: Comparing Germany and
   the UK. In: Peter Hall/David Soskice (Hrsg.), Varieties of Capitalism: The
   Institutional Foundations of Comparative Advantage. Oxford: Oxford University Press, 337-360.

Weber, Max, 1978 [1920]: Gesammelte Aufsätze zur Religionssoziologie. 7. Auflage. Tübingen: J.C.B. Mohr.

Weber, Max, 2002 [1905]: The Protestant ethic and the "spirit" of capitalism and
   other writings. New York: Penguin.

Williamson, Oliver, 1975: Markets and Hierarchies, Analysis and Antitrust Implications: A Study in the Economics of Internal Organization. New York, NY:
   The Free Press.

Williamson, Oliver, 1985: The Economic Institutions of Capitalism. New York,
   NY: The Free Press.

Witt, Michael A., 2010: China: What Variety of Capitalism? INSEAD Working
   Paper. <http://ssrn.com/abstract=1695940>

Witt, Michael A./Gordon Redding, 2013: Asian Business Systems: Institutional
   Comparison, Clusters and Implications for Varieties of Capitalism and Business Systems Theory. In: Socio-Economic Review. <http://ser.oxfordjour-
   nals.org/content/early/2013/02/14/ser.mwt002.abstract>

Wöhe, Günter/Ulrich Döring, 2008: Einführung in die Allgemeine Betriebswirt-
   schaftslehre. Bd. 23. München: Franz Vahlen.

Wood, Stewart, 2001: Labour Market Regimes under Threat? Sources of Continuity and Change in Germany, Britain and Sweden. In: Paul Pierson (Hrsg.),
   The New Politics of the Welfare State. Oxford: Oxford University Press, 368-
   409.

Zugehör, Rainer, 2003: Die Zukunft des deutschen Kapitalismus. Unternehmen
   zwischen Kapitalmarkt und Mitbestimmung. Opladen: Leske + Budrich.

 MIX
Papier aus verantwortungsvollen Quellen
Paper from responsible sources
FSC® C105338

If you have any concerns about our products,
you can contact us on
ProductSafety@springernature.com

In case Publisher is established outside the EU,
the EU authorized representative is:
Springer Nature Customer Service Center GmbH
Europaplatz 3, 69115 Heidelberg, Germany

Printed by Libri Plureos GmbH
in Hamburg, Germany